POR LA LIBERTAD DE CUBA

UNA HISTORIA INCONCLUSA

COLECCIÓN CUBA Y SUS JUECES

EDICIONES UNIVERSAL, Miami, Florida, 1996

NÉSTOR CARBONELL CORTINA

POR LA LIBERTAD
DE CUBA

UNA HISTORIA INCONCLUSA

EDICIONES UNIVERSAL

Primera edición, abril de 1996
Primera reimpresión, diciembre de 1996

EDICIONES UNIVERSAL
P.O. Box 450353 (Shenandoah Station)
Miami, FL 33245-0353. USA
Tel: (305)642-3234   Fax: (305)642-7978

Library of Congress Catalog Card No.: 95-83966

I.S.B.N.: 0-89729-786-5

Composición de textos por María Cristina Zarraluqui

Corrección de pruebas por Abelardo Iglesias

Diseño de la portada por Guillermo Avilés

En memoria de todos los cubanos que han caído en la lucha contra la tiranía comunista, pletóricos de fe y abrazados al ideal de la libertad.

En homenaje a mis padres y abuelos, quienes han sido para mí fuente de inspiración y ejemplo de dignidad y cubanía.

En agradecimiento a mi mujer y a mis hijos, quienes con devoción me acompañan en mis patrióticos esfuerzos.

ÍNDICE

RAZÓN PARA LA LECTURA DE ESTE LIBRO 9

INTRODUCCIÓN 13

I. EL OCASO DE LA REPÚBLICA 19
   Raíces de nuestros males 21
   ¿Cómo y por qué Castro llegó al poder? 32

II. UN ROJO AMANECER 45
   Lo que pudo ser... y no fue 47
   Voz de alerta 51
   Contra el despojo y la colectivización agraria 59
   A favor de las elecciones 68
   Desenmascarando al comunismo 73
   Resistencia a la opresión 86

III. A LÁTIGO Y DESTIERRO 99
   Internacionalización de la lucha 101
   La comisión planificadora 112
   La demanda de acción colectiva 119
   El águila americana 134
   Perfil psicológico del tirano 140
   El desastre de Girón 148
   Héroes y mártires 174
   Reanudando la lucha 183
   Develando mitos y falacias 190
   La Alianza para el Progreso 203
   La Conferencia de Cancilleres de Punta del Este 208
   Fijando nuestra posición 228
   Beligerancia denegada 231
   La Resolución Conjunta 239

La Crisis de los Cohetes 254
El desenlace funesto 263
La renuncia de Miró y la disolución del Consejo 276
En la tribuna 312
El régimen de Castro ante la OEA 339
Militancia y cubanía 346

IV. CRUCES EN EL CAMINO 375
Diálogo para la historia 380
Medallones 394

V. MIRANDO AL FUTURO 439
El fin de la Unión Soviética y la libertad de Cuba 441
Resistir y esperar 454
Carta abierta al Presidente Clinton 462
Los balseros y la Santa Alianza 469
Los grandes retos de la nueva República 474

EPÍLOGO 501

ÍNDICE ONOMÁSTICO 503

RAZÓN PARA LA LECTURA DE ESTE LIBRO

Por *Gastón Baquero*[1]

El autor de este libro nació con dos apellidos de alta significación en la historia cultural y política de Cuba. Por Carbonell y por Cortina, por Cortina y por Carbonell, el sello que tales nombres graban en un descendiente puede pesar demasiado, hasta esfumar la personalidad propia del heredero; o puede ese sello, como es el caso del autor, convertirse en una razón mayor de vida, en un compromiso exigente pero iluminador al mismo tiempo.

José Manuel Carbonell y José Manuel Cortina fueron dos arquetipos de la cubanía más pura, más exacta. Si se nos pidiese indicar nada más que dos personajes que encarnaran plenamente *lo cubano* —eso que se nos viene a las mentes cuando pensamos en un Enrique José Varona, en un Arístides Agüero y Betancourt-Agüero, por ejemplo— podemos decir sin titubeos: José Manuel Carbonell y José Manuel Cortina, aun reconociendo, como es debido, que no fueron los únicos criollos de su envergadura, pero sí fueron de los que dieron, con sus vidas, con sus obras, con su presencia en la vida cultural, la medida del cubano genuino, del cubano sin más.

Tuve el privilegio de disfrutar de la amistad personal de ambos, lo que fue para mí una gran satisfacción y hasta un deleite intelectual y humano, al tiempo que una inmersión permanente en el concepto vivo y real de la nacionalidad, de la República.

De ambos tuve noticias desde mis primeros atisbos del mundo cultural cubano. De José Manuel Carbonell "me bebí", muchachón todavía, la "Evolución de la Cultura Cubana", gran texto que sigue siendo una obra maestra. Vino después el escucharle en las fecundas mañanas de la Academia Nacional de Artes y Letras.

¡Cuánta poesía de los mejores creadores cubanos de antaño y del propio José Manuel Carbonell conocimos José Lezama Lima y yo en aquellas mañanas!

---

[1] Don Gastón Baquero no necesita presentación. Es una gloria de la intelectualidad democrática de Cuba, y un artífice consagrado de las letras hispanoamericanas.

La voz de Carbonell sonaba a oro puro, y nos llegaba a lo más hondo. La noble vehemencia, la vibración de patria, la bella apostura cyranesca de Carbonell, transfundían al oyente lo más propio, lo nuestro más nuestro. Heredia, la Avellaneda, Plácido, Luaces, Zenea, Luisa Pérez de Zambrana, ¡Cuánta música fina, qué júbilo de sinsontes cantándole al sol!

Con el paso del tiempo llegué a la amistad personal con Carbonell. Era, quiero repetirlo, el prototipo de ese cubano fino, señorial y sencillo a un tiempo, correcto en la expresión como en el atuendo, que nunca desentona ni habla de sí mismo venga o no a cuento. Por él, nadie sabía de su bella historia de mambí adolescente ni de su condición de poeta ricamente inspirado. Más adelante, en las páginas de este libro, hallará el lector la emocionante imagen que de este abuelo suyo nos da el autor. El medallón que le consagra a Carbonell, como los otros que aparecen en el capítulo titulado "Cruces en el Camino", contienen, para mí, las páginas más brillantes del gran tributo que Néstor Carbonell Cortina rinde aquí a la historia de Cuba.

De José Manuel Cortina, el renombre, conquistado desde su juventud, llegaba a la tierra natal como a toda la isla, con la sonoridad de un repique de campanas. Cortina era el orador supremo en un país de grandes oradores.

En el trato personal, sin embargo, Cortina era sencillo, cordial, fácil al buen humor. Siempre le vi preocupado por Cuba, por sus problemas, por su destino. Admiraba a Martí, pero también a Franklin Delano Roosevelt, y hacía siempre un aparte en sus devociones patrias para Quintín Banderas, héroe en la manigua y mártir en la República.

Conversar con Cortina era vivir nuestra historia, conocer a sus prohombres y a sus simples hombres. No hablaba mal de nadie, y si tuvo enemigos en la vida política, no lo dejaba adivinar jamás. Era el viejo gran estilo de los cubanos representativos, Cortina era lo que se dice *un señor*. Amigo *hasta la pared de enfrente*, mediaba espontáneo y eficaz en los conflictos. Era un conciliador.

La devoción a los principios esenciales de la República, la conservó Cortina hasta más allá de la tumba. Su actuación en los debates de la Constitución de 1940 es un monumento a su memoria.

A la sombra de estos magníficos abuelos, me adentré en este libro, seguro de que iba a hallar en él otra alta muestra del apasionado y aun desesperado amor del cubano de esta hora por nuestra historia. Todas las preguntas, análisis, investigaciones sobre el cómo y el por qué de lo ocurrido y de lo que sigue ocurriendo en el proceso, resultan insuficientes, y todas son imprescindibles, útiles en sumo grado. ¿Por qué, cómo fue posible el desplome y el posterior escamoteo de la República?

Y la otra pregunta más angustiosa, más desesperante y desesperada todavía: ¿es irreversible el daño hecho?

¿Prevalecerá el esquema económico y político implantado a la fuerza y a contracorriente de la historia y de la voluntad del pueblo cubano, sobre el esquema diseñado por los Fundadores de la Patria, los del 68, y los del 95, sintetizados en el pensamiento y en la acción de José Martí?

Quienes ven la historia como una simple sucesión de hechos cotidianos pueden pensar que la República, la República de Martí y de Maceo, fue destruida y se la sustituyó, por el mandato dictatorial de un megalómano vesánico, por una caricatura de estado totalitario a la soviética, que no tenía sentido alguno, ni filosófico, ni político, ni económico, ni cultural, en un país de las raíces y de la trayectoria de la República nacida en 1902.

La prueba mayor del fracaso material, ideológico y moral de la caricatura, del falso disfraz impuesto a la patria por tales insensatos matricidas, está en el hecho harto elocuente de que se han visto obligados a renegar tácitamente de sus presuntos nuevos dioses, Marx, Lenin y Stalin, y no tienen otra salida que presentarse como seguidores fieles de Martí. *De Martí, que era exacta y totalmente el reverso, la negación absoluta del castro-comunismo.* Solo engañándose a sí mismos y pretendiendo engañar al pueblo de Cuba y al mundo, puede afirmarse en algún momento que haya la más mínima semejanza, el más lejano parentesco, entre los ideales de Martí y la destrucción de la República efectuada por Castro y sus gentes. Para él, y para éstos, tendría que ser la mayor de las humillaciones tener que esconderse, enmascararse, tras el pensamiento del hombre que más fustigó a los tiranos, a los dictadores de Hispanoamérica y del mundo.

A algunos les parecerá exagerado que estampemos aquí esta afirmación: *el primer gran indicio de que la genuina República de Cuba está secuestrada, pero no muerta, no destruida*, está precisamente en el uso y el abuso que de la figura de José Martí hacen estos insensatos.

Aquí está el mensaje, la esencia de este libro de Néstor Carbonell Cortina. Hombre de análisis y de razones, acompaña sus criterios con citas literales de documentos responsables y declaraciones de figuras significativas. En temas como el muy debatido de la génesis de Bahía de Cochinos, Carbonell, partícipe de aquella hazaña frustrada, expone sus puntos de vista, su conocimiento honesto del hecho. Su testimonio es el de un hombre de absoluta buena fe. Personalmente, quien escribe estas palabras prologales tiene otra visión de lo sucedido. Visión que no resta un adarme a la grandeza de aquellos héroes. Sí cuestiona la real responsabilidad —la culpabilidad— del hecho doloroso. Pero el testimonio de uno de los protagonistas tiene un valor inapreciable, porque se necesitan todavía muchos testimonios y pruebas para establecer cabalmente el cómo y el por qué de Bahía de Cochinos y su fracaso.

Por el aporte mencionado, y por muchas otras contribuciones personalísimas a este período tan singular de nuestra historia, considero que este libro entra a formar parte de los materiales indispensables para la sed de conocimiento histórico que felizmente se ha despertado en el cubano. Para nosotros la historia dejó de ser una asignatura, una cosa del pasado, y se transformó en un reto actual, en una inquietante realidad viva, vivida y viviente en cada uno de nosotros.

Para el cubano, singularmente para el amante de la República genuina, la historia es hoy una encrucijada, un desafío que nos presenta obligaciones de acción y de pensamiento, semejantes en todo a las que se les plantearon a los hombres de los años próximos anteriores al 68. Se trataba entonces de arrancar, de sustraer de las manos de la Corona el cuerpo de la patria considerada propia ya. En el presente período de la historia lo que tenemos por delante como Programa es arrancar, rescatar la República de Martí de las manos y de las ideas de quienes la mantienen suspendida en el vacío, asfixiada entre paréntesis de irracionalidad que le fue colocado arteramente, a traición, por los enloquecidos marxistoides posteriores a 1959.

Néstor Carbonell Cortina cree con toda su alma en la reconstrucción o reaparición de la República, tras las afrentas y el oprobio en que la tienen sumida los ensoberbecidos servidores de la peor de todas las doctrinas.

Dejo aquí al lector mano a mano con esto rimero de páginas que, por cubanísimas, por inteligentes, por actuales y por oportunas, vale la pena leer y analizar.

Sentir que revive y vibra de nuevo, con más fuerza, nuestro espíritu de patria, será el menor fruto de la lectura.

INTRODUCCIÓN

En 1954, con motivo de la celebración en La Habana del V Congreso Interamericano de Educación Católica, S.S. Pío XII envió este mensaje profético:

"Levantad los ojos, hijos amadísimos, y contemplad esa bellísima ciudad, recostada en la boca de su bahía, mirándose en las aguas azules de ese tibio mar que baña sus pies, recreándose en las verdes colinas que limitan su horizonte... Todo se diría que invita al optimismo y a la paz, aunque allá lejos a lo mejor ruja la tormenta o se esté formando junto a cualquier isla remota el ciclón desolador.

"Paz y optimismo ha sido sin duda alguna el espíritu de vuestra asamblea, ungida con la caridad de Cristo...; pero no os olvidéis de que más allá brama el oleaje de las pasiones desencadenadas y corren por el cielo, en galope tenebroso, nubes negras ansiosas de descargar en vuestros campos el granizo mortal y arrasar vuestros sembrados con el ímpetu iracundo del huracán.

"Pero está escrito: ¡No prevalecerán! Y pasarán, como pasan esos turbiones de vuestro cielo, que dejan el aire luego más limpio, el sol más luminoso y la tierra más fecunda, aunque dejen también un triste séquito de muerte y desolación." [2]

Para desgracia de los cubanos, se cumplió la primera parte de esta profecía. Falta la segunda, pero ésta no habrá de tardar. Entre las sombras de nuestro cerrado horizonte se abren esperanzas fundadas de una próxima epifanía, de un renacer en libertad.

---

[2] Citado por el Reverendo Padre Emilio Vallina en el *Diario Las Américas*, edición del 5 de enero de 1993.

Como escribí recientemente, no puede un tirano, anacrónico y obcecado, resistir mucho más tiempo la marea de la historia. No puede un gobierno, totalitario y quebrado, enfrentarse indefinidamente a la confluencia de factores que liquidó al imperio soviético, hirió de muerte al marxismo-leninismo, y está socavando los cimientos en que se apoya su reducto tambaleante en el Caribe. Las aberraciones duran, pero no perduran. Nada ni nadie puede a la postre contra la naturaleza humana. La libertad, que es el oxígeno vital de la dignidad, podrá ser comprimida o ahogada temporalmente, pero no se extingue jamás.

Por algo decía Martí que "la libertad no muere jamás de las heridas que recibe. El puñal que la hiere lleva a sus venas nueva sangre."

Ahora bien, el hecho de que la caída del régimen de Castro sea previsible e inevitable no quiere decir, necesariamente, que sea inminente. Hay corrientes siniestras que pudieran contribuir a prolongar su permanencia en el poder con negociaciones delezbles y contubernios impúdicos. Esto hay que evitarlo a como dé lugar para que no se alargue la agonía del pueblo cubano y se consuma el saqueo criminoso del país.

En todo caso, no podemos desfallecer ni claudicar. En esta etapa decisiva de nuestra contienda hay que redoblar los esfuerzos para que no decaiga la fe en nuestra capacidad para recobrar y mantener la libertad. Frente al despotismo inicuo de Castro, el mayor crimen sería la sumisión abyecta o el desaliento aciago.

Al escribir o evocar la historia de nuestra gesta en estas últimas décadas, no podemos dejar de reconocer los errores cometidos. Pero para que la crítica sea equilibrada y constructiva, debemos también señalar los aciertos y exaltar las virtudes. No por infructuosa hasta la fecha ha dejado de ser digna y tesonera la lucha por la libertad. Urge, pues, arrojar luz, más luz, como clamara Goethe, para que se vea la magnitud del esfuerzo y la complejidad de la hazaña en un entorno poco solidario, que fluctúa casi siempre entre la indiferencia y la pusilanimidad.

Mucho se ha escrito, y bien, sobre nuestras vicisitudes, pero faltan quizás testimonios esclarecedores y estimulantes que den una visión más completa de nuestra magna cruzada. Ese es el móvil de este libro, fruto de mis inquietudes y desvelos: el recuento eslabonado de la resistencia y el destierro a través de documentos escritos a lo largo del proceso.

Es deber de todos mantener vivo el recuerdo de tanto sacrificio. La historia, como decía Azorín, es una pugna constante contra la muerte moral, que es el olvido. Ella "trata de evitar que los dichos y los hechos, los personajes y sus circunstancias, se sumerjan en lo que se ha llamado la noche de los tiempos."

Con eso en mente, hurgué en mis archivos y encontré una serie de escritos que jalonan los distintos episodios de la lucha contra la dominación comunista: desde el advenimiento del régimen de Castro hasta ésta, su fase terminal. No todas los documentos que seleccioné tienen el carácter de histórico, pero sí creo que tienen relevancia histórica por lo que dicen, por lo evocan o por lo que conmueven. No obstante lo anterior, y reconociendo las limitaciones de este esfuerzo antológico y mi condición de juez y parte, me apresuro a consignar que "no están todos los que son, ni son todos los que están."

Los documentos recogidos en este libro revisten de las formas más diversas. Incluyen ensayos, artículos, cartas, memorandos, discursos, arengas, pronunciamientos, manifiestos, proclamas, versos, elegías, panegíricos y oraciones. Pero hay tres constantes que palpitan en todos los trabajos seleccionados, y éstas son: Patria, Geopolítica y Libertad.

La Patria —imagen clavada en el recuerdo del proscrito— está siempre presente en la nostalgia que nos deprime y en la esperanza que nos levanta. La Geopolítica, factor condicionante de nuestra historia insular, no ha dejado de internacionalizar nuestra lucha, de complicar las opciones y de prolongar el desenlace. Y la Libertad, la tercera de las constantes, es el objetivo central de nuestra cruzada, porque sin ella la ley es azote; la justicia, merced; la paz, sumisión; la economía, miseria, y la cultura, esterilidad.

Guiado por estas tres constantes, no me limité a compilar cronológicamente los documentos pertinentes, como suelen hacer los antólogos. Quise también enlazarlos y darles perspectiva histórica. Sólo así, encuadrados en el tiempo y en el espacio, vistos en el contexto de su propia realidad, llegan a tener impacto y significación.

Los escritos recopilados, muchos de los cuales tuve el honor de redactar, corresponden esencialmente a los originales, con las necesarias condensaciones y algunos retoques. En casi todos bullen las vibraciones de la lucha, la tónica del combate. Son cantares de gesta y no lucubraciones reposadas.

No hay neutralidad en las páginas de este libro, porque no la puede haber cuando la libertad está en juego y la Patria está en peligro. Sólo insisten en ella algunos "cubanólogos" sin espinazo, que encubren sus prejuicios e inconfesables intereses con el barniz académico de una aparente objetividad.

Sin sonrojo ni arrepentimiento, reconozco que prima la pasión en estas "trincheras de papel," pero quiero pensar que no es la pasión arrebatada de corta mecha que impresiona y fenece, sino la pasión domeñada de largo alcance que razona y engendra. Como dijera Ortega y Gasset, "la auténtica pasión creadora de historia es un fervor recóndito, tan seguro de sí mismo, tan firme en su designio, que no teme perder calorías por buscar el auxilio de las dos cosas más gélidas que hay en el mundo: la clara reflexión y la firme voluntad."

El libro está dividido en cinco partes. La primera, *El Ocaso de la República*, consta de un ensayo que escribí en 1958 sobre las raíces de los males que contribuyeron al desplome de nuestras instituciones. Le sigue otro trabajo que trata de explicar cómo y por qué Castro llegó al poder. Incluyo datos oficiales de la administración del Presidente Eisenhower, hasta hace poco clasificados confidenciales, sobre los planes que se discutieron en la Casa Blanca unos días antes de la fuga de Batista.

La segunda parte del libro, *Un Rojo Amanecer*, comprende el período que va desde el advenimiento del régimen de Castro en enero de 1959 hasta el inicio de la resistencia en gran escala a mediados de 1960. Aporto a esta sección artículos periodísticos, ensayos y discursos que desentrañan las promesas engañosas de libertad, denuncian el despojo y la colectivización agraria, y abordan el tema candente de las elecciones. Incluyo también fragmentos de un trabajo que escribí a mediados de 1959, titulado "¿Hacia Dónde Vamos?", en el que establezco un nítido paralelo entre las medidas adoptadas por Castro desde el inicio de la Revolución, y las preconizadas por Marx y Lenin como pasos previos para comunizar a un país. Concluyo esta sección con testimonios personales e históricos que demuestran la necesidad impostergable de ejercitar el derecho inmanente a la resistencia adecuada.

La tercera parte, *A Látigo y Destierro*, abarca episodios imborrables de la gesta inconclusa. Hay aquí documentos iluminadores, muchos de ellos inéditos, sobre la constitución del Frente Revolucionario Democrático (que más tarde se fusionó con el Consejo Revolucionario), y los acuerdos secretos con el gobierno de los Estados Unidos. Y hay también testimonios reveladores de primera mano sobre Bahía de Cochinos, el Escambray y la clandestinidad; sobre la expulsión del régimen de Castro del sistema interamericano; sobre la Resolución Conjunta de 1962 y la beligerancia denegada, y sobre la Crisis de los Cohetes, el pacto Kennedy-Khruhschev y la postura ambivalente de la OEA en el caso de Cuba. Termina esta sección con un capítulo titulado "Militancia y Cubanía", en el que se describe la lucha continuada por la libertad y el papel que ha jugado la disidencia y la cultura en la diáspora.

La cuarta parte del libro, *Cruces en el Camino*, es como un cofre sagrado que guarda medallones históricos y sentimentales que bosquejé en homenaje a algunos de nuestros caídos. Comienza esta sección con un diálogo que compuse con fragmentos de la correspondencia en el exilio entre Orestes Ferrara y José Manuel Cortina, y termina con diez semblanzas de seres muy celebrados y queridos, que murieron tristemente en el destierro añorando el reposo en la Patria redimida.

La quinta y última parte de esta obra, *Mirando al Futuro*, es un barrunto, un audaz vislumbre del porvenir. Incluyo en ella un análisis del derrumbe del imperio soviético y sus implicaciones para Cuba. Abordo en artículos periodísticos y ensayos diversos los temas polémicos del embargo económico a Cuba, el éxodo de los balseros, y las negociaciones con Castro. Abogo por el apoyo al movimiento de resistencia en Cuba come se hizo con "Solidaridad" en Polonia. Y concluyo el libro con mi reciente disertación sobre el futuro de Cuba, en la que perfilo los tres grandes retos que tendremos que enfrentar a la caída de la tiranía: democratización política, liberalización económica y regeneración moral.

Después de esta breve introducción, invito al lector a que recorra conmigo, no las estaciones trilladas del calvario de Cuba, sino los hitos desconocidos u olvidados de la lucha por la libertad, que pese a todos los obstáculos, errores y adversidades, saldrá de nuevo a la luz como en los partos laboriosos de la historia: entre gritos de dolor y cantos de esperanza.

I

EL OCASO DE LA REPÚBLICA

Raíces de nuestros males

Con la ilusión de mis ideales y los arrestos propios de la juventud (21 años apenas cumplidos), me gradué de derecho en 1957 en la Universidad de Santo Tomás de Villanueva, en La Habana. Al año siguiente, recibí una maestría en leyes en la Universidad de Harvard. Tenía plena fe en el porvenir de Cuba, pero me turbaba, me entristecía y me avergonzaba el presente.

No podía condonar ni aceptar el malhadado golpe militar del 10 de marzo de 1952, que, sin justificación alguna, había quebrantado el orden constitucional y descarriado la República. Pero no estaba dispuesto a abrazar la causa de la insurrección sin que antes se agotaran todas las posibilidades de dirimir la controversia nacional por vías pacíficas y democráticas. Tomé, pues, el camino de la protesta cívica frente a los desmanes del régimen, y apoyé la fórmula electoral que, con clarividencia pero sin éxito, preconizaron el Dr. Carlos Márquez Sterling, mi padre y otras personalidades.

Mi inconformidad no se limitaba al régimen de fuerza que imperaba en el país. Me oponía también a los males que veníamos arrastrando desde la misma fundación de la República. Mi crítica estaba exenta de resentimiento, y no dejaba de reconocer los grandes logros alcanzados en los primeros cincuenta años de vida republicana: arquitectura jurídica de primer orden; desarrollo económico acelerado y en fase de despegue, aunque con alto desempleo y bolsones de indigencia en las ciudades y subdesarrollo en el campo; clase media pujante y en franco crecimiento; nivel educativo relativamente alto, pero con insuficientes escuelas vocacionales, de artes y oficios y de técnica agrícola; amplia protección laboral y régimen de seguridad social avanzado; en fin, nivel de vida que nos colocaba entre los tres primeros países de América Latina en casi todos los renglones.

Todo eso era innegable. Pero a pesar de los éxitos logrados, Cuba padecía de una inestabilidad política crónica, con brotes de violencia, y sus instituciones habían sido minadas por la corrupción. La República estaba en peligro, no sólo por el eclipse de la democracia, sino por algo aun peor: la progresiva desintegración política y moral del país.

Sin prever en ese momento todas las consecuencias, me alarmó el estado de descomposición social, la gangrena que veía avanzando con implacable rigor. Fue esa enorme preocupación la que me movió a estudiar a fondo las raíces de nuestros males.

Poco después de graduarme de derecho, leí, estudié y reflexioné sobre este tema inquietante. Mi objetivo era contribuir a identificar las causas principales de nuestros descalabros. No pude terminar el trabajo que escribí en 1958, porque las convulsiones desatadas por la Revolución pocos meses después desviaron mi atención. Pero pude conservar el borrador y todos mis apuntes, y en ellos me basé para completar el siguiente ensayo.

Visto con perspectiva histórica, después de 37 años de barbarie comunista, quizás parezca algún tanto negativo. Pero debo aclarar que mi propósito no era tan sólo analizar nuestros desajustes y defectos. Tenía también la intención de ponderar en otro trabajo nuestras virtudes y potencialidades. Y para completar el tríptico, me proponía redactar un tercer ensayo, sugiriendo pasos concretos para lograr una Cuba mejor.

Tenga esto presente, amable lector, al calibrar este trabajo redactado por un joven inconforme en el año fatídico de 1958.

----------- O -----------

"Mirando hacia atrás ¿cabría pensar propiamente que la República no es la derivación legítima, sino acaso la adulteración, ya que no la antítesis, de los elementos originarios creados y mantenidos por la Revolución que la engendraron y constituyeron?"

Así comenzó el prócer Manuel Sanguily un luminoso artículo publicado en 1924, seis meses antes de su deceso. Hoy, 34 años después, podríamos hacernos la misma pregunta. ¿Cómo contestarla? La historia, con la fuerza incontrastable de los hechos, nos da una respuesta dolorosamente afirmativa: los cubanos hemos falsificado la República.

Lejos de justificar nuestras faltas y errores, cometidos con inusitada frecuencia a lo largo de estos años de tentativa republicana, lo que haremos más bien será analizarlos y estudiarlos a la luz de la coyuntura histórica en que se produjeron.

Las crisis, los desajustes y desequilibrios que hemos experimentado desde los mismos inicios de la República, no pueden ni deben ser aceptados como hechos fatales. La existencia de un hecho no prueba la necesidad de ese hecho. Sólo lo dan como norma de las acciones los que, llevando a exagerados extremos el determinismo, renuncian al estudio de las causas para ser sojuzgados por los efectos.

Las crisis cubanas no surgen de la nada, sino que responden a causas ciertas, más o menos remotas y voluntarias, que las motivan. Sólo un estudio profundo y global de esas causas hará posible un diagnóstico acertado de nuestros males, que permita encontrar los medios adecuados para combatirlos y curarlos, así como las reglas de higiene social necesarias para prevenirlos en el futuro.

Revisemos las páginas de nuestra historia... Al finalizar la hazaña de la independencia, que en el encuadre geopolítico de la época parecía un imposible, Cuba se encontraba desangrada, agotada y sumida en la miseria. Decenas de miles de cubanos caídos en la lucha o abatidos por plagas, inanición y epidemias; las figuras cimeras de nuestra gesta desaparecidas; los campos devastados; la economía en ruinas, y la soberanía mediatizada por una espada de Damocles que colgaba sobre los destinos de Cuba: la Enmienda Platt.

Nacíamos como república, y ya la República estaba en crisis... En esa situación, nuestros líderes, que en la guerra de independencia habían mayormente unificados sus esfuerzos bajo una sola bandera, se lanzaron resueltos a la plaza cívica. Sus pasos, sin embargo, pronto se dividieron, y cada uno de ellos, rasgando un pedazo de esa bandera, pretendió convertirlo en bandera de todos.

Esta es la historia de nuestra República, historia de una crisis inicial, no superada, que ha venido agravándose con el tiempo. ¿A qué atribuir esa crisis inicial, esos males congénitos, que explican y en parte determinan los desajustes posteriores?

Ya desde fines del siglo XVIII, el ilustre estadista norteamericano, Thomas Jefferson, preveía la inestabilidad de los países al sur de los Estados Unidos. Decía Jefferson que los pueblos latinoamericanos conseguirían arrojar el yugo colonial, pero se encontraba decididamente escéptico respecto a la capacidad de éstos

23

para gobernarse a sí mismos, y se temía que su futuro fuese una sucesión de despotismos milita $_{\cup}$s durante bastante tiempo.

Esa falta de capacidad para el gobierno propio no se debía, en lo fundamental, a barreras étnicas o culturales insuperables; era más bien consecuencia lógica de la inexperiencia democrática. El autoritarismo español distaba mucho de la tradición liberal anglo-sajona, que fue la que aceleró la maduración política de Norte-américa.

El propio Martí, al redactar las bases del Partido Revolu-cionario Cubano, tuvo en cuenta ese serio obstáculo que había que superar. Afirmó el Apóstal en el artículo cuarto de dichas bases: "El Partido Revolucionario Cubano no se propone perpetuar en la República cubana, con formas nuevas o con alteraciones más aparentes que esenciales, el espíritu autoritario y la composición burocrática de la colonia, sino fundar en el ejercicio franco y cordial de las capacidades legítimas del hombre, un pueblo nuevo y de sincera democracia, capaz de vencer, por el orden del trabajo real y el equilibrio de las fuerzas sociales, los peligros de la libertad repentina en una sociedad compuesta para la esclavitud."

Hemos arrostrado, y seguimos arrostrando, esos peligros de la libertad repentina de que hablaba Martí. La libertad entre nosotros fue un hecho, no una conciencia; fue una conquista, no una tradición. Aprendices en el arte del gobierno propio, tuvimos un día que ser maestros. Sin experiencia y casi por instinto, comenzamos a ejercer la democracia, llevando a cuestas el lastre del abso-lutismo y tratando de contener los excesos del libertinaje. Así comenzó nuestro largo y accidentado aprendizaje.

Las repúblicas se fundan sobre hábitos republicanos. Los pueblos llegan a ser demócratas practicando la democracia, aunque sea a medias en los primeros tiempos. Las naciones sólo logran consolidar su libertad cuando alcanzan cierto grado de madurez política arraigada en tradiciones.

Entre nosotros, la tarea republicana ha sido ardua, penosa y difícil. Además de carecer de experiencia democrática, nos faltó inspección tutelar. El hombre de Estado que ilumina, organiza y dirige con visión y probidad, no sucedió en Cuba al heroico libertador. Claro que hubo honrosísimas excepciones, pero sus nobles esfuerzos no fueron suficientes para sanear la República y evitar los descalabros.

Reflexionando sobre este hecho, Enrique José Varona aseveró in 1915: "La generación de cubanos que nos precedieron y que tan grandes fueron en la hora del sacrificio, podrá mirarnos con asombro y lástima, y preguntarse estupefacta si éste es el resultado de su obra, de la obra en que puso su corazón y su vida. El monstruo que pensamos haber domeñado resucita. La sierpe de la fábula vuelve a reunir los fragmentos monstruosos que los tajos del héroe había separado. Cuba republicana parece hermana gemela de la Cuba colonial."

La democracia, que es quizás la forma más difícil de gobierno, porque trata de coordinar el derecho de cada uno con el interés de todos y el orden social, necesita apoyarse en dos pilares fundamentales: cordura y cooperación.[3] Cuando faltan estas condiciones esenciales de la humana convivencia, la República se debilita y fracciona, y la nación, sin consistencia y sin rumbo, cae indefectiblemente en la anarquía o en gobiernos de fuerza.

Cuba ha venido sufriendo los embates de un desequilibrio y una inercia, con ráfagas de violencia y dispersión, que datan de tiempos coloniales. Estos males que, como veremos, tienen causas hondas y complejas, no impidieron el nacimiento de nuestra nacionalidad. Esta surgió por un anhelo común de libertad, bajo el influjo de la sangre, la cultura y el medio, y de un modo o estilo peculiar de vivir. Subsisten esos lazos físicos, históricos y afectivos que nos unen, pero laten también tendencias disolventes que impiden, o al menos dificultan, el normal desenvolvimiento de la nación y la realización de su destino.

La nación existe, pero no está plenamente vertebrada. Tiene personalidad y rasgos propios, mas le falta madurez y cohesión. Dispone de fuerza espiritual, aunque menguada por las defraudaciones y los desengaños. Rebosa en dinamismo y pujanza, pero su pulso es errático. De ahí que de las energías naturales de los cubanos no broten con mayor frecuencia empresas colectivas. Nuestros propósitos nacionales muchas veces se malogran a la

---

[3] Ver juicios incisivos sobre este tema en el libro de Luis Fernández Caubí, *¿Por Qué Fracasó la Democracia en Cuba?* Ediciones Universal, Miami, 1993.

sombra del más fiero antagonismo o de la más profunda indiferencia. Falta en el país, si no civismo, la savia fructificante de la solidaridad social.

En Cuba, se ha dicho antes, tres hombres separados valen cien veces más que juntos. La acción colectiva, encaminada a un fin concreto común a todos, no es fácil entre los cubanos. Nosotros preferimos la acción individual, a veces disociadora y hostil.

La clave de la estabilidad y el vigor de las democracias más avanzadas del mundo radica precisamente en su capacidad para forjar un consenso nacional; un pacto social asentado en la Ley, que sea lo suficientemente amplio y sólido para fomentar el libre juego de las ideas y respetar la diversidad de razas, credos y opiniones.

Acaso el lema del gobierno de los Estados Unidos (no siempre, por cierto, aplicado en la práctica), sea el que mejor sintetice el desiderátum: "E Pluribus Unum." Esta inscripción significa que de muchos se formará uno, y por extensión, de muchas razas se formará un pueblo; de muchas religiones resultará la libertad de credos; de muchas opiniones diversas surgirá la convergencia o asentimiento para estructurar la democracia.

¿Por qué en el caso de Cuba, que tanto ha avanzado en el orden económico y cultural, se hace tan difícil la cooperación social, el esfuerzo colectivo? ¿Qué es lo que nos atomiza y engendra nuestra crónica inestabilidad?

El individualismo excesivo del cubano es un factor determinante. Ese individualismo ha producido ciudadanos eminentes que han brillado en casi todas las actividades, profesiones y ramas del saber, tanto en las luchas independentistas (cuyas proezas no tienen paralelo en América), como en el foro, la cátedra, el parlamento, las academias, los organismo internacionales y la empresa privada. Pero nuestros éxitos individuales no suelen traducirse en triunfos colectivos, porque el cubano prefiere trabajar por su cuenta y no en equipo a través de las instituciones y los canales establecidos.

La vida comunitaria, la asociación y la convivencia en general requieren un mínimo de sacrificios, renunciamientos y transacciones ("compromises," según la certera locución anglosajona). Dicho de otro modo, la armonía social exige flexibilidad, tolerancia y sentido del límite. He ahí el primer obstáculo. En un juicio sobre el carácter del cubano, el diplomático Andrés Clemente Vázquez decía: "Al cubano le desagrada la transacción; está más en los extremos que en el medio; le gusta la lucha y la pelea más que la armonía." Nuestras pugnas encarnizadas y nuestra dificultad para zanjar las crisis políticas reflejan el prurito de la intransigencia quijotesca como cuestión de honor, y la resistencia a hacer concesiones pragmáticas para no lesionar la dignidad.

La personalización de nuestras controversias, con su secuela de posturas soberbias y querellas destempladas, dimana de la pasión —sello distintivo del alma española. Hay mucho de grandeza en la pasión, cuando no se desorbita o se rebaja por la envidia: fuerza vital, carácter, sensibilidad, hidalguía, espontaneidad, arranques sublimes que se traducen en heroísmo y chispazos intuitivos que llegan a lo genial.

Decía Salvador de Madariaga, al describir este rasgo sobresaliente que también tipifica a los cubanos, que el individuo que anida la pasión se interesa por todo; por eso suele ser a la vez egotista y universal. Si está motivado, su energía es volcánica, pero le cuesta mucho trabajo graduarla para que no se disipe bajo fuertes estados emocionales en los que alternan las exaltaciones y las depresiones.

Nuestra pasión, cuando lleva la brida de la razón, es una virtud. No así el ciego apasionamiento o arrebato, que, sin el equilibrio de la prudencia, la constancia del esfuerzo y la brújula de la moral, llega a ser espasmódico, perturbador y a veces brutal.

Otra tendencia del cubano mencionada por Vázquez es su empeño de querer "resolver los negocios según su propio deseo o su particular conveniencia, y no dentro de las realidades. A éstas se ajusta con dificultad." La naturaleza, en extremo pródiga con los cubanos, nos ha consentido, al punto de hacernos creer que todo es posible en nuestra tierra feraz; que los hechos y las realidades no son más que meros peones que podemos mover a capricho. Con esta concepción pueril de que las cosas son como uno quiere que sean, y no como en efecto son, nuestros esfuerzos colectivos, faltos de una base sólida en que apoyarse, se diluyen muchas veces en discusiones utópicas o en proyectos extravagantes.

Sobre el poco sentido práctico y realista del cubano influye también su fertilísima imaginación, que tiende a crear y colorear sus propias verdades. Por otra parte, fallas en la educación, en extremo teórica y verbosa, han impedido que arraigue entre nosotros la disciplina de la investigación empírica y del análisis objetivo y profundo. Sin esta disciplina, el cubano, que es muy ducho para captar y perorar, pero no para reflexionar y precisar, se deja llevar por impresiones, creencias o corazonadas, e incurre sin quererlo en generalizaciones superficiales y conclusiones precipitadas.

En el orden político, lo más pernicioso y desestabilizante ha sido posiblemente la falta de respeto y debido acatamiento al orden legal del país. El cubano parece reconocer, al menos de palabra, la importancia de la Ley. La invoca con frecuencia, pero no se siente obligado a cumplirla. Acaso piensa que ha sido eximido de ese deber por los desafueros de los gobernantes. Olvida, sin embargo, que un mal no justifica otro mal, y que si con frecuencia ha sido defraudado por sus mandatarios, ello se debe en cierta medida a inercia, descuido o actitud sumisa de su parte.

Acostumbrado a los vicios de la colonia, al pueblo no le asombran o perturban demasiado las inmoralidades que afloran en la República. Constituyen desgraciadamente su historia de cuatro siglos. Regidos en el pasado por capitanes generales que venían de afuera, traían su sistema, lo implantaban y luego desaparecían junto con los fondos coloniales, el cubano calla y tolera ahora las malversaciones de los nuevos capitanes generales que vienen de adentro.

"El pueblo de Cuba," decía don Manuel Márquez Sterling, "era el espectador silencioso de aquella comedia, que, al fin, concluyó en trágico desastre. Y el espectador que debió convertirse en actor, siguió y sigue siendo espectador."

Y esto crea un círculo vicioso. Porque el "dejar hacer y dejar pasar" en el campo político, producido por la falta de costumbre del cubano de fiscalizar a sus gobernantes, facilita la corrupción administrativa en tiempos republicanos. Y esta corrupción viene a adormecer o neutralizar la opinión pública —nervio y sostén de la democracia— acentuando aun más la inercia o abstención inicial.

Es bien sabido que la posesión de un poder extraordinario e irresponsable corrompe a quienes lo ejercen. Podrán, pues, apreciarse las consecuencias funestas que para el país tiene lo que se ha dado en llamar "política centrífuga," en la que todo gira hacia el poder capitalino; más concretamente, hacia el poder ejecutivo; específicamente hacia el presidente de la Republica.

La centralización excesiva —que en el caso de Cuba vulnera la letra y el espíritu de su Constitución— es muy grave, porque cuando el gobierno es fuente de vicios y corrupciones, la inmoralidad se pone de moda y extiende su maléfica influencia a todos las sectores del país. Esto es lo que ha acontecido en Cuba (por no mencionar a las demás repúblicas latinoamericanas), agravado por la fácil riqueza, el clima sedante, el hedonismo centrado en el verbo "gozar", y el carácter impresionable del cubano —rápido en asimilar cuanto se le enseñe, tanto para bien como para mal.

A esto hay que agregar el optimismo inveterado y a veces frívolo del pueblo, para quien Cuba es una "isla de corcho" que nunca se hunde. Podrá sacudirla alguna que otra crisis pasajera, pero siempre flotará, alegre y sensual, bañada por el sol.

Gustavo Pittaluga atribuye este optimismo pasivo e irresponsable a una valorización excesiva de la suerte (reflejada en el dicho popular "¡qué suerte tiene el cubano!"), que se deriva de situaciones azarosas de nuestra historia, de fluctuaciones aleatorias de nuestra economía azucarera, y de fallas y errores de nuestra educación. Según Pittaluga, nuestra actitud, como especulativa del espíritu, nos hace fiar la prosperidad al juego, a la lotería, a lo contingente, más que a la previsión y a la voluntad.

He querido hacer esta breve incursión en la psicología y en los hábitos de nuestro pueblo para tratar de identificar algunos de los males que han venido socavando los cimientos de la República. Sus causas son complejas y sus raíces profundas. No basta, pues, para encauzar y consolidar nuestra democracia con un simple cambio de gobierno; ni siquiera con la restauración ansiada de la libertad, hoy cercenada por la fuerza.

El país necesita, sobre todo, reformas de la conducta ciudadana, genuinas, duraderas y raigales. Con la ayuda de la educación y el ejemplo de dirigentes más rectos, hay que inculcar el imperativo de la Ley, el sentido de la solidaridad social, la conciencia de la probidad, la ética de trabajo, la pureza del sufragio y la

29

participación activa y responsable de la ciudadanía en todas las fases del proceso democrático.

Sobre los pilares de una nueva Cuba progresista y austera, hay que afianzar las instituciones dentro del marco constitucional y forjar hábitos republicanos. Una vez recobrada la libertad, no podemos los cubanos seguir oscilando entre los extremos de la sumisión y la rebeldía. Tenemos que encontrar un punto medio que evite tanto la entrega abyecta al demagogo u hombre fuerte de turno, como la crítica demoledora o el golpe artero a la autoridad legítimamente constituida.

Es hora ya de cerrar el capítulo funesto del caudillismo con todas sus manifestaciones de inmadurez política. ¡Qué daño nos ha hecho el aplauso adulador que conduce al mesianismo! La República no se salva con caciques endiosados por las masas, sino con un cuerpo de leyes justas acatado por todos. Si no queremos seguir sufriendo caídas tormentosas y crueles desengaños, tenemos que confiar más en las instituciones democráticas y menos en las promesas y concesiones de los que llegan al poder.

Pero si pernicioso ha sido nuestro servilismo político bajo gobiernos autocráticos, no menos nocivos han sido la crítica acerba y el ataque feroz bajo gobiernos democráticos. Estas posturas extremas del cubano parecen contradictorias, pero en realidad no lo son. Reflejan una marcada tendencia a actuar impulsivamente, sin sujeción a normas, jerarquías o sistemas. Responden al afán de ampliar el albedrío sin mayor preocupación por los medios o la forma.

Jorge Mañach estudió con penetrante acierto este fenómeno idiosincrático que conjuga la rebeldía, la sumisión y el choteo —perversión de la burla, cáustica y subversiva. Según el ilustre escritor, "La rebeldía produjo la República; la adulación ha engendrado eso que hoy llamamos 'guataquería'. Pero, a poco que la autoridad sea débil, indirecta o inerme, surge el choteo como una afirmación del yo."

Hay que corregir estos excesos que nos suelen llevar de la anarquía al despotismo. A fin de lograr en el futuro estabilidad política bajo un régimen de libertades, tenemos que embridar las pasiones, moderar la intolerancia, respetar la autoridad, ejercer la crítica constructiva, en fin, aprender a ventilar nuestras controversias pacíficamente dentro del orden legal establecido.

La democracia se renueva y fortalece con reformas legitimadas por el sufragio, y no violentando el proceso e incumpliendo las leyes. No debe la impaciencia llevarnos a la tentación del tajo revolucionario o ruptura del ritmo constitucional para acelerar la evolución o perfeccionar el sistema. La sociedad, como la naturaleza, no avanza dando saltos. La fuerza sólo se justifica como última ratio, para defender o recobrar la libertad cuando se han agotado todas las posibilidades de avenencia, pero no como pretexto para destruir o descartar la democracia al menor contratiempo.

Decía John Stuart Mill que "la continuidad es un derecho del hombre; es un homenaje a todo lo que lo distingue de la bestia." Esa es la única revolución que le ha faltado a Cuba: la revolución que ponga fin a todas las revoluciones; la que garantice la continuidad de la democracia y el progreso verdadero, que florece en la paz, se afianza en la justicia, y se perpetúa en las costumbres.

¿Cómo y por qué llegó Castro al poder?

Sabemos de su destreza, arrojo y engaño, de su obsesión de mando, y del factor suerte; pero aun así resulta inconcebible que haya podido capturar el poder. Hasta los analistas más perspicaces y bien informados continúan preguntándose ¿cómo pudo suceder?

Para separar los mitos de las realidades cubanas, no basta hacer un simple recuento de los hechos. Se requirere un estudio más completo que pondere la confluencia de factores que hizo posible el ascenso de Castro. En este breve ensayo me concentraré en las causas inmediatas, ya que en el capítulo anterior analicé las raíces más profundas de nuestros males. El propósito no es censurar, sino esclarecer. Recordando a Santayana, si no extraemos lecciones de la historia, estamos condenados a repetirla.

Como veremos más adelante, hay factores externos que tuvieron un impacto significativo en el desenlace del proceso insurreccional. Sin embargo, precisa reconocer que la responsabilidad primaria del triunfo de Castro recae sobre los cubanos.[4] Esta responsabilidad por acción u omisión es extensa: abarca a muchos, mas no en el mismo grado. Afirmar lo contrario sería incurrir en el error craso de la equivalencia moral. Pero no debe la autocrítica, por severa que ésta sea, atenuar la estafa monstruosa de Fidel Castro, ni llevarnos a la conclusión de que Cuba merecía el suplicio que desde hace más de treinta y siete años padece. Una cosa es aceptar la cuota de responsabilidad que nos corresponda, y otra es alimentar complejos de culpa que justifiquen nuestra desgracia y absuelvan a Castro.

Hecha esta aclaración, examinemos algunos de los factores que hicieron posible el advenimiento de Castro. La lista comienza, por razones obvias, con la dictadura ambivalente de Batista, quien después de haber usurpado el poder en 1952, ni propició la paz para restaurar la democracia, ni hizo la guerra para ponerle fin a la insurrección. Los hechos indican que el Gobier-

---

[4] Este tema fue tratado, *sine ira et studio*, por Guillermo de Zéndegui en su libro *Todos Somos Culpables*, Ediciones Universal, Miami, 1991.

no pudo haber liquidado a Castro y a sus pocos seguidores sin mayor dificultad, al menos en la fase inicial de la lucha. ¿Por qué entonces no lo hizo? Aparte del fatídico error de cálculo, atribuible quizás al ambiente palaciego de adocenada complacencia, hay otro factor que no podemos ignorar: la existencia del foco guerrillero le sirvió de base o pretexto al Gobierno para suspender las garantías constitucionales, facilitar la corrupción y continuar en el poder.

El estado general de descomposición, codicia y arbitrariedad que existía en círculos gubernamentales contaminó las ya politizadas jefaturas de las fuerzas armadas, que, salvo honrosas excepciones, se sometieron al régimen de facto y usufructuaron sus prebendas. No es de extrañarse, pues, que a la hora de pelear contra los rebeldes faltase autoridad moral para motivar a las tropas y denuedo para tomar la ofensiva y vencer. Las fuerzas armadas apenas le hicieron frente a los guerrilleros, y, a la caída de Batista, ni siquiera negociaron el cese de las hostilidades. Desmoralizadas y acéfalas, se entregaron a Castro, cavando así su propia sepultura y dejando a la República totalmente indefensa.

Los partidos y movimientos democraticos de oposición, que en su mayoría abrazaron la causa justa del rescate constitucional, no están exentos de responsabilidad. En sus filas serpenteó el divisionismo, agudizado por la intransigencia. En lugar de crear una imponente tercera fuerza nacional que ofreciera un salida viable al dilema Batista–Castro, la oposición democrática se fragmentó y debilitó. Los electoralistas, por un lado, no lograron movilizar al pueblo para que esgrimiera en masa el arma del sufragio. Los abstencionistas, por otro lado, renunciaron al protagonismo político-revolucionario, pasando a ser meros espectadores del drama que acontecía. Y finalmente los grupos insurreccionales, confiando en Fidel Castro o creyendo poder controlarlo a distancia, respaldaron la lucha armada contra Batista sin prever las consecuencias. Olvidaron acaso que en el mare mágnum de las revoluciones triunfan los más audaces y engañan los más taimados.

Al fundar en 1958 el Partido del Pueblo Libre, los doctores Carlos Márquez Sterling y Néstor Carbonell Andricaín (a la derecha y al centro de la foto) trataron de crear una tercera fuerza que le diera salida electoral al dilema Batista-Castro.

No faltaron esfuerzos de mediación para resolver pacíficamente la grave crisis nacional. La Sociedad de Amigos de la República, encabezada por el patricio don Cosme de la Torriente, el Bloque Cubano de Prensa, la Iglesia Católica y las instituciones cívicas trataron en distintas oportunidades de terciar en la contienda, pero no pudieron lograr un entendimiento patriótico que evitara el cisma y desplome de la República. El Gobierno apeló a tácticas dilatorias para permanecer en el poder, y casi todos los grupos de oposición insistieron en la renuncia inmediata de Batista. Estas posturas irreductibles, tan propias de nuestro temperamento apasionado, impidieron una transacción honorable en aras de la paz con libertad.

El último intento serio de mediación se produjo en febrero de 1958. Bajo el patrocinio del episcopado cubano, se creó un Comité de Concordia Nacional que pidió el cese de la violencia y el establecimiento de un gobierno de unidad que hiciera posible el retorno a la normalidad. Batista, en un gesto que creyó conciliatorio, reorganizó su gabinete y atrajo a algunas figuras de talento y prestigio. Pero cuando el episcopado, presionado por Castro, aclaró que lo que proponía la Iglesia era la formación inmediata de un gobierno provisional que presidiera unas elecciones honestas, Batista reiteró que no abandonaría el poder hasta el cumplimiento de su "mandato", que expiraba el 24 de febrero de 1959.

Polarizada la situación y enquistada la crisis, los elementos más extremistas y belicosos (los "tanquistas" del gobierno y los rebeldes de la sierra y el llano) crearon un clima de irracionalidad, enfrentamiento y violencia. Se desató el péndulo del terror y contraterror, y se abrieron surcos de sangre en todo el país.

Mas no fueron muchos los que tomaron una participación activa en la contienda. Ni el campesinado se sumó a las guerrillas de Castro, ni el sector obrero organizado respaldó las huelgas revolucionarias. Pero un número considerable de jóvenes estudiantes, profesionales, intelectuales y comerciantes le dio un fuerte impulso al movimiento de resistencia cívica, que se había creado en las ciudades para complementar y apoyar las guerrillas en el campo. Algunos industriales, creyendo en la retórica revolucionaria o queriendo congraciarse con Castro, contribuyeron también con sus recursos a avivar la llama de la insurrección.

A principios de 1958, el gobierno de Batista se había desacreditado y debilitado considerablemente (debido en gran parte a sus propios desafueros), pero no estaba en peligro de caer. Y la oposición armada, simbolizada principalmente por Fidel Castro, se estaba extendiendo, pero carecía de credibilidad y recursos suficientes para imponerse y vencer. ¿Qué fue lo que vino a inclinar la balanza en favor de la insurrección y de Castro? Entre los factores relevantes, hay algunos de origen externo que ejercieron una influencia notable. Examinemos primeramente los medios de publicidad.

Desde el comienzo de la insurrección (principios de 1957), Fidel Castro recibío el espaldarazo de tres forjadores de la opinión pública norteamericana: Herbert Matthews del *New York Times*, Jules Dubois del *Chicago Tribune*, y Ed Sullivan de *CBS*. Cuando el joven revolucionario luchaba desesperadamente por sobrevivir y ganar notoriedad, estos periodistas lo presentaron al mundo como "la figura cubana más destacada y romántica después de José Martí," como "el Robin Hood de la Sierra Maestra," y como "un gran líder en el verdadero espíritu americano de George Washington."

De todos los cronistas extranjeros que auparon a Castro, Matthews fue posiblemente el más influyente y contumaz. Orgulloso del papel que había desempeñado, magnificando la importancia del oscuro guerrillero (cuando sólo tenía un puñado de adeptos) y asegurando una y otra vez que no tenía inclinaciones o vínculos comunistas, el connotado editorialista del *New York Times* aseveró que sus artículos habían "literalmente cambiado el curso de la historia de Cuba."

Claro que no bastaron plumas extranjeras para crear dentro de Cuba el mito de las campañas heroicas de Fidel Castro y rechazar la "patraña batistiana" de infiltración marxista. A partir del 24 de febrero de 1958, esa función la cumplió a cabalidad Radio Rebelde —el arma más poderosa que tuvo el "Máximo Líder" para impulsar la única guerra que realmente ganó: la guerra psicológica. Pues bien, esa arma vital llegó a manos de Castro gracias a la ayuda extranjera.

Según reveló uno de los dirigentes del Movimiento 26 de Julio, el Dr. Lucas Morán Arce, en su magnífico libro *La Revolución Cubana*, el equipo para la estación clandestina de Radio Rebelde "fue enviado desde Nueva York por el Dr. Charles Santos Buch al Sr. Park F. Wollam, cónsul norteamericano en Santiago de Cuba. Allí la Sra. Herminia Greig de Santos Buch, esposa de uno de los fundadores y miembros de Resistencia Civica, visitó al cónsul, le comunicó el contenido y destino de las cajas y le pidió que las reclamara y se las entregara al Movimiento 26 de Julio. El Sr. Wollam así lo hizo, y le prestó un gran servicio a la causa de la revolución".

En esa misma época (febrero de 1958) comenzó el transporte de armas por aire del extranjero a la zona rebelde. Los aviones provenían principalmente de un pequeño aeropuerto abandonado de la Florida y aterrizaban en Cienaguilla, en las estribaciones de la Sierra Maestra. Según el Dr. Lucas Morán, se llevaron a cabo 16 viajes con un Cesna 99, cuatro misiones con un Beechcraft y un vuelo con un Lockheed PB-2 Lodestar. También se recibieron armas de Venezuela y México. Pero el cargamento más importante (10 toneladas de armas) vino en un avión que despegó clandestinamente de Punta Arenas, Costa Rica, con la anuencia del entonces presidente de ese país, José Figueres.

A raíz de dicha operación (marzo de 1958), se produjo un hecho que hirió de muerte al régimen de Batista y levantó la moral de los rebeldes: la suspensión de toda ayuda militar norteamericana al Gobierno de Cuba. Hasta ese momento, Washington había mantenido ostensiblemente una política de estricta neutralidad hacia Cuba que llegó a impedir que el Embajador Earl E.T. Smith le prestara su apoyo a la gestión mediadora del episcopado. Ahora con el embargo militar, que por presión de Washington se extendió a fuentes alternas de suministro de armas en Europa y Canadá, el Gobierno de los Estados Unidos inicia una nueva política que fue percibida por muchos como un acto de repudio a la dictadura y como un reconocimiento tácito de la beligerancia de los rebeldes.

A pesar de este duro revés, el Gobierno de Batista aprovechó el fracaso de la huelga revolucionaria de abril de 1958 para llevar a cabo la llamada ofensiva de verano. Más de once batallones intervinieron en el asalto, pero la mitad de los efectivos carecía de adiestramiento militar, y la otra mitad estaba desmoralizada. Así se explica que durante la campaña aumentaran de un modo alarmante los casos de deserciones, bajas por autolesiones y entrega de armas a los rebeldes por dinero.

Raúl Castro y Ernesto "Che" Guevara (aquí en la foto) comenzaron a manifestar tendencias radicales en la Sierra Maestra, pero Fidel Castro mantuvo ocultos sus rojos designios. (*AP / Wid World Photos*, junio 1958).

La ofensiva de verano estaba condenada al fracaso, pero los rebeldes, que en ese momento sólo contaban con un total de 300 alzados, apelaron al secuestro como coraza de protección. En junio de 1958, Raul Castro, comandante del segundo frente oriental, ordenó la captura de 49 ciudadanos norteamericanos que se encontraban en la zona para retenerlos como rehenes. Esta operación fue riesgosa, pero produjo los efectos deseados por los rebeldes. Las negociaciones para la devolución de los rehenes tomaron cerca de un mes, y durante ese período crítico los ataques aéreos y terrestres del Gobierno fueron suspendidos a fin de no poner en peligro a los secuestrados.

Los resultados de la ofensiva de verano fueron desastrosos para el Gobierno. Cundió el derrotismo en el ejército y sus tropas se replegaron. Fidel Castro, por su parte, que había sido designado comandante en jefe de todas las fuerzas de oposición a Batista que suscribieron el Pacto de Caracas el 20 de julio, logró aumentar sus guerrilleros de 300 a 800 y ordenó que dos columnas rebeldes al mando de Camilo Cienfuegos y Ernesto "Che" Guevara se desplazaran a Las Villas. Esta marcha de 600 kilómetros a través de llanuras ocupadas por tropas del ejército se efectuó sin mayores contratiempos. El soborno de oficiales y clases del Gobierno facilitó la espectacular jornada.

Mientras esto ocurría, se agudizó la controversia entre el Embajador Earl E.T. Smith y los dos funcionarios norteamericanos que más influyeron en la política de los Estados Unidos respecto a Batista, Castro y las relaciones con Cuba: Roy R. Rubottom, Secretario de Estado Adjunto para América Latina, y William Wieland, Director de la Oficina del Caribe y México. Estos funcionarios del "cuarto piso" del Departamento de Estado le habían restado importancia al peligro comunista recalcado por Smith y le prohibieron al Embajador interponer sus buenos oficios para lograr en Cuba una transición pacífica hacia la democracia.

Cuando parecía inminente la caída del Gobierno de Batista (después del simulacro de elecciones en noviembre), y las señales de infiltración comunista captadas por los servicios de inteligencia de los Estados Unidos eran más claras, Washington hizo un esfuerzo tímido y tardío por evitar el desenlace. Envió al ex-embajador William D. Pawley a Cuba a principios de diciembre para que, extraoficialmente, convenciera a Batista de que entregara el poder a una junta cívico-militar sin nexos con su Gobierno. No pudiendo mencionar que dicha propuesta (incluyendo la posible residencia de Batista en la Florida) contaba con el respaldo de Washington, la gestión de Pawley fracasó.

Unos días después, el 17 de diciembre para ser preciso, el Embajador Smith, por instrucciones de Rubottom, le comunicó a Batista que los Estados Unidos no podían continuar apoyando su Gobierno (por haber perdido el control efectivo de la situación en Cuba), y que sería aconsejable que él abandonara el país. Este ultimátum en lenguaje diplomático, que precipitó la fuga de Batista y la rendición del ejército, constituyó, a juicio de Smith, una intervención en favor de Castro. Quiso decir el Embajador que Washington le dio el empujón final al dictador sin importarle el vacío que sería llenado por Castro.

¿Tuvo el Presidente Einsenhower conocimiento de este ultimátum? ¿Se le mantuvo informado del deterioro progresivo de la situación en Cuba y de la penetración comunista en el movimiento de Castro? A juzgar por la minuta de la junta del Consejo Nacional de Seguridad celebrada en Washington el 23 de diciembre de 1958, Eisenhower no fue debidamente informado del agravamiento de la situación en Cuba ni de las medidas tomadas por los funcionarios del cuarto piso.

Dada su trascendencia histórica, transcribo a continuación la versión en español de dicha minuta, que hasta hace poco permaneció clasificada confidencial en los archivos oficiales del Departamento de Estado en Washington, D.C.

Minuta de la Junta del Consejo Nacional de Seguridad celebrada en Washington, D.C., el 23 de diciembre de 1958[5]

"A juicio del Sr. [Allen] Dulles, la situación en Cuba estaba empeorando. Era improbable que Batista tomase algunas medidas para remediar las condiciones, como no fuese una acción militar desesperada que, a todas luces, el ejército no apoyaría de buena gana. Los comunistas parecen haber penetrado el movimiento de

---

[5] Foreign Relations of the United States 1958-1960, Volume VI, CUBA, U.S. Government Printing Office, Washington, D.C., 1991, pp. 302-303.

Castro a pesar de cierto esfuerzo por parte de Fidel de dejarlos fuera. Si Castro toma el poder en Cuba, es de esperarse que elementos comunistas participen en el gobierno. [En sus memorias *Waging Peace*, pag. 521, Eisenhower afirmó, "Cuando escuché este informe, me irrité por no habérseme comunicado antes esta conclusión."]

"El Presidente preguntó si el Departamento de Estado le había solicitado al Departamento de Defensa que estudiase una acción militar que podría ser necesaria en Cuba. El Secretario Herter dijo que las conversaciones entre los Departamentos de Estado y Defensa se habían centrado en la posibilidad de una evacuación; él no tenía conocimiento de ningún proyecto de acción militar.

"El Sr. Quarles opinó que Castro era el peor entre los dos males representados por Castro y Batista. Estados Unidos debía apoyar al menor de esos males y, por ende, debía proceder contra las bases que en el país ayudaban a Castro. El Secretario de Justicia ["Attorney General"] informó que estaban arrestando a los simpatizantes de Castro en Estados Unidos cuando éstos violaban los estatutos. El Vicepresidente [Nixon] preguntó si era posible enjuiciar penalmente a quienes financiaban a Castro desde los Estados Unidos. El Secretario de Justicia observó que se podría enjuiciar a los militantes castristas más vigorosamente si por razones de alta política ["policy"] esto fuese deseable... [Omitida la frase siguiente.]

"El Sr. Quarles estimó que deberíamos decidir cuál de las facciones deseamos apoyar en Cuba. El Vicepresidente afirmó que tenemos que ajustarnos a la ley cuidadosamente ya que la prensa norteamericana tiende a apoyar a Castro. El Presidente inquirió si había algún cubano aspirante al poder que podríamos apoyar... [Omitidas las dos frases siguientes]. El Sr. Dulles agregó que deberíamos impedir el triunfo de Castro. El Presidente señaló que era la primera vez que se hacía esta afirmación en el Consejo Nacional de Seguridad. El Vicepresidente afirmó, por otro lado, que no podíamos apoyar a Batista para derrotar a Castro. [Omitida la frase siguiente.]

"El Sr. Allen se preguntó por qué Estados Unidos debía impedir la victoria de Castro. El Sr. Dulles apuntó que se pensaba que Castro estaba apoyado por elementos extremadamente radicales. El Vicepresidente señaló que no era deseable correr el riesgo de una dominación comunista en Cuba, que tenía uno de los partidos comunistas más grandes del hemisferio en relación con su población. El Secretario Herter observó que parecía ser unánime el sentir de que un régimen de Castro sería indeseable.

"El Presidente consideró que Estados Unidos debía tomar una posición que los progresistas pudiesen repaldar. El Sr. Quarles opinó que no había una "tercera fuerza" (es decir, otra fuerza que no fuese Batista o Castro) para apoyar. El Presidente manifestó que estaba convencido de que una "tercera fuerza" con influencia y pujanza podría surgir si la organizase un hombre capaz provisto de dinero y de armas. El Secretario Herter consideró que era necesario un plan de contingencia. En respuesta a una pregunta del Vicepresidente, el Sr. Dulles dijo: [omitida la respuesta]."

---------- O ----------

Siguiendo las directrices del Presidente Eisenhower, altos funcionarios del Gobierno, reunidos el 31 de diciembre de 1958 en el Departamento de Estado, tratan de establecer contacto en Miami con algunos dirigentes políticos cubanos no vinculados ni a Batista ni a Castro, pero ya era demasiado tarde. (Uno de ellos, Manuel Antonio de Varona, acababa de aterrizar en Cuba.) La caída de Batista era inminente, por lo que el Departamento de Defensa, representado en la reunión por el Almirante Burke, procede entonces a ultimar los planes de contingencia para evacuar a los ciudadanos norteamericanos a bordo del portaviones "Boxer."[6]

Mientras tanto, en Cuba las conspiraciones contra el Gobierno de Batista habían llegado a los niveles más altos del ejército. El General Eulogio Cantillo, quien había tenido contactos indirectos con Castro al fracasar la ofensiva de verano, ahora los restablece y acuerda el alzamiento de las guarniciones de Santiago de Cuba, Guantánamo y Matanzas. Otros generales y coronales disidentes se aprestan a forzar la salida de Batista. El propio General Francisco Tabernilla le informa al Embajador Smith el 24 de diciembre

---

[6] Ibid, pp. 323-329.

que el ejército se negaba a combatir, y que el Gobierno no podía sobrevivir por mucho tiempo.

A los pocos días, se produce la fuga de Batista y de sus más cercanos colaboradores. Cae lo que queda de gobierno, no por derrocamiento, sino por desintegración. Se entrega el ejército disperso y sin mando, no por derrota, sino por desmoralización. Y el pueblo, cansado de tanta corrupción y matanza, creyendo que cualquier cosa era mejor que Batista, apoya finalmente a Castro y se deja llevar por mitos de lucha, cantos de gloria y promesas de redención.

II

UN ROJO AMANECER

Lo que pudo ser ... y no fue

Al despuntar el año de 1959, se produjo en Cuba lo que parecía imposible: la fuga de Batista y de sus íntimos colaboradores, la rendición incondicional del ejército, y el desplome de la República.

Fueron pocos los que, en el llamado amanecer glorioso, se percataron del enorme vacío de poder que se había producido y previeron las infaustas consecuencias. El ambiente no era, lamentablemente, de examen y reflexión, sino de euforia y esperanza. El pueblo, embriagado de júbilo, creyó en las promesas de la Revolución triunfante y le tributó a su máximo líder un recibimiento apoteósico.

Yo no estaba inmune contra el optimismo contagioso. A pesar de no haber militado en las filas del Movimiento 26 de Julio ni haber apoyado la causa insurreccional, sentí las vibraciones del pueblo y creí por unos instantes en las alocuciones que escuché. Vi grandeza en lo que no era más que teatro, y pensé con el corazón exaltado más que con la mente incrédula, que había llegado la hora ansiada de la regeneración.

Gustavo Le Bon explicó mejor que nadie la psicología de las multitudes bajo la hipnosis de un demagago o tirano con facultades histriónicas y poderes omnímodos. Decía el preclaro escritor que en esas circunstancias las aptitudes intelectuales de los individuos se borran en el alma colectiva. Lo heterogéneo se anega en lo homogéneo y dominan las cualidades inconscientes. Paralizada la vida cerebral por el efecto de la sugestión, el contagio de los sentimientos y el miedo, el individuo en muchedumbre pasa a ser un autómata sin discernimiento ni voluntad.

Así sucedió en la Revolución Francesa. Como bien apuntó Le Bon, los hombres de la Convención, considerados separadamente, eran en su mayoría burgueses ilustrados. Pero reunidos en muchedumbre, no dudaron en aprobar las más insólitas proposiciones: enviar a la guillotina a individuos manifiestamente inocentes, renunciar a su inviolabilidad, y diezmarse a sí mismos.

Así también sucedió en la Cuba revuelta y febril de 1959. Sólo que el poder hipnótico de Castro fue quizás mayor que el que ejerciera Robespierre debido a su capacidad diabólica para el engaño, agigantada por el martilleo incesante de la propaganda masiva a través de la prensa, la radio y la televisión.

Al igual que la inmensa mayoría del pueblo, saludé con regocijo el anuncio del primer gabinete revolucionario, que colocaba en posiciones relevantes a cubanos honorables y sensatos. Y aplaudí los pronunciamientos de Fidel Castro, a principios de enero, durante el acto multitudinario que se celebró en el Campamento de Columbia: "La verdad es el primer deber de todo revolucionario..." "Los peores enemigos que en lo adelante puede tener la Revolución somos los propios revolucionarios.." "Paz con libertad; paz con justicia, paz con derechos. Nadie quiere la paz a otro precio..." "Cuando todos los derechos de los ciudadanos han sido restablecidos; cuando se piensa convocar a elecciones: ¿Armas para qué?" "Si el equipo gobernante que está en este momento no acierta, tiempo tendrá el pueblo para botarlo en las elecciones, porque aquí se acabaron para siempre los golpes de Estado..." "Nadie piense que vamos a caer en provocaciones...; porque cuando la paciencia se nos haya agotado, buscaremos más paciencia."

Al escuchar ese discurso ecuánime y elevado, y observar la reacción entusiasta del pueblo, pensé que se abrían amplios horizontes para la Cuba democrática, progresista y honrada que vislumbraba en mis sueños. Al calor de las emociones, pergeñé un artículo titulado "Horizontes de Cuba," que fue publicado con cierto retraso en el *Diario de la Marina*, el 25 de enero de 1959. En ese artículo, que a continuación transcribo, se esboza con fervor lo que vi, sentí y creí en el momento. Para desgracia nuestra, la realidad fue otra. Lo que pudo ser, no fue: el ideal vilmente destruido; el sueño abortado.

Horizontes de Cuba

Bajó la montaña al llano. Se estremeció el Pico Turquino y de su seno brotaron cabezas hirsutas, que unidas en invencible legión de hermanos bajo la dirección de un heroico guerrero, avanzaron incontenibles hacia la capital y salvaron la República.

La victoria llegó a tiempo... Un hondo escepticismo comenzaba a filtrarse en el ánimo de muchos cubanos como consecuencia de largos años de gobernación faudulenta, que culminaron en horrenda catapulta de sangre y corrupción. Una creencia de que era inútil batirse por un ideal, porque éste a la postre sería vencido. La idea de que Cuba estaba destinada a ser una república raquítica y de choteo. El convencimiento de que la Patria era una "botella" jugosa y lucrativa para los que se saben aprovechar de ella. Un sentido darwiniano de la vida, de que hay que luchar, no importa cómo, para subsistir, y de que uno se puede elevar pisoteando a los demás.

Corríamos el riesgo de creer que la República era y seguiría siendo una quimera; de que el cubano carecía de capacidad y de virtud para gobernarse; de que éramos escenario escandaloso de todos los vicios, de todas las inmoralidades y de todos los crímenes; de que la ley, la democracia y la nación eran una farsa.

Surgió lo inesperado. En el silencio de la noche se oyó un grito, que fue como un desgarramiento del alma... ¡Libertad o muerte! Un puñado de valientes se había alzado con la fuerza de la razón y la luz de un ideal, y detrás de ellos se alzó un pueblo. Cuba había sido vindicada.

Decía Martí que "las etapas de los pueblos no se cuentan por sus épocas de sentimientos infructuosos, sino por sus instantes de rebelión. Los hombres que ceden no son los que hacen a los pueblos, sino los que se rebelan." Y agregaba: "Los pueblos, como las bestias, no son bellos cuando, bien trajeados y rollizos, sirven de cabalgadura al amo burlón, sino cuando de un vuelco activo desensillan al amo. Un pueblo se amengua cuando no tiene confianza en sí: crece cuando un suceso honrado viene a demostrarle que aún tiene entero y limpio el corazón."

Y eso hicieron estos vindicadores de la Patria: descubrieron, de entre la podredumbre y el fango, la pureza del corazón cubano; revelaron al pueblo de Cuba su unidad y su pujanza.

Lo que hay que hacer ahora es abrir y ensanchar horizontes, si aspiramos a ser grandes como nación. Sólo es grande quien se atreve a serlo y pone todos los medios a su alcance para lograrlo. Los pueblos, al igual que los hombres, han de ir a su destino, porque el destino no irá jamás hacia ellos. El destino existe; el problema será, a toda hora, procurarlo.

Nosotros los cubanos debemos tener el valor de pensar en grande y de querer lo grande. Cuba, por su historia, su posición geográfica, la riqueza de su suelo y la jerarquía moral de sus próceres, no puede conformarse con ser un pueblo mediocre, perdido en el laberinto oscuro de las querellas de rincón, sin ver las líneas sencillas, pero gigantes, que orientan su futuro.

Hoy, que ha renacido la libertad, es necesaria la acción fecunda de hombres con capacidad y vergüenza que se atrevan a hacerle frente a nuestros males, desarrollando un programa austero de rectificación y saneamiento dentro del marco de la Constitución y con la garantía de la justicia.

Somos como nación un valor potencial indefinido que debemos procurar definir. Urge, pues, concentrar en unánime decisión la voluntad del pueblo, para que en una embestida sobre el horizonte podamos abrir un boquete de luz y de esperanza para el futuro.

Queda ante nosotros la ingente tarea de regenerar a Cuba y de edificar, sobre bases sólidas e inconmovibles, una nueva república, superior a todo sectarismo y a toda ambición bastarda y egoísta. Contribuir a la realización de este ideal es el deber de todos los cubanos.

¿Lograremos algún día alcanzar esa meta?

Miro de frente al porvenir y veo, claramente dibujados, los horizontes de Cuba.

Voz de alerta

No todo fue aplauso y genuflexión a la llegada de Castro. Sin querer ensombrecer el júbilo reinante, voces cautelosas impartieron sanos consejos y mesuradas advertencias. El brillante periodista Humberto Medrano, al saludar el advenimiento del régimen, terminó su editorial con esta cita de Saint-Just que, por profética y certera, mucho molestó a Castro: "Las piedras están talladas para el edificio de la libertad. Vosotros podéis construir con ellas el templo o la tumba."

Pasados los primeros días de euforia, me causó alarma y repulsión el curso que estaba tomando la Revolución con sus fusilamientos a granel, tribunales revolucionarios de fanáticos y analfabetos, violación constante de los derechos humanos, aluvión de reformas constitucionales y decretos sin consentimiento ni debate; en fin, ausencia total de garantías jurídicas y diques institucionales que pudieran contener o moderar el turbión revolucionario.

La técnica empleada por Castro para desatar las pasiones en la plaza pública era también preocupante. Apeló en sus discursos interminables al "latiguillo", arma preferida de los demagogos para provocar automáticamente los aplausos de las masas. Según Ortega y Gasset, el demagogo trata a la multitud que le escucha como a un animal, y hace restallar sobre sus lomos la tralla envilecedora de su palabra.

La demagogia de Castro, disfrazada de democracia directa, se puso de manifiesto en el discurso que pronunció el 21 de enero de 1959 en una imponente concentración popular frente al Palacio Presidencial. En esa ocasión, el líder revolucionario se dirigió con acento dramático a los periodistas y diplomáticos extranjeros que estaban presente, y les dijo:

"Imaginad, señores representantes diplomáticos acreditados en Cuba, imaginad un inmenso jurado de un millón de hombres y mujeres de todas las clases sociales, de todas las creencias religiosas, de todas las ideas políticas. Yo le voy a hacer una pregunta a ese jurado; yo le voy a hacer una pregunta al pueblo. Los que están de acuerdo con la justicia que se está aplicando, los que están de acuerdo con que los esbirros sean fusilados, que levanten la mano..." (La multitud levanta la mano.)

"Señores representantes del cuerpo diplomático, señores periodistas de todo el Continente, el jurado de un millón de cubanos de todas las ideas y todas las clases sociales, ha votado."

Esta y otras manifestaciones de absolutismo caudillista me movieron a escribir un artículo abogando por el imperio de la ley y el pleno restablecimiento de la Constitución de 1940, leitmotiv de la lucha contra Batista. Repasé las lecciones de la historia y extraje principios democráticos de mi tesis de grado sobre el espíritu de nuestra Carta Magna. Recordé la frase admonitoria que sirvió de encabezamiento a mi tesis, publicada más tarde en el exilio: ¡Qué desamparado e indefenso el ciudadano cuando se pisotean la Constitución y las leyes! Conculcados sus derechos; aherrojada su conciencia; sometido a la arbitraria voluntad del más fuerte; y roto el dique de las pasiones, arrastrado a la barbarie y a la muerte...

A continuación, el artículo que publiqué en el *Diario de la Marina* el 8 de marzo de 1959.

La Nueva República

Nos encontramos los cubanos en un período de transición: entre el sepulcro de una era y la cuna de otra.

Mirando hacia atrás: ¿Qué nos ha legado el pasado?

Una república flamante, orlada de avenidas, monumentos y edificios, pero vacía de principios políticos y de tradiciones. Una república progresista, que despilfarra su pujanza en el campo infecundo de las luchas intestinas. Una república desequilibrada por el mal funcionamiento de sus instituciones y el incumplimiento reiterado e impune de sus leyes. Una república sometida al desgaste de una política corrompida, que falsifica la vida de nuestro pueblo, desviándolo de su espontánea trayectoria. En fin, una república que últimamente no fue más que una caricatura de república.

¿Qué nos depara el futuro?

Prosperidad y grandeza, si no incurrimos en las mismas fallas y errores que nos hicieron caer en la depravación y el crimen.

El imperio de la ley

La necesidad más apremiante del presente, que nos encuentra dedicados a la tarea de trazar los derroteros de una nueva y verdadera república, es instaurar el imperio inexorable de la ley, aplicada sin distingos ni privilegios, e interpretada equitativamente por tribunales imparciales.

La vida social, si no se desenvuelve dentro de cauces legales, desemboca indefectiblemente en la anarquía o en transitorios gobiernos de fuerza. El ciudadano sin la garantía de la ley, respetada y cumplida, es un ilota miserable carente de derechos, prerrogativas y libertad. Los gobernantes sin el freno de la ley se corrompen y degeneran, convirtiéndose a veces en verdaderos monstruos obsedidos por la codicia y la frenética ambición de poder.

En Cuba la ilegalidad es una enfermedad que se ha hecho crónica. Este fenómeno, cuyas causas hay que buscarlas en nuestro temperamento y en nuestra educación, así como en viejas lacras coloniales, constituye un poderoso disolvente social que ha conspirado siempre contra la libertad y el orden establecido. Es precisamente la ilegalidad crónica lo que ha provocado casi todas las crisis, desajustes y convulsiones que hemos experimentado desde los mismos inicios de la República.

El cubano desconfía de la ley, a la que cree su enemigo. Utiliza todo su ingenio para evadir subrepticiamente su cumplimiento; la considera un estorbo innecesario a sus intereses, cuando no una afrenta a su dignidad. Se puede decir que el cubano es alérgio a la ley y a toda medida que tienda a limitar o reglamentar su libertad.

El problema de Cuba no radica, pues, en la falta de leyes, sino en el estricto cumplimiento de las que ya tenemos. Los desajustes de la nación no son orgánicos, sino funcionales. La crisis no es tanto de capacidad, como de conducta. La llamada "inoperancia" de las instituciones no obedece, en términos generales, a defectos o imperfecciones estructurales de las mismas; es más bien consecuencia lógica de la falta de disciplina social, de virtud política y de respeto y debido acatamiento al ordenamiento legal del país.

En Cuba falta crear una conciencia jurídica y social que nos permita superar totalmente la fase instintiva y anárquica del derecho, o la que es peor, la del predominio del más fuerte.

La libertad sólo puede existir dentro del marco de las leyes justas. Los pueblos llegan a su madurez cuando aprenden a ser libres con las leyes, no contra ellas o sin ellas; cuando se convencen de que en el estricto cumplimiento e inteligente aplicación de las mismas está su salvación política.

Respeto a la ley y sanción severa al que la incumpla, incluyendo a los gobernantes, es ya todo un programa a realizar. Revolución de la legalidad es la que necesita y anhela el pueblo cubano.

La Constitución de 1940 como programa revolucionario

La Revolución cubana cerró brillantemente el ciclo heroico de la insurrección. Se propone ahora consolidar la libertad rescatada, en un clima de paz y de rectificación ciudadana.

Para realizar su destino histórico, la Revolución triunfante cuenta con el influjo magnético de un líder excepcional: el doctor Fidel Castro, y cuenta también con una Ley Suprema, expresión de la voluntad soberana del pueblo que le sirve de base para desarrollar con autoridad el programa de reformas sustanciales que Cuba necesita: la Constitución de 1940.

Los pueblos, sobre todo en épocas de crisis, necesitan compuertas legales sólidas para resistir el oleaje multiforme de sus pasiones, de sus intereses y de sus luchas. Por eso acuden a las constituciones, que son pactos sociales para la civilizada convivencia, escritos a veces con sangre, dolor y anhelos. Ellas constituyen un mecanismo de paz superior a las mudables contingencias legislativas y a los cambios pasionales del gobernante, mediante el cual se coordinan los intereses sociales dentro de un orden legal fijo, y se garantizan las libertades y los derechos ciudadanos.

Las revoluciones, con la potestad que dimana del consentimiento del pueblo, se ven a veces precisadas a abrogar o reformar sustancialmente la Constitución vigente a fin de poder canalizar sus propósitos radicales de cambio y renovación. El caso de Cuba (a pesar de estar rigiendo trasitoriamente una nueva Ley Fundamental) es esencialmente distinto. La Revolución cubana, según manifestaciones de sus más autorizados voceros, no se hizo para cambiar el orden constitucional del país, sino para rescatarlo de la fuerza.

En la Carta Magna de 1940 tenemos nosotros una libertad jurídicamente vertebrada y socialmente justa. Hacer que esa libertad escrita viva palpitante en todas las leyes, usos y tradiciones del país, es la revolución que falta en un pueblo como el nuestro, que ha vivido bajo el signo funesto de la inconstitucionalidad permanente.

No existen razones de ningún género que aconsejen apartarnos de la preceptiva constitucional, a no ser en aquellos aspectos que sean estrictamente indispensables para hacer posibles las elecciones y el tránsito hacia la legitimidad que nace de la soberanía popular. La Carta Magna de 1940 permanece con plena vigencia para nuestras realidades jurídicas y sociales. Ella recoge los anhelos, aspiraciones y reformas que han estado latentes en la conciencia pública cubana por más de medio siglo. Algunos de sus preceptos fundamentales, como los que se refieren a los Derechos Individuales y al Régimen Político, son avaladas por un pasado de dolores, ansiedades y pugnas sangrientas. Otros, como los relacionados con el Sistema Económico y Social, responden a las exigencias de la democracia contemporánea y son el resultado de un equilibrio transaccional entre los distintos sectores e intereses del país representados en la Asamblea Constituyente.

A la Constitución de 1940, que es el mandato de todo el pueblo cubano, sólo hay que darle la vigencia de una aplicación inmediata, efectiva e integral. Objetivo principal de la Revolución debiera ser el desarrollo y cumplimiento vertical de sus instituciones básicas, como son, entre otras: los tribunales del trabajo, la carrera administrativa, el consejo nacional de educación y cultura, las escuelas vocacionales de técnica agrícola y de artes y oficios; los seguros sociales, las cooperativas agrícolas tuteladas por el Estado, el régimen parlamentario reglamentado (que sirvió de pauta a la actual Constitución francesa propuesta por de Gaulle), el sistema de la propiedad privada en función social y la libre empresa.

No confundamos la Constitución de 1940 con las infracciones que a la sombra de la misma se han venido cometiendo. No asociemos la crisis de los hombres con la supuesta crisis del sistema. Recordemos aquella observación de Manuel Sanguily cuando el primer intento de reformar la Constitución de 1901 era abortado, y que es aplicable a nuestros tiempos. Decía el patricio: "La Constitución ni contiene graves defectos, ni sería jamás culpable de los males que se palpan. El mal no está en la ropa, que nunca se ha usado propiamente. La calentura, o los vicios, están en el alma de los enfermos y no en su guardarropía."

A la nueva República (nueva por su estilo y proyección) le corresponderá purificar nuestras costumbres, sanear nuestra administración pública, renovar nuestra forma de gobierno, y desarrollar nuestra economía; pero manteniendo el principio de la supremacía e intangibilidad constitucional, que es el sostén de la democracia, el germen del progreso y el equilibrio de la nación.

El pueblo: guardián de sus libertades

Al pueblo cubano, que siempre ha sobresalido por su heroica tenacidad para conquistar la libertad, le ha faltado, en cambio, la cohesión y la virtud social necesarias para mantenerla y preservarla.

Una de las causas que más ha contribuido a los eclipses frecuentes de la libertad en nuestro país ha sido la actitud indiferente o pasiva del cubano ante los desmanes y arbitrariedades de quienes lo gobiernan. La administración pública y la regencia de los destinos nacionales han sido consideradas patrimonio exclusivo de los políticos de oficio. La función democrática del ciudadano ha quedado reducida a la participación fugaz en el evento electoral, casi siempre viciado de origen. Los graves problemas de la colectividad se han contemplado con preocupación, pero desde lejos. Son cuestiones que, por salirse de la órbita de los negocios y de la profesión específica de cada individuo, no han sido consideradas de la incumbencia privada. La intervención esporádica del ciudadano en el palenque de la vida pública la ha motivado, casi siempre, el propósito de defender algún interés personal lesionado. Fuera de estos casos, la tendencia predominante del ciudadano ha sido a la inercia y la abstención.

El pueblo de Cuba no ha aprendido cabalmente lo que tiene él de responsable en la mala administración. No se ha percatado plenamente del peligro que representa, para la comunidad y sus integrantes, el funcionario desleal, el legislador torpe o el mandatario corrupto. No ha acabado de comprender que la democracia no puede perdurar sin una opinión pública organizada, vigilante y bien informada, que se yerga en celoso guardián de la Constitución y de las leyes, impidiendo la arbitrariedad de los gobernantes y el abuso de los gobernados.

Se nota, sin embargo, un cambio en el ambiente. La ciudadanía, otrora anquilosada y apática, se encuentra hoy desplegando una intensa actividad. La sociedad cubana ha despertado del letargo fatal en que se hallaba sumida. Se siente ya latiendo el pulso vigoroso de nuestra nacionalidad.

La trágica experiencia de estos últimos años ha acelerado la maduración política de nuestro pueblo, y está forjando la conciencia de que la libertad sólo puede estar garantizada si cada ciudadano, cada agrupación y cada sector del país ejercen los derechos y asumen las responsabilidades que lleva implícita la democracia. Hacer de ésta un plebiscito cotidiano, un diálogo constante entre el pueblo y sus mandatarios, es la tarea más hermosa, necesaria y difícil que tenemos hoy los cubanos.

---------- o ----------

La respuesta de Castro

Consciente del peligro que para un gobierno autoritario representan las ideas verticales, cuando impugnan o cuestionan públicamente sus arbitrariedades, Castro no tardó en rebatir indirectamente mis aseveraciones sobre el imperio de la ley y el restablecimiento de la Constitución de 1940.

En el discurso que pronunció en el palacio presidencial el 13 de marzo de 1959, el líder revolucionario afirmó: "... Nos hablan mucho de la Ley, pero ¿de qué Ley? ¿De la vieja o de la nueva? Porque hay dos clases de leyes: la de antes, que la hicieron los intereses creados, y las de ahora que las vamos a hacer nosotros."

"Nosotros seremos respetuosos de la Ley, pero de la Ley revolucionaria. Respetuosos del derecho, pero del derecho revolucionario, no del derecho viejo; del derecho nuevo que vamos a hacer. Para el derecho viejo nada, ningún respeto; para el derecho nuevo, todo el respeto. Para la ley vieja ningún respeto; para la ley nueva todo el respeto.

"¿De dónde emana la Constitución? Del pueblo. ¿Quién hace la Constitución? El pueblo. ¿Y quién es el único que tiene poder para cambiar la Constitución? El pueblo. ¿Quién tiene derecho a modificar la Constitución? La mayoría. ¿Quién tiene la mayoría? La Revolución...

"De Constitución podemos hablar los que la hemos defendido. ¿Y de qué Constitución? De aquella que representa los intereses del país. Es bueno sentar aquí que el Consejo de Ministros revolucionario, representativo de la inmensa mayoría del pueblo, es el poder constituyente de la República en estos instantes, y que si un artículo de la Constitución resulta inoperante, demasiado viejo, el Consejo de Ministros revolucionario, representativo de la inmensa mayoría del pueblo, transforma, modifica, cambia o sustituye ese precepto constitucional."

Contra el despojo y la colectivización agraria

Después de escuchar la respuesta sin ambages de Castro —fiel reflejo de su egocentrismo y abuso de poder— pude atisbar el rumbo inexorable que llevaba la Revolución: de la demagogia a la tiranía. Me faltaba, sin embargo, confirmar si esta tendencia se debía únicamente al temperamento absolutista del Máximo Líder, o si respondía al plan siniestro de un vuelco totalitario.

La llamada Ley de Reforma Agraria vino a despejar casi todas mis dudas. El molde que le dio forma a esa Ley era, a mi entender, marxista-leninista. El método empleado para enervar y dividir la población fue la lucha de clases. El objetivo final no era introducir reformas progresistas de carácter agrícola, sino destruir la propiedad privada y la libre empresa para establecer las bases de un sistema asfixiante de centralización estatal y economía dirigida.

El lavado de cerebro fue tan efectivo que la inmensa mayoría del pueblo creyó que se trataba de una fórmula salvadora para eliminar la explotación en el campo y entregar las tierras a los pobres campesinos. Y lo que no consiguió la propaganda, lo logró el terror: el terror a ser tildado de contrarrevolucionario, latifundista y traidor a la Patria.

Fueron pocos los que se pronunciaron públicamente en contra del despojo y la colectivización agraria. Entre los políticos, el Dr. Manuel Antonio ("Tony") de Varona fue quien con más valentía y claridad expresó su disentimiento y alarma. Por los colonos, Ricardo R. Sardiña denunció con argumentos contundentes el corte totalitario de la Ley de Reforma Agraria. Armando Caíñas Milanés, presidente de la Asociación Nacional de Ganaderos, afirmó por televisión que la Ley era más radical que el proyecto esbozado por los propios comunistas en 1956. Y Monseñor Pérez Serantes, quien inicialmente se había manifestado a favor de la Reforma Agraria, más tarde declaró que los autores de la Ley y los comunistas bebían de la misma fuente.

A pesar de estas y otras advertencias —verdaderos aldabonazos a la conciencia ciudadana— las muchedumbres exaltadas corearon la consigna oficial de "La Reforma Agraria Vaaaaa...," y se ensañaron en los terratenientes como clase explotadora. Creyendo que la Reforma Agraria sólo afectaría a los magnates, las masas (y un buen número de intelectuales miopes y resentidos), se deleitaron en describir el triste sino de los latifundistas con esta frase gallera acuñada por Humberto Medrano: "Les partieron la siquitrilla."

El sagaz periodista explicó en memorable artículo que cuando a un gallo le parten de un revuelo la siquitrilla o esternón, se desploma para no levantarse más. Y presintiendo que los autores de la Reforma Agraria no se limitarían a proscribir los latifundios, agregó: "Lo grave es que este 'revuelo' le parta la siquitrilla a la República. Porque ésa si que no se debe tocar ni con el pétalo de una rosa. Ni roja, ni blanca."

La postura de los sectores económicos no fue todo lo digna, diáfana y previsora que la situación requería. Algunos de los empresarios, tratando de proteger sus fortunas, hicieron aparatosos donativos al Gobierno aun antes de conocer el texto de la Ley de Reforma Agraria. Otros aplaudieron o permanecieron callados después de su promulgación, creyendo ingenuamente que podían llegar a arreglos individuales con los funcionarios. Otros confiaron en poder negociar algunas modificaciones, sin darse cuenta de que la Ley no mejoraría sustancialmente con remiendos porque su molde era totalitario. Además, el propio Castro había reiterado que no le cambiaría ni una coma.

Muy preocupado por las consecuencias funestas de dicha Ley, asistí a la Asamblea General Extraordinaria de la Asociación Nacional de Ganaderos de Cuba, celebrada el 24 de mayo de 1959, para examinar el alcance y las implicaciones de la Reforma Agraria. Me decidí a hablar cuando vi que los ganaderos perdían el tiempo discutiendo artículos aislados de la Ley, sin percatarse de que ésta, en su totalidad, no era más que un Caballo de Troya utilizado por el Gobierno para apoderarse subrepticiamente de la economía y estrangular a la nación.

Para desgracia nuestra, el cuadro que en dicha asamblea dibujé fue nuncio de pavorosas realidades: el INRA (Instituto Nacional de Reforma Agraria) pasó a ser el INRI de los cubanos.

Seguidamente, transcribo fragmentos que se conservaron del discurso que pronuncié, no para proteger intereses de familia o de grupo, sino para defender, con la fuerza de mis convicciones y la pasión de mi juventud, los principios consagrados en la Carta Magna de 1940.

Señores de la presidencia
Señores delegados
Compañeros asambleístas:

Alzo mi voz en esta histórica asamblea, consciente del minuto crítico que vive Cuba.

No se discuten aquí hoy problemas individuales de pequeños o de grandes ganaderos. No se defienden intereses personales o de grupo. Aquí lo que se está debatiendo es el porvenir económico y político de la nación. (Aplausos).

No vengo, pues, a defender caballerías de tierra más o menos; vengo, sí, a apoyar un régimen: el de la propiedad privada; a proteger un sistema: el de la libre empresa; a defender un gobierno: el democrático-representativo. (Prolongados aplausos).

No vengo a oponerme a una reforma agraria armónica y constructiva que beneficie a Cuba; vengo a combatir la presente Reforma Agraria disociadora y punitiva que destruye a Cuba. No vengo a obstaculizar el desarrollo agrícola e industrial del país; vengo a impugnar, desde su base, la infausta Ley de Reforma Agraria, por confiscatoria, negativa, totalitaria e injusta. (Aplausos).

¿Qué es la Ley de Reforma Agraria? Es una norma que subvierte todo el ordenamiento jurídico-constitucional, modificando radicalmente la estructura política, económica y social de la nación.

Se dice con frecuencia que la Ley de Reforma Agraria, tal y como aparece redactada hoy, complementa la Constitución de 1940. Yo les digo todo lo contrario: esta Ley no complementa, sino aniquila la Constitución de 1940.

Ustedes recuerdan lo que costó, en esfuerzos y sacrificios, hacer esa Constitución, que es la expresión de la voluntad soberana del pueblo de Cuba y la síntesis suprema de sus aspiraciones nacionales. La Carta Magna de 1940 es de las más avanzadas y progresistas del mundo. Su articulado recoge todas las conquistas sociales compatibles con la democracia, la libre empresa, y los derechos fundamentales del hombre. Esa Constitución, que es el nervio de nuestra nacionalidad, sirvió de bandera para aglutinar a los cubanos y derrocar la dictadura.

La Revolución, que contó con el apoyo de casi todos los sectores del país, no se hizo para modificar o sustituir el ordenamiento constitucional, sino para rescatarlo de la fuerza. (Aplausos).

Enjuiciemos la Ley de Reforma Agraria a la luz de la Constitución de 1940, que podrá estar suspendida, pero no ha sido abrogada o modificada por el pueblo cubano. (A los que hablan de que la Revolución es fuente de derecho, se les contesta que sí, pero que ese derecho —provisional o transitorio— sólo se legitima con el consentimiento mayoritario, libre y expreso de la nación, pulsado en elecciones libres).

Se invoca el artículo 90 de la Constitución de 1940, que es el precepto que autoriza la proscripción del latifundio y la limitación de las tierras. Pero observen que la Constitución habla de un máximo de extensión de tierras "PARA CADA TIPO DE EXPLOTACIÓN, DE ACUERDO CON LAS RESPECTIVAS PECULIARIDADES." Es una limitación al cultivo, no al cultivador. Su objetivo principal es racionalizar la producción, impidiendo el monopolio en las distintas explotaciones agropecuarias.

La Ley de Reforma Agraria, por el contrario, señala un máximo general de extensión de tierra que puede poseer una persona o entidad (30 caballerías, ampliables a 100 según la productividad), en vez de establecer un máximo flexible de acuerdo con cada tipo de explotación y con las características de la región. ¡Primera violación constitucional!

Pasemos por alto, aunque tiene una gran trascendencia económica, el argumento válido de que en Cuba sólo es necesario proscribir el latifundio improductivo, es decir, aquel que constituye un peso de muerte para la economía.

Pero, ¿proscribe realmente el latifundio esta Ley de Reforma Agraria? No. Lo que hace es sustituir el latifundio multiforme de los particulares, por el latifundio gigantesco, ineficiente y despótico del Estado. (Grandes aplausos).

Yo declaro, a toda responsabilidad, que si algo proscribe esta Ley, es la libertad económica de los cubanos. (Aplausos). Los propios campesinos, supuestos beneficiarios de esta Ley, serán meros empleados a las órdenes del jefe de la localidad. La voluntad del pobre agricultor no será tomada en cuenta por el Estado, que es a la vez director omnipotente de la cooperativa, empresario único, prestamista, policía, comprador, distribuidor y sabio adoctrinador...

¿Cuál es el destino de los campesinos que no cumplan las órdenes estatales? El desempleo y la pérdida de las tierras que se les entregaron gratuita, pero condicionadamente. ¡Y a eso le llaman liberación del campesinado!

Pero volvamos a la Constitución de 1940, que se invoca hasta por quienes la incumplen.

La Ley de Reforma Agraria es también inconstitucional porque quien expropia no es una autoridad judicial competente; porque quien tasa la propiedad o determina previamente su valor no son los tribunales ordinarios; porque el valor predeterminado por la Ley para la expropiación (valor en venta según la planilla de amillaramiento), no es el valor real de la propiedad; y porque la indemnización no se paga en efectivo (aunque este último requisito no lo exige la Ley Fundamental que rige de facto).

Por eso se puede afirmar que la Ley de Reforma Agraria es confiscatoria.

Pero es más, la tantas veces citada Ley de Reforma Agraria es inconstitucional porque altera o anula las obligaciones nacidas de los contratos; afecta retroactivamente derechos adquiridos, sin indemnizar; crea tribunales de excepción, como son los Tribunales de Tierra; suprime la libertad de contratación; borra para siempre de los códigos figuras jurídicas como el contrato de aparcería y otros análogos; y supedita todo el régimen de la propiedad rústica a las decisiones de un organismo estatal con facultades legislativas, ejecutivas, judiciales, y atribuciones de asamblea constituyente: el Instituto Nacional de Reforma Agraria.

Después de esta Ley, ¿puede hablarse de la Constitución de 1940? No, porque dicha Constitución habrá quedado mutilada. ¿Puede hablarse del derecho de propiedad privada? Tampoco, porque la propiedad habrá sido despojada de todos sus atributos, como son el uso, la disponibilidad y el precio. Ni el que posea cien caballerías de tierra, ni el que posea una, tendrá la seguridad jurídica de poder conservarlas y disponer libremente de ellas. La propiedad, en fin, será una concesión que otorgue el INRA. Los propietarios se convertirán en usufructuarios condicionados de la tierra. Los sectores de la producción pasarán a ser asalariados del Estado. Y los campesinos serán reducidos a meras partículas del engranaje cooperativo. (Aplausos).

Veo en el INRA, señores, una superestructura monstruosa de carácter jurídico, económico y social. Veo en el INRA un Estado dentro de otro Estado. Veo en el INRA ¡el INRI de los cubanos! (Grandes aplausos).

Por eso dije al principio que aquí no se estaban discutiendo caballerías de tierra más o menos, sino que se estaba debatiendo el principio de la propiedad privada y de la libre empresa, que son pilares fundamentales de nuestra democracia.

No existe derecho de propiedad privada cuando el ejercicio y la misma existencia de ese derecho están supeditados permanentemente a las decisiones de un organismo estatal. Vean la trascendencia que esto tiene. Si los cubanos pierden las garantías mínimas que les reconoce la Constitución para salvaguardar su propiedad, o lo que es lo mismo, si la llamada función social de la propiedad privada traspasa las fronteras que la propia Constitución le señaló, y se abre una brecha para la intervención ilimitada del Estado, habrán perdido los cubanos su independencia económica. Y el día que pierdan su independencia económica, habrán perdido también su independencia política y moral. (Aplausos.)

No voy a entrar a discutir las repercusiones económicas de esta Ley. Me limitaré a decir que su aplicación provocará la desarticulación de toda la economía nacional, el desplome de la producción, la parálisis de las inversiones privadas y la fuga del capital extranjero.

Si se aplica esta Reforma Agraria en los términos destructivos en que está redactada, el saldo para Cuba será hambre, miseria, convulsión y esclavitud. (Aplausos).

La gravedad del momento actual requiere definiciones. La Revolución ha empleado un lenguaje tajante y claro. Es preciso contestarle con ese mismo lenguaje.

Hablan algunos de posibles negociaciones con el Gobierno Revolucionario. Y yo me pregunto: negociaciones ahora, ¿con qué objeto?

¿Acaso el Gobierno Revolucionario consultó a los sectores económicos de Cuba para redactar posiblemente la ley más trascendental de nuestra historia republicana?

¿Acaso no escuchamos las palabras recientes de Fidel Castro en el sentido de que la Ley de Reforma Agraria no sería modificada bajo ningun concepto?

Con esto no quiero excluir la posibilidad de efectuar gestiones cerca del Gobierno, aunque confieso que me siento pesimista respecto a sus resultados.

Lo que sí creo indispensable es la unión inmediata de todas las clases productoras de Cuba, porque ésta no es una agresión aislada a los colonos, hacendados, ganaderos, y cosecheros de tabaco.

Lo que sí creo necesario es la movilización de todos los sectores responsables del país para evitar los estragos irreparables que esta Ley causaría.

Lo que sí creo esencial es que las instituciones cívicas de Cuba manifiesten públicamente su oposición más enérgica a la Ley de Reforma Agraria, y anuncien al país los desajustes y las convulsiones que ésta provocaría. Si no lo hacen, serán cómplices del crimen social que se está cometiendo.

Lo que sí creo vital es la defensa de nuestras tradiciones liberales y de los principios democráticos que esta Ley vulnera.

Ganaderos de Cuba: Yo los exhorto a que se unan, en un gran frente cívico, a las demás fuerzas productoras del país.

Ganaderos de Cuba: ¡De pie para esgrimir vuestros derechos y vindicar vuestra conciencia! ¡De pie, porque si no se yerguen, serán arrasados por la avalancha incontenible del intervencionismo estatal!

---------- o ----------

Al concluir mi discurso, que, al calor de la improvisación, brotó con la fuerza de una arenga, los ganaderos, puestos de pie, me tributaron una ovación. En medio de los aplausos, que me parecieron interminables, se oyeron gritos airados de ¡Abajo el Comunismo! y ¡A Palacio!

No todos los asambleístas apoyaron mis pronunciamientos. Algunos de los más poderosos terratenientes, temerosos de que mis palabras "incendiarias" fuesen a torpedear sus planes de contemporización con el Gobierno, trataron de desacreditarme ante la asamblea tildándome de agitador. ¡Qué ironía: agitador por esgrimir los principios de la democracia y la libre empresa, y defender la tesis de la intangibilidad constitucional!

Pedí de nuevo la palabra para refutar los cargos, pero no tuve que extenderme en mi intervención. Prestigiosos ganaderos, encabezados por el patriarca de Camagüey, Justo Lamar Roura, salieron en mi defensa y me invitaron a formar parte de la comisión encargada de redactar una declaración de principios que sirviera de base para una gran campaña de oposición a la colectivización agraria.

Lamentablemente, dicha campaña no pudo llevarse a cabo. A los pocos días de haberse celebrado la asamblea antes mencionada, el Presidente de la Asociación Nacional de Ganaderos, Dr. Armando Caíñas Milanés, y otros colegas y profesionales (entre los cuales se encontraba mi primo, Eduardo Arango Cortina) fueron arrestados y condenados a prisión por haber participado en la primera conspiración contra el Gobierno Revolucionario. Yo no estuve involucrado en ese intento de rebelión, pero fui detenido, interrogado y puesto en libertad bajo vigilancia.

Por razones históricas, publico a continuación la declaración de principios, basada en mi discurso, que me fue encomendada.

---------- o ----------

Declaración de Principios

Los ganaderos de Cuba, partidarios de reformas agrícolas armónicas y constructivas que aceleren el desarrollo económico y social del país y eleven el nivel de vida del campesinado, se oponen resueltamente a la actual Ley de Reforma Agraria por las razones siguientes:

PRIMERO: Porque subvierte el orden jurídico-constitucional, destruyendo el régimen de propiedad privada y de libre empresa en que se apoya nuestro sistema de vida.

SEGUNDO: Porque desarticula la economía nacional, sobre todo en sus renglones más importantes —azúcar, ganado, tabaco, arroz y café— con grave riesgo de mermar la producción y aumentar el desempleo.

TERCERO: Porque crea un estado de inseguridad jurídica y económica, que paraliza las inversiones privadas, agudiza la contracción del capital nacional y provoca la fuga del capital extranjero.

CUARTO: Porque supedita casi toda la contratación del país, así como el uso, la disponibilidad y el valor de la propiedad rústica, a las disposiciones inapelables de una agencia estatal (el Instituto Nacional de Reforma Agraria), o de tribunales de excepción (Tribunales de Tierra).

QUINTO: Porque confisca la propiedad rústica legítimamente adquirida, al expropiar las tierras sin pagar en efectivo el precio justo y real de las mismas, convirtiendo al Estado en omnipotente latifundista y empresario, sin experiencia agrícola, sin conocimientos técnicos y sin suficiente dotación de capital.

SEXTO: Porque fracciona y destruye unidades agrícolas (muchas de ellas en producción), para luego constituir cooperativas forzosas en las que el campesino pierde su iniciativa individual y la garantía de la permanencia en las tierras, pasando a ser un empleado del representante estatal de la localidad.

SÉPTIMO: Porque convierte al empresario en usufructuario condicionado de las tierras que le queden, haciendo depender sus limitadas facultades de las decisiones y criterios que adopte el Instituto Nacional de Reforma Agraria.

OCTAVO: Porque crea innecesariamente un clima de resentimiento social y de hostilidad entre los sectores obreros y las fuerzas productoras del país, que podría desencadenar convulsiones y violencias.

NOVENO: Porque sustituye nuestro sistema de economía libre de mercado, que se basa en la competencia privada y en las fluctuaciones de la oferta y la demanda, por un régimen de economía dirigida, que conduce al fracasado socialismo de Estado, o a lo que es peor: el totalitarismo esclavizador.

A favor de las elecciones

Fidel Castro y el Movimiento 26 de Julio, al igual que todos los demás grupos revolucionarios que lucharon contra la dictadura de Batista, prometieron celebrar elecciones generales en un plazo de un año. Así lo reiteró Castro en el artículo "Por Qué Luchamos" que, bajo su firma, publicó la revista norteamericana *Coronet* en febrero de 1958.

El 9 de enero de 1959, cuando Luis Gómez Wangüemert le pregunta durante el programa televisado "Ante la Prensa" que cuándo tendríamos elecciones generales, Castro contesta: "En un plazo de 18 meses, más o menos. Los partidos políticos se organizarán dentro de 8 ó 10 meses. En los primeros 5 meses de la liberación es un crimen meter al pueblo en política."[7]

En el discurso que pronuncia el 9 de abril de 1959 en la Alameda de Paula,[8] Castro aborda el tema de las elecciones. Comienza diciendo: "Quiero hacer una prueba. Voy a preguntar aquí quiénes son los que quieren elecciones. [Voces dicen que NO]. Que levanten las manos quienes no estén interesados en elecciones [Gritos de NO y NO ELECCIONES]..."

"...Me imagino que los que están interesados en elecciones, que serán los que no están aquí: serán los que están jugando canasta o póker; serán los latifundistas, serán los politiqueros, serán los botelleros [gritos de ABAJO], serán los sargentos políticos, serán los aspirantes eternos a cargos electivos; pero por lo que yo veo el pueblo, el que se reúne aquí, y que son unos cuantos, no están tan interesados en elecciones."

"Entonces yo hago esta pregunta: ¿Por qué están llamando a elecciones? ¿Qué hay detrás de eso? Pues sencillamente han visto que la revolución va en serio, que cada Consejo de Ministros aprueba y el Presidente de la República sanciona leyes revolucionarias unas detrás de otras. ¿Y qué es lo que quieren? Empezar a frenar la revolución [voces que dicen: NUNCA, NUNCA]."

---

[7] Discursos para la Historia – Tomo 1 (Enero 1º a Marzo 1º, 1959) pag. 27

[8] Ibid, Tomo 2, pags. 110, 111, 117, 118

"...¿Por qué se ha producido una reacción en el pueblo contra las elecciones? Porque todo el mundo se recuerda lo que ha sido siempre la política en Cuba. Todo el mundo se recuerda lo que fueron los congresos. Porque todo el mundo piensa que aquí nunca hubo democracia; que aquí gobernaban las oligarquías, los grandes intereses creados, y porque saben que cuando viene la política sacan el dinero a la calle para corromper las conciencias, para sobornar ciudadanos, para comprar actas de senadores y de representantes..."

"... Yo quiero definir nuestro concepto democrático sobre ese tema. En primer término somos y nos consideramos mucho más demócratas que esos que hablan de elecciones, porque esos quieren elecciones como antes y nosotros queremos unas elecciones distintas a las de antes, porque esos quieren politiquería y nosotros queremos crear en el pueblo una conciencia contra la politiquería, porque nosotros queremos que cuando las elecciones vengan aquí todo el mundo esté trabajando, que ya la reforma agraria sea una realidad... Nosotros queremos que cuando las elecciones vengan todos los cubanos conozcan sus derechos y sus deberes, que cualquier cubano sepa leer y escribir. Cuando hayamos logrado ese gran interés sí podrán hablar de elecciones, pero hay que acabar con el desempleo, con el analfabetismo, hay que acabar con la miseria..."

A los pocos días, en su comparencia ante el programa "Meet the Press" en Washington, D.C., el 19 de abril de 1959, Castro declara que celebraría elecciones en unos cuatro años. Y cuando le preguntan por qué tenía que esperar cuatro años, contesta: "... No es posible que haya democracia verdadera con gente hambrienta, porque la democracia verdadera debe establecerse fundamentándose en la justicia social para todos."

Y para acallar a sus interlocutores, declara sin empacho lo siguiente: ". Somos los primeros defensores de las elecciones, porque los más interesados en terminar nuestra tarea somos nosotros. Mi sueldo debía ser 800 pesos, y lo primero que hicimos cuando tomamos el poder fue rebajar los sueldos de los ministros. Si yo escribo ahora la historia de la Revolución, ustedes pueden estar seguros que yo recibiría mucho más dinero debido al interés que hay en Cuba y en toda la América sobre estos asuntos. Yo estoy trabajando por un salario muy bajo y soy el más interesado en terminar lo antes posible mi tarea de gobierno, porque quiero tener tiempo para leer, para hacer lo que ustedes hacen durante los week-ends.[9]

La dialéctica sinuosa de Castro sobre las elecciones, machacada por el formidable aparato propagandístico del Gobierno Revolucionario, tuvo su impacto en las masas amaestradas. Estas prefirieron el paroxismo de la plaza pública a la "politiquería del pasado," que Castro pérfidamente deformó y presentó como la única alternativa. Y no habiendo muchas voces con autoridad y coraje que denunciaran la treta y plantearan con urgencia el ejercicio del sufragio, el Gobierno pudo cerrar este capítulo con la consigna aviesa de "Elecciones ¿para qué?"

Es muy probable que, de haberse celebrado elecciones el primer año, Castro las hubiese ganado con amplia mayoría. Entonces, ¿por qué no lo hizo? Los hechos indican que para Castro el debate era una amenaza y el pluripartidismo, aún amañado, un estorbo. La velocidad era esencial para afincarse en el poder, sin contrapesos ni limitaciones, y desde allí yugular a la nación incauta con la llave inmovilizadora del judo totalitario.

El argumento de los vicios electorales (que hasta la misma Inglaterra de los "burgos podridos" tardó tiempo en superar) fue un ardid de Castro para confundir y manipular al pueblo. Aplicando con destreza la técnica pavloviana, pudo sustituir el binomio estimulante de elecciones y democracia por el díptico repulsivo de elecciones y corrupción. Después de haber condicionado el reflejo de las masas, le fue fácil arguir que los que abogaban por el sufragio no eran más que politiqueros y contrarrevolucionarios empeñados en revivir un pasado oscuro de venalidad y deshonor.

Castro copió a Robespierre cuando sostuvo que la conciencia revolucionaria tenía que arraigar en cada uno de los ciudadanos antes de que pudieran celebrarse elecciones generales. Sólo que Robespierre fue más honesto que el líder cubano al definir su estrategia: "El principio del gobierno democrático es la virtud, y su medio, en tanto que se establece, es el terror".

---

[9] Ibid, Tomo 2, pags. 143-145

Condicionar la democracia a la capacitación del pueblo, al adecentamiento de sus costumbres y al desarrollo de su economía, no es más que un pretexto para continuar dominándolo y envileciéndolo. John Russell, jefe de los "whigs" reformistas de Inglaterra, impugnó la preocupación fingida de tiranuelos embozados con esta frase lacerante: "Cuando se me pregunta si una nación está ya madura para la libertad, yo contesto: ¿Existe un hombre maduro para ser déspota?"

Claro que las elecciones, para que realmente funcionen como barómetro de la democracia, requieren pluralismo político, partidos vigorosos, opinión pública avisada y enérgica, periodicidad y pureza en el ejercicio del sufragio; necesitan, en fin, cordura, civismo y amplias libertades. Pero no se logran estas condiciones con el terror revolucionario, ni con orgías demagógicas, ni con circos degradantes, ni con plebiscitos cesáreos. La democracia representativa sólo se fortalece y depura ilustrando al pueblo y sometiendo a sus gobernantes al veredicto del sufragio.

Estas consideraciones me llevaron a mediados de 1959 a tratar de revivir, como fuese posible, el interés apagado en las elecciones. Me reuní en La Habana con el Dr. Manuel Antonio de Varona, uno de los pocos demócratas de una sola pieza que tuvieron el valor de sus convicciones. Él se había manifestado públicamente en favor de las elecciones, pero su premonitaria admonición no tuvo resonancia.

Preocupado por el curso de los acontecimientos, y no dejándose amilanar por las presiones y amenazas instigadas por el Gobierno, Varona me sugirió que resumiera, en un "decálogo democrático," las razones por las cuales debían celebrarse elecciones lo antes posible. Así lo hice, y el documento que redacté inspiró uno de los editoriales sobre el tema de las elecciones que, con valentía y civismo, publicó el Diario de la Marina bajo la rectoría de José Ignacio Rivero. He aquí el texto de mi escrito.

Declaración de principios

Deben celebrarse elecciones lo antes posible:

1° Porque todos los sectores revolucionarios así lo acordaron y prometieron durante la lucha contra la dictadura.

2° Porque la democracia se funda en el derecho que tiene el pueblo de discutir y aprobar las leyes que han de regirlo y de seleccionar periódicamente a los hombres que han de gobernarlo.

3° Porque la soberanía no reside en ninguna clase, sector o grupo gobernante, sino en todos y cada uno de los ciudadanos del país.

4° Porque la única fuente legítima de derecho es el consentimiento expreso y mayoritario del pueblo, emanado no de aclamaciones multitudinarias, sino de la urna libre.

5° Porque las revoluciones se frustran con la arbitrariedad, y sólo se depuran y consolidan con el sufragio.

6° Porque los órganos de representación popular son los únicos que tienen potestad para modificar la estructura jurídica, política, económica y social de la nación.

7° Porque el pueblo cubano luchó por restaurar un Estado de derecho regido por la Constitución de 1940, y sometido a los dictados de las mayorías, con el debido respeto a las libertades de las minorías.

8° Porque la permanencia indefinida en el poder de gobiernos sin mandato legal y sin pluralismo político conduce indefectiblemente al autoritarismo y a la tiranía.

9° Porque el sufragio universal, libre y secreto es el medio idóneo que tienen los ciudadanos de un país para intervenir en su propio gobierno y dirimir pacíficamente sus controversias políticas. Cerrar esta vía es abrir el camino de la violencia y de la rebelión.

10° Porque los vicios y defectos de que ha adolecido nuestra democracia, no se curan con métodos totalitarios o dictatoriales, sino con más democracia.

Desenmascarando al comunismo

Desde su llegada al poder, Castro niega todo nexo o filiación comunista. Habla de una revolución verde olivo —tan cubana como las palmas. Y define su programa en estos términos: "Pan sin terror; libertad con pan. Ni dictadura de derecha ni dictadura de izquierda: una revolución humanista."

Sin dejarse embaucar por estas inocuas consignas, martilladas por Castro y sus corifeos *ad nauseam*, algunas figuras destacadas del Gobierno Revolucionario detectan una creciente penetración comunista y comienzan a renunciar, por ese motivo, a mediados de 1959. El primero en hacerlo es el jefe de la fuerza aérea revolucionaria, Pedro Luis Díaz Lanz, quien huye a Miami.

Le sigue, en julio de ese año, Manuel Urrutia Lleó, Presidente Provisional del Gobierno Revolucionario, quien se ve forzado a dimitir después que Castro lo vilipendia por televisión y lo acusa de valerse traidoramente del señuelo comunista para atraer la intervención extranjera. La diatriba de Castro, que con la finta de su fugaz renuncia provoca el amotinamiento del pueblo frente a Palacio, quizás figure en los anales de la historia como el primer caso de un golpe de Estado por televisión, acompañado de la destrucción moral de un presidente.

Pero la renuncia que, por razones ideológicas, produce en Cuba el mayor impacto es la que presenta en octubre de 1959 el comandante Huber Matos. En su carta de dimisión, Matos le dice a Fidel Castro:

"...Creo que después de la sustitución de Duque y otros cambios más, quienquiera que haya tenido la franqueza de hablar contigo del problema COMUNISTA debe marcharse antes de que lo echen ."

"Sólo concibo el triunfo de la revolución con un pueblo unido, dispuesto a soportar los mayores sacrificios, porque se acercan mil dificultades económicas y políticas...Si se quiere que la revolución triunfe, que se diga adónde vamos y cómo vamos a ello. Que se oigan menos los enredos y las intrigas, y que no se trate de reaccionario o de conjurados a quienes, según criterio honesto, plantean esos problemas."

En su respuesta a Huber Matos, Castro le espeta lo siguiente:

"... Dices que después de la sustitución de Duque Estrada y de otros cambios, el que haya hablado conmigo sobre problemas COMUNISTAS debe irse antes de que lo quiten."

"Considero que una afirmación semejante estaría bien en la radioemisora de Trujillo o en el libelo de Masferrer o en los editoriales de la prensa reaccionaria. La rechazo por falsa y además por insidiosa."

"Este es el argumento de Díaz Lanz y de Urrutia. En el fondo era un problema de inmoralidad y ambición. Aunque sólo fuese por respeto a ti mismo, no debiste haber hecho semejante afirmación.

"... El comandante Camilo Cienfuegos recibirá el mando puesto que tu decisión de renunciar es irrevocable... El camino para ti ha sido demasiado fácil; y eso te ha hecho daño. De todos modos, te advierto que el plan que tienes sólo servirá en estos momentos para hacer daño y eso tú lo sabes perfectamente bien."

Un día después de la dimisión de Huber Matos, treinta y dos oficiales del distrito militar de Camagüey renuncian en solidaridad con su jefe. Castro los acusa de traición y ordena el arresto domiciliario de Matos. Este es juzgado en diciembre de 1959 por un grotesco simulacro de tribunal y condenado a veinte años de cárcel.

Castro capea las denuncias de infiltración comunista manipulando las cuerdas emocionales de las muchedumbres con cínica frialdad. Ante todo, condena el anticomunismo por divisionista y contrarrevolucionario. Quien lo promueva o profese no es más que un vendepatria en contubernio con el imperialismo y la reacción. Apoyándose en la furia popular que estos epítetos genera, Castro crea la figura delictiva de la conspiración anticomunista. Lo que no logra con la mentira lo compensa con el miedo.

Asimismo, alimenta y propaga la leyenda de Fidel el bueno, justo, sincero y moderado, y Raúl el malo, vengativo, tenebroso y radical. Desempeñando su papel, Raúl dirá: "Si a Fidel le pasa algo, el Almendares se llamará el río rojo; correrá sangre, no agua." Y Fidel: "Si a mi me ocurre algo, vendrá Raúl"; es decir, el diluvio.

Mas no todo es apocalíptico en el repertorio teatral de Castro. Preparando el ambiente para la revelación posterior de sus planes secretos, y reconociendo la importancia que tienen las palabras para condicionar los reflejos de las multitudes, ordena despejar de sombras tétricas el vocablo "comunista." Había que hacerlo en forma solapada e ingeniosa, con gracejo criollo y ritmo de pachanga. Se lanza así esta consigna pegajosa: "Si Fidel es comunista, que me pongan en la lista."

¡Qué manera tan diabólica y sutil de "chotear" con un estribillo el horror del comunismo para facilitar el vasallaje disfrazado de redención! Habiéndose logrado el endiosamiento de Fidel Castro con el culto a su personalidad, sólo faltaba fijar en el subconsciente de las masas frenéticas este alevoso silogismo: Castro es un redentor —símbolo de todo lo bueno. Castro puede que sea comunista. Ergo, si lo es, el comunismo es bueno.

Así, coreando la consigna —"Si Fidel es comunista, que me pongan en la lista"— las turbas enajenadas, libres de inhibiciones y de dudas, arrollan por las calles celebrando su entrega, con fiebre cegadora, vítores de júbilo y abyecta complacencia.

No conforme con la histeria colectiva que maneja a capricho, Castro decide aplazar la revelación de su credo ideológico-político. Con un agudo sentido del tiempo, resuelve esperar la ocasión propicia, el momento oportuno. Ese momento llega el 1° de diciembre de 1961, ocho meses después de su victoria en Girón. Habiendo ya echado los cimientos del aparato totalitario y aplastado gran parte de la resistencia, Fidel declara "con entera satisfacción, y con entera confianza: soy marxista-leninista, y seré marxista-leninista hasta el último día de mi vida." Y para rematar la gran estafa perpetrada, reconoce con insólito cinismo que, de haber dado a conocer sus ideas radicales durante la lucha contra Batista, no hubiera podido bajar de la Sierra y llegar al poder.

Más de treinta y siete años después de esta confesión, penden sin respuestas concluyentes algunos interrogantes. ¿Fue Fidel Castro comunista encubierto desde joven, o devino comunista por conveniencia al finalizar la etapa insurreccional? ¿Practicó fielmente el marxismo-leninismo desde su advenimiento al poder, o fue su norte el oportunismo para aprovecharse de la Unión Soviética y satisfacer así su megalomanía, su odio visceral a Estados Unidos y sus ansias ilimitadas de mando? ¿Tenía nexos secretos con Moscú antes de 1959 o los estableció después de formar gobierno?

Casi todos los historiadores y analistas, entre los que descuella Hugh Thomas, sostienen que Fidel Castro nunca figuró como miembro del partido comunista, pero difieren en cuanto a la fecha de su "conversión" al marxismo-leninismo (Castro dice que comenzó en la universidad), y de su "pacto" con la URSS (¿en el exilio, en la Sierra o después de capturar el poder?).

De acuerdo con Salvador Díaz Versón —acaso la persona que tenía el archivo privado más completo sobre el comunismo en Cuba— Fidel Castro trabajó como agente secreto de Moscú desde 1943, bajo las órdenes del ruso Gumer W. Bashirov. Este vivió en La Habana de 1943 a 1952, reclutó a varios jóvenes cubanos quienes, como Fidel y Antonio Núñez Jiménez, no estaban inscritos en el partido, e intervino en la gestación del "bogotazo" y otras actividades subversivas. Al romper el gobierno de Cuba relaciones diplomáticas con la URSS en 1952, los contactos entre Bashirov y Fidel continuaron en México.

El voluminoso expediente sobre Castro que Díaz Versón tenía en sus archivos, y que incluía fotografías de Fidel visitando a Bashirov en su casa en Miramar, copias fotostáticas de cartas y otros documentos comprometedores, fue capturado por agentes de Castro el 24 de enero de 1959. Díaz Versón logró escapar; no así el otro experto cubano en inteligencia anticomunista, José Castaño, Jefe del BRAC, quien fue fusilado por orden de Castro a los pocos días de llegar al poder.

El debate sobre los antecedentes comunistas de Fidel Castro quizás sea hoy académico. Mas a mediados de 1959 era de vital importancia saber cúal era la verdadera ideología del "Máximo Líder" (con o sin carnet de partido), y cuál era el curso real de la Revolución (más allá de los lemas, estribillos y consignas). En la medida de mis posibilidades, traté de arrojar un poco de luz sobre este particular. No teniendo acceso a informes de inteligencia, ni sabiendo lo que se sabe hoy sobre la existencia en Cuba, a principios de 1959, de un gobierno comunista paralelo dirigido en secreto por el propio Fidel Castro[10] me limité a estudiar las medidas adoptadas por el régimen a la luz de las pragmáticas de Marx y Lenin. El objetivo de mi estudio comparativo era precisar el

---

[10] Ver información sobre el gobierno comunista paralelo en la biografia *Fidel, A Critical Portrait* de Tad Szulc, William Morrow & Company, New York, 1986.

grado de similitud o convergencia entre ambos sistemas (el castrista y el marxista-leninista).

A pesar de ciertos zigzagueos tácticos con criollas características, pude percibir una concordancia indubitable, definitiva y total. A mi entender, no estábamos frente a un gobierno revolucionario con desviaciones o tendencias comunistas, como algunos alegaban. Estábamos en presencia de un régimen netamente marxista-leninista, que estaba empleando los postulados, las consignas y las prácticas de Marx y Lenin para destruir progresivamente la sociedad existente y echar, sobre sus escombros, los cimientos del aparato totalitario.

Mis estudios me llevaron a redactar en agosto de 1959 un trabajo que titulé ¿Hacia Dónde Vamos? Lo hice en forma de análisis comparativo, contraponiendo las citas relevantes de Marx, Lenin y algunos tratadistas a las medidas adoptadas por el régimen de Castro. Refrené la retórica y me ceñí a los hechos. Sólo después de agotar el análisis y de establecer un nítido paralelo, formulé las conclusiones pertinentes.

En el ambiente de sospecha y acoso que existía en Cuba, mi trabajo (aun con su ropaje académico) era obviamente subversivo. Lo circulé, pues, entre amigos que me merecían entera confianza, y le remití algunos fragmentos al Diario de la Marina para su publicación. Este periódico, que bajo la digna dirección de José Ignacio Rivero y con la asesoría de P. José Rubinos, S.J., Francisco Ichaso y Ambrosio González del Valle, estaba desarrollando una valiente campaña de orientación democrática y anticomunista, publicó dichos fragmentos en su popular columna "Buenos Días."

Conservo en mis archivos el análisis completo. Quiera Dios que sirva únicamente de referencia histórica y que no haya que utilizarlo en el futuro para desenmascarar a nuevos rendentores, que, con palabras seductoras y promesas justicieras, pretendan imponerle al pueblo incauto el dogal de otro totalitarismo.

Dada la extensión del trabajo (55 páginas) sólo publicaré a continuación la sección preliminar y las conclusiones.

¿Hacia donde vamos?

Introducción

Hace aproximadamente ocho meses que la nación cubana se halla como en el vórtice de un huracán. No ha habido, en este período, ni un solo instante de tranquilidad y sosiego. Todo ha sido transformación, vértigo y constante movimiento.

Se han promulgado leyes que cambian sustancialmente nuestro sistema económico, político y social. Se ha desnaturalizado la Constitución de 1940, que es la síntesis de las aspiraciones y anhelos de todo el pueblo de Cuba. Se han repudiado instituciones, jerarquías, contratos, tratados, deudas, rentas, intereses, leyes y tradiciones, que es como decir la estructura total de una sociedad. Se comienza ahora a reglamentar, en todos sus aspectos y manifestaciones, la vida individual de cada cubano.

¿Qué alcance tienen estas medidas? ¿Qué fin persiguen? ¿Son el producto de la improvisación —inevitable a veces en épocas convulsas— o responden, por el contrario, a un plan preconcebido y rigurosamente estructurado? Dicho de otro modo: ¿vamos a la deriva, dando bandazos, a merced de los caprichos y de las pasiones de los jerarcas revolucionarios, o vamos con intención aviesa, pulso firme y rumbo definido, proa al comunismo? Para poder contestar estas preguntas, es menester precisar primeramente el concepto gelatinoso de comunismo.

I ¿Qué es el comunismo y quiénes son sus agentes?

El debate que se ha suscitado en Cuba en torno a los vocablos "comunismo" y "comunista" no es un ejercicio académico ni un juego semántico. El futuro del país acaso penda de una clara definición de estos términos.

Para muchos, comunismo es lo que profesan y pregonan los miembros inscritos del partido comunista. Si aceptamos esta premisa, sólo serían comunistas los que agitan tarjeta de afiliado o hacen pública confesión de su militancia. Quedarían, pues, excluidos todos los que, con fines conspiratorios, ocultan sus rojos designios para aprovecharse de los incautos y tontos útiles.

Este método simplista de identificar al comunismo por su nombre, y no por sus actos, técnicas y pragmáticas, es producto de la ignorancia o de la más obtusa ingenuidad. El nombre no hace la cosa. Un ladrón no deja de ser ladrón porque se proclame honrado. Un ave que vuela como un pato, nada como un pato, grazna como un pato, y tiene el pico abovedado y las patas palmeadas como un pato, podrá llamársele como se quiera, pero seguirá siendo un pato.

El comunismo no deja de ser comunismo por el hecho de que se disfrace verbalmente de democracia popular, socialismo cristiano o humanismo redentor. Si nos atuviésemos nada más que a las palabras, sin tomar en cuenta los hechos, no habría entonces gobierno comunista, ya que ninguno se atreve a ostentar ese lúgubre apelativo. Hasta la propia Rusia y sus vecinos opresos se llaman Unión de Repúblicas Socialistas Soviéticas, y la China de Mao lleva el nombre sugestivo de República Popular China.

Es preciso, por ende, ir más allá de las palabras para detectar al comunismo e identificar a sus agentes. Porque, en definitiva, el comunismo no es un mero rótulo o etiqueta, sino una ideología, una técnica revolucionaria y un sistema de gobierno con modalidades y características propias.

Lo que hoy se entiende por comunismo soviético, o marxismo-leninismo, es un régimen totalitario vagamente concebido por Marx, implantado por Lenin, y brutalmente consolidado y extendido por Stalin, que tiene como objetivo inicial la captura del poder absoluto por cualquier medio disponible, incluyendo la infiltración, el engaño, el terror y la lucha de clases. Su meta supuestamente transitoria —llamada la "dictadura del proletariado"— requiere la sustitución radical y violenta del sistema "burgués" de libertad individual y propiedad privada, por una tiranía degradante y omnímoda, que se asienta en la prepotencia de un partido único, en el monopolio estatal de los medios de producción y en la regimentación total de la vida humana.

Sesenta años antes del advenimiento del comunismo soviético, Enrique Federico Amiel describió, con profética pupila, lo que ese imperio de sombras nos depararía: "¡Qué dueños tan temibles los rusos si alguna vez espesara la noche de su dominación en los países del Mediodía! El despotismo polar, una tiranía como el mundo no ha conocido aún, muda como las tinieblas, cortante como el hielo, insensible como el bronce, con exteriores amables y el frío resplandor de la nieve: la esclavitud sin compensaciones ni dulcificaciones. He ahí lo que nos aportaría."

¿Cómo es posible que con ese sistema de vasallaje brutal la Unión Soviética haya logrado someter bajo su férula o influencia a ochocientos millones de habitantes, o sea, la tercera parte de la población mundial? Antes de analizar los métodos empleados para engañar, dividir y sojuzgar, revisemos los principios esenciales en que se funda lo que pudiéramos llamar el "catecismo comunista."

II Catecismo comunista

(Basado en el libro Surgimiento del Comunismo Moderno, escrito por el profesor italiano Massimo Salvadori)

Para comprender las líneas probables de la evolución que sigue el movimiento comunista, es necesario tener presente las principales aspiraciones de los "fieles" y su interpretación del mundo en que viven. Muchas de estas aspiraciones e interpretaciones se encuentran en otros movimientos: su combinación en un sistema bien integrado es lo que constituye el comunismo. Este sistema puede resumirse en los siguientes puntos:

1. Para los comunistas, el primer estímulo a la acción es de carácter emocional. Crean o estimulan en las multitudes la conciencia del sufrimiento económico (exagerando o deformando las injusticias sociales existentes) y después les ofrecen la utopía de un mundo sin miseria, sin lucha y sin dolor. Son maestros de la propaganda, del sofisma y de la agitación.

2. En el terreno práctico, el comunismo desea acabar con la explotación del hombre por el hombre. Se entiende por "explotación", en términos exclusivamente económicos, la relación contractual entre individuos dentro de una estructura social determinada. Según ellos, no existe dominación ni explotación cuando el patrono o "capitalista" es el Estado, es decir, una minoría gobernante que aparece como representante impersonal del proletariado.

3. El bienestar material sólo puede lograrse a través de una sociedad colectivista, en la cual la propiedad privada de los medios de producción ha sido abolida. Esto fue demostrado "científica-

mente" por Marx, mediante el análisis de la historia humana desarrollada en forma dialéctica.

4. El punto anterior es tan importante, que todos los medios conducentes al establecimiento del colectivismo son legítimos. Entre estos medios, la "violencia" es de los más importantes.

5. El triunfo del colectivismo requiere la conquista previa del Estado, el cual no es otra cosa que la violencia organizada.

6. Una vez que los comunistas han conquistado el Estado no puede ponerse límites al ejercicio de su poder. Para bien de las masas trabajadoras, debe haber una dictadura.

7. De ello se sigue que todo el poder debe concentrarse en manos de los comunistas. Esto es, que el Estado debe ser totalitario. Los comunistas rechazan categóricamente el principio liberal básico de la separación de los poderes. En un Estado comunista no puede haber separación entre el poder político, poder económico y poder religioso, ni divisiones dentro del poder político. Cualquier autonomía que pueda existir no es un derecho de los individuos o grupos, sino una concesión que el Estado hace por razones puramente administrativas.

8. La realidad del universo está representada exclusivamente por la Materia, que está dotada de ciertas características inherentes y sigue un proceso de cambio y transformación. Los comunistas niegan enfáticamente todo plano sobrenatural de existencia. Por consiguiente, Dios no existe.

9. El hombre es, por supuesto, parte de la Materia. Es como la arcilla, y como ella es moldeado por las leyes inherentes a la Materia misma. No hay razón independiente o voluntad independiente ni cosa parecida: la autonomía individual simplemente no existe.

10. Siendo la razón y la voluntad simples atributos de la Materia y expresión de las leyes que determinan el proceso universal de la Materia, se sigue que la libertad no existe. El hombre sólo puede hacer lo que las fuerzas económicas le obligan a hacer.

11. Como la moralidad, o sea, la apreciación de los bueno y lo malo y la elección entre ambos, implica la libertad, y como la libertad no existe, así la moralidad tampoco existe "per se". Lo que

81

los seres humanos llaman moralidad es un atributo de la Materia, y varía con la estructura (organización económica) de la Materia.

12. La inexistencia de la moralidad "per se" lleva a los comunistas a negar la existencia autónoma del derecho como un sistema de principios morales que el Estado hace cumplir. La negación del derecho lleva a la negación del concepto de ciudadano, que es un individuo físico dotado de derechos y obligaciones, esto es, de elementos morales.

13. La presunción liberal de la suficiencia, autonomía y responsabilidad del individuo es falsa. Los comunistas, económicamente condicionados para ello, han descubierto la verdad de la evolución humana. Los otros son tan miopes que no pueden descubrir la verdad (y por consiguiente deben ser conducidos a ella) o están predeterminados económicamente a no aceptarla (y, por consiguiente, deben ser eliminados).

14. El grupo "per se" tiene el control total —político, económico o religioso— del individuo. La mentalidad comunista no puede concebir la mayoría y la minoría en un grupo: es siempre "el proletariado", "la burguesía", "el clero", y no "los proletarios", "los burgueses", "los sacerdotes", entre quienes unos puedan seguir una tendencia, y otros, otra.

15. El individuo que rehúsa adaptarse al grupo al cual pertenece es un cáncer, un elemento enfermo, y, por lo tanto, debe ser destruido. Este postulado es importante para comprender cómo los comunistas pueden conciliar la teoría de la preocupación por el dolor social, con la práctica de una indiferencia absoluta por la vida humana. El "humanismo comunista" pertenece al plano de las abstracciones (la colectividad), y es, por consiguiente, compatible con una crueldad implacable en el plano de la realidad (el individuo). Lo que importa es el bienestar del proletariado, no de los proletarios. La postura mental es en esto similar a la de los nazis, que permanecían indiferentes ante los sufrimientos de millones de alemanes, porque lo único que les importaba era la nación o la raza. Ni los comunistas ni los nazis pueden entender los conceptos cristianos del amor y la caridad hacia el individuo.

16. En términos más generales, las herejías y "desviaciones" son enfermedades del cuerpo social, y, por lo tanto, deben ser extirpadas. Una sociedad sana necesita que todos sus miembros

se amolden completamente al tipo requerido por la sociedad misma.

De cara a estos dieciseis puntos, es fácil advertir que los comunistas se ven forzados, por sus propias creencias y por su interpretación del mundo en que vivimos, a poner en práctica, desde el poder, *el despotismo político, el monopolio económico y el dogmatismo intelectual.* No hay nada en su programa que no haya sido ensayado por otros movimientos, a veces con éxito (desde su punto de vista). Lo nuevo es la posibilidad que ha traído el progreso técnico de ejercer sobre el individuo un control total como nunca se había visto antes.

[Se omite la parte analítica o cuerpo del trabajo, que demuestra el rumbo marxista-leninista del régimen de Castro desde su ascención al poder]

---------- o ----------

Conclusiones

Habiendo analizado cuidadosamente la trayectoria del Gobierno Revolucionario y las medidas adoptadas a la fecha (enero a agosto de 1959), podemos afirmar categóricamente que en Cuba no hay trazas de humanismo ni de democracia. Lo que hay es un engendro caudillista con verbo demagógico y corte totalitario.

Aprovechándose del vacío de poder que se produjo en el país a la caída de Batista, y de la histeria colectiva que supieron manipular, los dirigentes revolucionarios establecieron un régimen despótico que mutila la Constitución legítima del país y conculca los derechos ciudadanos. La libertad, la vida, la familia, la propiedad y el honor de los cubanos dependen de un Consejo de Ministros que responde a la voluntad omnímoda de Fidel Castro.

A pesar de sus aparentes zigzagueos y contradicciones, el régimen avanzó con asombrosa celeridad hacia la implantación de un sistema totalitario que reúne todas las características del marxismo-leninismo o comunismo soviético: poder político absoluto; negación del principio de legalidad; lucha de clases; anulación del derecho de propiedad privada; control estatal de los medios de producción; tiranía ideológica y lavado cerebral.

No se trata, pues, de un régimen que, debido a amenazas externas o presiones radicales, fuese desviado de su cauce democrático-populista. Se trata de un régimen que nació comunista, con fórceps comunista y dirección comunista. Y si recurre a la perfidia y al enmascaramiento, es porque teme enseñar sus cartas antes de consolidar el aparato totalitario y el apoyo soviético.

Para encubrir sus creencias comunistas con el manto de una falsa religiosidad, los jerarcas revolucionarios bajaron de las montañas el primero de enero con barbas de profeta y rosarios de beatos. Y para hacerle ver a la opinión pública que el Partido Socialista Popular (Comunista) era una agrupación independiente y, en ocasiones, opositora del Gobierno Revolucionario, escenificaron recientemente aparentes pugnas ideológicas y luchas sindicales. El objetivo ha sido obnubilar y engañar para después sojuzgar.

Maestros del sofisma, la tergiversación y la mentira, los jefes revolucionarios torcieron el significado de las palabras para tratar de consumar su gran estafa. A los fusilamientos sin garantías jurídicas les llaman "justicia revolucionaria"; a las confiscaciones indiscriminadas, "recuperación de bienes malversados"; a la colectivización forzosa, "reforma agraria"; a la ocupación de empresas, "intervención"; a los terratenientes, "latifundistas"; a los derechos adquiridos, "intereses creados"; a las elecciones, "politiquería"; a los ciudadanos escépticos, "reaccionarios"; a los disidentes, "contrarrevolucionarios o batistianos"; y a los anticomunistas, "cómplices del imperialismo, divisionistas y traidores a la Patria".

Urge perforar esta coraza de mentiras oficiales para que el pueblo despierte antes de que sea demasiado tarde. No podemos permitir que el Gobierno oculte sus rojos designios con dialéctica engañosa. Hay que denunciar los hechos, esgrimir la verdad y llamar las cosas por su nombre.

Los regímenes que aplican sistemáticamente métodos marxistas-leninistas para erigir su aparato totalitario son comunistas, aunque digan lo contrario.

Los gobernantes que siguen esas directrices y creen en esos postulados son comunistas aunque se llamen de otro modo.

En fin, los pueblos que viven agitados por la fiebre revolucionaria, desmembrados por la lucha de clases, subyugados por el despotismo político, sometidos a la estatificación económica, intoxicados por el adoctrinamiento masivo y envilecidos por el miedo, son pueblos que están a punto de caer en la tiranía más asfixiante y horrenda que conoce la humanidad: el comunismo internacional.

Resistencia a la opresión

El huracán revolucionario, que con implacable intensidad azotaba la isla, arrasó la República con todas sus instituciones. A fines de 1959, sólo quedaba en pie la Iglesia Católica. Esta no llegó a tener en Cuba la primacía que ejerció en otros países, como Polonia, de más arraigada militancia religiosa. Pero al finalizar el primer año de la Revolución, la Iglesia acrecentó su prestigio e influencia como símbolo nacional de consuelo y de fe, el único capaz de congregar en esos momentos, no sólo a los feligreses, sino a todos los que no comulgaban con el odio imperante y el marxismo en cierne.

Así se explica el respaldo multitudinario que Acción Católica Cubana recibió al convocar el Primer Congreso Nacional Católico. Cerca de un millón de personas asistieron a la misa de apertura celebrada en la Plaza Cívica de La Habana la noche lluviosa del 28 de noviembre de 1959. Los organizadores del magno evento trataron de no politizar el homenaje religioso que se le rendía a la Virgen de la Caridad del Cobre. Esfuerzo vano. Dado el clima de agitación revolucionaria que estremecía a Cuba, no era posible separar la política de la religión.

La misa inolvidable, pletórica de invocaciones, cirios benditos y pañuelos blancos, fue más que una demostración imponente de fe cristiana y cubana. Fue también un toque de alarma, un llamamiento a rebato, a la vez que un referéndum espontáneo y masivo en favor de la paz, la concordia y la libertad. Los asistentes contrapusieron el evangelio consolador de Cristo al credo de odio y violencia de Marx. Y con gritos a coro de ¡Caridad!, ¡Caridad!, ahogaron por unos instantes la consigna satánica de ¡Paredón! ¡Paredón!

En la Asamblea del Apostolado Seglar celebrada al día siguiente, la disyuntiva planteada fue más tajante y el lenguaje más directo. El Obispo de Matanzas, Alberto Martín Villaverde, afirmó sin rodeos: "Que escojan, pues, los pueblos; o el reino de Dios y ser hermanos con hermanos en justicia y amor, o el reino del materialismo y unos contra otros en la ley del más fuerte. O con Dios en el amor, o contra Dios en el odio. No hay término medio..."

El eminente psicólogo y líder católico, José Ignacio Lasaga, precisó con diafanidad y valentía el concepto de justicia social cristiana: "Queremos, pues, que toda Cuba oiga bien claramente en este día y sepa para siempre, que si la Iglesia en todas partes se opone a las ideologías de tipo comunista, no es por defender privilegios injustos, que ella misma no podría aprobar sin negar sus más esenciales principios, sino para mantener la dignidad del hombre, y por tanto, la dignidad del estudiante y la del campesino y la del obrero, frente a la explotación inhumana que tiene lugar en los estados totalitarios."[11]

La llegada a Cuba a principios de febrero de 1960 del procónsul soviético, Anastas Mikoyan, al frente de una nutrida delegación que poco tenía de comercial, viene a agitar los ánimos. La prensa independiente, capitaneada por José Ignacio Rivero, Sergio y Ulises Carbó, Humberto Medrano, Guillermo Martínez Márquez, Jorge Zayas, Angel Fernández Varela, Raúl Rivero, Julio González Rebull y Raoúl Alfonso Gonsé, entre otros, arrecia su gallarda campaña contra la penetración moscovita. Y el intrépido periodista, José Luis Massó, provoca la ira de Mikoyan con esta banderilla televisada: "Señor Mikoyan, teniendo en cuenta que usted es nuestro huésped, y por lo tanto con todo respeto, quisiéramos saber su opinión, a la luz de la democracia mundial, sobre el caso de Hungría."

El Gobierno, por su parte, recurre a todos los medios coactivos a su alcance para amedrentar o neutralizar a la prensa desafiante, incluyendo amenazas, presiones sindicales, boicoteos y las infames "coletillas."

Alarmados por el avance totalitario, los estudiantes católicos se movilizan para esgrimir sus derechos y terciar en la contienda. Un grupo de ellos, encabezados por Alberto Muller y Juan Manuel Salvat, chocan con la policía frente a la estatua de Martí. Iban a desagraviar la ofensa inferida al Apóstol por el sicario del Kremlin, quien acababa de depositar una corona con la hoz y el martillo del comunismo opresor.

---

[11] Pablo M. Alfonso describe con sólida documentación la postura de la Iglesia en su libro *Cuba, Castro y los Católicos*, Ediciones Hispamerican Books, 1985.

A raíz de este incidente, que marca el rompimiento de las hostilidades entre la Revolución y la Iglesia, el P. Eduardo Boza Masvidal, entonces Rector de la Universidad Católica de Villanueva, declara: "Los que tratan de calificar cualquier manifestación contra el comunismo como contrarrevolucionaria, hacen un mal servicio a la revolución cubana, a la que identifican así con el comunismo, en contra de las reiteradas manifestaciones del máximo líder Fidel Castro."

Por su parte, los comunistas cubanos celebran el 16 de abril el Cuarto Congreso Nacional de la Juventud Socialista. En la clausura del congreso, Juan Marinello, Secretario General del Partido Socialista Popular, lanza el siguiente reto:

"Nada tienen que temerle los católicos al partido socialista ni a la juventud socialista, mientras permanezcan dentro de los templos adorando sus imágenes. Pero si salen del templo y hacen contrarrevolución, nos encontrarán en primera fila luchando contra ellos."

Esta y otras amenazas, acompañadas de persecuciones contra los que se oponían al rumbo marxista-leninista del Gobierno, vienen a caldear aun más el ambiente. Castro trata de contrarrestar la polémica suscitada por la visita de Mikoyan, acusando a Estados Unidos de maquinar la explosión en el puerto de La Habana del barco "La Coubre," que traía un cargamento de armas belgas. La estentórea denuncia no logra aplacar la campaña anticomunista. Castro decide entonces quitarse la careta democrática y ordena la ocupación y clausura de los medios publicitarios que quedaban en manos privadas.

El notable escritor, Luis Aguilar León, en profético artículo publicado en *Prensa Libre* poco después del "entierro" del *Diario de la Marina*, describe con dramática elocuencia lo que él tituló: "La Hora de la Unanimidad." Afirma el agudo ensayista unas horas antes de que las turbas cerraran *Prensa Libre*: "He aquí que va llegando en Cuba la hora de la unanimidad. La sólida e impenetrable unanimidad totalitaria. La misma consigna será repetida por todos los órganos publicitarios. No habrá voces discrepantes, ni posibilidad de crítica, ni refutaciones públicas. El control de todos los medios de expresión facilitará la labor persuasiva: el miedo se encargará del resto. Y bajo la voceante propaganda quedará el silencio. El silencio de los que no pueden hablar. El silencio cómplice de los que, pudiendo, no se atreven a hablar."

Pero, explica Aguilar, bajo la unanimidad obligatoria "ni los que han callado hallarán cobijo en su silencio. Porque la unanimidad totalitaria es peor que la censura. La censura nos obliga a callar nuestra verdad, la unanimidad nos fuerza a repetir la verdad de otros aunque no creamos en ella. Es decir, nos disuelve la personalidad en un coro general y monótono. Y nada hay peor que eso para quienes no tienen vocación de rebaño."

Sepultados los últimos vestigios de libertad en Cuba, y formalizada la entrega a Moscú después de la visita de Mikoyan a La Habana, Mons Enrique Pérez Serantes, Arzobispo de Santiago de Cuba, fija la posición vertical de la Iglesia. En la primera de una serie de pastorales publicada el 14 de mayo de 1960, el indómito prelado denuncia y fustiga:

"Empecemos diciendo que los campos están ya deslindados entre la Iglesia y sus enemigos. No son ya simples rumores ni aventuradas afirmaciones, más o menos interesadas o amañadas. No puede ya decirse que el enemigo está en las puertas, porque en realidad está dentro, hablando fuerte, como quien está situado en propio predio."

Y, con la autoridad de su investidura y de su intachable historial, Pérez Serantes presagia y bendice la lucha contra la opresión:

"No en vano algunos más avisados, de percepción más fina, andaban hace ya algún tiempo, alarmados y cautelosos, disponiéndose a luchar con los que tratan de imponer, sin más ni más, el pesado yugo de la nueva esclavitud, porque el genuino cristiano, a fuerza de tal, no sabe ni quiere vivir sin libertad."

El régimen de Castro había eliminado toda posibilidad de emitir criterios discrepantes y de zanjar pacíficamente las desavenencias ideológicas y políticas. Y frente a una larga cadena de abusos y usurpaciones, que propendían inexorablemente al totalitarismo comunista, no había otra opción, para los que no teníamos "vocación de rebaño," que ejercitar el derecho a la resistencia adecuada consagrado en nuestra Constitución de 1940 y en la Declaración Universal de los Derechos del Hombre.

Decía un estadista francés que "si este gran derecho social [a la resistencia] no pesara sobre la cabeza de los poderes mismos que la niegan, hace mucho tiempo que el género humano hubiera perdido toda dignidad y todo honor."

En esas circunstancias, me entrevisté en La Habana con algunos de los dirigentes anticomunistas que ya se preparaban para la resistencia, tales como los doctores Aureliano Sánchez Arango, José Ignacio Rasco y Juan Antonio Rubio Padilla. También conversé con el P. Eduardo Boza Masvidal. Mi propósito era contribuir a forjar un consenso doctrinal que sirviera de base para un manifiesto o proclama que marcase el inicio de la lucha organizada contra el régimen comunista de Castro. La tarea que me impuse era apremiante, ya que el líder más destacado de la coalición democrática embrionaria, Tony Varona, se encontraba en Caracas y desde allí quería denunciar la traición de Castro.

Pero, ¿hubo realmente traición, y si la hubo, en que consistió? Si nos atenemos a los hechos, Castro no traicionó la Revolución que, en forma velada pero sistemática, dirigió a partir del 1º de enero de 1959. Como demostré en el capítulo *Desenmascarando al Comunismo*, las medidas adoptadas por el Gobierno Revolucionario desde que tomó el poder siguieron el patrón marxista-leninista.

Mas si tenemos en cuenta las promesas formuladas por Castro *antes* de llegar al poder, entonces sí podemos afirmar que hubo traición —traición a la revolución democrática y constitucional prometida (que en puridad era una rebelión reformista); no así a la revolución comunista, urdida en secreto, enmascarada e impuesta con perfidia, demagogia y terror.

Esta distinción era, a la sazón, muy importante. Porque no podíamos convalidar implícitamente las medidas adoptadas por el régimen para destruir la democracia y la libre empresa y edificar, sobre sus ruinas, el férreo aparato totalitario. Pero tampoco podíamos aceptar el estigma de "contrarrevolucionario" en esos días febriles en que el concepto revolución conservaba todavía su penacho romántico y su lustre idealista. No quedaba, pues, otra alternativa dialéctica que declararnos en contra de la revolución comunista traidora y a favor de la revolución democrática traicionada.

90

Hay evidencias de engaño y traición por parte de Fidel Castro en todos los documentos públicos que él suscribió, desde *La Historia Me Absolverá* en 1953 hasta el Pacto de Caracas en 1958. Pero la prueba más contundente de estafa y vileza radica en el único artículo que él personalmente redactó y firmó en la etapa insurreccional, y que fue publicado en la revista norteamericana *Coronet* en febrero de 1958, bajo el título de "¿Por qué luchamos?"

Los principios allí esbozados, que enmarcan el progama revolucionario prometido, son los siguientes:

1. Nuestra lucha contra Batista es "esencialmente política..." "Todos nuestros males tienen una raíz común: la falta de libertad... Luchamos para erradicar de Cuba la dictadura y establecer las bases de un genuino gobierno representativo."

2. "La tarea principal del gobierno provisional será preparar y llevar a cabo unas elecciones realmente honestas en un plazo de 12 meses."

3. "Inmediata libertad para todos los presos políticos, tanto civiles como militares."

4. "Completa e irrestricta libertad de información pública para todos los medios de comunicación..."

5. "Restablecer los derechos individuales y políticos que nuestra muy ignorada Constitución [de 1940] garantiza..."

6. "...Erradicar la corrupción de la vida pública cubana... creando una carrera administrativa fuera del alcance de la política y el nepotismo."

7. "...Desarrollar una campaña intensiva contra el analfabetismo."

8. "...Promulgar leyes de reforma agraria que ajusten la anómala relación entre propietarios y precaristas..." "...No apoyaremos, sin embargo, ninguna ley agraria que no provea una justa compensación para los propietarios expropiados."

9. "Rápida industrialización de nuestra economía y elevación de los niveles de empleo..." "...La nacionalización es, en el mejor de los casos, un instrumento torpe. No parece fortalecer al Estado, y sí debilita la empresa privada..." "...El Estado no tendría que recurrir a la expropiación para desempeñar su papel en el desarrollo económico."

10. "No tenemos planes para la expropriación de las inversiones extranjeras..." "[Éstas] serán siempre bienvenidas y estarán seguras aquí."

Este ideario, enarbolado por Castro para embaucar al mundo y perpetrar su gran estafa, no entrañaba una revolución propiamente dicha. La violencia per se no constituye revolución si el objetivo que se procura es corregir abusos y no abolir los usos; si el fin que se persigue es depurar y fortalecer la democracia constitucional, y no suplantarla por la fuerza. Hay una enorme diferencia entre reformas evolutivas dentro del sistema (como las que se prometieron), e injertos revolucionarios o cambios radicales fuera del sistema (como los que se hicieron).

Pero esta diferenciación entre reforma y revolución, aunque muy válida, era demasiado sutil para deslindar los campos en un ambiente convulso de epilepsia social. La magdalena no estaba para tafetanes. Había que plantear el caso de Cuba en términos más claros, sencillos y terminantes. Y había que tomar la ofensiva al definir el dilema nacional: o con Castro y su contrarrevolución comunista traidora, o con Cuba y su revolución democrática traicionada.

Las bases de esta tesis, que pude articular en plena tempestad, fueron en parte incluidas por Tony Varona en su vibrante manifiesto El Drama de Cuba ante América, emitido en Caracas el 28 de mayo de 1960, al romper lanzas por la libertad. Transcribo a continuación dichas bases, que por correo diplomático le remití a Varona poco antes de mi salida de Cuba para incorporarme al Frente Revolucionario Democrático en el exilio.

Bases doctrinales para la lucha contra el régimen comunista de Castro

1. El Gobierno Revolucionario, desde su advenimiento al poder, ha venido transformando radicalmente nuestro sistema político, nuestro régimen económico, nuestra estructura social y nuestro propio y peculiar estilo de vida.

2. Esta subversión total del ordenamiento constitucional, efectuada sin el consentimiento del pueblo expresado a través del sufragio, constituye una usurpación de la soberanía nacional y una traición a los verdaderos ideales de la Revolución Cubana.

3. Las revoluciones democráticas sólo se justifican cuando tienen por objeto devolverle a la nación el derecho de sancionar las leyes que habrán de regirla y de seleccionar periódicamente a los hombres que habrán de gobernarla.

4. Las revoluciones, como hechos de violencia que son, no pueden ser consideradas "fuentes de derecho" a no ser en lo que respecta a medidas provisionales de transición a la normalidad constitucional. La única fuente legítima y permanente de derecho es el consentimiento mayoritario del pueblo, emanado de la urna libre. Y son los organismos de representación popular los únicos que tienen autoridad para desarrollar la obra de gobierno y para reformar, si fuere preciso, la Constitución, de acuerdo con los requisitos que ella misma establece.

5. Cualquier otro sistema que niegue el principio de la intangibilidad constitucional y sustituya el mecanismo del sufragio por la técnica de las aclamaciones frenéticas o de los plebiscitos cesáreos, conduce indefectiblemente a la esclavitud del despotismo o a la anarquía de la barbarie.

6. La Constitución legítima de los cubanos — la de 1940 — no ha sido, pues, derogada, sino suspendida violentamente por quienes se arrogaron facultades constitucionales que no les fueron concedidas ni delegadas por el pueblo.

7. La Revolución cubana tuvo como principal objetivo la restauración de la democracia representativa, bajo la égida de la Constitución de 1940. A partir del 10 de marzo de 1952 — día aciago en que se interrumpe nuestro ritmo institucional — todos los partidos de oposición y sectores responsables del país abogaron por el restablecimiento de la Carta Magna de 1940 y la celebración de elecciones libres. La Revolución se hizo eco de este anhelo nacional y prometió, por boca de su máximo líder, Fidel Castro, que "la primera ley revolucionaria devolvía al pueblo la soberanía y proclamaba la Constitución de 1940 como la verdadera ley suprema del Estado..."

8. Violando el sagrado compromiso que contrajo con el pueblo, Castro suspendió indefinidamente la vigencia de la Carta Fundamental de 1940. Y al hacerlo, dejó al país sin Constitución, a merced de su voluntad cambiante y omnímoda. No puede considerarse constitución la Ley Fundamental que se encuentra en

vigor, toda vez que ésta puede ser reformada, alterada o suprimida, en cualquier momento, por un Consejo de Ministros a las órdenes de Fidel Castro.

9. El sistema de gobierno establecido en Cuba vulnera la letra y el espíritu de la Constitución de 1940 y falsifica los verdaderos postulados de la Revolución. Sus principales características son las siguientes:

A) Tiranía ejercida por Fidel Castro, quien de hecho concentra en sus manos todos los poderes del Estado. (La Carta Magna de 1940 descansa en el principio de la división de los poderes del Estado.)

B) Modificaciones por decreto de la Constitución. (La Constitución de 1940 sólo puede ser reformada por el Congreso, por el cuerpo electoral mediante un referéndum o por una asamblea plebiscitaria).

C) Purga de los jueces y magistrados (designados por decreto) que no interpreten fielmente la voluntad del Gobierno, es decir, de Fidel Castro. (La Constitución de 1940 establece que los miembros del Poder Judicial son independientes en el ejercicio de sus funciones y no deben obediencia más que a la Ley.)

D) Aplazamiento indefinido de las elecciones. (La Constitución de 1940 establece para todos los cubanos como derecho, deber y función, el sufragio universal, igualitario y secreto.)

E) Confiscaciones y despojos sistemáticos; leyes penales con efecto retroactivo en perjuicio del reo; leyes civiles retroactivas sin la correspondiente indemnización por los daños inferidos a los derechos adquiridos; alteración de las obligaciones nacidas de los contratos; tribunales de excepción para conocer de delitos políticos; suspensión, en esos casos, del procedimiento de habeas corpus; detenciones preventivas por razones políticas; maltratos y vejaciones a los presos; limitaciones para salir del territorio nacional; violación del secreto de la correspondencia; desconocimiento del principio de la inviolabilidad del domicilio; organización de cuerpos especiales de represión, espionaje y delación; supresión de la libertad de prensa y control estatal de todos los medios de publicidad; creación del "delito de opinión" (contrarrevolucionario), que pena con la difamación, la cárcel, la confiscación o el fusilamiento a los que protesten o disientan de los criterios oficiales. (Estas medidas anulan totalmente los derechos individuales reconocidos y garantizados en la Constitución de 1940.)

F) Control estatal de las actividades obrero-patronales; militarización progresiva del trabajo; suspensión del derecho de huelga y de paro; conversión de los sindicatos en agencias subordinadas al Gobierno; pago en vales, fichas o mercancías a los campesinos que laboran en las cooperativas estatales; creación de impuestos (incluyendo las llamadas contribuciones voluntarias) sin el libre consentimiento de los gobernados. (Estos procedimientos violan los derechos sociales reconocidos en la Carta Magna de 1940.)

G) Colectivización progresiva de los medios de producción y de las empresas privadas por la vía del despojo, de los impuestos confiscatorios, de los salarios incosteables, de las persecuciones por motivos políticos y de los conflictos laborales. A esto se le llama Reforma Agraria e Industrial. (La Constitución de 1940 se funda en el principio de la propiedad privada y de la libre empresa.)

H) Medidas encaminadas a uniformar los planes de estudio y a oficializar toda la enseñanza, como paso previo para la implantación del adoctrinamiento marxista-leninista. (Esto atenta contra la libertad de enseñanza, garantizada en la Constitución de 1940, y sienta las bases para la dictadura ideológica.)

I) Amplia difusión de doctrinas materialistas que estimulan las bajas pasiones del hombre y concitan el odio y la lucha de clases. Supresión de la invocación a Dios y persecución de la Iglesia. (La Constitución de 1940 se inspira en la moral cristiana que postula la caridad y el amor al prójimo, e invoca el favor de Dios al igual que la Constitución de 1901.)

J) Promoción de disturbios, agitaciones y movimientos sediciosos en todo el continente americano. (En la Constitución de 1940 se consigna que Cuba condena la guerra de agresión, aspira a vivir en paz con los demás Estados y a mantener con ellos relaciones y vínculos de cultura y de comercio.)

10. A la vista de estos antecedentes, puede afirmarse categóricamente que Castro ha implantado en Cuba un sistema de gobierno contrario a la Constitución de 1940 y a los verdaderos postulados de la Revolución, que reúne todas las características del régimen totalitario comunista.

11. A consecuencia de esta vil traición, Cuba ha entrado en la órbita sombría del bloque soviético. Bajo la dependencia política, económica y militar de Moscú, nuestro país ha perdido su soberanía y ha pasado a ser la punta de lanza del comunismo en América.

12. Amparados en el derecho inalienable de resistencia a la opresión, los demócratas cubanos lucharemos contra quienes han conculcado nuestras libertades y mancillado nuestro honor. Nuestra meta es el rescate de la Revolución democrática y constitucional. Las bases de nuestro programa reivindicador son las siguientes:

A) Derrocamiento del regimen comunista y restablecimiento de la Constitución de 1940, con las transitorias indispensables para resolver o atemperar situaciones de hecho durante la provisionalidad.

B) Pacificación del país; gobierno de integración nacional; amnistía para los que cumplen condenas por delitos políticos o contrarrevolucionarios, y pleno restablecimiento de la libertad de expresión, asociación y locomoción.

C) Censo electoral; ley electoral aprobada por todos los partidos políticos y sectores responsables del país, y celebración de elecciones generales en un plazo no mayor de 18 meses.

D) Proscripción del partido comunista y de toda organización política contraria al régimen de gobierno democrático-representativo o que atente contra la soberanía nacional, según dispone la Constitución de 1940. Descomunización de la educación; eliminación de todo sistema de adoctrinamiento político forzoso, y plena libertad religiosa.

E) Abrogación o revisión de las leyes revolucionarias, según se requiera, para ajustar la legislación imperante a la preceptiva constitucional y a las necesidades perentorias del país. Ratificación de las medidas provisionales por el Congreso elegido libremente por el pueblo.

F) Respeto a todas las conquistas sociales y a los derechos que la Constitución del 40 les reconoce a los obreros, incluyendo la organización de sindicatos libres, negociación de salarios justos, capacitación adecuada, seguridad social decorosa y derecho de huelga.

G) Desarrollo de una verdadera reforma agraria que proscriba el latifundio, sin desajustes ni despojos; que eleve el nivel de vida de los campesinos y que les facilite la adquisición y cultivo de unidades agrícolas viables conforme a un plan orgánico enderezado a aumentar la productividad de las tierras.

H) Resolución del problema planteado por la confiscación de bienes y empresas, que reconozca el derecho de los propietarios legítimos a la restitución o a una indemnización adecuada, pero que también resuelva equitativamente situaciones de hecho y pondere la crisis económica y los intereses supremos de la nación.

I) Protección y estímulo a la libre empresa, eliminando barreras innecesarias que impidan o dificulten la inversión privada, a fin de atraer capital nativo y foráneo y de acelerar el desarrollo y diversificación de nuestra economía, dentro del marco de la ley y con un criterio de justicia social.

J) Desmilitarización de la ciudadanía; eliminación de las milicias y transformación de las fuerzas armadas en guardia nacional disciplinada, apolítica y eficiente, al servicio de la Constitución y de las leyes.

K) Modernización y saneamiento de la Administración Pública mediante el establecimiento de la carrera administrativa, la adopción de sanciones severas para erradicar el peculado, y la implantación de técnicas avanzadas para mejorar los servicios a la comunidad, sobre todo en el campo de la medicina y la educación.

L) Política exterior de respeto mutuo y buena voluntad hacia los Estados Unidos y demás repúblicas de América, sin merma de nuestra soberanía. Compromiso solidario de promover el desarrollo económico, social y cultural de nuestros pueblos, y de defender el sistema democrático de vida en que se funda nuestra civilización occidental.

Estas son, en síntesis, las metas que proclamamos al emprender la lucha en esta fase crítica de nuestra historia republicana. Hoy no sólo está en juego la libertad de nuestro pueblo. Está también en peligro la independencia y dignidad de la nación. No se debaten únicamente principios políticos. Se lucha por preservar nuestras tradiciones, nuestra cultura, nuestras costumbres de familia, y los valores morales y espirituales que nos legaron los fundadores de nuestra nacionalidad.

Cerremos filas para rescatar la Revolución del totalitarismo opresor. Frente al despotismo imperante, la democracia plena. Frente a la ley de la fuerza, la fuerza de la ley. Frente al odio que divide y mata, el amor que une y vivifica. Frente al paredón que aterra y envilece, la justicia que protege y enaltece. Frente al comunismo que destruye y esclaviza, la libre empresa que engrandece y dignifica.

CUBANOS: Ha llegado la hora de rescatar la Revolución democrática y constitucional. La Patria sufre, clama y espera. ¡Fuera los traidores! ¡Abajo el Comunismo! ¡Viva Cuba Libre!

III

A LÁTIGO Y DESTIERRO

*"Quien desee patria segura, que la conquiste.
Quien no la conquiste, viva a látigo y
destierro, oteado como las fieras, echado de
un país a otro, encubriendo con la
sonrisa limosnera, ante el desdén de los
hombres libres, la muerte del alma."*

José Martí

Internacionalización de la lucha

No sabemos con certeza cómo, dónde y cuándo se urdió la entrega de Cuba a la Unión Soviética. Cuando se abran al público los archivos de la KGB y del Partido Comunista ruso, o cuando Cuba se libere, quizás tengamos acceso a pruebas fidedignas, es decir, no adulteradas o fabricadas, que arrojen más luz sobre este trágico suceso. Pero, a pesar de la falta de testimonios concluyentes, hay indicios que sugieren que el eje Habana-Moscú viene de lejos.

Según Salvador Díaz Versón, el investigador cubano que con mayor tesón y disciplina estudió los orígenes del comunismo en Cuba, las raíces de la conjura soviética se remontan a 1928, año en que llega a La Habana el emisario del Kremlin, Fabio Grobart. Este agente polaco funda el grupo secreto "Caribe", que viene a iniciar el proceso de infiltración, proselitismo y adoctrinamiento para la captura posterior de Cuba.

En 1943, la conspiración comunista en Cuba cobra impulso con la llegada a la isla de la eminencia gris soviética, Gumer W. Bashirov. De acuerdo con el testimonio de Díaz Versón, Bashirov había vivido en España durante la guerra civil y hablaba correctamente el castellano. Instalado en la casa número 6 de la calle dos, entre las avenidas primera y tercera de Miramar, Bashirov comienza a crear una red secreta fuera del Partido Comunista. Según Díaz Versón, entre los jovenes cubanos reclutados por Bashirov se encontraban Fidel Castro y Antonio Núñez Jiménez.

Es en casa de Bashirov, agrega Díaz Versón, donde en febrero de 1948 se ultiman los detalles del "bogotazo" con la participación de los siguientes líderes de las juventudes socialistas: Basily Bogarev e Ivan Mischine, rusos; Jarolov Boucet, checo; Luis Fernández, español, y Mirorat Pesis, yugoslava. Y es allí, en la residencia de Bashirov, donde, según Díaz Versón, se le asigna a Fidel Castro la misión que debía cumplir en Bogotá en apoyo del plan "anti-imperialista" para torpedear la Conferencia Interamericana que allí se iba a celebrar.

Destacados historiadores le han restado importancia a la intervención de Castro en los disturbios sangrientos del 9 de abril de 1948 en la capital colombiana. Sin embargo, la policía de Bogotá, al parecer con suficientes indicios y pruebas en su poder, trató de arrestarlo por su participación en actos subversivos antes y después del asesinato del líder liberal colombiano, Jorge Eliecer Gaitán, hecho que vino a encender el "bogotazo."

Ese mismo día, según testimonio bajo juramento del embajador norteamericano William D. Pawley, éste escuchó por radio una voz que decía: "Yo soy Fidel Castro de Cuba. Esta es una revolución comunista. El Presidente ha muerto; todas las bases militares están en nuestro poder. La marina se ha rendido, y la revolución ha triunfado."[12]

Después del "bogotazo" y de su salida furtiva y vertiginosa de Colombia, Fidel Castro continúa visitando a Bashirov en La Habana. Según Díaz Versón, en 1952, al romper Cuba relaciones diplomáticas con la URSS, Bashirov se ve forzado a mudarse a México. El 14 de julio de ese año, Castro lo visita portando un pasaporte cubano falso a nombre de Federico Castillo Ramírez. Un mes después, Castro regresa a La Habana con planes subversivos para ser desarrollados dentro de Cuba.

Cuando Fidel intenta derrocar a Batista en 1953 mediante un ataque sorpresivo al cuartel Moncada, los líderes del Partido Socialista Popular (Comunista) se distancian aparentemente de él y repudian su "putschismo." Sin embargo, durante su breve exilio en México, Castro se reúne secretamente con dirigentes comunistas cubanos, y, al ser detenido en la capital azteca, recibe el apoyo bajo cuerda de Lázaro Peña y de los prohombres del marxismo mexicano: Lázaro Cárdenas y Lombardo Toledano.

Durante la etapa insurreccional, el Kremlin mantiene una postura discreta y cautelosa, pero no pasiva.[13] Según informes de inteligencia de la embajada de los Estados Unidos en México, la

---

[12] U.S. Senate Internal Security Subcommittee, hearings, *Communist Threat to the United States Through the Caribbean*, 2 de septiembre de 1960, Parte 10, pag. 725.

[13] En su libro *Víspera del Final*, pagina 23, Carlos Alberto Montaner afirma (citando un reportaje de Xavier Domingo) que el hoy general retirado del KGB, Nikolai Leonov, comenzó desde la década de los 50, en México, a convencer a Castro y a Ernesto Guevara de la conveniencia de situar la revolución cubana bajo la férula de la Unión Soviética.

Unión Soviética ordena a todos los partidos comunistas del área que apoyen la lucha contra Batista. Por otra parte, la revista *Intelligence Digest*, de Londres, en su edición de diciembre de 1957, afirma que submarinos soviéticos habían aparecido dos veces cerca de los costas de Cuba para suministrar armas y municiones a las fuerzas de Castro.

Esta información, no corroborada, es discutible, pero lo que sí es irrefutable es que los dos principales lugartenientes designados por Castro, su hermano Raúl y Ernesto "Che" Guevara, tenían filiación marxista y nexos con el Kremlin.

Raúl, como miembro del movimiento de juventudes comunistas, había asistido en 1953 a congresos en Praga y Bucarest. Y el "Che" Guevara, quien ya tenía un amplio historial "antiimperialista" (léase anti-yanqui y pro-Moscú), confirmó su ideología en carta a "Daniel" de fecha 14 de diciembre de 1957. En dicha misiva, el Che declara: "Pertenezco por mi preparación ideológica a los que creen que la solución de los problemas del mundo está detrás de la llamada cortina de hierro y tomo este movimiento como uno de los tantos provocados por el afán de la burguesía de liberarse de las cadenas económicas del imperialismo."[14]

La influencia comunista se hace patente en las escuelas de adoctrinamiento marxista creadas por Raúl Castro en la Sierra Cristal. Pero la identificación de Fidel con el comunismo internacional sólo comienza a manifestarse, sin mucho aparato, a fines de 1958. Es entonces que el Partido Socialista Popular considera oportuno elevar su perfil en el teatro de operaciones, y, con ese fin, envía a la Sierra Maestra y a la Sierra del Escambray a Carlos Rafael Rodríguez, Antonio Núñez Jiménez y Félix Torres, entre otros.

A la caída de Batista, Castro constituye de inmediato un equipo secreto de gobierno (fuera del que preside Manuel Urrutia Lleó), que es el que realmente marca el rumbo de la Revolución y dicta sus leyes. Integran ese gobierno paralelo la cúpula marxista del Movimiento 26 de Julio y la vieja guardia del Partido Socialista Popular.

---

[14] Carlos Franqui, *Retrato de Familia con Fidel*, Seix Barral, España, 1981, pag. 509.

Según revela Tad Szulc en su biografía sobre Fidel Castro (después de entrevistar a los principales jerarcas revolucionarios), dicho gobierno paralelo comienza a reunirse, bajo la jefatura de Fidel, a principios de enero de 1959 en la antigua casa de Agustín Cruz, en Cojímar. Allí convergen los comunistas de partido: Blas Roca, Carlos Rafael Rodríguez y Aníbal Escalante, y los comunistas embozados: Fidel y Raúl Castro, "Che" Guevara, Camilo Cienfuegos y Ramiro Valdés. Como las sesiones eran secretas, Fidel exclamó un día en tono jocoso: "C_ _ _, ahora somos gobierno y tenemos que seguir reuniéndonos ilegalmente."

Este grupo llevaba el nombre inocuo de Oficina de Planes Revolucionarios y Coordinación, y contaba con el asesoramiento de Antonio Núñez Jiménez, Alfredo Guevara, Vilma Espín, Oscar Pino Santos, Segundo Ceballos y Pedro Miret. Los asesores se reunían en una casa en la playa de Tarará y se encargaban de redactar los anteproyectos de las principales leyes revolucionarias, incluyendo la Reforma Agraria. El enlace de confianza dentro del gobierno de Urrutia (encargado de revisar y darle curso a los borradores que le sometía el gobierno paralelo) era Osvaldo Dorticós.

Fue tal la fría y calculadora destreza de Castro en la planificación, ejecución y encubrimiento de su estrategia revolucionaria, que Tad Szulc llegó a aseverar que "... está claro que él sabía exactamente lo que en todo momento estaba haciendo, que sus aparentes improvisaciones habían sido cuidadosamente pensadas, y que no dejaba nada a la suerte".[15]

Uno de los que pudo verificar la influencia soviética desde que el régimen de Castro llegó al poder fue Juan Vivés, miembro del G2 (servicio secreto cubano).

En su libro *Los amos de Cuba,* Vivés hace referencia a la reunión secreta de Fidel con Fabio Grobart (el antiguo emisario del Kremlin), el 3 de marzo de 1959 en las oficinas del "Che" en la fortaleza de La Cabaña. Dice Vivés: "Esta verdadera conferencia secreta duró desde las 2:45 hasta las 5:30 de la mañana. Recuerdo la fecha y la hora porque ese día estaba de guardia y anoté todos estos datos en el registro. A la mañana siguiente, el "Che"

---

[15] Tad Szulc, *Fidel – A Critical Portrait*, William Morrow and Company, Inc., New York, 1986, pag. 464.

arrancó la hoja con las anotaciones y me dijo que no hiciera comentarios."[16]

Vivés ignora lo que Fidel, Grobart y el "Che" discutieron en esa reunión, pero señala que a los tres días de haberse celebrado, Carlos Rafael Rodríguez y Flavio Bravo viajaron a Moscú, y Severo Aguirre, Max Figueroa y César Escalante fueron a China.

Uno de los factores principales que explican quizás la sumisión de Castro al bloque sino-soviético es su odio visceral a los Estados Unidos. Este se manifiesta en el siguiente párrafo de la carta de fecha 5 de junio de 1958, que Fidel le dirigió a Celia Sánchez:

"... Al ver los cohetes que tiraron en casa de Mario, me he jurado que los americanos van a pagar bien caro lo que están haciendo. Cuando esta guerra se acabe, empazará para mí una guerra mucho más larga y grande: la guerra que voy a echar contra ellos. Me doy cuenta que ése va a ser mi destino verdadero..."

Teniendo en cuenta el resentimiento de Castro hacia los Estados Unidos y sus planes secretos de comunización, se entiende por qué en su visita a Washington en abril de 1959 le prohibió a su Ministro de Finanzas, Rufo López Fresquet, que aceptara ningún tipo de ayuda económica norteamericana. Según López Fresquet, Fidel quería poder decir después que Washington se había negado a asistir a Cuba, forzándolo así a alinearse con Moscú.[17]

Lo cierto es que Castro ya se había entregado a la Unión Soviética, sin que nadie lo forzara. Prueba de ello es que cuando Ramiro Valdés, jefe del servicio de inteligencia, viaja a México en julio de 1959 para reunirse con el embajador ruso, Vladimir Bazikin, el emisario de Castro es recibido con la confianza que sólo inspiran los adeptos y es invitado a dormir en la Embajada. Poco después, funcionarios diplomáticos cubanos en México reciben instrucciones

---

[16] Juan Vivés, *Los amos de Cuba*, Emecé, Argentina, 1982, pag. 34.

[17] *Times of Havana* (Miami), septiembre 15-17, 1961.

de La Habana de intercambiar informes de inteligencia con la embajada soviética.[18]

La sovietización de Cuba se acelera con la visita a la isla en Febrero de 1960 del Vice Primer Ministro de la URSS, Anastas Mikoyan. A raíz de este viaje llegan a Cuba, según atestigua Juan Vivés, 120 agentes de la KGB comandados por el coronel Ulianov. Éstos integraron la llamada "División de Desinformación y Agitación," encargada de asistir al régimen de Castro en la fase crítica de la liquidación de la libertad de prensa y el lavado cerebral de la población. Poco después, llega a la isla otro grupo de 280 asesores sovieticos con la misión de fortalecer el aparato de inteligencia, espionaje y represión.[19]

Esta avanzada soviética —seguida de técnicos militares, ayuda económica y embarques de armamentos— vino a internacionalizar la lucha y a complicar el problema de Cuba.

Ante esa situación, no podíamos los anti-comunistas cubanos enfrentarnos solos a un régimen totalitario como el de Castro, que estaba siendo apoyado, en alarmante crescendo, por Rusia y sus satélites. Para contrarrestar la ofensiva del comunismo internacional, teníamos que acudir al vecino poderoso, al aliado natural: Estados Unidos.

Son estas circunstancias excepcionales las que movieron al Dr. Manuel Antonio ("Tony") Varona y otros compatriotas a constituir en el exilio el Frente Revolucionario Democrático de Cuba y a recabar la ayuda norteamericana para emprender la lucha. Lamentablemente, la entente que surgió no tuvo el carácter de una verdadera alianza, ya que Washington se negó a reconocer oficialmente a la representación democrática cubana y a otorgarle un préstamo (en lugar de dádivas o subsidios) para poder operar con dignidad y plena autonomía.

Esta decisión fue comunicada por el Sr. Frank Bender, representando al Central Intelligence Agency (CIA), en una reunión celebrada en el Colegio de Abogados de Nueva York el 12 y 13 de

---

[18] Ver detalles de este episodio en el libro de Daniel James, *Cuba: The First Soviet Satellite in the Americas*, Nueva York: Avon, 1962, págs. 234-37.

[19] Juan Vivés, *Los Amos de Cuba*, págs. 80-92.

mayo de 1960. Asistieron a esa reunión los doctores Manuel A. de Varona, Justo Carrillo, José Ignacio Rasco, Manuel Artime, Andrés Vargas Gómez y Pedro Martínez Fraga, y el Sr. Ricardo Lorié.

De acuerdo con las notas confidenciales que tomó el Dr. Martínez Fraga, el Sr. Frank Bender, acompañado por el Sr. Wilbur Garr, reiteró a los presentes las tres bases o condiciones del Gobierno de los Estados Unidos para respaldar a las fuerzas que se oponían al régimen de Castro:

1) Washington delegaba en la CIA, representada por Frank Bender, los poderes o facultades necesarios para canalizar la ayuda prometida a los revolucionarios anti-castristas. Las relaciones se mantendrían en secreto.

2) Los revolucionarios cubanos deberían crear un órgano central que tendría a su cargo la preparación, dirección y realización de la guerra contra el régimen de Castro, así como la redacción de un programa mínimo que definiera los motivos y las metas de la lucha. Este organismo rector debería contar con la representación del mayor número posible de grupos democráticos organizados, con excepción de aquellos vinculados al depuesto régimen de Batista.

3) El Gobierno de Estados Unidos, por medio de la CIA, facilitaría y administraría los recursos indispensables para la lucha. Los cubanos, sin embargo, quedaban en libertad de recaudar fondos independientemente de la CIA.

No les fue nada fácil a los dirigentes cubanos aceptar estas bases, que implicaban relaciones anómalas con funcionarios subalternos e hiriente dependencia de la bolsa norteamericana. Debates hubo, y muy intensos. A la postre, el orgullo le cedió paso al pragmatismo. Dada la urgencia y dificultad de la acción libertadora, y la falta de recursos propios, no había otra alternativa que obviar las desavenencias, superar las frustraciones y seguir adelante.

Hasta el indómito Charles de Gaulle tuvo a veces que plegar su altivez y hacer concesiones durante la Segunda Guerra Mundial. Aun con la investidura que le confirió el reconocimiento diplomático en el exilio, "le grand Charles" se vio precisado, muy a su pesar, a acatar decisiones imperiosas de las potencias aliadas.

La adversidad impone a veces renunciamientos amargos. Cuenta la historia que los romanos, sitiados durante más de siete meses por los galos, viéronse obligados a proponer la capitulación. Breno, el jefe galo, consintió en levantar el sitio a cambio del pago de mil libras de oro que debían ser pesadas en una balanza. Aceptado el pago, se procedió a pesar el oro, pero al instante se suscitó una disputa en la que los romanos acusaron a los vencederos de usar pesas falsas. Fue entonces cuando Breno, echando su pesado sable en uno de los platillos de la balanza, pronunció la frase célebre: "Vae victis!" ¡Ay de los vencidos!

Parafraseando a Breno, los líderes del exilio cubano en 1960 —sin patria, sin recursos y sin armas— bien pudieron haber exclamado al negociar con los emisarios norteamericanos: ¡Ay de los desterrados!

A pesar de estos ominosos contratiempos, los dirigentes del exilio, deseosos de acelerar la liberación de Cuba, redoblaron sus esfuerzos y constituyeron el Frente Revolucionario Democrático. Poco después de firmar el Manifiesto de Constitución, los miembros del Comité Ejecutivo nos encomendaron a Enrique Llaca Orbiz y a mí la redacción de un breve documento que explicara la composición del Frente y los fines que perseguía. Transcribo a continuación el texto de dicho escrito, recogido en un folleto:

Frente Revolucionario Democrático de Cuba

El 22 de Junio de 1960, se reunieron en México los representantes de cinco organizaciones clandestinas de Cuba a fin de hacer un llamamiento a la unidad de los cubanos y constituir un organismo central que asumiera la dirección de la lucha contra el régimen comunista establecido en Cuba. Este organismo central fue denominado "Frente Revolucionario Democrático" (F.R.D.)

Integraron su Comité Ejecutivo los señores Dr. Manuel A. de Varona Loredo, Secretario General de "Rescate Democrático Revolucionario"; Dr. Manuel Artime Buesa, Secretario General del "Movimiento de Recuperación Revolucionaria"; Dr. José I. Rasco Bermúdez, Presidente del "Movimiento Demócrata Cristiano"; Dr. Aureliano Sánchez Arango, Secretario General del "Frente Nacional Democrático Triple A"; y Dr. Justo Carrillo Hernández, Secretario General de la "Agrupación Revolucionaria Montecristi".[20]

El hecho de que el F.R.D. haya sido constituido por cinco organizaciones no significa que se encuentre cerrado a la incorporación de nuevas fuerzas. Antes al contrario, sus líderes indicaron claramente, desde un principio, que el F.R.D. estaba abierto a grupos e individuos de historial limpio y nobles ideales que quisieran cooperar en el esfuerzo común.

Además del Comité Ejecutivo, se constituyeron diversas comisiones de trabajo que completaron la estructura funcional del F.R.D. Entre estas comisiones, que ya se encuentran laborando activamente y en las cuales se encuentran representados todos los sectores del país, pueden citarse las siguientes: Comisión de Propaganda, Comisión de Relaciones Públicas, y desde luego, la Comisión Financiera, y la Comisión de Planificación del Gobierno Provisional.

El Frente Revolucionario Democrático tiene dos objetivos fundamentales. El primero, es derrocar el régimen comunista que hoy oprime a la nación cubana.

Esta lucha, deber inexcusable de todos los cubanos, es una cruzada para rescatar a la Patria de las manos extranjeras que hoy la esclavizan y arruinan. Se librará en todos los frentes, porque si preciso es derrotar a los tiranos con las armas en la mano, preciso es también desenmascararlos ante la opinión pública mundial.

A ningún observador inteligente se le escapa ya que el "fidelismo" es la modalidad que la internacional comunista está utilizando para extender su dominación en América. Los comunistas cubanos o "fidelistas" integran, conjuntamente con las otras minorías locales que la Unión Soviética dirige y sostiene en todos los países del Hemisferio, una organización activa y poderosa, muy consciente de sus fines y dispuesta a emplear los medios necesarios para alcanzarlos.

Altamente preparada para la acción subversiva y dotada de abundantes recursos para la propaganda en gran escala, esta

---

[20] Posteriormente renunció el Dr. Sánchez Arango y se incorporó al Frente el Dr. Ricardo Sardiña representando el Bloque de Organizaciones Anti-Comunistas.

maquinaria internacional ha servido de eficaz vehículo para la difusión constante de las grandes mentiras fidelistas y la desfiguración sistemática de las verdaderas realidades cubanas.

Combatir las mentiras fidelistas y descubrir la conjura que desde Moscú se urde contra América utilizando a Cuba como instrumento; exponer crudamente, ante la opinión pública mundial, el calvario que viene sufriendo el pueblo cubano; y organizar, dentro y fuera del país, las fuerzas que en su día expulsarán a los comunistas del poder: he ahí cómo el F.R.D. se propone alcanzar su primer gran objetivo.

El segundo empeño del Frente Revolucionario Democrático es restablecer en Cuba, una vez derrocado el régimen comunista, la democracia y el derecho.

Para cumplir este objetivo, se constituirá un Gobierno Provisional que se encargue de pacificar y administrar el país. El Gobierno Provisional no podrá durar, en ningún caso, más de 18 meses. Dentro de dicho plazo, se celebrarán elecciones libres y se restablecerá la Constitución de la República acordada y promulgada, en asamblea soberana, en el año de 1940.

El Gobierno Provisional, para garantizar la celebración de elecciones libres, abrirá las vías del debate público y dictará medidas oportunas con vista a la integración y desenvolvimiento de los partidos políticos.

Al restablecer la Constitución de 1940, el Gobierno Provisional estará sentando bases firmes para el progreso ordenado e integral de la nación, toda vez que el articulado de esta Carta Magna, que no ha sido derogada por el pueblo, sino violada por dos regímenes usurpadores, reconoce y protege los derechos individuales; garantiza las conquistas obreras; permite la ejecución de un amplio programa de reformas sociales compatibles con el desarrollo económico, dentro de un régimen de propiedad privada y libre empresa; y señala procedimientos eficaces para el ejercicio pleno y estable de la democracia representativa.

México, 15 de Julio de 1960

La foto recoge el momento en que se constituyó en el exilio el Frente Revolucionario Democrático (junio de 1960). De izquierda a derecha: José Ignacio Rasco (Movimiento Demócrata Cristiano); Manuel F. Artime (Movimiento de Recuperación Revolucionaria); Justo Carrillo (Asociación Montecristi); Manuel Antonio de Varona (Rescate Democrático Revolucionario), y Aureliano Sánchez Arango (Frente Nacional Democrático Triple A).

La comisión planificadora

La Comisión Planificadora, bajo la presidencia ejemplar del Dr. Pedro Martínez Fraga, tuvo a su cargo el asesoramiento del Frente Revolucionario Democrático en el campo jurídico, económico y diplomático. Su labor incluyó la redacción de anteproyectos de leyes y otras medidas (más de 50), que serían sometidos a la consideración del Gobierno Provisional.

La Planificadora, en la que estuvieron representados los principales grupos y sectores del exilio, funcionó como un pequeño parlamento con tono elevado y rigurosa disciplina. Rara vez prevaleció el interés partidista, y sus miembros no se creyeron legisladores ni se arrogaron facultades constitucionales.

Nuestra misión consistió en estudiar, debatir y proponer medidas provisionales, dentro del marco de la Carta Magna de 1940, exceptuando únicamente aquellos preceptos constitucionales de imposible cumplimiento durante la transición del comunismo a la democracia representativa. Para desempeñar su cometido, la Comisión recibió el consejo de algunas de las mentes más lúcidas del exilio.

Publico a continuación fragmentos del memorándum confidencial redactado por el Dr. Martínez Fraga en el que resume las labores de la Comisión Planificadora.

Comisión planificadora

**Relación de los anteproyectos de ley, informes, documentos diversos y trabajos de propaganda.
agosto 8, 1960 - octubre 10, 1961**

"... los que trabajan en la fe del silencio."

José Martí

ANTECEDENTES

1. La Comisión Planificadora, al declarar terminadas las tareas que le fueran confiadas el 8 de Agosto de 1960 por el entonces vigente Frente Revolucionario Democrático de Cuba... estima deber ineludible dar a conocer la Relación de los Anteproyectos de Ley, Informes, Documentos Diversos y Trabajos de Propaganda, preparados, discutidos y votados en su seno.

2. El Artículo 1 del Reglamento de esta Planificadora define la naturaleza y funciones de la misma:

"Artículo 1. —La Comisión Planificadora es un organismo técnico que tiene a su cargo la dirección legal, consultiva y asesora del FRENTE REVOLUCIONARIO DEMOCRÁTICO DE CUBA (FRD)— y el estudio y redacción de los anteproyectos indispensables para el establecimiento y funcionamiento del Gobierno Provisional que restaurará el régimen democrático-representativo consagrado en la Constitución de 1940."

3. Es práctica tradicional en estos casos la de reproducir el texto de los trabajos realizados, o por lo menos, una síntesis de los mismos, pero la Planificadora se limita a una simple Relación, porque otra cosa le veda el Artículo 9 del Reglamento...

4. Apenas constituida esta Comisión, el 8 de Agosto de 1960, eligió a los siguientes funcionarios:

Presidente:	Dr. Pedro Martínez Fraga
Vice-Presidente:	Dr. Tulio Díaz Rivera
Secretario:	Dr. Enrique Llaca, poco después sustituido por el Dr. Armando de León Sotolongo
Vice-Secretario:	Dr. Luis Espíndola Pálacios
Tesorero:	Dr. José Manuel Hernández Puente, poco después sustituido por el CP. Ectore Reynaldo.
Vice-Tesorero:	Sr. Fritz Appel

Y con los arriba relacionados compartieron las labores iniciales los señores:

Dr. Elio Alvarez López
Dr. Néstor Carbonell Cortina
Dr. Guillermo Fernández Mascaró
Dr. Ambrosio González del Valle
Dr. José M. Hernández Puente
Dr. Enrique Llaca Orbiz

5. Al correr de la semanas y los meses, desde agosto a diciembre de 1960, y a medida que avanzaban los trabajos de la Planificadora, se multiplicó extraordinariamente tanto el número de sus miembros (designados por el Comité Ejecutivo del FRD) como el de los asesores técnicos de las diversas subcomisiones. Alcanzó ese número la cifra de 103, aunque debe notarse que la mayor parte de

ellos no participaron activa o regularmente en las tareas planificadoras y otros muchos se limitaron a brindar temporalmente sus servicios técnicos en las diferentes subcomisiones...

6. Después de diciembre de 1960 y hasta abril 17 de 1961 ingresaron, además, los siguientes señores: [sigue una lista de 50 participantes].

7. Causaron baja por haberse incorporado al Ejército de Liberación los siguientes señores:

Dr. Arturo Alemán Ruiz, Dr. Néstor Carbonell Cortina, Dr. Humberto Cardounell, Dr. Alberto García Navarro, Dr. Enrique Llaca Orbiz y Dr. Manuel de J. Mencía Gómez.

8. En el referido mes de diciembre de 1960, el Comité Ejecutivo del FRD, acordó reorganizar la Comisión Planificadora, designando cinco miembros por cada una de las Organizaciones Revolucionarias que lo integraban, los que constituirían el Pleno de 25. Los demás miembros continuarían prestando sus servicios en calidad de asesores técnicos.

9. El Pleno de 25 quedó constituído de la siguiente manera:

Presidente: Dr. Pedro Martínez Fraga

Asociación de Montecristi
Dr. Guillermo Bermello	Alternos:
Dr. Gaudencio Castro	CP. Otto Fernández Hermo
Dr. Pedro Peñaranda	Ing. Matías Varas
Sr. Jorge Salazar	Ing. Fernando Zayas
Dr. Andrés Suárez	Dr. Oscar Ramos Avello

Asociación Revolucionaria Democrática (Triple A Independiente)
Dr. Carlos Calonge	Alterno:
Dr. Manuel Cobo del Castillo	Dr. Adolfo Lorenzo
Dr. Salvador Ferrer González	
Dr. Otto Fisher	
Dr. Salvador Miranda	

Movimiento Demócrata Cristiano
Sr. Fritz Appel	Alternos:
Ing. Melchor Gastón	Sr. Eladio Armesto
Sr. Laureano Garrote	Dr. Arturo Zaldivar
Ing. Alberto Gutiérrez	
Ing. Bernardo Maristany	

Movimiento Institucional Democrático
Dr. Arturo Alemán Ruiz
Dr. Luis Espíndola Palacios
Dr. Gastón Fernández de Cárdenas
Dr. Alberto García Navarro
Ing. Rafael Miquel Zayas

Alternos:
Dr. Rafael Sánchez Losada
Dr. Miguel A. Busquet

Movimiento de Recuperación Revolucionaria
Dr. Guillermo Fernández Mascaró
Sr. Augusto Gamoneda
Dr. Ambrosio González del Valle
Dr. Agustín Goytisolo
Dr. José M. Hernández Puente

Alternos:
Ing. Julio Bordas
Dr. Arsenio Roa Uriarte
Dr. Luis Socarrás
Sr. Carlos Gastón

Movimiento Rescate Democrático Revolucionario
Dr. Elio Alvarez López`
Dr. Néstor Carbonell Cortina
Dr. Tulio Díaz Rivera
Dr. Ernesto Freyre
Dr. Armando de León Sotolongo

Alternos:
Dr. José Alvarez Díaz
Dr. Mario de Cárdenas

El Presidente del Consejo Revolucionario designó a los Dres. Antonio F. Silió y Vitalio Ruiz Gómez, coordinadores, respectivamente, del Consejo y de la Planificadora, al efecto de las relaciones entre ambos organismos.

10. A partir del 17 de Abril del presente año, la asistencia de los miembros de la Planificadora se redujo al más exagerado mínimum. Y pudo seguir rindiendo su importante labor gracias a la colaboración desinteresada y generosísima del grupo de miembros y asesores técnicos que a continuación se relacionan: Dr. José Álvarez Díaz, Sr. Fritz Appel, Dr. Guillermo Bermello, Dr. Miguel A. Busquet, Dr. Ignacio Cancio, Dr. Mario de Cárdenas, Dr. Angel Castillo, Dr. Manuel Cobo del Castillo, Dr. Tulio Díaz Rivera, Dr. Gastón Fernández de Cárdenas, CP Otto Fernández-Hermo, Dr. Salvador Ferrer, Dr. Otto Fisher, Dr. Armando Freyre, Dr. Ernesto Freyre, Dr. Luis R. García, Ing. Rafael García Bango, Dr. Luis A. Garriga, Sr. Laureano Garrote, Ing. Melchor Gastón, Sr. Carlos Gastón, Dr. Samuel Giberga, Dr. Baldomero B. Guasch, Dr. Armando de León, Ing. Julio Lecuona, Dr. Ignacio Lizama, Sr. Jorge McDonald, Dr. Pedro Martínez Fraga, Dr. Félix M. Martínez, Ing. Rafael Miquel Zayas, Dr. Salvador Miranda, Sr. Carlos M.

Peláez, Dr. Raúl Ramírez O'Bourke, CP Ectore Reynaldo, Dr. Arsenio Roa Uriarte, Dr. Vitalio Ruiz Gómez, Dr. Rafael Sánchez Losada, Dr. Andrés Suárez Ameneiro e Ingeniero Fernando Zayas.

11. De esta Comisión —el promedio de la edad de cuyos miembros supera los 40 años— brindaron sus servicios a la Patria en la trágica invasión de 17 de Abril, los señores —doctores: Arturo Alemán Ruiz, Humberto Cardounell, Néstor Carbonell Cortina, Alberto García Navarro (prisionero), Enrique Llaca Orbiz (prisionero) y Manuel de J. Mencía.

12. La Comisión, apenas iniciados sus trabajos, solicitó directa, cordial e insistentemente la colaboración de los representantes en el exilio de las diversas categorías socioeconómicas cubanas. Muchos la prestaron de manera generosa y fecunda; otros, después de comenzar su cooperación, la retiraron o se alejaron de la Planificadora; algunos declinaron la ayuda solicitada por motivos diversos y ajenos a esta Comisión...

13. Salvo los primeros meses de instalación, el presupuesto de la Planificadora alcanzó la cifra de mil ochocientos treinta y cinco pesos mensuales ($1,835.00).

14. El programa prelegislativo ejecutado por la Comisión Planificadora se ajusta, en primer término, a lo dispuesto en el Artículo 1 de su Reglamento, más arriba citado, y en todo lo que ha estimado necesario, posible o conveniente, al Programa Mínimo de Gobierno acordado por el Frente Revolucionario de Cuba y el Consejo Revolucionario Cubano en el mes de febrero del corriente año. Ha presidido, sin embargo, el concepto realista y objetivo que perentoriamente reclama la empresa de restablecer en Cuba el ordenamiento constitucional, democrático y representativo determinado por la Carta de 1940. Y, a la vez, la no menos abrumadora tarea de reconstruir social y económicamente a la nación, rectificando los errores monstruosos que la arruinan y desangran...

15. Procede advertir asimismo que la obra realizada por la Planificadora, aunque estudiada y preparada cuidadosamente merced a la consulta técnica de numerosas categorías socio-económicas, responde, exclusivamente, al libre criterio mayoritario de sus miembros y que, por ende, no se ajusta a la verdad quien afirme haber influído con orientaciones o doctrinas personales en el esfuerzo realizado...

La independencia de criterio de la Planificadora, tanto en el orden técnico, como en todos los demás órdenes, está fuera de debate. Trabajó "*en la fe del silencio,*" en la máxima anonimidad posible.

16. La Comisión Planificadora del Consejo Revolucionario Cubano, al dar término a la misión que justificó su funcionamiento y disolverse, desea expresar su gratitud al Consejo Revolucionario Cubano, a las organizaciones revolucionarias en él representadas y a todos los cubanos, sin distinción de banderías, porque de todos esos centros, asociaciones, grupos o movimientos y de todos los expatriados ha recibido, sin excepción de clase alguna, el regalo inapreciable de su respeto y colaboración y, a menudo, el inmerecido homenaje de su admiración y aplauso.

Pedro Martínez Fraga
Presidente

Armando de León Sotolongo
Secretario

MIAMI, FLORIDA
Octubre 10, 1961

En esta foto aparece la delegación que representó a la Cuba del destierro en la Conferencia de Cancilleres en San José, Costa Rica (agosto de 1960). de izquierda a derecha Ángel de Jesús Piñera, Bernardo Maristany, Alberto Muller, Enrique Llaca Orbiz, José Ignacio Rasco, Eric Agüero Montoro, el autor y una persona no identificada.

La demanda de acción colectiva

El Frente Revolucionario Democrático, asumiendo la personería jurídica del pueblo sojuzgado de Cuba, se dirigió formalmente a la OEA el 14 de noviembre de 1960 para demandar la acción colectiva contra el régimen comunista de Castro. Esta demanda vino a ampliar el escrito que presentamos en agosto de ese año ante la Conferencia de Cancilleres celebrada en San José, Costa Rica.

Aunque no nos avergonzaba el apoyo norteamericano para contrarrestar la intervención sinosoviética en Cuba, no queríamos depender exclusivamente de Washington. Temíamos que, por circunstancias fuera de nuestro alcance, el caso de Cuba se enquistara en la Guerra Fría o cayera en el tablero de las negociaciones entre las dos grandes potencias.

Había que movilizar, pues, las fuerzas democráticas de América contra el enemigo común. Y había que invocar los tratados vinculantes para que nuestro planteamiento fuese una demanda decorosa y no una súplica limosnera.

La meta de una acción colectiva, vigorosa y terminante, era prácticamente inalcanzable en ese momento. La OEA no contaba con votos suficientes para enfrentarse al reto de una Cuba comunista apoyada por Moscú. La paralizaba la miopía de algunos y la pusilanimidad de otros. Ello no obstante, había que tratar. Como decía Enrique IV, "París bien vale una misa."

Tony Varona me confió la ponencia del escrito. Con el asesoramiento de los doctores José Manuel Cortina y García y José Manuel Cortina y Corrales, y con la ayuda de mis compañeros Enrique Llaca Orbiz y Guillermo Belt y Martínez, traté de redactarlo como si fuera una demanda jurídica: con una sólida armazón de hechos y fundamentos de derecho; con sobriedad, precisión y sin afeites retóricos.

Aunque no se logró entonces la acción colectiva reclamada, el documento tuvo resonancia en la OEA y mereció el respaldo de la Cuba militante del destierro. *Bohemia Libre* lo publicó en su totalidad y le dedicó estos comentarios:

"El que sigue es uno de los más vibrantes y certeros documentos que haya producido hasta ahora la Cuba del Exilio: la Cuba que también sufre y se desvela por la liberación de la tierra avasallada."

"El Frente Revolucionario Democrático constituye una de las mayores y más activas agrupaciones de ese diverso y grande movimiento que tiene por misión sagrada el derrocamiento del régimen comunista que se ha apoderado de nuestra Patria. "

"*Bohemia Libre*, que no se debe a ningún grupo en particular, pero que abre sus páginas a todos los que, con las manos limpias de sangre y de oro, se enrolen decididamente en esta cruzada, recoge calurosamente este informe por lo que tiene de verdadero, de brillante y de representativo, y lo suscribe en todas sus partes, como creemos no podrá menos de hacerlo todo buen cubano. "

"Consideramos, además, que es un documento para la historia y que, en tal sentido, rebasa los límites de una orgánización particular para situarse de pleno en los fundamentos y postulados de cuantos... nos hallamos comprometidos en la gran campaña que... arrojará de nuestra Isla la infame y sangrienta satrapía roja que hoy la pisotea y escarnece."

A continuación, el texto del documento presentado ante la OEA.

A LA ORGANIZACIÓN DE ESTADOS AMERICANOS

I *INTRODUCCIÓN*

El Frente Revolucioonario Democrático, en representación del pueblo cubano que hoy lucha aislado y solo contra el comunismo internacional, viene por medio de este escrito a someter el caso de Cuba a la alta consideración de la Organización de Estados Americanos.

Teniendo en cuenta que el régimen de Fidel Castro no reúne ninguno de los requisitos de un gobierno legítimo, democrático y representativo, el pueblo cubano se ve en la imperiosa necesidad de dirigirse a la Organización de Estados Americanos a través del Frente Revolucionario Democrático.

La grave crisis que atraviesa Cuba no puede considerarse como mero conflicto local, provocado por una dictadura similar a las que ha padecido la América Latina. Se trata de algo mucho más serio y complejo: La consolidación de un régimen comunista, que sirve de eficaz instrumento a la Unión Soviética y sus satélites para la subversión y ulterior dominación del Continente.

El régimen de Fidel Castro hace pública ostentación de su filiación marxista y de su total sumisión al bloque sinosoviético. Sin embargo, existen todavía algunos gobiernos latinoamericanos que desconocen que en Cuba se ha implantado el comunismo.

A fin de ofrecer a la Organización de Estados Americanos la más amplia información sobre este particular, señalamos a continuación las características internas y las proyecciones internacionales del régimen de Castro.

II *RELACIÓN DE HECHOS*

(A) Características internas:

1. *Dictadura Política.* Fidel Castro ha concentrado en sus manos todos los poderes del Estado. Es él quien dicta las leyes, las interpreta, aplica y ejecuta. Los jueces y magistrados que no se someten a los criterios oficiales son inmediatamente expulsados. Las facultades que se ha arrogado Fidel Castro no están limitadas por la Constitución de 1940, que él se comprometió a restaurar, ni por los principios generales del Derecho reconocidos por todos los países civilizados.

Lejos de celebrar elecciones generales dentro del plazo de dieciocho meses, como prometió formalmente al pueblo de Cuba, Fidel Castro abolió el sufragio universal y disolvió todos los partidos políticos, exceptuando el comunista. Con la designación de su hermano Raúl para sucederle en el Poder en caso de muerte, Fidel Castro estableció por vez primera en América la dictadura hereditaria.

2. *Supresión de los Derechos Individuales.* El régimen de Castro ha anulado todos los derechos fundamentales del hombre a través de leyes penales con efecto retroactivo en perjuicio del reo; leyes civiles retroactivas sin la correspondiente indemnización por los daños inferidos a los derechos adquiridos; confiscaciones y despojos como sistema de gobierno; suspensión del procedimiento de "habeas corpus"; detenciones indefinidas por mera sospecha; tribunales de guerra permanentes para conocer de delitos políticos y de opinión; maltratos, torturas y vejaciones constantes a los presos políticos; fusilamientos en masa sin la previa celebración de

121

juicios que ofrezcan las más elementales garantías a los acusados; limitaciones para salir del territorio nacional; violación del secreto de la correspondencia; desconocimiento del principio de la inviolabilidad del domicilio, e incautación de toda la prensa, la radio y la televisión, empleando diversos procedimientos que abarcan desde el boicot económico a las empresas, hasta la ocupación por la fuerza de los talleres y plantas.

3. *El terror como método de gobierno.* El régimen de Castro ha mantenido todos los organismos represivos de la dictadura de Batista y, al propio tiempo, ha creado nuevos cuerpos de espionaje y delación encargados de vigilar a la ciudadanía y sembrar el terror. Bajo este sistema, cualquiera que disienta de los criterios del Gobierno o que se manifieste en contra del comunismo es acusado de traidor o de contrarrevolucionario. Esto lleva aparejado la confiscacion de sus bienes, la cárcel o el fusilamiento. El saldo actual que arroja el régimen de Castro es el siguiente: 2,000 cubanos fusilados, 20,000 presos políticos, sometidos a todo género de torturas y humillaciones, y 50,000 familias en el destierro, despojadas de todos sus bienes.

4. *Lucha de clases.* A fin de dividir a la ciudadanía y enervar sus fuerzas defensivas, el régimen de Castro ha promovido sistemáticamente la lucha de clases: inquilinos contra propietarios, pobres contra ricos, negros contra blancos, nativos contra extranjeros. Un pueblo que se caracterizaba por su alegría y generosidad, se encuentra hoy desmembrado por el odio.

En su afán de destruir los cimientos de nuestra sociedad, Castro ha consagrado la delación como virtud ciudadana, llegando inclusive a inculcarle a los niños el deber de denunciar a sus padres.

5. *Confiscación total de la propiedad privada.* El régimen de Castro se ha apoderado, por la fuerza y sin pagar indemnización alguna, de todos los medios de producción. Este gigantesco despojo ha sido bautizado con los nombres de reforma agraria e industrial, reforma urbana, reforma comercial y bancaria, etc.

Para poder apreciar mejor la magnitud de este pillaje, basta consignar, como ejemplos, que la riqueza azucarera, hoy en manos del Estado, tiene un valor aproximado de tres mil millones de dólares, y que la riqueza ganadera, confiscada en su totalidad por el Gobierno, sobrepasa la cifra de dos mil millones de dólares.

Por virtud de recientes decretos ordenando la confiscación de más de seiscientas empresas, así como de toda la propiedad urbana, han desaparecido los últimos vestigios del régimen de libre empresa y propiedad privada. De esta manera, el régimen de Castro se ha apoderado de toda la agricultura, el comercio, la industria, la banca, el transporte y la propiedad urbana, consumando así el programa marxista en lo que respecta a la abolición total de la propiedad privada.

6. *Adoctrinamiento comunista.* Con objeto de moldear y deformar las conciencias de las nuevas generaciones conforme a los postulados marxistas, el régimen de Castro ha adoptado medidas para monopolizar la enseñanza en todo el país, imponiendo el texto único que falsea nuestra historia y estableciendo el adoctrinamiento comunista.

La bicentenaria Universidad de La Habana, de arraigadas tradiciones democráticas, se opuso enérgicamente a la implantación de estas medidas, lo que motivó el asalto militar a la Universidad, la expulsión en masa de ciento cincuenta profesores que protestaron por la violación de la autonomía universitaria, y el destierro de cientos de estudiantes que se destacaron por su postura anticomunista.

El adoctrinamiento comunista no solo se desarrolla en los centros de enseñanza, sino también en los sindicatos, cuarteles y asociaciones de campesinos. Al propio tiempo, el régimen de Castro utiliza la prensa, la radio y la televisión —hoy bajo su dominio absoluto— para martillar consignas marxistas y glorificar a los máximos dirigentes del comunismo internacional.

7. *Persecución a la Iglesia Católica.* Consciente del prestigio de que goza en Cuba la Iglesia Católica, el régimen de Castro no se atrevió inicialmente a atacarla de frente. Trató, sin embargo, de dividirla y desacreditarla, ligándola a los llamados intereses reaccionarios.

El fracaso de esta táctica se debió, en gran parte, al hecho de que el pueblo cubano no olvida el apoyo decisivo que le prestó la Iglesia Católica a la revolución contra la dictadura de Batista.

En esta circunstancia, el régimen de Castro inició una política de persecución contra los sacerdotes y fieles que se pronunciaban contra el comunismo, llegando el propio Primer Ministro a acusarlos de contrarrevolucionarios. Con motivo de la lectura de una carta pastoral suscrita por la totalidad de los obispos cubanos, en la que se condenaban los vínculos existentes entre los gobiernos de Cuba y de la Unión Soviética, la policía política de Castro irrumpió violentamente en las Iglesias, disparando sus armas y procediendo a la expulsión de los fieles y a la detención de numerosos dirigentes católicos y sacerdotes.

Como consecuencia de este estado de persecución y de terror, varias escuelas católicas se proponen cerrar sus puertas y algunas comunidades religiosas se preparan para abandonar el país.

8. *Regimentación del Trabajo*. Lejos de beneficiar a las clases obrera y campesina, que gozaban del nivel de vida más alto de la América Latina, el régimen de Castro las ha despojado de todos sus derechos, imponiéndoles una férrea disciplina militar.

Clase Obrera. Anulada la libertad sindical, suspendido indefinidamente el derecho de huelga, congelados los salarios, establecido el sistema de los descuentos forzosos, la clase obrera de Cuba se encuentra hoy sometida a la dictadura del Ministro del Trabajo.

No conforme con estas medidas, el régimen de Castro ha implantado por vez primera en América el carnet de empleo, que consiste en una credencial de carácter político expedida por el Gobierno sin la cual el obrero no puede laborar en ninguna empresa del país. De esta forma, ha quedado abolido el derecho inalienable de todo individuo al trabajo.

A fin de impedir toda protesta o resistencia por parte de los obreros, el régimen de Castro ha llegado a militarizar el trabajo mediante la creación de las llamadas milicias revolucionarias. Todo trabajador está hoy obligado a ingresar en las milicias, so pena de ser despedido o encarcelado.

Clase Campesina. Bajo el régimen de Castro no ha habido reparto de tierras. Se ha creado, en cambio, un gigantesco y despótico latifundio estatal. Lejos de convertirse en propietarios, los campesinos han perdido todos los derechos que les reconocía la legislación cubana, una de las más avanzadas del mundo.

Los pequeños agricultores han sido incorporados, como peones, a las cooperativas estatales o comunas. En lugar de percibir su salario en efectivo, como ordena la Constitución, el régimen de Castro les paga con vales o fichas que sólo pueden ser canjeados por los escasos artículos que se venden en las tiendas del Estado. Al igual que los obreros, los campesinos cubanos están sometidos a una disciplina militar, viéndose obligados a ingresar en las milicias para obtener trabajo.

Con la destrucción del régimen de empresa privada en el campo, y la creación del sistema de comunas, el Estado se ha convertido en el único propietario, productor y comerciante agrícola, con poderes absolutos sobre todas las actividades del campesino.

(B) Proyecciones internacionales:

1. *Separación de Cuba del Sistema Interamericano.* Siguiendo un plan previamente elaborado, el régimen de Castro ha separado a Cuba del sistema interamericano. Los hechos que a continuación se relacionan, así lo demuestran:

(a) Repudio, por parte del propio Fidel Castro, de los acuerdos y tratados regionales vigentes y, en particular, del Tratado Interamericano de Asistencia Recíproca y de la Declaración de Caracas.

(b) Organización de expediciones armadas contra varios países vecinos, con objeto de derrocar a los gobiernos constituidos y extender progresivamente la revolución comunista a todo el Continente. Los casos de Haití, la República Dominicana, Panamá y, ahora mismo, Costa Rica, Guatemala y Nicaragua, brindan patentes pruebas de esas criminales actividades.

(c) Financiamiento de campañas subversivas en las repúblicas latinoamericanas, utilizando fondos suministrados al efecto por la Unión Soviética y la China Comunista.

(d) Distribución de propaganda marxista a través de las embajadas y consulados cubanos. Los diplomáticos al servicio del régimen de Castro, en estrecha colaboración con las minorías comunistas locales, actúan como agentes provocadores en los sindicatos, universidades y asociaciones de profesionales.

(e) Desacato absoluto y escarnio de la Organización de Estados Americanos. En San José de Costa Rica, los Cancilleres de las Repúblicas Americanas, convocados para una Reunión de Consulta, condenaron la intervención del bloque sinosoviético en este Hemisferio, así como la aceptación por cualquier nación americana de la ayuda militar ofrecida por las potencias comunistas. La respuesta del primer ministro cubano fue bien elocuente:

Ordenó la retirada de la delegación cubana de la Conferencia, negándose a firmar la "Declaración de San José."

Se burló de la Organización de Estados Americanos suscribiendo la llamada "Declaración de la Habana," en la que ratifica la aceptación de la ayuda militar ofrecida por la Unión Soviética.

Repudió nuevamente los tratados interamericanos vigentes, llegando a romper en asamblea popular convocada al efecto los documentos suscritos por los representantes de anteriores gobiernos de Cuba.

Estableció relaciones diplomáticas con la China Comunista, y aceptó la ayuda militar ofrecida por este país.

Insultó, conjuntamente con el Ministro de Relaciones Exteriores de su régimen, a casi todos los Cancilleres y Jefes de Estado de las repúblicas latinoamericanas, llamándolos "títeres vendidos al imperialismo yankee," "alcahuetes," "excrecencias viscosas," etc.

Aumentó las adquisiciones de equipo bélico proveniente de los países detrás de la Cortina de Hierro, y aceleró la organización de brigadas internacionales formadas por soldados rusos, checoeslovacos y chinos comunistas, que continuamente llegan a Cuba para desempeñar supuestas funciones técnicas.

Despues de su escandalosa intervención en las Naciones Unidas, se entregó en los brazos de Khrushchev, sellando así la venta de nuestra soberanía al imperialismo sino-soviético. Representantes de noventa y nueve naciones presenciaron, asombrados, este insólito desafío al mundo occidental.

2. *Incorporación de Cuba, como satélite, al bloque comunista.* Al mismo tiempo que separa a Cuba del sistema interamericano, Fidel Castro la somete totalmente al bloque comunista. Los siguientes hechos así lo demuestran:

(a) Firma de tratados, eminentemente políticos, a través de los cuales Cuba se obliga a votar con la Unión Soviética en las Naciones Unidas.

(b) Incremento de las relaciones económicas con los estados comunistas, en forma tal, que de hecho convierten a Cuba en una colonia del imperialismo soviético.

(c) Envío constante de jóvenes cubanos a los países detrás de la Cortina de Hierro para ser adoctrinados en el comunismo internacional.

(d) Arribo a Cuba de numerosos agentes comunistas que hoy ocupan los puestos claves del Estado.

(e) Llegada de grandes contingentes de armas provenientes de la Unión Soviética y sus satélites, que incluyen tanques, aviones y artillería pesada.

(f) Creación, en territorio cubano, de brigadas internacionales formadas por soldados rusos, checoeslovacos y chinos comunistas. Oficiales de estas brigadas dirigen actualmente las operaciones militares contra los diversos grupos de cubanos que se han alzado para combatir la tiranía de Castro. El govierno "de facto" cubano acaba de anunciar la próxima llegada de nuevos contingentes de voluntarios provenientes de la Unión Soviética y sus satélites. Con el arribo de estas fuerzas militares, habrá quedado constituido en Cuba un ejército comunista internacional.

(g) Proclamación de la alianza militar con la Unión Soviética, la China Comunista y demás países satélites. En virtud de esta alianza o pacto de asistencia recíproca, las potencias comunistas se han comprometido a respaldar al régimen de Castro con la fuerza de las armas y el uso de los cohetes rusos, si fuere necesario.

III CONSIDERACIONES JURÍDICAS

En la Relación de Hechos que antecede, hemos expuesto esquemáticamente la trágica situación del pueblo cubano, sojuzgado temporalmente por un régimen que ha violado todas las normas, tratados y principios de la Organización de Estados Americanos. Un examen somero de nuestro ordenamiento jurídico regional servirá para poner de relieve las violaciones cometidas por el gobierno "de facto" cubano, la peligrosidad que entraña la existencia en este Hemisferio de un satélite comunista y la obligación contractual de aplicar las medidas defensivas previstas en los tratados vigentes.

(A) Carta de la Organización de Estados Americanos.
(Bogotá, 2 de mayo de 1948).

Art. 24   "Toda agresión de un Estado contra la integridad o la inviolabilidad del territorio, o contra la soberanía o independencia política de un Estado americano, será considerado
como un caso de agresión contra los demás Estados
americanos."

Art. 25   "Si la inviolabilidad o la integridad del territorio o la soberanía o la independencia política de cualquier Estado
americano fuere afectado por un ataque armado o por una
agresión que no sea un ataque armado o por un conflicto
extracontinental o por un conflicto entre dos o más Estados americanos, o por cualquier otro hecho o situación que
pueda poner en peligro la paz de América, los Estados
Americanos en desarrollo de los principios de la solidaridad
continental o de la legítima defensa colectiva, aplicarán las
medidas y procedimientos establecidos en los Tratados
especiales existentes en la materia."

Art. 19   "Las medidas que, de acuerdo con los Tratados vigentes,
se adopten para el mantenimiento de la paz y la seguridad,
NO CONSTITUYEN VIOLACIÓN DE LOS PRINCIPIOS ENUN-
CIADOS EN LOS ARTÍCULOS 15 y 17. (ESTOS ARTÍCULOS SE
REFIEREN AL PRINCIPIO DE NO INTERVENCIÓN.)

Los preceptos anteriormente transcriptos son claros y terminantes. La Organización de Estados Americanos, como entidad
jurídica que representa la voluntad soberana de sus miembros, ha
asumido la custodia de la paz hemisférica, obligándose a defenderla en toda su integridad, de acuerdo con los tratados vigentes.

Hay un aspecto fundamental que es necesario destacar: LAS
MEDIDAS DEFENSIVAS QUE AL EFECTO SE ADOPTEN NO CONSTI-
TUYEN VIOLACIÓN DEL PRINCIPIO DE NO INTERVENCIÓN (Art. 19
de la Carta). Es decir, que no se puede esgrimir el concepto de No
Intervención para eludir las obligaciones que le vienen impuestas a
los Estados Miembros de la Organización de Estados Americanos
cuando ocurren "hechos o situaciones que pueden poner en peligro
la paz de América."

(B) Tratado Interamericano de Asistencia Recíproca o Tratado de Río de Janeiro (Septiembre de 1947).

El artículo 6 de este Tratado, que reproduce casi textualmente el artículo 25 de la Carta de la Organización de Estados Americanos, establece que ante cualquier hecho o situación que pueda poner en peligro la paz de América, el "Órgano de Consulta se reunirá inmediatamente a fin de acordar las medidas que en caso de agresión se deben tomar en ayuda del agredido o en todo caso las que convengan tomar para la defensa común y para el mantenimiento de la paz y la seguridad del Continente." (Como se verá más adelante al analizar la Declaración de Caracas, el control del régimen político de un Estado Americano por el comunismo internacional constituye un hecho o situación que pone en peligro la paz de América.)

El artículo 8 del propio Tratado enumera taxativamente las medidas defensivas:

Art. 8   "Para los efectos de este Tratado, las medidas que el Órgano de Consulta acuerde comprenden una o más de las siguientes: El retiro de los jefes de misión; la ruptura de las relaciones consulares; la interrupción parcial o total de las relaciones económicas o de las comunicaciones ferroviarias, marítimas, aéreas, postales, telegráficas, telefónicas, radiotelegráficas o radiotelefónicas, y el empleo de la fuerza armada."

De acuerdo con el artículo 7 del Tratado de Río de Janeiro, los Estados Americanos se han comprometido contractualmente a preservar la paz y la seguridad del Continente adoptando al efecto las medidas enumeradas en el artículo 8 del propio Tratado, que incluyen el empleo de la fuerza armada. Por consiguiente, la no aplicación de estas medidas frente a un hecho o situación que puede poner en peligro la paz de América, constituye una violación del Tratado de Río de Janeiro que coloca en estado de indefensión al Continente americano. A falta de una acción colectiva adecuada, los Estados que se sintieran agredidos tendrían que recurrir al derecho de legítima defensa individual, reconocido por el Derecho Internacional.

(C) Declaración de Solidaridad para la Preservación de la Integridad Política de los Estados Americanos contra la Intervención del Comunismo Internacional, o Declaración de Caracas. (Marzo de 1954).

El preámbulo de la Declaración de Caracas recoge las reiteradas declaraciones de las Repúblicas Americanas en el sentido de que el comunismo internacional, por su naturaleza antidemocrática y por su tendencia intervencionista, es incompatible con la concepción de la libertad americana y que, por su carácter agresivo, sigue constituyendo, dentro del complejo de las circunstancias mundiales, una amenaza especial e inmediata para las instituciones nacionales y para la paz y la seguridad de los Estados Americanos. (Párrafos primero y tercero del Considerando de la Declaración).

Declaración de Caracas:

Condena: Las actividades del movimiento comunista universal por constituir una intervención en los asuntos americanos.

Expresa: La determinación de los Estados Americanos de tomar las medidas necesarias para proteger su independencia política contra la intervención del comunismo internacional, que actúa en interés de un despotismo extranjero.

Reitera: La fe de los pueblos de América en el ejercicio efectivo de la democracia representativa como el mejor medio para promover su progreso social y político.

Declara: Que el dominio o control de las instituciones políticas de cualquier Estado Americano por parte del movimiento internacional comunista, que tenga por resultado la extensión hasta el Continente americano del sistema político de una potencia extracontinental constituiría una amenaza a la soberanía e independencia política de los Estados Americanos que pondría en peligro la paz de América y exigiría una Reunión de Consulta para considerar la adopción de las medidas procedentes de acuerdo con los Tratados existentes.

La Declaración de Caracas establece que cualquier Gobierno Americano, dominado o controlado por el comunismo internacional, constituye, "ipso facto", una amenaza a la paz hemisférica que exige la inmediata convocatoria de una Reunión de Consulta para aplicar las medidas colectivas previstas en los Tratados especiales sobre la materia.

En virtud de esta Declaración, todo gobierno comunista o controlado por los comunistas que se constituya en un Estado Americano debe ser objeto de las sanciones previstas en el artículo 8 del Tratado de Río de Janeiro. No puede invocarse el principio de No Intervención a los efectos de eludir las sanciones colectivas, o en su defecto, las unilaterales que se adopten, ya que dicho principio, según el artículo 19 de la Carta de la Organización de Estados Americanos, no rige para esta situación. Extender el principio de No Intervención a los casos que ponen en peligro la paz y la seguridad del Hemisferio, además de violar los Tratados regionales vigentes, constituiría un estímulo para las agresiones intracontinentales y para la destrucción de las instituciones democráticas por el comunismo internacional.

La defensa colectiva frente a un régimen comunista en América es, pues, una obligación ineludible de carácter contractual, conforme a lo dispuesto en el Tratado de Río de Janeiro y la Declaración de Caracas. De no cumplir esta obligación, la Organización de Estados Americanos debe proclamar la ineficacia de los Tratados y declararse impotente para salvaguardar la paz y la seguridad del Hemisferio. El fracaso de nuestro sistema jurídico regional obligaría a cada uno de los Estados Americanos a ejercer el derecho de legítima defensa, sin sujeción a las normas internacionales de seguridad colectiva.

(D) Declaración de Santiago de Chile. (Agosto de 1959).

Esta declaración señala los atributos esenciales del sistema democrático, consignando expresamente que la existencia de un régimen que no reúna dichos atributos constituye una violación de los principios en que se funda la Organización de Estados Americanos y un peligro para la armonía y la paz del Hemisferio.

Como quedó demostrado en la Relación de Hechos que antecede, el régimen de Castro ha violado sistemáticamente los principios y atributos en que se basa el sistema democrático, somo son, entre otros, la separación de poderes, la celebración de elecciones libres, la protección eficaz a los derechos humanos y la libertad de prensa.

(E) Declaración de San José (Agosto de 1960).

El grave conflicto entre dos Estados Americanos, de una parte, y la intervención directa de la Unión Soviética en los asuntos de este Hemisferio, de otra, motivaron la convocatoria de la Sexta y Séptima Reunión de Consulta de los Ministros de Relaciones Exteriores.

En la Sexta Reunión de Consulta se le aplicaron al Gobierno de la República Dominicana algunas de las medidas señaladas en el artículo 8 del Tratado de Río de Janeiro. De esta forma, se produjo por vez primera en América la acción colectiva prevista en los convenios regionales vigentes.

En la Séptima Reunión de Consulta, no obstante tratarse de un hecho que entraña una mayor amenaza para la paz y la seguridad del Hemisferio, sólo se logró un pronunciamiento general y abstracto, sin la necesaria fuerza ejecutiva: La "Declaración de San José".

Esta Declaración, como se ha señalado en la Relación de Hechos que antecede, no ha tenido otro resultado que servirle de aliciente al dictador cubano para burlarse públicamente de la Organización de Estados Americanos, para repudiar los tratados regionales vigentes, y para proclamar ante el mundo su abyecta sumisión al comunismo internacional.·

IV CONCLUSIONES

1. Con vista de los hechos antes relacionados, puede afirmarse categóricamente que en Cuba existe hoy una tiranía comunista que ha anulado totalmente los derechos individuales, abolido la propiedad privada, militarizado el trabajo y sustituido nuestro tradicional sistema de libre empresa por un régimen totalitario marxista.

2. Paralelamente a la implantación del comunismo, el régimen de Castro ha violado, reiterada y ostensiblemente, los acuerdos y tratados regionales vigentes, y ha separado a Cuba del sistema interamericano para incorporarla, como satélite, al bloque comunista.

3. De acuerdo con el Tratado Interamericano de Asistencia Recíproca y la Declaración de Caracas, la existencia de un régimen comunista expansivo y agresor en este Hemisferio obliga a la Orga-

nización de Estados Americanos a convocar inmediatamente una Reunión de Consulta para adoptar las medidas colectivas previstas en el Artículo 8 del Tratado Interamericano de Asistencia Recíproca.

4. No puede invocarse el principio de No Intervención para eludir el cumplimiento de esta obligación contractual, ya que según el artículo 19 de la Carta de la Organización de Estados Americanos, las medidas colectivas que se adopten para el mantenimiento de la paz y la seguridad del Hemisferio no violan el principio de No Intervención.

5. Ante el silencio y la pasividad de América, se está reproduciendo en Cuba el caso de Hungría. Un pueblo, que repudia el comunismo, lucha aislado y solo contra una minoría traidora, apoyada en el poderío económico y militar de la Unión Soviética, la China Comunista y demás países satélites. Si la Organización de Estados Americanos no cumple las obligaciones que le vienen impuestas por los tratados vigentes, será cómplice de la tragedia que sufre el pueblo de Cuba, sojuzgado por los mismos tanques que aplastaron a los húngaros.

POR TANTO

El Frente Revolucionario Democrático, en representación del pueblo cubano, demanda, al amparo del Tratado Interamericano de Asistencia Recíproca y de la Declaración de Caracas, que se convoque inmediatamente a una Reunión de Consulta para considerar el caso de Cuba, y reclama de la Organización de Estados Americanos que se le apliquen al régimen comunista de Fidel Castro todas las sanciones previstas en el artículo 8 del Tratado Interamericano de Asistencia Recíproca.

Por el Comité Ejecutivo:

DR. MANUEL A. DE VARONA
Coordinador General
DR. MANUEL ARTIME BUESA
DR. JOSE I. RASCO BERMÚDEZ
DR. JUSTO CARRILLO
DR. RICARDO R. SARDIÑA
Secretario
DR. ANTONIO MACEO
Secretario p.s.r.

El águila americana

En febrero de 1961, con motivo del aniversario de la explosión del acorazado "Maine," autoridades de los Estados Unidos y dirigentes del exilio acordaron celebrar un acto multitudinario en pro de la amistad cubanoamericana. El lugar seleccionado fue el Parque de las Palomas en Miami, y los organizadores me confiaron la honrosa encomienda de ser el orador principal.

Desafortunadamente, debido a una emergencia familiar, tuve que declinar el honor, pero el comité organizador me pidió que les entregara unas cuartillas alusivas al simbolismo del acto para ser leídas por un distinguido locutor cubano. Así lo hice.

Mi trabajo trata de hacer justicia a los Estados Unidos, vilipendiado por Castro y por los corifeos comunistas en Latinoamérica. Por encima de los errores de sus gobernantes —rectificados casi siempre en el decurso del tiempo— está la nobleza, el dinamismo y la generosidad sin igual de su pueblo.

Aquí va el homenaje que con lealtad y gratitud le rendí a Estados Unidos, salvando mis discrepancias con respecto a su política hacia Cuba.

---------- o ----------

Autoridades de la Ciudad de Miami y del Gobierno Federal.
Señoras y Señores:

Movidos por un fuerte impulso patriótico y por un alto concepto de alianza y amistad, nos reunimos hoy los exiliados cubanos para conmemorar, en esta tierra hospitalaria, un nuevo aniversario de la explosión del "Maine".

Nada puede dividirnos en este día, grabado para siempre en los anales de nuestra historia. Ni las pugnas ideológicas, ni las luchas sectarias, ni las contiendas de partido pueden separar en estos instantes a los cubanos del destierro. Hoy nos unen el dolor de la Patria que sufre y el profundo sentimiento de gratitud hacia la gran nación americana.

Hace justamente sesenta y tres años, los cubanos se batían valientemente contra el poderoso ejército español. Eran los días gloriosos de la guerra emancipadora en que nuestra Patria se estremecía bajo el grito rebelde de "Independencia o Muerte."

Tres años de lucha incesante contra el imperio español habían debilitado considerablemente las fuerzas del Ejército Libertador. Los dos grandes puntales de Cuba en armas —Martí y Maceo— se habían desplomado en el campo de batalla. El hambre, las epidemias y la guerra que azotaban la Isla segaron las vidas de más de doscientos mil cubanos. La desigualdad numérica y la escasez de armamentos sólo pudieron ser compensadas por el machete enhiesto y el pecho descubierto de los mambises, quienes en el paroxismo de su ardor heroico se lanzaban frenéticos como centauros invencibles sobre el plomo del enemigo...

En medio de esta lucha titánica, que destruía los hogares, arrasaba las cosechas y abría surcos de sangre en todo el país, los cubanos se encontraban solos, solos frente al ingente poderío de España.

Y cuando más oscura era la noche, y cuando más terrible era la guerra, iluminó nuestro horizonte la gigantesca explosión del acorazado "Maine." Este hecho conmovedor abre las compuertas americanas de la solidaridad y la compenetración en el dolor. Los Estados Unidos, que ya se habían identificado con la lucha independentista de los cubanos, les tienden la mano amiga a nuestros libertadores, proclamando ante el mundo, con alteza de miras, que "el pueblo de Cuba es, y de derecho debe ser, libre e independiente."

Es así que la gran nación americana le declara la guerra a España y establece las bases de una alianza permanente con los cubanos, rubricada con sangre en la Loma de San Juan y en Santiago de Cuba.

Con la asistencia oportuna y decisiva de los Estados Unidos, se puso término a nuestra gesta libertadora, que entre ascensos luminosos y caídas transitorias, duró cerca de medio siglo. ¡Medio siglo de perseverante abnegación y sublime sacrificio!

Sobre el territorio cubano voló majestuosa el águila americana, llevando consigo las flechas para combatir a España y el ramo de olivos para sellar la amistad que unen a nuestros dos pueblos.

Deplorables son las intervenciones que después sobrevinieron, pero justo es reconocer que, bajo el ala protectora del águila americana, se fundó nuestra República, se desarrolló nuestra economía y se mejoraron nuestras condiciones de vida.

En el concierto de naciones libres del mundo, Cuba se parangonaba con los pueblos de más alta civilización y de cultura más avanzada. Su privilegiada situación geográfica le conquistó la ventaja de ser el paso obligado del transporte y el comercio panamericanos. La fertilidad de su suelo, la benignidad de su clima, la laboriosidad de sus hijos y la afluencia de capital extranjero, principalmente norteamericano, convirtieron a Cuba en la azucarera del mundo y la colocaron entre los tres primeros países de Latinoamerica con más alto nivel de vida.

Nuestra legislación social era de las más progresistas, reconociéndoles a los obreros, desde el arma legítima de la huelga, hasta el descanso retribuido y una amplia seguridad social.

Las estrechas relaciones que se desarrollaron entre Estados Unidos y Cuba hicieron posible que se suscribieran ventajosos convenios bilaterales. La cuota azucarera que Cuba disfrutó en el mercado norteamericano es producto de los lazos de amistad e intereses recíprocos que vinculan a nuestros dos pueblos.

Si noble y poderosa voló el águila americana cuando en 1898 acudió en apoyo de los cubanos en armas, imponente y ejemplar desplegó sus alas en 1934 cuando, por la voluntad soberana de ambos pueblos, desaparecieron los últimos vestigios de tutelaje y Cuba llegó a ejercer el pleno dominio de su propio destino.

Es la misma águila libertadora que le concedió a Filipinas la independencia y a Puerto Rico el carácter de Estado Libre Asociado. La misma águila que coadyuvó al triunfo de Francia e Inglaterra en la hecatombe de dos guerras mundiales. El águila que reconstruyó a tres países enemigos y los convirtió en emporios de riqueza y bastiones de libertad. Ahí están, como ejemplos elocuentes, Alemania Occidental, Italia y Japón. La misma águila que salvó a Europa de las tinieblas del comunismo a través del impulso vital del Plan Marshall y de la coraza defensiva de la OTAN. El águila, en fin, que protege a Formosa, que defendió a Corea y que sostuvo con su poder a la República Libanesa.

¡Qué contraste entre el águila americana que libera, reconstruye y defiende a las naciones, y el buitre del comunismo internacional, que devora las entrañas de los pueblos y se sacia con el cadáver de los hombres!

Adelantándose a la alianza cubanoamericana, determinada por la geografía y consolidada por la historia, José Martí fijó claramente los propósitos internacionales que animaban a los revolucionarios cubanos. En un notable manifiesto, que suscribió conjuntamente con el General Máximo Gomez, el Apóstol sentenció: "Los cubanos reconocen el deber urgente que les imponen, para con el mundo, su posición geográfica y la hora presente de la gestación universal, y aunque los observadores pueriles o la vanidad de los soberbios lo ignore, son plenamente capaces, por el vigor de su inteligencia y el ímpetu de su brazo, para cumplirlo, y quieren cumplirlo. A la boca de los canales oceánicos, en los lazos de los tres continentes, en el instante en que la humanidad va a tropezar a su paso activo con la colonia inútil, Cuba quiere ser libre, para que el hombre realice en ella su fin pleno, para que trabaje en ella el mundo, y para vender su riqueza escondida en los mercados naturales de América."

No hemos olvidado los cubanos las sabias y previsoras palabras de Martí. Hemos cumplido hasta ahora con las grandes responsabilidades que nos impone nuestra estratégica posición geográfica. Y hemos tenido presente, en todo momento, la deuda de gratitud contraida con el hermano pueblo norteamericano.

Durante la Primera Guerra Mundial, bajo el estruendo de los cañones que es cuando mejor se aprecia la amistad de los pueblos, Cuba fue la primera nación latinoamericana que espontáneamente les declaró la guerra a los imperios centrales europeos, veinticuatro horas después de que lo hiciera Estados Unidos.

Durante la Segunda Guerra Mundial, nuestra Patria se colocó inmediatamente al lado de Norteamérica y de las demás naciones aliadas, afrontando las vicisitudes y los riesgos de esa magna contienda.

Y hoy, a pesar de la propaganda comunista que ofusca y envenena las conciencias, la inmensa mayoría del pueblo cubano mantiene viva en sus corazones la amistad con los Estados Unidos.

Aquí estamos los exiliados cubanos para dar fe de esa comunión de afectos e ideales, que nadie podrá jamás destruir.

Aquí estamos los refugiados cubanos para limpiar las ofensas inferidas por la tiranía comunista al pueblo norteamericano, a sus legítimos mandatarios y a los símbolos de su dignidad y de su gloria, como son el Monumento al "Maine," erigido en La Habana, y las efigies de William McKinley, Teodoro Rooselvelt y Leonardo Wood que allí se encuentran.

Estamos aquí los exiliados de Cuba para rendir nuestro homenaje de respeto y simpatía a dos insignes Presidentes norteamericanos que nos han acogido en esta tierra generosa, que es paradigma de justicia y oasis de libertad: Dwight D. Eisenhower y John Fitzgerald Kennedy.

Nos congregamos aquí los cubanos para expresar nuestra profunda gratitud a las autoridades de la Florida y al pueblo americano en general. Y estamos aquí también los desterrados de Cuba para proclamar ante el mundo nuestro firme e irrevocable propósito de continuar luchando hasta reconquistar nuestra independencia y rescatar nuestra libertad.

La tiranía establecida en Cuba ha pisoteado nuestra Constitución; ha cercenado nuestros derechos; ha impuesto el terror como sistema de gobierno y el paredón de fusilamiento como ley suprema de la República; ha promovido la lucha de clases para desmembrar nuestra sociedad; ha abolido la propiedad privada; ha decretado el adoctrinamiento comunista en las escuelas; ha militarizado el trabajo y ha entregado nuestra soberanía al imperialismo sinosoviético.

Cuba es hoy, en el orden interno, un inmenso y sombrío campo de concentración. Y en el orden internacional, un satélite comunista que utilizan la Unión Soviética y la China Roja para la subversión y ulterior dominación del Continente.

Los treinta mil presos politicos que mueren lentamente en las cárceles, así como los miles de cubanos que han sido fusilados sin previo juicio, no son víctimas de una dictadura local, sino de una siniestra conjura mundial urdida fríamente desde Moscú y Pekín.

Los ciento cincuenta mil cubanos que han buscado refugio en países hermanos, no se vieron forzados a abandonar su Patria por los desafueros de una tiranía nacional, sino por la asfixia totalitaria y cruel del comunismo internacional.

Y los miles de compatriotas que luchan heroicamente en la clandestinidad y en las montañas, no sólo se baten contra el ejército de Castro. Se baten también contra la Unión Soviética y la China Comunista, que han volcado sobre Cuba su inmenso poderío económico y militar.

Estos bravos combatientes personifican el ansia inextinguible de libertad que siente hoy nuestro pueblo. De sus gargantas viriles brotan a diario himnos de lucha y gritos de dignidad.

Inexplicablemente, los cubanos se encuentran aislados y solos en esta guerra a muerte que vienen librando contra el comunismo opresor.

Según lo dispuesto en el Tratado de Río de Janiero, la Carta de la Organización de Estados Americanos, la Declaración de Caracas, y los recientes pronunciamientos de Santiago de Chile y San José de Costa Rica, es obligatoria la adopción inmediata de medidas colectivas contra cualquier régimen comunista, apoyado por Moscú, que se establezca en este Hemisferio.

A pesar de los términos imperativos y categóricos de estos convenios interamericanos, el régimen de Castro ha logrado impunemente incorporar a Cuba al bloque comunista y amenaza hoy la paz y la seguridad del Continente.

Las cubanos, que en la lucha contra el comunismo han abierto ya sus venas, reclaman la solidaridad defensiva de las repúblicas hermanas de América frente al peligro inminente que a todas acecha.

Pero si esta solidaridad no se concretase rápidamente y corriésemos el peligro de ser exterminados por la fuerzas conjuntas de la Unión Soviética y la China Comunista, invocaríamos los exiliados la alianza histórica con los Estados Unidos. Y sin plegar nuestros derechos ni mancillar nuestra conciencia, llamaríamos al águila americana, majestuosa y solitaria como la estrella que hoy alumbra a los combatientes en los picachos heroicos de nuestra Patria.

Perfil psicológico del tirano

La gran duda que asaltaba a todos los que seguían de cerca el curso de la Revolución tenía que ver con la psiquis del tirano. ¿Era Fidel un loco de remate o un loco por el poder? ¿Había psicosis en su intelecto o lógica en su locura? En fin, estábamos en presencia de un paranoico puro o frente a uno de esos casos híbridos a que aludía José Antonio González Lanusa.

Decía el ilustre penalista, haciendo gala de su singular ironía, que "en Cuba la raza de los locos puros se había extinguido totalmente, pero que eran abundantes los ejemplares mixtos de locos y sinvergüenzas." De haber conocido a Fidel, acaso Lanuza hubiera creado una clasificación especial. Difícil es comparar a quien, para desgracia nuestra, no tiene parigual. De él bien puede decirse que "rompió el molde."

Para analizar la personalidad y la conducta de Fidel Castro, nadie más autorizado que el ex Presidente de la Sociedad Cubana de Psicoterapia y de la Sociedad Psicoanalítica Cubana, Dr. Oscar Sagredo Acebal. Ni nadie más acertado que él. Cuando muchos todavía estaban confundidos o alelados por la Revolución, el insigne psiquiatra describió con asombrosa exactitud la personalidad del tirano y lo que éste nos depararía.

Por lo que tiene de histórico y singular, transcribo a continuación el notable trabajo que el Dr. Sagredo Acebal publicó en 1961, en la revista *Bohemia Libre*.[21]

Un psiquiatra opina sobre la Revolución Cubana
(Notas para la psicología de un dictador totalitario)
por el *Dr. Oscar Sagredo Acebal*

ARTÍCULO PRIMERO

Desde el mes de enero de 1959 comenzó a oirse en Cuba, al principio esporádicamente, que Fidel Castro estaba loco. En diversas ocasiones, y cada vez con mayor frecuencia, me preguntaban pa-

---

[21] A quienes les interese profundizar en el tema, les recomiendo los artículos anecdóticos sobre Castro publicados en el *Diario Las Américas* por el ingenioso psicólogo cubano, Rubén Darío Rumbaut.

cientes y amigos mi opinión, como psiquiatra, sobre el "caso Fidel." A fines del 59 circulaba un chiste sobre Castro según el cual un grupo de psiquiatras lo habían oído por radio, lo habían visto en televisión, y lo habían entrevistado personalmente; después de largas y sesudas discusiones habían emitido su dictamen: "Cuando está loco es paranoico, cuando está lúcido es comunista."

Decir que Fidel Castro está loco es injusto e inexacto. Es injusto porque constituye un insulto a los enfermos mentales. Como psiquiatra puedo afirmar que ningún psicótico, aun los que mánifiestan la máxima agresividad, es capaz de organizar fría y metódicamente la destrucción total de un país, no ya en el aspecto económico y social, sino, lo que es más grave aún, en el envenenamiento de la mentalidad colectiva, la liquidación de las normas de convivencia civilizada y la movilización de las peores tendencias del ser humano, convertido en bestia, cuando se aplaude el encanallamiento y la bajeza, se estimula la envidia y el resentimiento, y se premia la delación y el crimen. Es injusto, además, porque decir que Castro está loco es darle un diploma de irresponsable y, por tanto, atenuar su enorme culpa ante la democracia. Como veremos más adelante, Fidel es profundamente anormal, pero absolutamente responsable de todos sus actos.

Decir que Castro está loco es inexacto porque no es un enfermo mental en sentido estricto. Es un caso de trastorno de la personalidad tan intenso que no se puede distinguir entre trastorno y persona. Puede decirse que es más anormal que enfermo, ya que no está en conflicto consigo mismo, por lo menos aparentemente, y sí en conflicto permanente con las normas de convivencia humana. Si hacemos una breve comparación entre distintos tipos humanos, diríamos que el sujeto normal se adapta, más o menos pasivamente, a su ambiente; el genio modifica el mundo circundante en forma creativa; el loco se crea un mundo imaginario para poder sobrevivir; el psicópata, como Fidel, necesita hacer al mundo tan anormal como es él para no sentir el conflicto. Su destructividad es la expresión y consecuencia de esta necesidad.

Fidel Castro es un psicópata paranoide, es decir, un individuo que carece de conciencia moral, que no sufre por sus acciones, pero que hace sufrir a su grupo social. En este caso, desgraciadamente, su grupo social es toda Cuba; y si continúa el silencio cómplice, la diplomacia hipócrita y la indecisión lucrativa, somos muchos los que pensamos que va a ampliarse a grandes sectores de Latinoamérica. Modernamente se llaman sociópatas a los psicópatas porque constituyen un factor de destrucción y sufrimiento para su grupo familiar y social, pero ellos no sufren por su anormalidad. El término paranoide significa que el individuo presenta una exagerada susceptibilidad en cuanto a sentirse maltratado, perseguido o agredido y, generalmente, a creerse superior, sin fundamentos reales, al resto de los seres humanos. Tengo la impresión de que cuando Fidel Castro dialoga con Fidel Castro está convencido de ser superior a Khrushchev. Ya veremos más adelante que el Partido Comunista de Cuba no piensa igual... y lo dice.

En este trabajo vamos a basarnos en observaciones personales que puede confirmar cualquiera que haya vivido en Cuba hasta los últimos meses de 1960, dejando a un lado la historia anterior de Castro. Veamos ahora, una a una, las facetas que integran la desarmónica personalidad de este psicópata antisocial.

1. *La inseguridad*. La primera observación procede de los primeros meses de 1958. En los partes de guerra que transmitía Radio Rebelde, firmaba: "Dr. Fidel Castro Ruz, Comandante en Jefe." Es fácil notar que es inmaterial que un comandante de una fuerza rebelde sea doctor o no; por otra parte, un diploma de Doctor en Derecho no capacita a nadie para ser comandante, y si, además, se conoce la "brillantez" de sus actividades universitarias (ya están los mal pensados imaginándose el brillo del cañón de la pistola) y su nula actuación como abogado, la más elemental discreción aconsejaba no mencionar el doctorado, por vergüenza y por buen gusto. Obsérvese también que cada vez se menciona menos que "el Líder Máximo" sea doctor, a medida que se ha ido sintiendo más seguro sobre las armas rusas y checas, el G-2, los fusilamientos, las decenas de miles de presos políticos, el control absoluto de la opinión, los comités de vigilancia, etc.

La inseguridad se puso en evidencia en ocasión del incidente con el Embajador de España. Cuando Don Pablo de Lojendio irrumpió justamente indignado en el estudio de televisión, Fidel palideció y comenzó a tartamudear. Luego, cuando los barbudos sacaron del salón al Sr. Embajador, comenzaron los insultos y las expresiones de mal gusto. Es bueno que los lectores sepan que hay psicópatas bien educados, pero éste es grosero y chabacano. Volvió a asomar la inseguridad cuando una mujer del público le gritó en un estudio de televisión: "Estamos peor que cuando Batista." Se repitió la misma reacción inhibitoria, vulgarmente paralización por miedo, de palidez y tartamudeo. En contraste, Fidel Castro es arrogante y soberbio frente a un panel de periodistas ensayados y un público formado por dirigentes y por la "claque" del Partido Comunista, amén de las turbas de la más baja, no de la más humilde, extracción social, embriagadas de demagogia y "paredón." Son también signos de inseguridad la barba y el uniforme. Los propios barbudos afirmaban cínicamente, en los primeros meses de estar en el poder, que no se afeitaban porque la gente les iba a perder el respeto. En otro artículo estudiaremos cómo los comunistas han utilizado las barbas y el uniforme como instrumento de dominación psicológica del pueblo cubano. Por otra parte un psiquiatra cubano, el Dr. Barreda, expresó con muy buen criterio, en una entrevista periodística, que la barba y el uniforme eran defensa de un yo débil, es decir, inseguro.

2. *La suciedad.* La proverbial suciedad de Fidel Castro tiene una importante significación psicológica. Es sabido que los psicóticos más profundos, los esquizofrénicos, presentan comunmente este trastorno de la conducta. El significado de este síntoma es ahuyentar a la madre mala, y por extensión a todos los seres humanos, a fin de vivir en un mundo de fantasías. En el caso que nos ocupa la significación más importante es la expresión de su agresividad contra todo lo que sea civilizado y decente, ya que en nuestra cultura occidental el aspecto cuidadoso y limpio está indisolublemente ligado al criterio de educación y decencia. Además, hay un placer morboso en disfrutar de la suciedad como expresión de tendencias anales no sublimadas. Es sabido que los niños, alrededor del año, gustan de jugar con sus heces fecales si se les permite. Esto es más frecuente en los niños frustrados por falta de atención y cariño. Por supuesto, el servilismo imperante en Cuba ha puesto la suciedad de moda, con la remilgada y pepillística excepción de Raúl Castro.

3. *La narcomanía de poder.* Los narcómanos, adictos o viciosos son aquellos que padecen el hábito patológico del alcohol, morfina u otras drogas que calman la ansiedad y producen un bienestar transitorio. Son en todo caso gentes muy enfermas.

Desde hace algunos años me gusta incluir entre los narcómanos a los avaros (el dinero como droga), y a los que necesitan estar siempre en una posición dirigente (el poder como droga). Fidel Castro, además de usar con frecuencia el alcohol y la benzedrina, padece esta narcomanía de poder en grado extremo, y como todo habituado necesita aumentar cada vez más la cantidad de droga necesaria para lograr el estado de euforia. Cuba le resulta pequeña a este tiranuelo de segunda clase, mascarón de proa de la penetración comunista hemisférica, que sueña con ser, por lo menos, el líder de América Latina: "Hagamos de los Andes la Sierra Maestra de América."

Para hacer esta afirmación sobre la exagerada necesidad de poder de Castro, me baso además en las palabras de un psiquiatra del régimen, el Dr. José A. Bustamante. A principios de junio de 1960, en una conversación informal sostenida en el Colegio Médico Nacional de Cuba, y en presencia del Dr. Armando de Córdova, aristócrata que ha devenido comunista y actual profesor de psiquiatría de la muy ñángara Universidad de La Habana, y del Dr. Carlos Acosta, fiel discípulo del "Che" Guevara, el Dr. Bustamante elogió al presidente Dorticos por su "gran talento político," al "Che" por su "gran inteligencia y capacidad administrativa" y a Raúl Castro por ser un "gran ejecutivo". Esto último no lo entendí entonces, pero ahora me doy cuenta que debe de ser por la cantidad de gente que ha ejecutado o mandado a ejecutar.

Cuando terminó de elogiar le pregunté: ¿Y Fidel? —"Fidel no es más que el hombre del magnetismo que mueve a las masas, pero no se puede comparar en capacidad a los otros tres. Además, necesita de la popularidad en tal medida que cuando yo estuve con él, en Guantánamo, se veía deprimido antes de comenzar a hablar, y cuando lo hizo fue en forma lenta, cansona y sin objetivo determinado. A los pocos minutos le salió una frase feliz, lo ovacionaron y a partir de entonces se creció y estuvo hablando tres horas con toda la elocuencia de que él es capaz. Pero no es más que eso." Como yo sé que los comunistas no dicen nunca nada a la ligera, comprendí que la opinión del partido sobre Fidel no coincidía con la que él tiene sobre sí mismo, y que había una intriga del partido en el ambiente, cosa en la que el Dr. Bustamante es más experto que en psiquiatría, como saben la mayoría de los médicos cubanos.

4. *Los dos relojes*. El público de Cuba ha visto a Fidel innumerables veces, si no todas, con dos relojes de pulsera. Mi experiencia con enfermos mentales profundos me permite afirmar que este es un síntoma grave. En uno de mis casos el paciente tenía siempre en el bolsillo dos caramelos que no chupaba, pero se hacía muy agresivo si alguien trataba de quitárselos. Otro andaba siempre con dos cajas de fósforos sin ser fumador. Un tercero solamente estaba tranquilo si tenía dos cajetillas de cigarros. Estos casos los conocen los asistentes psiquiátricos que han trabajado conmigo durante los últimos cinco años. No sé la racionalización que usará Fidel para explicar el síntoma, pero es la expresión de una profunda inseguridad oral y la fantasía inconsciente de tener dos objetos iguales, cuando las personas normales usan uno solo, es que las dos cosas son dos senos, para estar seguros de que siempre van a tener leche y no van a morirse de hambre.

5. *La expresión facial*. Las personas normales, no importa los cambios que tengan en su estado de ánimo, son siempre "ellos mismos", tienen una expresión facial básica constante. Fidel tiene dos caras, y esto no está dicho con doble sentido, sino en el más llano y concreto de las palabras. Una cara es la del barbudo sucio y cansado, con una mirada suspicaz y alerta como la de un animal que espera un ataque. Esta es la cara, por llamarle de alguna manera, "normal" de Fidel Castro. Cuando aparece en la televisión con esta cara, no hay que temer, generalmente no se muestra agresivo y su discurso es más bien moderado o, mejor aún, insulso.

Pero hay otra cara de niñito dulce, con algo de santidad, que a veces parece que hasta le va a crecer un halo. Cuando yo veía esta cara podía pronosticar, sin equivocarme, que ese día iba a estar agresivo, mordaz, despiadado y de un radicalismo al rojo vivo. Como decimos en Cuba: "El hombre está de bala". Esto de tener dos caras es un síntoma de falta de integración de la personalidad por identificación defectuosa en las relaciones con el padre y la madre. Dejando a un lado, por supuesto, su capacidad histriónica que maneja voluntariamente con habilidad sin par.

La cara de "niñito santo" tiene una gran influencia sobre las capas más primitivas de la población. Las mismas que en 1952 oían a Clavelito (un curandero) y ponían un vaso de agua sobre el receptor de radio, y que en 1956 hicieron de "la Guantanamera"

145

(un programa radial donde se cantaba en décimas el crimen más sobresaliente de la crónica roja) uno de los programas de más alto "rating" en Cuba.

6. *El caballo*. En la Cuba triste, desolada, aterrorizada y hambrienta de Castro y comparsa, le están enseñando a los niños en las escuelas, y los altoparlantes repiten hasta el cansancio en las calles, una cuarteta que dice:

> *Somos socialistas*
> *lo dijo el caballo*
> *y al que no le guste*
> *que lo parta un rayo.*

¿Como tiene que ser un hombre para que le guste que le digan caballo? Este síntoma pertenece al epígrafe de la inseguridad, pero lo hemos puesto aparte por su interés. El caballo es el símbolo de la potencia sexual y de la fuerza bruta. Los griegos inventaron el centauro, que por lo menos es hombre de la cintura hacia arriba. Hay un viejo refrán, de fina penetración psicológica que dice: "Dime de qué presumes y te diré de qué careces".

7. *Fidel como padre*. Cuando como consecuencia de un accidente automovilístico el hijo de Fidel sufrió una ruptura de bazo y se hizo necesaria un intervención quirúrgica, mientras se hacían las investigaciones de laboratorio y se preparaba al niño para la operación, Fidel Castro Ruz se fue a hablar por televisión. Cuando el moderador del programa, nuestro ilustre y admirado desaparecido, el Dr. Jorge Mañach, le dijo que todo el mundo sabía que su hijo estaba grave y que podía abandonar la comparecencia, Fidel respondió que tenía un compromiso con el pueblo y que él no podía fallarle al pueblo. Aquí se le salió otra vez el delirio de grandeza. Como si el pueblo de Cuba no pudiera vivir sin las palabras de un Fidel. Probablemente lo que quería era que operaran al hijo en su ausencia, para no tener que afrontar la gravedad de la situación. Actitud escapista y racionalización teñida de megalomanía. Si Fidel no fuera un psicópata con un enorme déficit sentimental, hubiera comprendido que a quien le hacía falta de verdad era a su hijo... y no al pueblo. ¡Qué hombre mínimo ha resultado el Líder Máximo!

8. *Resumen diagnóstico*: Personalidad psicopática paranoide. Inseguridad básica. Frialdad afectiva. Identificación defectuosa. Histrionismo. Satisfacción simbólica de necesidades orales. Agresividad anal.

Pronóstico: Incurable

Tratamiento: Extirpación radical como profilaxis hemisférica.

El desastre de Girón

Mucho se ha escrito sobre la llamada operación de Bahía de Cochinos, Playa Girón o Zapata: las decisiones aciagas, los errores de cálculo, el heroísmo de los hombres de la Brigada y las trágicas consecuencias del abandono.

Mas ahora, teniendo acceso a muchos documentos oficiales del Gobierno de los Estados Unidos que habían sido marcados confidenciales, quizás podamos esclarecer algunos hechos y complementar el magnífico libro sobre Girón publicado recientemente por Enrique Ros.

Planes de la Administración de Eisenhower

En la junta que el Presidente Eisenhower celebró con sus principales asesores el 18 de agosto de 1960, el Director de la CIA, Allen Dulles, rindió un informe sobre el desarrollo del plan contra el régimen de Castro aprobado por el Presidente en marzo de 1960.

Según la minuta de dicha junta,[22] Dulles señaló los pasos concretos que se habían tomado en concordancia con el plan:

a) *Unificación de la oposición cubana contra Castro.* Según Dulles, se había logrado la unificación parcial bajo el Frente Revolucionario Democrático —esto con dificultad, ya que todos sus dirigentes actuaban, según él, como "prima donnas."

b) *Transmisiones radiales a Cuba.* Apuntó Dulles que se efectuaban periódicamente por onda corta y media a través de Radio Swan.

c) *Operación paramilitar.* El Director de la CIA informó que ya se había concluido el entrenamiento militar de 20 o 30 instructores en la zona del Canal de Panamá, y que éstos comenzarían de inmediato a entrenar a unos 500 reclutas cubanos en Guatemala. Asimismo, señaló que había 34 operadores de radio en

---

[22] Foreign Relations of the United States, 1958-1960, Volume VI, Cuba, U.S. Government Printing Office, 1991, págs. 1057-1060.

Guatemala y que se requerían entrenadores para la aviación y personal especializado en logística.

d) *Fuerzas operacionales.* Richard Bissell de la CIA se refirió a la necesidad de tener una fuerza de reserva, compuesta preferiblemente de elementos no norteamericanos y entrenada para operaciones especiales. Se discutió específicamente si dicha fuerza debía contar con algunos oficiales y soldados norteamericanos. El Secretario de Defensa, Thomas S. Gates, expresó su preocupación al respecto. Sin embargo, Gordon Gray del Consejo de Seguridad Nacional afirmó que sería insensato montar cualquier tipo de operación si no hubiese la determinación de llevarla a feliz término, y que un esfuerzo abortado sería peor que ningún esfuerzo.

Dulles sugirió que se aplazara la decisión sobre este punto [composición de la fuerza de reserva], y manifestó que él esperaba que los 500 reclutas cubanos estuviesen ya entrenados en noviembre del año en curso (1960). Señaló, además, que el Frente estaba adquiriendo aviones B-26 y que las tripulaciones serían cubanas.

Bissell, por su parte, indicó que la primera fase del plan consistía en infiltrar a los cubanos para apoyar la resistencia local, incluyendo las guerrillas. Esto podría durar varios meses y no requería ataques aéreos. Si la resistencia local no fuese suficiente para cumplir la misión, entonces se ampliaría la operación, posiblemente con el apoyo de la aviación, y se tomaría Isla de Pinos u otra isla pequeña como base trampolín.

Al final de la discusión, el Presidente Eisenhower afirmó que "él estaba dispuesto a seguir adelante si el Estado Mayor Conjunto, los Departamentos de Estado y Defensa, y la CIA consideraban que había buenas posibilidades de éxito. A él no le importaba mucho el costo [financiero]; es más, dijo que defendería este tipo de acción frente a cualquiera que viniese, y que si tuviera la seguridad de liberar a los cubanos de este demonio ("incubus"), bien poco sería el precio que habría que pagar."

Este plan militar escalonado se precipita y transforma en desembarco o invasión con apoyo aéreo por dos razones fundamentales. Primero, porque el tiempo conspiraba en contra de la liberación, ya que le permitía a Castro, con la ayuda militar creciente del bloque soviético, fortalecer su aparato de defensa y represión.[23] Y segundo, porque los grupos de insurrectos en las montañas de Cuba, carentes de apoyo adecuado del exterior, estaban siendo diezmados por las fuerzas del régimen.

(El Capitán Eduardo B. Ferrer, en su libro *Operation Puma*, afirma que las condiciones en que operaban los aviadores cubanos desde Guatemala eran tan precarias, que de los 68 embarques de armas a las guerrillas en Cuba sólo habían llegado siete a su destino).

Estos dos factores determinaron el cambio de dirección: de una operación de infiltración para intensificar la resistencia a un choque frontal con fuerzas de aire y tierra. Veamos cómo y cuando se produjo el cambio.

En la sesión del Consejo de Seguridad Nacional de fecha 20 de octubre de 1960,[24] Allen Dulles afirmó que la ayuda militar del bloque soviético a Cuba continuaba; que habían llegado tres embarques y que un cuarto estaba en camino. Estos embarques incluían artillería antiaérea, ametralladoras, "jeeps" y posiblemente tanques.

Dulles indicó asimismo que pilotos cubanos y personal de mantenimiento estaban siendo entrenados en Checoslovaquia. Se estimaba que Cuba recibiría dos escuadrones de MIGs a principios de 1961.

(Según el informe de inteligencia de los Estados Unidos de fecha 8 de diciembre de 1960, el bloque soviético había enviado a Cuba de 10,000 a 12,000 toneladas de equipos de guerra, así como unos 200 instructores y técnicos militares).[25]

En la reunión que Eisenhower celebró con sus asesores el 29 de noviembre de 1960, el Presidente indicó que el ex Embajador William D. Pawley le había manifestado, entre otras cosas, que el entrenamiento de los cubanos en Guatemala iba muy despacio.

---

[23] Según Guillermo Cabrera Infante, fue el general del ejército rojo, Ciutat, y no Fidel Castro, quien planeó en Cuba, con pleno conocimiento de datos, la estrategia contra el desembarco en Bahía de Cochinos. Ver *Mea Cuba*, pag. 227.

[24] Foreign Relations of the United States, 1958-1960, págs. 1094-1100

[25] Idem, pág. 1169.

Según Pawley, en lugar de 500 reclutas debía haber por lo menos 2,000.

El Presidente afirmó que había que designar a alguien que coordinara e impulsara las planes con respecto a Cuba al más alto nivel. (Para desempeñar esta función fueron seleccionados Whiting Willauer por el Departamento de Estado y Tracy Barnes por la CIA).

Asimismo, Eisenhower aseveró en esa reunión que "no compartía la preocupación del Departamento de Estado de que se estaba procediendo festinadamente ("shooting from the hip"), y que él creía que debíamos estar preparados para tomar más riesgos y ser más agresivos".

En el informe secreto que la Embajada de los Estados Unidos le remitió al Departamento de Estado el 6 de diciembre de 1960, se describió la situación desesperada en que se encontraban las guerrillas anticastristas:

Pinar del Rio. José Lara Crespo, líder de un grupo vinculado al antiguo ejército, fue capturado y fusilado. El norteamericano Austin Young, quien comandaba otra guerrilla, fue capturado y sentenciado a prisión.

La Habana. No había guerrillas, pero las operaciones de acción y sabotaje se habían intensificado.

Matanzas. El líder laboral, Gerardo Fundora Núñez, y cuatro de sus asistentes fueron fusilados.

Las Villas (Sierra del Escambray). El líder Sinesio Walsh y sus principales lugartenientes fueron capturados y ejecutados. Los jefes de otros grupos se encontraban cercados por unos 6,000 milicianos. Entre ellos se distinguían Evelio Duque, Osvaldo Ramírez, Joaquín "El Galleguito" Membibre, Rizos, Rafael Aragón, Luis Vargas, Juan Varela, Roberto Herrera, Manolo Calzada, Toledo y Lima.

Camagüey. La Embajada no tenía informes de guerrillas activas en esta provincia.

Oriente. Circulaban rumores del regreso clandestino a Oriente del Comandante "Nino" Díaz.

La Embajada concluyó su informe diciendo que el tiempo favorecería a Castro porque le permitiría exterminar los focos guerrilleros y consolidar su aparato militar. Por consiguiente, había que desarrollar cuanto antes un plan coordinado de propaganda, acción y sabotaje que culminara en la apertura de, al menos, un frente armado, preferiblemente cerca del Escambray, con suficiente territorio para constituir un gobierno provisional cubano de prestigio que recibiera el reconocimiento y apoyo de países extranjeros.[26]

Considerando estos hechos, el Comité 5412 o Grupo Especial a cargo del caso de Cuba, se reunió el 8 de diciembre de 1960 para discutir "un nuevo concepto," que consistía en un desembarco en Cuba de unos 600 a 750 exiliados equipados con armas de extraordinario poder de fuego. Este plan fue descrito en los siguientes términos:

"El desembarco estaría precedido de ataques aéreos lanzados desde Nicaragua contra objetivos militares. Los bombardeos aéreos así como los vuelos de suministro continuarían después del desembarco. El propósito sería ocupar y retener un área limitada en Cuba, mantener una presencia visible y después atraer a elementos disidentes... en la esperanza de que provocaran una rebelión general. Esta operación anfibia de desembarco no eliminaría totalmente el concepto anterior de infiltración de núcleos guerrilleros. Se esperaba que unos 60 a 80 hombres fuesen infiltrados antes del desembarco anfibio."[27]

Este nuevo plan no fue aprobado formalmente, pero los representantes de la CIA recibieron señales inequívocas de seguir adelante. Tan es así que a fines de 1960 se le comunicó al Presidente de la Argentina, Arturo Frondizi, y a otros dignatarios latinoamericanos, que se estaba preparando un desembarco en Cuba y que éste recibiría el reconocimiento y apoyo militar de los Estados Unidos.

---

[26] Idem, págs. 1149-1163.

[27] Idem, pág. 1175.

De acuerdo con documentos que obran en poder de la cancillería argentina, el entonces Embajador de los Estados Unidos en ese país, Roy Rubotton, le informó a Frondizi lo siguiente: "He recibido instrucciones del Presidente de los Estados Unidos para que le comunique que todo lo que diga este señor —y le entregaba un papel de diez por cinco centímetros— es como si hablara con el propio Eisenhower. Yo no sé qué viene a hacer".[28]

Frondizi recibió al enviado de los Estados Unidos (después se supo que era un agente de inteligencia que había intervenido en la guerra civil china), quien le informó que el Pentágono y el Departamento de Estado habían concluido que Castro y su régimen estaban en manos del comunismo y que la vinculación estrecha de La Habana con Moscú violaba los principios interamericanos y creaba un desequilibrio estratégico a favor del bloque comunista.

El enviado de Eisenhower entonces le comunicó a Frondizi que, entre las distintas opciones que había, la elegida por el gobierno de los Estados Unidos era "la invasión" planeada por la CIA con el Pentágono y el Departamento de Estado. Dicha invasión consistía en lo siguiente: "aproximadamente cien cubanos exiliados desembarcarían en un lugar desierto de la isla, colocarían una bandera y proclamarían un nuevo gobierno; luego de producido el levantamiento popular contra Castro pedirían ayuda militar a Estados Unidos. Por último, fuerzas militares de los Estados Unidos desembarcarían enseguida y derrocarían al gobierno castrista."[29]

Después de formular sus reparos, Frondizi le dijo al emisario que la invasión "será responsabilidad de ustedes." Este aclaró que no venía a buscar conformidad, sino a informar.

Postura de los líderes exiliados cubanos

Tony Varona, al igual que otros dirigentes del Frente Revolucionario Democrático, había apoyado el entrenamiento de exilia-

---

[28] Juan Archibaldo Lanús, De Chapultepec al Beagle (Política Exterior Argentina 1945-1980) Emecé, 1984, pág. 248.

[29] Idem, pág. 248.

dos cubanos en Guatemala como paso previo para la invasión. Pero le preocupaban la demora en los preparativos, los obstáculos (incluyendo interferencia norteamericana) que dificultaban la ayuda al movimiento de resistencia y las guerrillas, y la falta de conocimiento de los planes militares.

A fin de ventilar estas y otras cuestiones, Varona celebró una reunión en el Departamento de Estado el 29 de noviembre de 1960 con los funcionarios Edwin E. Valon, Robert A. Stevenson, Robert A. Hunwitch y Frank J. Devine.

De acuerdo con la minuta de esa reunión que obra en los archivos del Departamento de Estado,[30] Varona planteó entre otras cosas la necesidad de acelerar el desembarco en Cuba (no en Isla de Pinos) de unos dos o tres mil exiliados. El objetivo sería constituir un gobierno en armas en territorio nacional para estimular las deserciones dentro de las fuerzas de Castro y facilitar el reconocimiento y apoyo militar directo de los Estados Unidos.

Varona fue enfático en la necesidad de una acción conjunta o alianza cubanoamericana para poder contrarrestar el apoyo creciente de la Unión Soviética a Cuba. "¿Dónde conseguiríamos los tanques?" [si no es en los Estados Unidos], se preguntó Varona. Después de reiterar la comunidad de intereses que nos unía, el líder del exilio definió los papeles respectivos: "los oposicionistas estamos luchando por Cuba, mientras que Estados Unidos estaría luchando por su propia posición y prestigio [en este hemisferio]." Con esta aclaración, Varona quiso sin duda deslindar los campos a fin de que no se confundiera la representación y defensa de Cuba —derecho y deber de los demócratas cubanos— con la representación y defensa de los intereses estratégicos —función y responsabilidad de los Estados Unidos.

---

[30] Foreign Relations of the United States, 1958-1960, Volume VI, Cuba, págs. 1132-1140.

En la foto aparece Manuel Antonio de Varona pasando revista a la Brigada en Guatemala. (*UPI / Bettmann*, febrero, 1961)

Al enterarse a principios de 1961 de unos serios disturbios que se habían producido en los campamentos de Guatemala, Varona insistió en visitar a los reclutas y oficiales cubanos. El permiso, que había sido varias veces denegado por la CIA, fue finalmente concedido, por lo que Varona, en compañía del Dr. Antonio Maceo, pudo visitar los campamentos en enero de ese año. Allí serenó los ánimos, levantó la moral y pasó revista a las tropas.

Poco antes de regresar a Miami, y preocupado por el número exiguo de tropas que había visto, Varona le preguntó al jefe del campamento, coronel "Frank": "Usted con sólo unos cientos de hombres, ¿Cómo podrá ganar? Castro tiene 200,000."

El coronel, radiando optimismo, le contestó: "Nosotros protegeremos la invasión con una sombrilla [cobertura aérea]. El aire será nuestro. Ni un sólo vehículo podrá transitar sin ser bombardeado. No necesitamos más hombres."[31]

No obstante esta rotunda afirmación de suficiencia, el reclutamiento a partir de febrero se aceleró en Miami. Todo parecía indicar que el día de la invasión se acercaba. Entonces se recibió la asombrosa y desconcertante noticia de que el coronel Martín Helena, jefe militar del Frente, había renunciado. Varona y otros líderes protestaron ante la CIA al comprobar que el integérrimo militar había dimitido porque los oficiales norteamericanos no querían discutir con él los planes de la invasión.

Este incidente, desgraciadamente, no tuvo mayor trascendencia. Pocos vieron en él síntomas de una grave anomalía, pródomo del desastre. Había demasiado confianza en la victoria para plantear una crisis y detener la marcha de los acontecimientos. Por encima de las dudas, aprehensiones y enojos estaba la fe en los Estados Unidos y en la experiencia de los artífices del colosal desembarco en las costas de Normandía.

El 22 de marzo de 1961, el Frente se fusionó con el Consejo Revolucionario de Cuba bajo la presidencia del Dr. José Miró Cardona. Integraron esta coalición Tony Varona ("Rescate"), Manuel Artime ("MRR"), Justo Carrillo ("Montecristi"), el ingeniero Manuel Ray representando al Movimiento Revolucionario del

---

[31] Peter Wyden, *Bay of Pigs, The Untold Story*, Simon and Schuster, N.Y., 1979, págs. 56-57

Pueblo, y otras personalidades como el ingeniero Carlos Hevia y el Dr. Antonio Maceo.

Poco antes de desplazarse Miró a los campamentos en Guatemala, José Manuel Cortina lo invitó a reunirse con él y con los doctores Carlos Prío Socarrás, Gustavo Cuervo Rubio, Guillermo Alonso Pujol, José Raimundo Andreu y mi padre. En dicha reunión, celebrada en la casa de Cortina, en Miami, se le dio a Miró Cardona un voto de confianza y se le instó a que lograra la confirmación oficial del apoyo militar norteamericano, incluyendo la vital cobertura aérea y las tropas adicionales de respaldo a la Brigada. Dado el cambio de gobierno que se había producido en Washington con el triunfo de Kennedy, esta confirmación era imprescindible y urgente.

Las preocupaciones que turbaban a estos destacados interlocutores fueron recogidas en una carta abierta de fecha 26 de marzo de 1961, que Alonso Pujol le dirigió a Miró Cardona y que fue publicado en el *Diario las Américas*. Transcribo a continuación algunos párrafos premonitorios de esa histórica misiva.

Enseñanza reciente

"Nadie puede dudar que el combate que hemos emprendido se libra contra la alianza que forman los países comunistas, dueños de la mitad del globo y con un potencial armígero incalculable. Ante ese enemigo superpoderoso, ¿qué posibilidades de éxito cabe conceder a los generosos conciudadanos que se entrenan para la invasión, a esos pequeños grupos de suicidas que se infiltran en el territorio nacional, y a los miles que lidian y mueren diariamente en campos y ciudades?"

"Usted, y los que con usted comparten las directivas del mando, no ignoran que en esas legiones se halla lo mejor de Cuba. Paladines de puros ideales, ayunos de ambiciones a cargos públicos o prominencias revolucionarias, se lanzan con la firmeza de los guerreros espartanos contra un enemigo que, por su número y sus armas, puede aplastarlos. Tres mil, cuatro mil, cinco mil caballeros del valor son poca cosa para las hordas que les esperan. ¿Qué lograron los patriotas húngaros ante el fuego mortífero de los tanques soviéticos, salvo lanzar en su desesperación, en la noche de su inenarrable derrota, un grito de auxilio que en vano difundieron hacia las naciones democráticas, instigadoras del levantamiento?..."

Sentidas interrogaciones

"Usted tiene un retoño de su alma en los campamentos. El quiere hacer buena la tradición heroica de su estirpe, y usted se ve honrado con su dignísima conducta. Somos muchos los padres que también nos sentimos enaltecidos por la decorosa resolución de nuestros hijos de plantarse o caer, con el rifle en la mano, sobre la arena caliente de la Patria."

"Ahora bien, no empece a esos sentimientos de legítimo orgullo para que guardemos en silencio serias interpelaciones que a todos alcanzan. ¿Marcharán los soldados de la libertad a una derrota inevitable? ¿Irán en pos de una acción insensata? ¿Tendrán en su bizarra aventura todo el potencial de guerra necesario para aplastar a los traidores? ¿Pelearán solos y aislados por la reconquista de su tierra, bastión de la libertad del Continente? ¿O serán los primeros en el empeño, pero los acompañarán después los voluntarios y soldados del Norte y del Sur a fin de que no sean ilusiones las taxativas obligaciones que nacieron de los Tratados de Río de Janeiro y de Caracas?..."

Lo que Cuba demanda y espera

"Usted y el Consejo organizarán las fuerzas revolucionarias. A ustedes corresponde, pues, crear y coordinar logísticamente los elementos que deben conducir al resultado apetecido. Ustedes, sin dudas, conocerán y darán asentimiento a cuanto haya de hacerse, porque su responsabilidad tiene que correr pareja con la autoridad que han asumido. Mis palabras, situando obligaciones y demandando esclarecimientos, no llevan, no pueden llevar, una intención pesimista o de censura. Ustedes han debido formularse a solas estas mismas interrogaciones."

"Confío en que ustedes tomarán las provisiones y resoluciones adecuadas, y pondrán en acción un pensamiento guiante que esté a tono con lo que Cuba demanda y espera de su jerarquía, rectitud y patriotismo."

Fuentes de Inspiración

"Para el buen fin de su difícil misión usted tendrá, mi estimado Dr. Miró, el tesoro que le acompaña desde la cuna. Me refiero a las enseñanzas que le prodigaron los labios austeros de su ilustre progenitor, quien, como nuevo Tito Livio, le dictaba día a día la historia de las virtudes excelsas que dieron renombre universal al Gran Lugarteniente. La vida del vencedor de Peralejo fue una suma de reglas sabias para conducir con acierto la guerra y la paz. No olvide jamás esas pragmáticas. Obsérvelas con celo. A usted le sobra preparación intelectual y le acompaña un claro sentido de orientación política. Con esos antecedentes y cualidades usted debe triunfar en la gran empresa."

"Así lo anhela por Cuba y por usted, su sincero y antiguo amigo y compañero,

Dr. Guillermo Alonso Pujol."

---------- o ----------

A principios de abril, Miró se dirigió a los campamentos de Guatemala conjuntamento con Varona, Artime y Hevia. Hubo desfile de tropas y prácticas de tiro. En un abreve aparte, tuve oportunidad de decirle a Miró que, a mi juicio, era necesario reforzar la Brigada con tropas y recursos bélicos adicionales. El líder del Consejo me comentó en privado que había recibido seguridades al respecto de "Frank", el jefe de la base, y que a su regreso a Estados Unidos iría a Washington para obtener confirmación al más alto nivel.

A continuación resumo los puntos principales de la conversación entre Miró y "Frank", según las notas inéditas de Miró que me fueron facilitadas por su hijo, José Miró Torra, gallardo combatiente de Girón, y por su secretaria ejecutiva, Ascención C. Pérez (Nena).

Miró: La Brigada está muy bien entrenada, pero es insuficiente.

"*Frank*": La Brigada se completará con 250 hombres más; habrá tropas adicionales cuyo número asciende a 30,000; tendremos el control del aire y hay tres naciones envueltas en el conflicto.

Dirigentes del Consejo Revolucionario de Cuba y otras personalidades exponiendo su ideario democrático unos días antes del desembarco en Playa Girón. De izquierda a derecha, Manuel Antonio de Varona, José Miró Cardona, Manuel Ray, Felipe Pazos y Raúl Chibás. (*UPI / Bettmann*, marzo de 1961)

Miró: Los jefes de la Brigada son hombres de cualidades superiores, pero me parecen demasiado jóvenes, sin experiencia. Pienso nombrar a Varela Castro para la jefatura.

"Frank": Nómbrelo como asesor personal suyo, pero deje a Artime en el campamento.

Miró: He observado en la Brigada a algunos elementos indeseables por sus antecedentes criminales.

"Frank": Envíeme una lista con los nombres de aquellos que usted considere que deban ser licenciados.

Miró: Deseo marchar con la Brigada, por lo que le ruego que me mande a buscar antes de partir. Sería ridículo que me enterara de la invasión por el *Miami Herald* al salir del Food Fair.[32]

---------- O ----------

A su regreso de Guatemala, unos pocos días antes del desembarco, Miró sostuvo varias entrevistas importantes con altos funcionarios del gobierno del Presidente Kennedy. El historiador y consejero de Kennedy, Arthur Schlesinger, en su libro *A Thousand Days: John F. Kennedy in the White House*, publicó la versión "oficial" de esas conversaciones en las que supuestamente se le dijo a Miró que las fuerzas de los Estados Unidos no intervendrían en Cuba. Miró rechazó de plano este alegato, pero no quiso polemizar públicamente con Schlesinger en esos momentos por considerar que la controversia favorecería a Castro.

Veamos lo que dejó escrito Miró en sus archivos personales sobre este tema tan delicado.

"Ha sido propósito firmemente mantenido por mí no hacer aclaración alguna en relación con el trágico episodio de Girón mientras Cuba se halle sometida al poder soviético. En mi renuncia a la presidencia del Consejo Revolucionario, dos años después del infortunado suceso, expresé que oportunamente fijaría todos los

---

[32] Miró y los demás miembros del Consejo se enteraron de la invasion por la radio mientras permanecían bajo custodia en la base de Opa-locka en la Florida.

antecedentes del hecho, con señalamiento de personas, circunstancias, fechas y detalles complementarios."

"Han transcurrido dos años más y he permanecido en silencio, sin responder a la diatriba ni aceptar provocaciones. Todos los hechos en que hube de intervenir desde que, por segunda vez en mi vida, tomé el camino del destierro... están expuestos en un libro que he titulado *Itinerario de una Derrota*.[33] No debe ser dado a la publicidad todavía. Las derrotas se analizan después de la victoria, y al libro mío le falta por escribir ese capítulo..."

"He superpuesto siempre los intereses de Cuba a mi orgullo lastimado por entender que cualquier aclaración por parte mía serviría a la propaganda de Castro —como ha servido la de Schlesinger— para denostar a los que luchan contra el comunismo y para atacar a nuestro difícil y necesario aliado..."

Entre los manuscritos de Miró, aparecen sus notas sobre la reunión celebrada en el Departamento de Estado en Washington el 5 de abril de 1961. Asistieron Adolf A. Berle, antiguo miembro del "trust del cerebro" de Roosevelt y figura señera del "Latin American Task Force" constituído por Kennedy; Arthur Schlesinger representando a la Casa Blanca; Philip Bonsal, ex embajador de los Estados Unidos en Cuba; William Bowdler, funcionario del Departamento de Estado; Carlos Piad, representante en Washington del Consejo Revolucionario de Cuba, y Miró.

Según las notas de Miró, Berle inició la conversación preguntándole si su posición era "de izquierda" (requisito esencial para los ideólogos de la Nueva Frontera). Miró no se quedó callado. "Hablé y expuse mi criterio sobre la Cuba del futuro... Me dijo Berle que le gustaban mis ideas; que eran de avance social. Le respondí que no había hecho otra cosa que desenvolver los principios contenidos en la Constitución de 1940. Mi asombro fue grande al darme cuenta de que no la conocía..."

Se discutió el borrador del manifiesto del Consejo redactado por el Dr. Antonio Silió. A Berle le pareció "demasiado jurídico." Sugirió que fuese menos académico, de mayor vibración revolucionaria. Miró acordó revisarlo y darlo a la publicidad en Nueva

---

[33] Miró murió antes de poder completar este libro. Quedaron sus notas, copias de las cuales obran en mi poder.

York para contrarrestar la filípica de Raúl Roa en las Naciones Unidas.

Miró centró entonces la discusión en el tema militar. Sus interlocutores respondieron que no estaban preparados para abordar ese tema, pero que lo escucharían. "No somos sordos," dijo uno. Sorprendido por la respuesta, Miró procedió a reiterar los puntos discutidos con "Frank" en Guatemala y enfatizó que tenía que estar informado porque "asumía tremenda responsabilidad con mis compatriotas."

Al día siguiente, William Carr de la CIA llamó a Miró para decirle que Berle deseaba verlo, a solas, en su residencia de Georgetown. El Dr. Ernesto Rojas, quien a la sazón representaba al MRR en Washington, acompaño a Miró hasta la casa de Berle y lo esperó en la esquina.

Según los apuntes de Miró, Berle, quien tenía pleno dominio del castellano, le dijo que "el problema militar marchaba muy bien y que podía contar con 15,000 hombres adicionales." Miró preguntó: "¿Por qué 15,000 si en Guatemala se me dijo 30,000?" "Son suficientes," respondió Berle. Este agregó que "tendrían el control del aire y que "Frank" (el jefe de la base de entrenamiento en Guatemala) era un hombre superior."

Miró agradeció esas noticias, pero le dijo a Berle que no se daba por satisfecho. "Necesito cierta garantía porque la responsabilidad es mucha," afirmó Miró. Y después aclaró: "No reclamo una alianza por escrito, pero hay alianzas tácitas, de hecho, que deben concretarse de modo más específico."

Berle le expresó a Miró que comprendía y compartía sus preocupaciones, pero que no podía concretar una alianza formal. No obstante este impedimento, el alto funcionario norteamericano afirmó que comprometía su palabra de honor. "Parole d'honneur" fue el término que empleó. Apuntó Berle que el Gobierno de los Estados Unidos no podía decir públicamente que le brindaba su apoyo a la invasión, pero que "la ayuda sería total y absoluta..."

Finalmente, Berle le informó a Miró que, para mantener un enlace directo con él, se había designado a John Plank, profesor de la Universidad de Harvard y experto en política latinoamericana. Esta designación, señaló Berle, era un hecho significativo que le daba peso a la alianza informal.

Miró salió de esa entrevista muy complacido con las seguridades que le había dado un funcionario del rango y calibre de Adolf Berle. Ernesto Rojas, quien acompaño a Miró de vuelta al hotel, me confirmó que el líder cubano, rebosante en optimismo, le había repetido las promesas de Berle: 15,000 tropas adicionales, control del aire y ayuda total y absoluta.

A los pocos días de haberse celebrado esta reunión, el 12 de abril para ser preciso, el Presidente Kennedy afirmó públicamente que "no habría, bajo ninguna circunstancia, intervención en Cuba de las fuerzas armadas de los Estados Unidos." Y después agregó que esta posición era "entendida y compartida por los exiliados cubanos anticastristas en este país."

¿Qué motivó esta declaración tajante y qué alcance tenía? —se preguntaron Miró y los demás miembros del Consejo reunidos en Nueva York. ¿Implicaba una revocación de la promesa de tropas adicionales que Berle le había hecho a Miró? ¿Pretendía Kennedy confundir a Castro, sosegar a los críticos de la política exterior norteamericana o salvar su responsabilidad en caso de que fracasase la operación?

Al escuchar la declaración de Kennedy, el prominente abogado internacionalista, Dr. Arturo Mañas, visitó a Miró en el Hotel Lexington de Nueva York y lo instó a que, con carácter urgente, solicitase una aclaración del gobierno de los Estados Unidos ya que había que tomar muy en serio la afirmación categórica del Presidente. Así lo hizó Miró. Por conducto de su enlace, el profesor John Plank, el líder cubano pidió entrevistarse de inmediato con Berle. Esto dio lugar a la histórica reunión del 13 de abril en el Century Club de Nueva York, que se celebró a petición expresa de Miró y no por encargo del Presidente. (El Dr. José Manuel Hernández, quien participó en la conversación que sostuvieron Mañas y Miró, confirmó este relato en su artículo *The Bay of Pigs Revisited*, publicado en la edición de noviembre de 1989 de la revista *The World & I*.)

Asistieron a la reunión del Century Club Berle, Schlesinger, Plank y Miró. Según la versión de Schlesinger,[34] Miró planteó la necesidad de conocer las planes militares de la invasión, tildó las declaraciones del Presidente de "guerra psicológica" y exigió que

---

[34] Ver *A Thousand Days: John F. Kennedy in the White House*, pag. 247-248.

se le precisara "cuán lejos la administración de Kennedy estaba dispuesta a ir."

Según el historiador de la Casa Blanca, Berle le contestó a Miró: "los llevaremos hasta las playas." Y después añadió que si hubiese un levantamiento interno, "les daremos a los demócratas cubanos las cosas necesarias para que tengan éxito. Una vez que se constituya un gobierno provisional en la cabeza de playa, les ofreceremos todo tipo de ayuda menos tropas de los Estados Unidos."

A juicio de Schlesinger, Miró pareció no entender o aceptar este mensaje —acaso por su inglés deficiente o algún fallo en la traducción— y aseveró que si las cosas iban mal, él pediría la ayuda de todas las naciones del hemisferio, incluyendo los Estados Unidos. "Y la ayuda debe venir," enfatizó Miró.

Las notas de Miró difieren radicalmente de la versión de Schlesinger. Según el líder cubano, la conversación fue con Berle y se desarrolló en correcto español, por lo que no pudo haber ningún mal entendimiento. Schlesinger —el único del grupo que no dominaba el castellano— se mantuvo callado.

Transcribo a continuación las notas de Miró. "En ese almuerzo, al exponer yo mis preocupaciones por la declaración del Presidente, el señor Berle me dijo lo que no he revelado todavía: que la embajada soviética estaba haciendo proposiciones tendientes a una solución pacífica de suerte que los cubanos, y el Consejo, pudieran regresar a Cuba, y que quería conocer mi pensamiento".[35]

"Contesté de modo tajante con una negativa..." Aclaró Berle "que se me había hecho la pregunta para explorar mi pensamiento, pero que debía guardar reserva."

"Reiteré mis preocupaciones por la declaración del Presidente y el señor Berle me contestó que, así como yo decía que la revolución era cubana, él se veía obligado a declarar que no

---

[35] Schlesinger alude en su libro a esta propuesta trasmitida a la Casa Blanca por el consejero soviético Georgi Kornienko, pero no menciona que fue discutida con Miró en el Century Club, cuatro días antes de la invasión.

prestaría ayuda, pero que nuestros pactos quedaban en pie (textual)".[36]

Entonces Miró pidió que le designaran un enlace militar de alto nivel para discutir los planes bélicos. Berle accedió, y al día siguiente un general retirado del ejército de los Estados Unidos, de apellido Barley, se reunió con Miró en el hotel Blackstone y le informó de los ataques aéreos a bases militares en Cuba que iban a producirse.

Schlesinger y Miró nunca debatieron en público sus respectivas y contradictorias versiones de lo acontecido en el Century Club. Mas poco después que Stewart Alsop escribió en la revista *Saturday Evening Post* de fecha 24 de junio de 1961 que Berle y Schlesinger le habían advertido a Miró que las fuerzas norteamericanas no intervendrían en Cuba, se produjo un careo en la Casa Blanca.

Cuenta el Dr. Ernesto Aragón, asistente ejecutivo e intérprete de Miró, que ambos estaban reunidos en la Casa Blanca con Richard Goodwin, consejero del Presidente. Cuando Miró, molesto por el artículo de Alsop, le comienza a relatar a Goodwin lo que Berle le había dicho en el Century Club, Goodwin llamó a Schlesinger y le pidió que viniera a verlo enseguida.

Según las notas privadas que Aragón me entregó, Goodwin le dijo a Schlesinger cuando éste llegó: "Arthur, como eres historiador, quise llamarte por si quisieras aclarar lo que el Dr. Cardona me empezó a contar referente a una entrevista en la que él dice que tú estabas presente con Berle y Plank en el Century Club en Nueva York."

Las notas de Aragón describen lo que entonces sucedió. "Antes que nadie más pudiera decir nada, Pepe [Miró], en su chapurreado inglés, sin dejarme que lo interrumpiera para traducirle, dirigiéndose directamente a Schlesinger, le dijo más o menos: Usted no puede recordar —a lo mejor porque la conversación fue en español entre Berle y yo— las seguridades que me dio, además de ofrecimientos adicionales, y que yo pedí que

---

[36] Esos pactos, interpretó Miró, incluían las 15,000 tropas adicionales prometidas por Berle a Miró en la reunión privada del 6 de abril. Schlesinger no hizo mención en su libro a esa reunión clave.

designaran un enlace para que me explicara los detalles de la proyectada invasión. ¿Fue cierto o no?"

Un tanto sorprendido por la pregunta, Schlesinger contestó lo siguiente, según las notas de Aragón: "No recuerdo exactamente, pues no todo lo entendía, pero puede ser cierto más o menos." A continuación, Schlesinger se despidió diciendo que tenía cosas urgentes que atender.

Decisiones fatídicas de Kennedy

El 18 de noviembre de 1960, el Director de la CIA, Allen Dulles, y su lugarteniente, Richard Bissell, se trasladaron a Palm Beach para informar al recién electo Presidente John F. Kennedy de los planes de la invasión. Según datos oficiales, Kennedy no manifestó ningún deseo de cambiar el rumbo indicado, pero al percatarse de la envergadura de la operación, dijo que tenía que reflexionar sobre el particular.

El esclarecido historiador Michael R. Beschloss, en su libro *The Crisis Years, Kennedy and Khrushchev 1960-1963*, cuenta que el día antes de la toma de posesión de Kennedy, Eisenhower le dijo que los planes de la CIA sobre Cuba iban bien y que su responsabilidad como nuevo presidente era "hacer lo que fuese necesario" para que tuvieran éxito.

El 11 de marzo de 1961, la CIA sometió a la aprobación de Kennedy la llamada "Operación Trinidad," que, a juicio del Estado Mayor Conjunto, tenía buenas posibilidades de éxito. Esta operación consistía en lo siguiente:

a) Desembarco de la Brigada en el área de Trinidad-Casilda, al sur de la provincia de Las Villas y cerca de la Sierra del Escambray, donde había focos de guerrillas anticastristas. Esta operación anfibia y aérea contemplaba un desembarco previo para distraer la atención del enemigo.

b) Bombardeos aéreos contínuos desde el inicio de la invasión con la intensidad requerida para ofrecerle a la Brigada una total cobertura aérea. (La cobertura con aviones de reacción "jets" recomendada por Whiting Willauer fue rechazada porque denotaba intervención directa de los Estados Unidos.)

c) Captura de una cabeza de playa con acceso a un aeropuerto y a territorio montañoso propicio para guerra de guerrillas (en caso de emergencia).

d) Constitución de un gobierno cubano en armas que pudiese estimular la rebelión interna y recabar el reconocimiento diplomático y la asistencia militar de los Estados Unidos y otros países del hemisferio.[37]

Lamentablemente, el Presidente vetó esta operación que juzgó demasiado espectacular, pero en vez de cancelarla *in toto* por no tener la convicción y el ánimo requeridos para asegurar el triunfo, lo que hizo fue castrarla haciendo inevitable el fracaso.

A pesar de haber mantenido una línea dura respecto a Castro en los debates presidenciales (hecho que contribuyó decisivamente a su victoria electoral), al Presidente le flaquearon las fuerzas cuando tuvo que traducir la retórica en acción. Tratando de evadir los retos que todo estadista tiene que encarar a la hora de la verdad, Kennedy tomó en definitiva el peor de los riesgos: el camino tortuoso del deshonor y la pusilanimidad.

¿Qué motivó esta conducta que nos llevó al desastre? La inexperiencia de Kennedy —apenas tres meses y medio en la presidencia —obviamente influyó, así como el temor que tenía de provocar represalias soviéticas. Algunos de sus asesores también lo ofuscaron y amedrentaron. Entre ellos sobresalió el senador William Fulbright con su tesis coexistencialista, apoyada en la falaz premisa de que Cuba era "una espina en el costado y no una daga en el corazón." El historiador y consejero presidencial, Arthur Schlesinger, fue otro que se opuso tenazmente a la invasión citando principios jurídicos y morales, y evocando el espectro de los infantes de marina de los Estados Unidos en suelo cubano. No pudiendo evitar que se llevara a cabo la operación, Schlesinger consiguió limitar su alcance y menguar su efectividad.

---

[37] Christopher Andrew, en su libro *For The Presidents Eyes Only*, Harper Collins, 1995, pág. 263, revela, después de acuciosa investigación, que el plan contemplaba la eliminación *previa* de Fidel Castro. El senador George Smathers confirma que Kennedy lo sabía.

Hasta el último momento estuvo el Presidente dubitativo y vacilante. Lo que a la postre determinó que diera la luz verde fue, según testimonio del propio Schlesinger, el hecho de que no sabía cómo deshacerse de la Brigada. A este dilema se le llamó, con cínica frialdad, "the disposal problem." Preocupado por el escándalo que se produciría si los exaltados brigadistas se desbandaban, Kennedy afirmó crudamente: "Si tuviésemos que deshacernos de estos ochocientos hombres, sería mejor tirarlos en Cuba [dump them in Cuba] que en los Estados Unidos, especialmente si es allí donde quieren ir".[38]

Teniendo a la vista amplia documentación sobre este trágico episodio, trataré de resumir a continuación las fatídicas decisiones de Kennedy que condenaron la invasión al fracaso:

1) El Presidente se opuso al desembarco en Trinidad-Casilda. Esto forzó a la CIA a sugerir a última hora la desafortunada alternativa de Bahía de Cochinos, Girón o Zapata —área cenagosa que Máximo Gómez en la guerra de independencia hábilmente esquivó por considerarla una trampa militar. Se hizo este cambio con tanta festinación y ligereza que el Presidente y sus asesores llegaron a pensar que, en caso de emergencia, los brigadistas podían esfumarse en las montañas. Sería injusto condenar a la Casa Blanca por desconocer la historia, mas sería irresponsable exonerarla por ignorar la geografía.

2) Kennedy, *motu proprio*, insistió en que el desembarco fuese de noche, aumentando así los riesgos de esta operación, ya de por sí azarosa y difícil.

3) Para aminorar el "ruido" y la posible repulsa internacional, el Presidente rechazó el plan de bombardeo masivo el día del desembarco recomendado por la CIA y el Pentágono. Sólo autorizó ataques aéreos limitados a las bases militares en Cuba comenzando dos días antes del desembarco (D-2, D-1). Poco antes del primer bombardeo (D-2), redujo drásticamente el número de aviones que participaron en la operación, de 16 a 8.

---

[38] Arthur M. Schlesinger, *A Thousand Days, John F. Kennedy in the White House*, pag. 241.

Aquí aparece el portaviones *USS Essex*, parte de ls flotilla norteamericana cerca de Girón que, por decisión del Presidente Kennedy, no pudo apoyar a la Brigada en el momento decisivo. (Departamento de Defensa de los Estados Unidos).

4) Bajo presión de Adlai Stevenson, embajador de los Estados Unidos ante la ONU, (indignado al enterarse de que el primer bombardeo no se había efectuado desde Cuba por aviones "desertores", como se había anunciado), Kennedy canceló el segundo ataque aéreo. Este ucase presidencial le permitió a Castro salvar la mitad de su exigua aviación y arrestar tranquilamente a más de 250,000 personas, incluyendo dirigentes de la resistencia que se aprestaban a apoyar la invasión. Desconocen u olvidan este hecho los que con asombro se preguntan por qué la invasión no contó con el respaldo de la clandestinidad.

5) Asimismo, el Presidente aplazó el bombardeo programado para la mañana del desembarco. Esta malhadada decisión hizo posible que aviones de Castro atacaran impunemente el barco de la Brigada "Houston" (que hizo agua y se encalló), hundieran el "Río Escondido" con todas sus provisiones y equipos sofisticados de comunicación, y forzaran la retirada del "Atántico" y el "Caribe" sin que pudieran desembarcar las municiones que llevaban. La falta de estos suministros vitales impidió que la Brigada prolongara su heroica batalla.

6. Por último, el Presidente rechazó de plano las enérgicas e insistentes recomendaciones de Richard Bissell y el Almirante Arleigh Burke de que, al menos, permitiera que algunos aviones de guerra de Estados Unidos protegieran a los obsoletos B-26 de la Brigada frente al ataque implacable de los jets T-33 de Castro. Esta cobertura hubiera permitido ganar tiempo para contrarrestar la ofensiva de las huestes del régimen, constituir un gobierno en armas y facilitar la llegada de refuerzos. (La autorización del Presidente para una cobertura aérea limitada llegó demasiado tarde).

Los Estados Unidos estaban debidamente preparados para terciar en la contienda. Aparte de las fuerzas norteamericanas en estado de alerta al sur de la Florida y en la isla de Vieques, el Almirante Burke contaba con una flotilla armada en las inmediaciones de Girón. Según testimonio del Almirante, la flotilla consistía en 22 buques de guerra, incluyendo un submarino, el portaviones "Essex" con sus aviones de combate, el portahelicópteros "Boxer" con cerca de 2,000 infantes de marina, y 12 acorazados.[39] Fuerzas no faltaban para apoyar a la Brigada en el momento crítico. Lo que faltó, por no emplear otro término más gráfico, fue coraje y dignidad al más alto nivel en Washington.

¿Por qué Kennedy decretó el abandono que selló la derrota de la Brigada? Veamos la explicación que el propio Presidente les dio a los jefes de la Brigada en su residencia en Palm Beach, el 27 de diciembre de 1962, a los cuatro días de haberse efectuado el canje de los prisioneros.

Según el testimonio del jefe militar de la Brigada, José Pérez San Román, confirmado por su segundo en mando, Erneido Oliva, el Presidente les reveló en privado que al producirse el primer bombardeo aéreo el 15 de abril (día D menos 2), el gobierno soviético amenazó con atacar a Berlín Occidental si Estados Unidos continuaba apoyando a la fuerza invasora. En esas circuns-tancias, y sin poder dormir, Kennedy tuvo que enfrentarse a esta disyuntiva: defender a la Brigada y arriesgar una confrontación con la Unión Soviética en Berlín que pudiese desatar un conflicto armado de grandes proporciones, o preservar la paz mundial y arriesgar a los 1,400 combatientes. Teniendo que escoger entre estas dos terribles alternativas, Kennedy concluyó que era menos malo sacrificar a la Brigada que arriesgar en Berlín una posible tercera guerra mundial.

¿Es válida esta explicación del Presidente? Veamos la opinión emitida por el General Eisenhower cuando, a los pocos días del desastre de Girón, Kennedy le confesó en la Casa Blanca que no había apoyado a la Brigada por temor a una represalia soviética en Berlín. Eisenhower le contestó: "Eso es todo lo contrario a lo que realmente sucedería. Los soviéticos siguen sus propios planes, y si ven que nosotros mostramos alguna debilidad, es entonces que arremeten con más fuerza... El fracaso de Bahía de Cochinos incitará a los soviéticos a hacer algo que en otras circunstancias no harían".[40]

---

[39] Ver Eduardo B. Ferrer, *Operation Puma: The Air Battle of the Bay of Pigs*, International Aviation Consultant, 1982, Pag. 144.

[40] Ver Michael R. Beschloss, *The Crisis Years, Kennedy and Khrushchev 1960-1963*, Edward Burlingame Books, 1991, pags. 144-145.

Palabras premonitorias. A los pocos meses de Bahía de Cochinos, envalentonado por la falta de liderazgo de los Estados Unidos, Khrushchev apabulló a Kennedy en la conferencia de Viena, erigió el Muro de Berlin y provocó la Crisis de los Cohetes, colocando al mundo al borde del cataclismo nuclear.

Héroes y mártires

Al analizar las causas y consecuencias del desastre de Girón, no podemos pasar por alto el heroísmo de la Brigada. Esta logró tomar una extensa cabeza de playa en terreno inhóspito, y la defendió durante casi tres días de combate incesante con provisión de alimentos y municiones para sólo 24 horas.

Fueron muchos los que sobresalieron en los distintos frentes: los osados miembros de los "teams" de infiltración, muchos de los cuales cayeron en la redada masiva de Castro o tuvieron que replegarse; los valientes aviadores de la Brigada, quienes en vuelos suicidas desde Nicaragua hicieron lo indecible para apoyar a sus hermanos en tierra; los indómitos paracaidistas comandados por Alejandro del Valle y reforzadas en San Blás por Roberto San Román y su coraza de morteros; Erneido Oliva y los fieros soldados del Batallón No. 2, quienes libraron a sangre y fuego la gran batalla de "La Rotonda"; José San Román y el equipo de la jefatura, plantados con ejemplar entereza en las arenas de Girón, último reducto de la Brigada.

Al caer la cabeza de playa y dispersarse los distintos batallones, continuó la infortunada odisea. Algunos combatientes, no queriendo entregarse, se batieron cuerpo a cuerpo con las patrullas del régimen. Otros trataron de escapar, atravesando con sigilo pantanos traicioneros. Otros se adentraron en el mar en pequeñas y rudimentarias embarcaciones, con pocas posibilidades de sobrevivir. Los demás, exhaustos, acosados, sin municiones ni alimentos, fueron hecho prisioneros y trasladados a La Habana.

No llegaron a su destino algunos de los brigadistas que fueron hacinados como rebaño y privados de oxígeno en la hermética "rastra de la muerte." ¡Episodio dantesco que subleva la razón y crispa los nervios!

Más de treinta de los prisioneros de Girón fueron sometidos a un interrogatorio televisado —espectáculo publicitario montado por Castro para explotar los sentimientos de defraudación, inseguridad y amargura propios de la derrota.

Prisioneros de Girón esperando ser interrogados. (abril de 1961)

Teniendo en cuenta esas circunstancias y las presiones apabullantes que ejercieron los interrogadores, sería injusto juzgar con severidad todo lo dicho por los interrogados. Lo que sí procede es celebrar los conceptos valientes y dignos que emitieron algunos de los prisioneros. Honra recordar a Carlos de Varona tomando la ofensiva, "si usted tiene tanta gente a su lado, ¿por qué no celebra elecciones?" Y enorgullece también rememorar la postura sosegada y vertical de Fabio Freyre, José Miró Torra y José Andreu defendiendo la democracia y la libre empresa.

Con dialéctica desafiante, Felipe Rivero se enfrentó durante varias horas a un panel de diez inquisidores. (La transcripción de su interrogatorio consta de más de 50 páginas). Cuando uno de sus interpelantes trató de que censurara o incriminara a la Brigada, Rivero contestó: "Si usted cree que yo voy a atacar a mis compañeros aquí porque estoy a un paso de ser fusilado, usted está equivocado." Y después agregó: "Usted comprenderá que en este momento lo que más yo puedo sentir de ser fusilado es tristeza para mi familia, pero no es algo que me dé miedo o aterre."

En un tenso intercambio entre Castro y el intrépido paracaidista Tomás Cruz, chispeó la salida ingeniosa. Queriendo explotar prejuicios raciales, Castro se dirigió a Cruz y le dijo: "Tú, negro, ¿qué haces aquí." Después que Fidel señaló las supuestas ventajas que bajo su régimen gozaban los negros, incluyendo el derecho de bañarse en las playas reservadas en el pasado para los blancos, Cruz replicó: "Yo no tengo ningún complejo de color o de raza. Yo siempre he andado entre los blancos y he sido como un hermano para ellos. Y yo no vine aquí para bañarme en la playa".

De todas las intervenciones que escuché por radio o leí posteriormente, la que más me impresionó por lo precisa, elevada y contundente fue la del resuelto brigadista y amigo Carlos Onetti. La transcribo textualmente:

"Dr. Castro, yo le quisiera explicar a usted el motivo que nos indujo a nosotros a venir acá. Fue el motivo un ideal, el ideal más puro y digno. Yo personalmente vine para combatir el régimen despótico: el comunismo; establecer un régimen democrático en el país; restablecer la Constitución de 1940, la libertad de prensa... que se respetaran los derechos de los ciudadanos. Por todos esos ideales nosotros vinimos aquí a pelear. Y porque nosotros perdimos, aceptamos las consecuencias... Por esos ideales lo más que nos puede costar es la vida, pero los ideales siempre perdurarán. [grandes aplausos].

Fidel Castro: "Déjalo que siga hablando..."

Onetti: "Yo lo que quería decir era por qué nosotros estábamos aquí. Si la invasión falló, fue porque algo mal salió del plan; no porque viniésemos engañados a Cuba. Aquí todos nosotros, principalmente yo, sabíamos que había 100,000 milicianos. Veníamos aquí con el derecho de la razón, que estaba de nuestra parte. Eso es todo. Muchas gracias." [Aplausos prolongados].

Castro esgrimió su dialéctica ponzoñosa para contrarrestar los puntos formulados por Onetti. Omito el texto de sus interminables invectivas para no abusar de la paciencia del lector.

Los miembros de la resistencia, que estuvieron muy activos con anterioridad a la invasión, escribieron también páginas de heroísmo en la lucha clandestina y de abnegación en la antesala de la muerte.

Uno de los héroes anónimos fue el joven ingeniero, sobrino de mi abuela materna, Antonio ("Tony") Ramírez Méndez. Habiendo sido uno de los jefes de la base aérea de San Julián, conspiró contra el régimen antes de Girón, y fue arrestado y fusilado en secreto. La familia se entera, después de su sumaria ejecución, cuando unos jenízaros del régimen llevan al padre a un lugar remoto del cementerio de La Habana y le espetan: "Ramírez, anoche enterramos aquí a su hijo".[41]

Muchos de los líderes de la clandestinidad, no habiendo sido informados de la inminencia del desembarco en Bahía de Cochinos, fueron aprehendidos durante la redada masiva ordenada por Castro el 15 de abril. Otros, que habían sido arrestados previamente, fueron fusilados en los días de la invasión o poco después.

Entre los que fueron ejecutados se encuentran dos miembros del Directorio Revolucionario Estudiantil: Virgilio Campanería Angel

---

[41] Relato de su primo, José ("Cuco") Huerta Ramírez, quien a la sazón también conspiraba en Cuba contra el régimen.

y Alberto Tapia Ruano. Los dos en la flor de su juventud; los dos plenos de hidalguía, patriotismo y fe religiosa.

Estos jóvenes idealistas, antes de morir, pudieron haber maldecido su suerte como lo hiciera un girondino en la guillotina frente a las turbas sedientas de sangre: "Muero el día en que el pueblo ha perdido la razón; vosotros moriréis el día en que la recobre." Campanería y Tapia Ruano, sin embargo, no anidaron el odio ni clamaron venganza. Ambos reafirmaron su amor a Cuba y su devoción a la libertad, y murieron cristianamente bajo el signo sublime de la fe.

Veamos la proclama que de su puño y letra escribiera Virgilio Campanería unas horas antes de ser fusilado:

"La Cabaña, abril 17 de 1961

A mis compañeros estudiantes y al pueblo de Cuba en general:

En estos momentos me encuentro esperando la sentencia del tribunal que me juzgó.

La muerte no me preocupa, porque tengo fe en Dios y en los destinos de mi Patria. Mi muerte será otro paso atrás para los que creen que pueden ahogar con sangre las ansias de libertad del pueblo cubano.

No le temo, que venga la muerte; yo soy feliz porque ya veo libre a mi Patria; ya veo como suben jubilosos mis hermanos la gloriosa colina; ya no habrá gargantas que pidan paredón. Todo será amor entre cubanos, amor de hermanos, amor de cristianos.

Pobre Cuba, cuánto has sufrido, pero la Cuba nueva surge del odio por sembrar el amor; de la injusticia por sembrar justicia, justicia social, no demagogia engañadora de pueblo; una Cuba madura porque ya conoce todos los engaños y a todos los farsantes; una Cuba para los cubanos, "con todos y para el bien de todos."

A tí, estudiante, te cabe esta gloria de liberar a la Patria y de levantar esa Cuba nueva.

¡Viva Cristo Rey!

¡Viva Cuba Libre!

¡Viva el Directorio Revolucionario Estudiantil!

Virgilio Campanería Angel"

Virgilio Campanería Ángel

Alberto Tapia Ruano

Manuel "Ñongo" Puig Miyar

Líderes de la resistencia y mártires de la libertad, fusilados por el régimen de Castro en abril, 1961

La carta de Alberto Tapia Ruano está imbuida de los mismos sentimientos que enardecieron a Campanería, pero es más personal, más íntima, y va dirigida a sus padres.

"La Cabaña, 17 de abril

Queridos viejos:

Acabo de recibir hace unos momentos la ratificación de la pena de muerte, y es por eso, ahora que ya estoy en el final, que les escribo estas líneas. No me creerán, pero puedo asegurarles que nunca he tenido tanta tranquilidad espiritual como en este momento. Me siento con sinceridad muy contento presintiendo que dentro de poco estaré con Dios, esperando y rezando por ustedes.

Hoy en el juicio vi a mis hermanos y padrinos llorando y ¿eso por qué? No y mil veces no; sé que lo de hoy es doloroso para ustedes, pero quiero que se sobrepongan y piensen que Dios en su infinita bondad me ha dado esta gracia de ponerme a bien con Él, y todos deben agradecérselo.

Adiós, viejucos, tengan mucha fe en la Vida Eterna, que yo intercederé por todos ustedes.

¡Viva Cristo Rey!

Besos y abrazos, no lágrimas, a todos.

Adiós hermanos, padrinos y familia.

Fe en Dios.

Alberto Tapia Ruano" [42]

------------ O ------------

Otra de las espartanas despedidas que merece mención es la del líder de la resistencia, Manuel "Ñongo" Puig Miyar. Habiendo sido entrenado en Guatemala y Panamá, "Ñongo" se infiltró en Cuba en marzo de 1961, un mes antes de la invasión, a bordo de una embarcación que pertenecía a Alberto Fernández —uno de los

---

[42] Pablo M. Alfonso, *Cuba, Castro y los Católicos*, págs 100-101.

180

exiliados que con mayor desprendimiento y arrojo se dedicó a apoyar la resistencia en Cuba.[43]

Según lo convenido, "Ñongo" se incorporó al grupo clandestino que encabezaba el ex comandante revolucionario y ex ministro de agricultura, Humberto Sorí Marín. Éste había urdido una vasta conspiración que contaba con el apoyo de altos funcionarios del régimen de Castro, incluyendo el jefe del G-2, Aldo Vera, y militares en puestos clave.

Por circunstancias fortuitas, Sorí Marín, "Ñongo" y los dirigentes del movimiento clandestino Rafael Díaz, Rogelio González Corzo ("Francisco") y Domingo Trueba Varona fueron sorprendidos y arrestados el 19 de marzo cuando ultimaban un plan de acción y sabotaje que iba a coincidir con la invasión. Con ellos cayeron también Ofelia Arango Cortina de Puig (esposa de "Ñongo") y otras dos señoras que asistieron a esa fatídica reunión.

El juicio se precipitó con motivo de la invasión. El suegro de "Ñongo", Enrique Arango, tuvo que asumir su defensa ya que el abogado escogido no compareció. Arango cumplió la encomienda, sobreponiéndose a la enorme pena familiar que lo embargaba: su hijo Eddy preso en 1960 por tratar de derrocar al régimen; su yerno Ramón ("Rino") Puig Miyar, líder de la resistencia, cumpliendo 15 años de prisión; su sobrino Humberto Cortina, miembro de la Brigada, herido en combate; y ahora su hija Ofelia y su esposo "Ñongo" envueltos en una conspiración contra los poderes del Estado.

Los esfuerzos de Arango y de los otros abogados defensores fueron en vano. El veredicto había sido dictado por Castro antes de que se iniciara el juicio. Todo había sido una cruel e inmunda farsa. Ofelia y las otras dos señoras que habían sido detenidas fueron condenadas a prisión, y Sorí Marín, "Ñongo" y los demás dirigentes de la resistencia fueron condenados a muerte, incluyendo a Eufemio Fernández y Nemesio Rodríguez Navarrete.

Cuando Ofelia oyó la sentencia, sintió como una fuerte sacudida. Desesperada, se dirigió a su esposo: "Ñongo", defiéndete. No

---

[43] Otro que también se jugó la vida en operaciones clandestinas entre Miami y La Habana fue Alberto Beguiristain, actual presidente de los hacendados en el exilio.

dejes que te hagan daño." A lo que él contestó serenamente: "No te preocupes, Ofelia, que morir no es nada. Todo el mundo se muere algún día. Yo por lo menos sé por lo que estoy muriendo..."[44] Fueron sus últimas palabras; las palabras sencillas pero inolvidables de un héroe de la resistencia y mártir de la libertad.

---

[44] Ver El Nuevo Herald (Vista), *El Espíritu No Muere* por Isabel González Faxas, 6 de Febrero, 1993, pag. 8; y Néstor T. Carbonell, *And The Russians Stayed*, págs. 127-136.

Reanudando la lucha

El 19 de abril de 1961, a raíz del desastre de Girón, el Presidente Kennedy se reunió en la Casa Blanca con Miró Cardona y los demás líderes del Consejo Revolucionario de Cuba y les expresó su hondo pesar por el fracaso. El Presidente obvió un debate acrimonioso con los cubanos sobre las causas del desastre, asumiendo él toda la responsabilidad de lo ocurrido. Con un dejo de amargura, diría después que la victoria tiene muchos padres, pero la derrota es huérfana.

Aunque el Presidente reafirmó su decisión de no desplazar tropas norteamericanas a Cuba, prometió, sin embargo, continuar apoyando la lucha por la libertad del pueblo cubano. Entretanto, le pidió a los dirigentes del Consejo que asistieran al Gobierno de los Estados Unidos en sus esfuerzos por rescatar a los sobrevivientes de la Brigada.

A la vuelta de un doloroso peregrinaje por Guatemala, Nicaragua y la Isla de Vieques, Miró y Varona, junto con otros miembros del Consejo, se dirigieron a Washington para discutir los nuevos planes con los delegados del Presidente. La reunión se celebró el 2 de mayo en el hotel Park Sheraton. Paul Nitze, Asistente del Secretario de Defensa, y Richard Goodwin, asesor presidencial, asistieron en representación de Kennedy, y Carlos Hevia y Antonio Maceo fungieron de intérpretes.

Cuenta Ernesto Aragón, quien desde un salón contiguo al de la junta pudo escuchar y tomar nota de la conversación, que Goodwin esbozó los puntos específicos que, por encargo del Presidente, venían a discutir: 1) invasores presos; 2) brigadistas que pudieron salvarse y regresar; 3) familiares de los desaparecidos y 4) exiliados en Miami que deberían ser relocalizados.

Al escuchar la agenda y, en particular, el punto escabroso de la relocalización, los miembros del Consejo exteriorizaron al unísono su enojo: "¡A esto no hemos venido!" "¡Es una tomadura de pelo!" "¡Nueva traición!" "¡Queremos guerra, no relocalización!". Fue una fuerte explosión emocional, de esas que cimbran y detonan, y que tanto exasperan a los flemáticos anglosajones cuando debaten con los volátiles latinos.

Para alivio de los espantados representantes de Kennedy, Miró restableció el orden y, con tono grave y acompasado, afirmó que "con la sangre de nuestros muertos aún caliente, nosotros no estamos en condiciones de discutir ningún tema como no sea el de la libertad de Cuba —forma y manera de lograrla. Después de abordar este tema, podríamos discutir los demás puntos." En vista de que sus interlocutores no estaban autorizados para apartarse de su agenda, Miró dio por terminada la reunión.

A los dos días de este desdichado encuentro, o sea, el 4 de mayo, el Presidente pidió entrevistarse con Miró a solas. La reunión se efectuó en la Casa Blanca, y nadie más estuvo presente con excepción de Ernesto Aragón, quien actuó como intérprete único de Miró y de Kennedy. Transcribo a continuación las puntos más sobresalientes de las notas inéditas de Aragón.

"El Presidente recibió a Miró Cardona en forma muy amistosa, con un semiabrazo: 'It's nice to see you again, Dr. Cardona.' Fui presentado al Presidente y éste nos hizo pasar a su oficina. Él se sentó en un sillón, y Miró y yo en un sofá a cada lado."

"El Presidente nos ofreció unos tabacos cubanos y dijo que se les estaban acabando. A lo que yo le contesté: 'Con todo respeto, me alegro que se les termine a ver si nos ayuda a ir a buscarle más." El Presidente se rió y le preguntó a Miró qué tenía que decirle."

"Miró planteó estos puntos [desarrollados con mayor amplitud en un memorándum que le dejó al Presidente]:

a) Reconocimiento del Consejo como gobierno cubano en el exilio [para levantar la moral, concertar empréstitos, formalizar alianzas y adquirir armamentos sin impedimentos legales].

b) Reclutar una nueva brigada cubana que encabece la acción militar definitiva con el apoyo de los Estados Unidos y otras naciones amigas. [La intervención unilateral de los Estados Unidos sería un grave error político de tremenda resonancia continental].

c) Ayuda masiva a la clandestinidad.

d) Continuación de la asistencia técnica y financiera al Consejo, y declaración de apoyo por parte del Gobierno de los Estados Unidos."

Una vez que Miró terminó de exponer los puntos precitados, el Presidente formuló estos comentarios:

"No comparto el criterio del reconocimiento de un gobierno en el exilio porque un gobierno sin territorio, sin fuerza coercitiva para cumplir sus obligaciones e imponer su autoridad no tiene razón de ser. Véase el ejemplo del gobierno español en el exilio, diseminado por distintas partes del mundo. No tiene eficacia ni autoridad, y nadie le hace caso."

"Creo que el Consejo Revolucionario de Cuba sí tiene antecedentes positivos en las guerras mundiales y debe subsistir. Lo que hay es que darle otro tipo de tratamiento para que ante la opinión pública pueda aparecer con el respaldo que yo quiero darle."

"Debemos usted y yo designar nuestros respectivos representantes, los cuales deberán cambiar impresiones y canalizarlo todo. Si ellos no se ponen de acuerdo, entonces nosotros nos reuniremos de nuevo. Yo por mi parte designo a Goodwin."

"No estoy de acuerdo en crear nuevos campamentos, sobre todo en otros países. Creo que eso fue un grave error. A propósito, estoy pensando constituir una comisión presidencial que investigue y analice el por qué del fracaso de Bahía de Cochinos. No para depurar responsabilidades, sino para analizar las causas de la derrota. Esa comisión posiblemente la presida el General Maxwell Taylor, y estaría integrada por el Attorney General y el Jefe de la CIA, Allen Dulles. Quisiera que usted y los demás miembros del Consejo le presten su colaboración." [En ese momento el Presidente se excusó unos minutos para llamar al General Taylor].

"Pienso que no deben reclutar nuevos hombres para entrenarlos fuera del territorio norteamericano. Creo más bien que deberían ser entrenados dentro las fuerzas armadas de los Estados Unidos. No sé si esto es factible. Tengo que consultar y estudiar los distintas aspectos de este asunto."

"Soy partidario de ayudar a la clandestinidad, pero los detalles de la ayuda, así como las relaciones con el Consejo, la asistencia técnica y financiera, el programa para los familiares de los desaparecidos etc., deberán discutirse con mi representante como señalé anteriormente. Tiene usted todo mi apoyo y daré las instrucciones pertinentes para que se lleve a cabo todo esto."

Así terminó la reunión, que duró unos 50 minutos. Al final, el Presidente llamó a Goodwin, le entregó el memorándum de Miró y le pidió que regresara después que se despidiera de él. Aragón concluyó sus notas con esta apostilla alentadora: "Goodwin nos acompañó a la salida, entramos en el auto y regresamos al hotel llenos de optimismo y fundadas esperanzas de que las cosas de Cuba marcharían bien."

De nuevo a la ofensiva

A mi regreso de las inmediaciones de Girón, después de un fallido intento de desembarco a bordo del *Lake Charles* (una de las embarcaciones de la Brigada que llegó con retraso), me alarmó sobremanera la desmoralización que reinaba en Miami. Era más que el desaliento natural que emana de la derrota. Era el fatalismo quejoso y plañidero que proviene de la desolación.

Mi familia, desgarrada como tantas otras por la desgracia, no le faltó el temple necesario para mantenerse erguida. Su reciedumbre y devoción patriótica fueron para mí un poderoso acicate para continuar la lucha y tratar de galvanizar al exilio exangüe y descreído. En un esfuerzo por levantar el ánimo, me dirigí a mis compatriotas por radio en mayo de 1960. A continuación, el texto de mi alocución:

"Soplan en el exilio vientos de escepticismo y profundo abatimiento. Se escuchan voces de desaliento que plantean una total inhibición. Se observan, en fin, los signos alarmantes del conformismo y la resignación.

Este estado de ánimo, si se prolonga indefinidamente, puede llegar a paralizar la acción de los exiliados y a extinguir su espíritu de rebeldía. Nada perjudica tanto a la causa libertadora como la creencia de que los acontecimientos están irrevocablemente determinados de antemano por factores ajenos a nuestra voluntad. Nada mata tanto la fe como la pérdida de la confianza en nuestras propias fuerzas. Quienes no hacen más que lamentarse de lo ocurrido, se amilanan y languidecen en el pasado. Quienes se sobreponen, rectifican y actúan, conquistan el porvenir.

Después de la catástrofe de Girón, algunos han pensado que a los cubanos los persigue implacablemente un sino fatal. Preciso es que nos despojemos rápidamente de este determinismo enervante y acabemos de convencernos de que el futuro de Cuba depende fundamentalmente de lo que hagamos los cubanos. Los pueblos sojuzgados no se salvan con la inercia de quienes tranquilamente esperan "los imponderables", sino con el arranque sublime de quienes no se doblegan ante la adversidad.

Los cubanos que luchamos por la libertad hemos sido derrotados, pero no vencidos. Fuerzas superiores, alentadas y respaldadas por las potencias comunistas, lograron frustrar nuestro ingente esfuerzo de liberación. Falló, en la hora crítica, el apoyo decisivo del aliado irresoluto. No debemos, pues, flagelarnos por el fracaso. No siempre al valor acompaña la fortuna. Sin quejas ni reproches, restañemos las heridas, recordemos a los muertos, y sigamos adelante. Como dijera de Gaulle a la caída de Francia, hemos perdido una batalla, pero no la guerra. A pesar del desastre de Girón, existe en Cuba un estado de rebelión latente que ni los tanques soviéticos podrán aplastar definitivamente.

No es fácil subyugar a un pueblo, como el nuestro, que se crece bajo el látigo de la tiranía y se agiganta cuando más lo acosan las sombras de la desesperación. Hemos carecido de la disciplina social indispensable para mantener y consolidar la libertad; pero jamás nos ha faltado la perseverancia y el valor necesarios para conquistarla o morir por ella.

Es cierto que las circunstancias hoy son distintas. Cuba no sólo está tiranizada por una banda de traidores. Nuestra Patria se encuentra dominada por el comunismo internacional, que se apoya en la maquinaria de propaganda y el poderío económico y militar de la Unión Soviética, la China Roja y demás países satélites.

¿Quiere esto decir que el exilio debe abandonar la lucha y esperar que se produzcan acontecimientos fortuitos? Todo lo contrario. El exilio debe arreciar la lucha, apoyando a los que en Cuba pueden desencadenar los hechos que conduzcan a la victoria definitiva.

Claro que la tarea es gigantesca, pero no imposible. Requiere la ayuda de los Estados Unidos y de las repúblicas latinoamericanas que estén dispuestas a cumplir sus obligaciones internacionales. Pero necesita, sobre todo, la acción coordinada y perseverante de los demócratas cubanos en primera línea.

No hay razones valederas que justifiquen el retraimiento o la apatía. ¿Que estamos sufriendo los embates de un amargo destierro?... Pero con lamentos no podremos superar nuestra tragedia. ¿Que nos falta el apostolado de Martí para unir a los cubanos?... Ello no impide que, al conjuro de su recuerdo, cumplamos con nuestro deber. ¿Que existen personas en el exilio que sólo alimentan el egoísmo y la ambición?... Mayor motivo para que los que aman a Cuba compensen el déficit moral con más desinterés y más grandeza. ¿Que no estamos de acuerdo con los programas políticos que se han esbozado en el exilio?... Reconquistemos a Cuba primero, que habrá tiempo después para debatir las ideas en los foros abiertos de la democracia representativa.

¿Que las repúblicas latinoamericanas no han querido ofrecernos el apoyo solidario para combatir al comunismo implantado en Cuba?... Deber nuestro el de demandar, con firmeza y decoro, que se cumplan los tratados de seguridad y asistencia recíproca que se encuentran en vigor. ¿Que los Estados Unidos vacilan en concertar una alianza con los cubanos que luchan por la libertad?... Urge convencerlos de que en Cuba no sólo se debate hoy el porvenir de un pueblo; se decide también el futuro de America como continente libre.

Frente a la abstención suicida, propugnamos una ofensiva que levante la moral del exilio y acelere la liberación de la Patria. Quien espere por los demás para decir presente, no es digno del alto privilegio de la democracia. Quien contemple la agonía de Cuba sin que se le salte el corazón de ansiedad por empuñar el arma o participar de algún modo en la gran cruzada redentora, no merece la dicha inefable de vivir bajo el cielo libre del terruño amado."

Develando mitos y falacias

Si en algo el régimen de Castro ha tenido éxito, ha sido en confundir a los incautos, engañar a los ilusos, amedrentar a los pusilánimes y manipular a los tontos útiles y vanidosos. Estos últimos —pavo reales ampulosos "apantallados" por el fuerte — incluyen a un buen número de profesores, intelectuales, periodistas y funcionarios de gobierno, quienes después de ser agasajados por Castro en Cuba e hipnotizados por su carisma, se hacen eco de sus mitos, sofismas y mentiras. (Quizás algún día se sepa cuántos de ellos han sido agentes comunistas embozados o plumíferos a sueldo del tirano.)

A fin de contrarrestar la campaña de desinformación dirigida por Castro, con el apoyo del Kremlin, el Consejo Revolucionario de Cuba creó en 1961, bajo el liderato de Manuel Antonio de Varona, un departamento de relaciones públicas con personal bilingüe. En el ejercicio de esa función, que incluía comunicados de prensa, entrevistas, contactos diplomáticos y cabildeo congresional, acompañé a Luis Botifoll, Pedro Martínez Fraga, Tomás Gamba, Miguel ("Fatty") García y Clarita Park de Pessino, entre otros distinguidos colegas.

Poco después se estableció, bajo la presidencia de José Ignacio Lasaga, una comisión de doctrina y propaganda que tuvo a su cargo la publicación de la revista *Cuba Nueva*. Esta revista, dirigida por Ángel del Cerro, contó con la colaboración de plumas destacadas del exilio y sirvió para enunciar los postulados democráticos en que se inspiraba nuestra lucha y para combatir los embustes maléficos diseminados por Castro.

En ese empeño, una de nuestras más altas prioridades fue rebatir el mito del subdesarrollo económico de Cuba. Este mito fue propagado inicialmente por Jean-Paul Sartre, Simone de Beauvoir, Herbert Matthews y C. Wright Mills (en su libro *Listen, Yankee!*), entre otros, con el objeto de justificar la supuesta revolución social o agraria que Castro y sus cofrades estaban desarrollando. Hasta el "White Paper" sobre Cuba, redactado por el asesor del Presidente Kennedy, Arthur Schlesinger, aceptó implícitamente la pertinaz premisa del subdesarrollo.

El Consejo y destacadas personalidades del exilio aclararon con hechos y estadísticas que Cuba no era un país subdesarrollado; que su economía se encontraba en la etapa de despegue; que la insurrección no contó con el apoyo de los campesinos y obreros; y que la lucha contra Batista no se libró para suplantar nuestro sistema constitucional, sino para rescatarlo de la fuerza.

Entre los estudios más detallados que entonces se publicaron refutando la falacia del subdesarrollo económico y social de Cuba, se encuentran los trabajos de Luis Manrara al frente de *The Truth About Cuba Committee*, y los de José R. Alvarez Díaz, Raúl Shelton y otros profesores y analistas, Abel Mestre por la AREC, Tulio Díaz Rivera por las Corporaciones Económicas, José M. Illán, Jorge Castellanos, Carmelo Mesa Lago, Andrés Suárez, Efrén Cordova y José Antonio Mestre. Posteriormente salieron a la palestra economistas de la talla de Felipe Pazos, Antonio Jorge y Jorge Salazar Carrillo.

En círculos intelectuales norteamericanos, el libro del profesor Theodore Draper, *La Revolución de Castro: Mitos y Realidades*, fue el que quizás con mayor efectividad perforó la coraza de mentiras. Draper afirma que el nivel de vida en Cuba era superior al de casi todos los demás países en América Latina, y señala que el ingreso nacional per cápita era casi tan alto como el de Italia y mucho más alto que el de Japón. A mayor abundamiento, el profesor incluye esta confesión reveladora de uno de los principales dirigentes comunistas cubanos, Aníbal Escalante, (antes de ser purgado):

"En efecto, Cuba no era de los países de más bajo nivel de las masas de América, sino, al contrario, de los de índice más elevado, y fue aquí donde estalló la primera gran Revolución patriótica, democrática y socialista del Continente y donde se rompió inicialmente la cadena imperialista. De haberse regido el desarrollo histórico por el falso axioma, arriba expuesto, la revolución debía haberse producido primero en Haití, Colombia o aun en Chile, países de mayor pobreza para las masas que la Cuba de 1952 o 1958." (Verde Olivo, 30 de julio de 1961.)

El segundo mito que hubimos de rebatir (aunque no con mucho éxito), fue el de que Castro se alió con Moscú debido a la hostilidad o rechazo de Washington. Nuestro objetivo no sólo era corregir esa falsedad, sino evitar que Estados Unidos, aguijoneado por un complejo de culpa, tratara de apaciguar a Castro o de hacerle concesiones peligrosas e inútiles para que volviera al redil.

Prueba de que Castro nunca pensó en mantener relaciones normales con Washington fue su estridente yanquifobia, que matizó todos sus pronunciamientos y determinó su conducta desde que llegó al poder. Pero acaso la evidencia más concreta de su plan siniestro (que también quiere decir zurdo), se produjo durante su visita a Washington en abril de 1959, al prohibirle a su Ministro de Hacienda, Rufo López Fresquet, y a otros miembros de su delegación que aceptaran o discutieran ningún tipo de cooperación o asistencia económica norteamericana. Según López Fresquet, Castro "quería poder decir, después, que los Estados Unidos no habían ayudado a Cuba."[45]

El connotado periodista Arthur Kroch profundizó en el tema y rechazó el mito con datos precisos y contundentes. He aquí lo que escribió Kroch en un artículo publicado en el *New York Times* el 18 de mayo de 1960:

"Desde que Castro asumió el poder hasta el 17 de mayo de 1960, los Estados Unidos hicieron nueve ofertas formales y dieciseis informales para negociar todas las diferencias con Cuba... El 22 de febrero de 1960, Castro sí propuso —por primera vez— negociar con los Estados Unidos la compensación a ciudadanos norteamericanos por las propiedades en Cuba que él les había expropiado... Sin embargo, sus condiciones eran que, durante la negociación, los Estados Unidos obligarían tanto al Ejecutivo como al Congreso a abstenerse de tomar ninguna acción que Cuba considerase que pudiera afectar sus intereses, mientras que él permanecía en libertad de negociar o ganar tiempo a su elección — condiciones obviamente inaceptables y, en lo que respecta al Congreso, constitucionalmente imposibles."

---

[45] Ver Néstor Carbonell, *And The Russians Stayed*, pags. 63-64.

Réplicas epistolares

En los meses siguientes a la expedición de Bahía de Cochinos, Manuel Antonio de Varona me confió la redacción de numerosas cartas refutando alegatos infundados de personalidades que tergiversaban los hechos y perjudicaban la causa de la libertad de Cuba. La tarea no fue nada fácil. Tuve que encontrar un término medio entre los arranques fogosos del ríspido camagüeyano y el lenguaje melindroso de la diplomacia continental.

A continuación, incluyo fragmentos relevantes de tres de las cartas firmadas por Varona que tuvieron considerable resonancia. Comencemos con la réplica al entonces Primer Ministro del Brasil, Tancredo Neves, que fue publicada el 4 de octubre de 1961 con estos titulares: *Castro no es Cuba, Señor Neves.*

Señor Primer Ministro:

Con gran sorpresa leí unas declaraciones atribuidas a usted en un reportaje de la United Press International del pasado 2 de octubre.

Según el cable, a la pregunta relacionada con la posición del Brasil respecto a la llamada controversia entre Estados Unidos y Cuba, usted contestó lo siguiente:

"El Brasil continúa su lucha para preservar la paz continental y mundial, en defensa de la soberanía de las naciones y del derecho de autodeterminación de los pueblos."

"En el caso concreto de Cuba, respetamos la posición adoptada por ambos países [Cuba y los Estados Unidos], de los dos somos amigos. Hacemos todo lo posible para calmar los espíritus y atenuar los antagonismos, en la esperanza de contribuir al restablecimiento de la unidad continental."

Teniendo en cuenta la trascendencia que tienen sus declaraciones, dada la alta investidura de su cargo..., me permito la libertad de hacer las siguientes observaciones.

No estamos en presencia de una mera controversia entre Cuba y los Estados Unidos. Estamos sufriendo los embates de una grave crisis hemisférica, provocada por la lucha a muerte que se viene librando en mi Patria entre la demo-

cracia representativa y cristiana y el comunismo materialista y ateo.

En esta lucha, que afecta hondamente el porvenir de América como Continente libre, no es posible adoptar posiciones neutrales. Lo prohíben los tratados, que declaran expresamente la incompatibilidad del comunismo internacional con la concepción de la libertad americana, y obligan a las repúblicas de este hemisferio a asistir a los pueblos que caen, como el cubano, bajo el yugo ominoso del imperialismo sinosoviético...

Al igual que usted, yo también defiendo el derecho a la autodeterminación. Pero, entiéndase bien, no la autodeterminación de Rusia y sus satélites que han secuestrado a mi Patria, sino la autodeterminación del pueblo cubano, impedido por la fuerza de escoger libremente su propia forma de gobierno y de expresar su voluntad.

Debo manifestarle finalmente que se hiere la sensibilidad de mis compatriotas cuando se confunde a Cuba con Castro... No, señor Neves, Castro no es Cuba. Cuba es la que desfila diariamente frente a los paredones de fusilamiento, la que muere lentamente en las prisiones infernales, la que deambula en el destierro, la que lucha en la clandestinidad, y la que aguarda el momento oportuno para rebelarse contra la opresión.

Esa es la Cuba que cuenta con la simpatía del pueblo brasileño y la que espera recibir el honor de vuestra amistad.

De usted atentamente,

Dr. Manuel A. de Varona

---------- O ----------

A los pocos días, el 15 de octubre de 1961, tuvimos que refutar unas declaraciones desafortunadas del entonces Ministro de Relaciones Exteriores de Chile, Sr. Carlos Martínez Sotomayor. A continuación, fragmentos de la carta abierta que fue difundida con los titulares *El Comunismo Avanza por la No Intervención de América.*

Señor Ministro:

Con gran interés leí las declaraciones formuladas por usted en Washington, el 11 de octubre pasado, al concluir su entrevista con el Presidente Kennedy.

De acuerdo con la versión periodística, usted afirmó enfáticamente que "su país jamás apoyará una intervención internacional colectiva en Cuba, por respeto a los clásicos principios latinoamericanos de no intervención y de autodeterminación."

Consciente de que sus declaraciones tienen una gran trascendencia, dado el alto cargo que usted ocupa en el gobierno del ilustre Presidente Alessandri, me permito la libertad de hacerle algunas consideraciones al respecto.

El principio de no intervención es inaplicable en el caso de Cuba, a no ser para ponerle fin a la intervención continuada y flagrante del comunismo internacional en la Isla del Caribe. Tampoco puede invocarse el principio de la autodeterminación de los pueblos, a menos que sea para asistir a los cubanos que hoy luchan por rescatar el derecho inalienable a determinar su propio gobierno mediante la celebración de elecciones libres y periódicas.

Afirmar que vuestro país no apoyará jamás una intervención internacional colectiva en Cuba equivale a decir que Chile no cumplirá los tratados de seguridad y asistencia recíproca, que obligan a las repúblicas de este hemisferio a intervenir colectivamente en los casos de dominio o control de un Estado por parte del comunismo internacional.

Considero innecesario tener que demostrarle que Cuba es actualmente un satélite del imperialismo sinosoviético. Me relevan de la carga de la prueba hechos tan notorios como los siguientes: [sigue una relación de hechos que denotan una total dependencia de Moscú].

Señor Ministro, la intervención comunista en Cuba no es una abstracción filosófica. Es una realidad tangible y dolorosa, a pesar de la veneración que sienten algunos gobernantes de América por el principio de la no intervención.

Continúo con el lenguaje de los hechos. De acuerdo con los informes más recientes de los servicios de inteligencia (revista **Life***, edición del 13 de octubre ppdo., pagina 51), "el régimen de Castro cuenta con más de 100 Migs y con 135 pilotos de* *aviones de retropopulsión a chorro. En los últimos 18 meses han llegado a Cuba 32 barcos soviéticos que han descargado 600 tanques, 200,000 metralletas, 125,000 rifles automáticos, 15,000 bazookas y 5,000 morteros."*

Con estos instrumentos de terror y de guerra, y, desde luego, con la no intervención de América, Rusia y sus satélites han convertido a Cuba en un poderoso bastión del comunismo internacional. No creo, sinceramente, que éste sea el derecho a la autodeterminación de los pueblos garantizado en la flamante "Declaración de Santiago de Chile."

Al reclamar el apoyo solidario de las repúblicas de América para combatir al comunismo, los cubanos no estamos planteando la violación de los tratados regionales, sino el estricto cumplimiento de los mismos.

A manera de recordatorio, transcribo literalmente la... Declaración de Caracas [la carta incluye el texto de dicha Declaración y del artículo ocho del Tratado de Rio de Janeiro, que establece medidas colectivas que van desde la ruptura de relaciones diplomáticas hasta el empleo de la fuerza armada].

La intervención colectiva en los países que, como Cuba, han caído bajo la férrea dominación del comunismo internacional no constituye un derecho, sino una obligación contractual de las repúblicas de este hemisferio.

No pueden invocarse los principios de la no intervención y de la autodeterminación para eludir el cumplimiento de esta obligación. El artículo 19 de la Carta de la Organización de Estados Americanos establece categóricamente lo siguiente:

"Las medidas que, de acuerdo con los tratados vigentes, se adopten para el mantenimiento de la paz y la seguridad, no constituyen violación de los principios enunciados en los artículos 15 y 17." [Estos artículos se refieren a los principios de la no intervención y de la autodeterminacion de los pueblos].

Es preciso que se sepa que los cubanos no estamos renunciando al derecho inalienable de rebelarnos contra la opresión. Sólo estamos demandando el concurso de América, a tenor de lo dispuesto en los tratados regionales, para enfrentarnos al poderío militar del bloque comunista que sostiene a la tiranía de Fidel Castro.

Deseo expresarle finalmente que los cubanos libres, que sentimos gran admiración por el culto pueblo chileno y sus gober-

nantes, esperamos contar con vuestro apoyo decidido para evitar el desangramiento de Cuba y el desplome de la democracia en este continente.

Reciba usted, señor Ministro, el testimonio de mi más alta y distinguida consideración.

Dr. Manuel A. de Varona

---------- O ----------

Otra de las cartas abiertas que merece mención fue la que le dirigimos el 19 de octubre de 1961 al Presidente de Colombia, Dr. Alberto Lleras Camargo. Esta misiva no fue escrita con ánimo polémico. En ella felicitamos al insigne mandatario por sus valientes pronunciamientos sobre la amenaza comunista en América, y lo exhortamos a asumir el liderazgo de la OEA, postrada en la ignominia por la parálisis de sus miembros. A continuación, los párrafos más sobresalientes de la carta a LLeras Camargo.

Señor Presidente:

En un memorable discurso pronunciado hace varios meses en el Parlamento de Colombia, usted afirmó que el sistema interamericano puede llegar a desaparecer "si no lo obligamos, con decisiones inequívocas de los gobiernos, a actuar en el orden político con el empleo de todos los instrumentos adecuados que tiene para preservar a los Estados contra el clarísimo riesgo de un nuevo imperialismo extracontinental." Se refería usted al imperialismo sino-soviético, que se ha apoderado de Cuba y pretende ahora extender la noche de su dominación a los demás países de este Continente.

Lamentablemente, no todos los gobernantes latinoamericanos tienen una comprensión tan cabal de la actual crisis hemisférica y sus gravísimas repercusiones. Con cierto aire de suficiencia rayano en la irresponsabilidad, sostienen algunos que el comunismo no ofrece peligro para sus respectivos países. Los que así piensan deberían mirarse en el espejo de Cuba...

Hay otros que mantienen la tesis peregrina de que basta la ayuda económica (v.g. "Alianza para el Progreso") para

197

combatir la propaganda, el espionaje, la subversión y el terror comunista en América. El estado de sitio en que se encuentran algunos países, a consecuencia de la vasta conspiración comunista en este hemisferio, demuestra claramente que los dólares no son suficientes para defender la libertad...

Son estas circunstancias adversas las que me mueven a escribirle al insigne Presidente de Colombia, que contribuyó a fundar la Organización de los Estados Americanos y que no puede contemplar impasible la quiebra de esta institución.

Señor Presidente, resulta extremadamente doloroso tener que confesar esta verdad: la OEA está en crisis por la inercia suicida de muchos de sus miembros frente a la acción agresiva y disolvente del régimen comunista de Castro, que ha violado impunemente todas las normas y tratados regionales vigentes.

Ante esta situación, ¿puede la América continuar la política de contemporización con el comunismo internacional que estrangula a Cuba y amenaza la paz del Hemisferio? ¿Puede seguirse recurriendo a subterfugios legales o tácticas dilatorias para impedir la acción colectiva que impone el Tratado de Río de Janeiro en concordancia con la Declaración de Caracas? ¿Resulta necesario extenderle nuevamente una cordial invitación al régimen de Castro para que rompa sus vínculos con el bloque comunista y se reintegre al sistema interamericano? ¿Es que no basta con la ampulosa y evasiva "Declaración de San José," empapada para siempre con la sangre de los cubanos?...

¿Qué espera la América para reaccionar? ¿Que Fidel Castro llegue a convertir los Andes en la Sierra Maestra del Hemisferio, conforme anunció en su discurso del 26 de julio de 1960? ¿Cuáles son las razones valederas para intentar nuevamente la reincorporación al sistema interamericano de un gobierno totalitario que ha suscrito 54 convenios económicos, políticos, culturales y militares con los países del bloque comunista, a saber: 8 con la Unión Soviética, 5 con Albania, 5 con Alemania del Este, 4 con Bulgaria, 4 con Corea del Norte, 5 con Checoeslovaquia, 3 con China Comunista, 5 con Hungría, 4 con Mongolia, 3 con Polonia, 1 con Rumanía, 5 con Vietnam del Norte y 2 multilaterales?

La gravedad del momento no permite el aplazamiento de la acción colectiva contra la tiranía comunista de Castro. Los hombres libres de este Continente se preguntan si la OEA es impotente para preservar la paz y la libertad en el Hemisferio. Los cubanos que luchamos contra la dominación comunista deseamos saber si los tratados de seguridad y asistencia recíproca tienen algún valor o si, por el contrario, sólo sirven para engañar a quienes creemos en la fuerza invencible de la democracia, en la hermandad de los pueblos y en la santidad de los pactos.

La patria rebelde de Martí, que mucho admira vuestra hidalguía y preclaro talento, espera verlo a usted entre los gallardos defensores de la libertad que cumplen los convenios y no abandonan a los aliados.

Reciba usted, señor Presidente, el testimonio de mi más alta y distinguida consideración.

Manuel A. de Varona

-------- O --------

Nuestra dialéctica de combate tuvo alguna resonancia e impacto. Sirvió para refutar mentiras sobre Cuba y para obtener el apoyo de gobernantes dignos. Uno de ellos fue el Dr. Carlos Lacerda, Gobernador del Estado de Guanabara, Brasil. Invitado por el Consejo Revolucionario de Cuba, vino a Miami para participar en un acto público de repulsa a Castro, que se celebró el 15 de octubre de 1961.

Lacerda comenzó su formidable discurso articulando estas descarnadas verdades: "Viven ustedes el drama de un pueblo abandonado a su propia suerte por aquellos que se dicen hermanos, pero reniegan de la fraternidad a la hora de definirse ante el dolor y la lucha..."

"Vuestra tierra hospitalaria que un día, fugitivo, me acogió, gracias a la tradición de vuestro pueblo, hoy no tiene lugar para sus propios hijos y los oprime en casa o los rechaza fuera de ella para dar lugar al invasor extranjero, que parecía tan distante..."

"Vine a examinar en alta voz, ante cuantos quieren aún usar la razón, las mentiras de estos días; las mentiras que se encubren bajo la deformación de las palabras. Es preciso desvestir el disfraz de ese baile de máscaras internacional. Tomar por la solapa cada mentira y mostrar a la luz del día su repulsiva realidad."

Y con suprema destreza e inusitada valentía, Lacerda desenmascaró esa noche las cuatro mentiras de la hora: la autodeterminación, la no intervención, la neutralidad y la independencia.

El respaldo de Lacerda y otros dirigentes les dio respetabilidad internacional e ímpetu a nuestra causa. Pero la verdad sobre Cuba no acababa de abrirse paso con credibilidad y fuerza. Necesitábamos los demócratas cubanos un estudio profundo y veraz elaborado por una institución no gubernamental de impecables credenciales. Esto se logró en 1962 con el informe de 290 páginas, *El Imperio de la Ley en Cuba*, emitido en Ginebra por la Comisión Internacional de Juristas —una entidad consultiva del Consejo Económico y Social de las Naciones Unidas.

Antes de entrar a analizar el naufragio de la Ley bajo Castro, el informe refutó la mentira del subdesarrollo económico y social de Cuba con datos precisos como los siguientes:

"No obstante ser Cuba la república más joven de América Latina, un análisis comparado del desarrollo económico de estos países permite concluir que Cuba se encontraba entre los primeros puestos"... (pág. 12).

"En comparación con otros países de America Latina, Cuba figuraba entre los más avanzados [en alfabetismo], después de Argentina, Uruguay y Costa Rica." (pág. 27).

"En el año 1958 existían en Cuba 94 estaciones de radio con casi 900,000 receptores. Comparado con otros países de América Latina, ocupaba Cuba el segundo lugar, después de Argentina, con un receptor por cada cinco habitantes..." (pág. 23).

"Con respecto al consumo de calorías por cabeza y por día, que expresa el valor de la alimentación, Cuba figuraba en el cuadro general de América Latina en el tercer lugar, con 2730 calorías, después de Argentina con 3110 y del Uruguay con 2990..." (pág. 28).

"Desde el punto de vista de la estructuración social de la población cubana, puede señalarse la existencia de una numerosa clase media... atraída hacia el campo de los negocios... y la actividad profesional, universitaria o intelectual..." (pág. 28).

"Paralelamente a esta expansión y fortalecimiento de la clase media fue creciendo en Cuba un dinámico y progresista proletariado industrial que se originó en el sector azucarero, en el tabacalero, y, en general, en todo sector industrial..." (pág. 28).

"Muchos observadores de la realidad social de Cuba coinciden en destacar la calidad de la población cubana en cuanto a la inteligencia, capacidad ejecutiva, habilidad manual, vivacidad para la acción. Estos mismos observadores mencionan siempre como una de las riquezas de Cuba su capital humano..." (pág. 28-29).

Sin dejar de reconocer la existencia de serios problemas económicos y sociales que había que corregir, el informe asevera con tino que la crisis que provocó la debilidad institucional de Cuba fue una crisis política engendrada por la corrupción y la ilegalidad. Y después agrega:

"Ello explica por qué el movimiento revolucionario contra Batista estuvo principalmente orientado hacia la restauración de la Constitución de 1940... Este instrumento jurídico, con su sistema social y económico realmente avanzado, se transformó en el símbolo de la lucha del pueblo cubano por la legalidad, la libertad y la justicia social. La sincera aplicación de los principios contenidos en la Constitución de 1940 hubiera significado una verdadera revolución en Cuba. Pero hubiera sido una revolución ordenada, democrática y pacífica."

"La gran mayoría del pueblo cubano creyó que esto iba a suceder. Junto con el Mundo Libre los cubanos celebraron el triunfo de la revolución encabezada por Fidel Castro. Pero muy pronto Fidel Castro y su pequeño pero dinámico grupo de colaboradores, incluyendo comunistas y 'compañeros de ruta,' eliminaron, paso a paso, a los débiles y desorganizados grupos democráticos que se oponían al establecimiento de un régimen totalitario"... (págs. 288-289).

El referido informe contiene el estudio más detallado, objetivo y devastador que se hubiese publicado hasta la fecha sobre las atrocidades del régimen de Castro. Con precisión jurídica, enumera los hechos comprobados y los analiza a la luz de la justicia; de los tribunales revolucionarios; de la libertad individual; de las condiciones de vida en las cárceles de Cuba; de los tratos crueles, inhumanos y degradantes; de la libertad religiosa; del trabajo; de la propiedad; de la libertad prensa; de la enseñanza; del derecho de asilo; y de la salida de Cuba.

La augusta Comisión Internacional de Juristas concluye su informe con este fallo escueto y terminante: "Si es que hay alguna acción en particular que debe ser considerada como especialmente condenable es la traición a la confianza depositada en él [Castro] por el pueblo cubano; es este intento de arrancarlo de sus mejores tradiciones y de humillar su espíritu de libertad. Para someter a Cuba a un sistema totalitario fundado en una ideología extraña, el régimen de Fidel Castro tuvo que aplastar, por medio de la violencia, los principios que había prometido restaurar."

"En consecuencia, el Imperio de la Ley no existe en Cuba."

La Alianza para el Progreso

Después del desastre de Bahía de Cochinos, Washington trató de aislar al régimen de Castro y de contener o neutralizar sus actividades subversivas mediante el desarrollo de un programa de ayuda económica y reformas sociales en el resto del Continente. El vehículo utilizado fue la Alianza para el Progreso —una especie de Plan Marshall para América Latina que contemplaba aportaciones norteamericanas de unos $20 billones en diez años. La estrategia consistía en evitar otras "Cubas", atacando las supuestas raíces del comunismo: pobreza, hambre e injusticia social.

Loables eran los objetivos económicos y sociales de la Alianza para el Progreso, pero el plan en sí adolecía de graves defectos. Es más, estaba viciado de origen. Partía de la falsa premisa de que el comunismo era como un virus que germinaba en los estómagos vacíos. Bastaba, pues, con llenar esos estómagos para batir o contrarrestar el virus. Olvidaban los arquitectos de la Alianza que el comunismo no era una dolencia estomacal, sino un engendro maligno de tipo intelectual, incubado en las mentes calenturientas de resentidos bien alimentados.

En Cuba, como en otros pueblos que cayeron bajo el yugo marxista-leninista, el comunismo no surgió a causa del atraso económico. Afloró, enmascarado, a consecuencia del desplome político, militar y moral de la nación, debilitada por la dictadura y maleada por la corrupción. Fue este vacío de poder y la falta de anticuerpos defensivos lo que hizo posible que un tirano-demagogo embaucara a la población y se adueñara del país.

Antes de su advenimiento teatral, sus consignas insurreccionales no llegaron a prender ni en los sindicatos, ni en el campo, ni mucho menos en las áreas de indigencia. Arraigaron más bien en los centros universitarios, en los cenáculos de intelectuales, en los despachos de profesionales, y en las células de la resistencia urbana, donde rara vez asomó la miseria.

No obstante estos antecedentes, la Alianza para el Progreso pretendía detener el avance comunista en América repartiendo dólares. Mientras Castro atizaba el fuego con actividades subversivas y mentiras pegajosas, Washington trataba de contrarrestar la agitación y propaganda comunista con ayuda económica. ¡Qué ironía y qué puerilidad! El líder del Mundo Libre, baluarte de la dignidad humana, combatiendo el marxismo-leninismo con un antídoto materialista, sin valerse del poder de las ideas (guerra psi-cológica) y de la coraza defensiva de los tratados. Frente al enorme contagio que producía en América la impunidad de Castro pateando al Goliat acomplejado, ¿qué podían lograr las dádivas de Washington como no fuese cinismo, escarnio y desdén?

Nosotros en el Consejo Revolucionario de Cuba no nos opo-níamos a la ayuda económica a la América Latina (aunque nos preocupaba el enfoque de "gobierno a gobierno" que mantenía la Alianza). Pero sosteníamos que si no se extirpaba previamente el cáncer comunista en Cuba, la Alianza estaba condenada a fracasar y podía inclusive llegar a prolongar la permanencia del régimen de Castro. Apoyábamos esta conclusión en los siguientes razona-mientos, que fueron recogidos en varios memorándums dirigidos a funcionarios y congresistas en Washington.

1) La Alianza para el Progreso constituye un noble esfuerzo por elevar el nivel de vida de los pueblos latinoamericanos. Pero este esfuerzo, para que fructifique, necesita un clima de confianza para estimular inversiones, y estabilidad política para consolidar la democracia. La Alianza no podrá cumplir su cometido si Castro, a sus anchas, continúa promoviendo la subversión comunista —caldo de cultivo del totalitarismo o antesala de la dictadura militar.

2) El desarrollo económico y social de la América Latina es un proceso evolutivo, que lleva tiempo. En cambio, la resolución de la crisis de autoridad, provocada por la subversión incesante e impune de Castro y sus aliados comunistas, es una necesidad imperiosa que no permite aplazamiento. Esta crisis, que no surge de la miseria, sino de la delincuencia triunfante, no puede conju-rarse repartiendo dólares. Requiere una acción policíaca colectiva que restablezca el orden quebrantado.

3) Cuba es hoy un centro de perturbación hemisférica, un santuario o base protegida desde la cual se financia, organiza y propaga la agitación comunista por todo el Continente. Si no se elimina este foco subversivo, no habrá dólares norteamericanos suficientes para compensar la fuga alarmante de capitales latinoa-mericanos.

4) Peligroso sería acometer reformas estructurales, como las que contempla la Alianza, bajo los embates del huracán castro-comunista. Si antes no se restablece el orden, los agitadores engallados, que en río revuelto hallan ganancia de pescadores, podrían transformar las reformas en revoluciones sociales como paso previo para tomar el poder.

5) No debe el miedo a Castro ser el motor propulsor de la ayuda económica de la Alianza para el Progreso. Esta percepción, que inevitablemente se crearía si se otorgase la ayuda bajo las condiciones actuales, no haría más que agigantar la figura de Castro y garantizar la continuidad de su régimen. ¿Qué incentivo o razón tendría Latinoamérica para ayudar a eliminar a Castro, si el miedo al tirano es lo que genera los dólares de Washington? ¿No sería Castro, a los ojos de muchos, el verdadero padre de la Alianza para el Progreso, fecundador estrella de la gallina de los huevos de oro?

6) Si la Alianza para el Progreso no va acompañada de una Alianza para la Libertad, si la ayuda económica no está condicionada a una acción colectiva para erradicar el comunismo en Cuba, los cínicos y demagogos que pululan en Latinoamérica cortejarán a los radicales, se embucharán los dólares y dirán ¡Gracias, Fidel!

Haciendo caso omiso a nuestras advertencias, Washington decidió proceder con la Alianza para el Progreso sin preocuparle mucho el reto de Castro. A principios de agosto de 1961, se celebró una conferencia panamericana en Punta del Este, Uruguay, para fijar los principios de la Alianza y sentar las bases del programa. El "Che Guevara" presidió la delegación del régimen de Castro.

En su afán de contemporización, los gobernantes latinoamericanos que favorecían la inclusión de Cuba en el programa, lograron eliminar o moderar las referencias a la democracia representativa, elecciones, propiedad privada y libre empresa. Tan envalentonado se sintió Guevara al final de la conferencia, que llegó a sentenciar que la Alianza había reconocido la pluralidad de sistemas, con lo cual quiso decir que el Continente había aceptado la coexistencia con el régimen comunista de Castro.

El Secretario del Tesoro de los Estados Unidos, Douglas Dillon, rechazó de plano esa interpretación y aseveró que su país jamás reconocería la permanencia del regimen que oprimía al pueblo de Cuba. A pesar de esta categórica afirmación, el Asistente Especial de la Casa Blanca para América Latina, Richard Goodwin, se entrevistó "casualmente" con el "Che" Guevara en Montevideo. ¿Maniobra maquiavélica? No. Desconcertante ambivalencia de la política exterior norteamericana con funestas repercusiones.

A los pocos días de la reunión con Goodwin, que como era de esperarse trascendió a la prensa, el guerrillero argentino voló furtivamente a Buenos Aires invitado, nada menos, que por el Presidente Arturo Frondizi. Fue tal el escándalo político que se produjo al circular la noticia de la entrevista secreta entre Guevara y Frondizi, que interesa reproducir el resumen de la conversación basado en notas oficiales y testimonios de funcionarios argentinos.[46]

La entrevista Guevara – Frondizi

"Cuando a las 11:55 del 18 de agosto de 1961 llega a la Residencia de Olivos el Ministro de Industria de Cuba, el doctor Frondizi sabe que está viviendo uno de los momentos más importantes de su historia personal, y también uno de los acontecimientos que marcaron con fuego su mandato presidencial. El doctor Aja Castro queda en la sala de recibo de la presidencia de Olivos con Albino Gómez y el doctor Rioja, mientras el ministro Guevara y el presidente Frondizi conversan durante setenta minutos, a solas. Lo conversado ilustra el derrotero político de dos estilos, de dos modos de pensar. La anécdota no cuenta un diálogo, sino que recuerda un debate que desgarró a América. Frondizi expresó la necesidad de un entendimiento de toda América Latina con los Estados Unidos y de evitar la exclusión o aislamiento de Cuba del sistema interamericano. Sostenía el Presidente argentino que la política de desarrollo económico, social y

---

[46] Juan Archibaldo Lanús, *De Chapultepec al Beagle: Política Exterior Argentina, 1945-1980* (Buenos Aires: Emecé, 1984) pags. 250-51.

cultural era el medio para superar los problemas de América Latina. Señaló claramente que rechazaba el uso de la violencia.

"Guevara expuso un escenario 'explosivo' en América Latina, cuyo territorio, le dijo, se iba a transformar pronto 'en un Vietnam'. El Ministro sostuvo que sólo a través de la 'lucha armada' era posible liberar a estas tierras de la influencia 'imperialista'. Aceptó que Cuba quería permanecer dentro del sistema interamericano y disponerse a un entendimiento con los Estados Unidos, como se lo había dicho días antes al Secretario para Asuntos Hemisféricos, Richard Goodwin. Pero para los países chicos y pobres, reiteró, el 'único camino es la violencia'. A pesar de ello le expresó al Presidente su preocupación por los fusilamientos ('que generan dos tipos de héroes, los muertos y los delatores'). Se pronunció por un modelo de Estado socialista pero independiente de los soviéticos.

"El diálogo entre Frondizi y Guevara fue ágil y se evocaron varios temas. El "Che" manifestó su preocupación por la postergación de la industrialización y la persistencia en el monocultivo al comprometer Castro grandes cantidades de azúcar a la Unión Soviética.

"Entre otros se cuenta el siguiente diálogo:

—Dígame, Guevara, usted ha estudiado mucho marxismo.

—No. Yo tengo lecturas de marxismo, pero nunca he hecho un estudio en profundidad sobre el tema.

"El Ministro demostró gran humildad ante el presidente Frondizi, a quien respetaba en el plano intelectual. Dejó entreabierta una puerta para una posible mediación entre los gobiernos de Washington y La Habana. Sereno y afable, el "Che" tenía plena conciencia de la gravedad de la situación internacional de Cuba.

"Ambos funcionarios se separaron sin llegar a ningún acuerdo. Sin embargo, uno de ellos estaba decidido a hacer los máximos esfuerzos para evitar el alejamiento irreparable de Cuba del sistema hemisférico, aun enfrentando críticas y acusaciones; el otro, a salvar la revolución cubana y llevar hasta sus últimas consecuencias su visión de la 'liberación' de América Latina, aun a costa de su vida."

La Conferencia de Cancilleres de Punta del Este

Alarmados por la insidiosa influencia de gobernantes y forjadores de la opinión pública que abogaban por un entendimiento con Castro, el Consejo Revolucionario y otras organizaciones del exilio arreciaron sus esfuerzos en pro de la acción colectiva contra el régimen cubano. El objetivo que perseguíamos era la celebración de una Conferencia de Cancilleres (Reunión de Consulta de la OEA) para adoptar las medidas o sanciones previstas en el artículo 8 del Tratado Interamericano de Asistencia Recíproca (Río de Janeiro).

A fin de agilizar los trámites y lograr los votos requeridos, Miró Cardona me designó Representante Especial del Consejo Revolucionario de Cuba ante la OEA. Con tal motivo, me trasladé a Washington en octubre de 1961, y me reuní en privado con cada uno de los embajadores acreditados ante la OEA, con excepción de Carlos Lechuga, el representante de Castro.

Me sorprendió el desconcierto que había entre los embajadores partidarios de una línea dura contra Castro. Les faltaba coherencia y dirección, debido en parte a que Washington quería congraciarse con Mexico y el ABC (Argentina, Brasil y Chile), equilibristas de la coexistencia y el acomodo, y no se decidía a pautar con energía una acción colectiva contra el régimen cubano.

En esas circunstancias, un grupo de compatriotas (dentro y fuera del Consejo Revolucionario) y yo decidimos tomar la iniciativa y precipitar los hechos. Le pedimos al Presidente Manuel Prado del Perú que solicitara una Reunión de Consulta de la OEA para tratar el tema de Cuba, lo que hizo de inmediato sin importarle los titubeos o reparos de Washington. Después pudimos concertar una sólida alianza anticastrista con los países más directamente afectados por la subversión: Centroamérica y Panamá (grupo combativo y avispado conocido por la sigla "CAP"). Finalmente, logramos que Colombia, bajo la presidencia del ilustre Alberto Lleras Camargo, hiciera suya la solicitud peruana (con algunas variantes), y que Venezuela, dirigida por el indómito Rómulo Betancourt, se sumara al bloque y aceptara el liderazgo de Colombia.

Poco antes de celebrarse la histórica Conferencia de Cancilleres para tratar el caso de Cuba, la Comisión Interamericana de Paz de la OEA me pidió que les presentara, a nombre del Consejo Revolucionario de Cuba, un documento medular que sirviese de apoyo a los tres cargos principales que pensaban formular contra el régimen de Castro: violación sistemática de los derechos humanos; actividades subversivas en todo el Continente, e incorporación de Cuba al bloque comunista.

La Comisión estaba recabando datos y evidencias para determinar si existían bases suficientes para procesar y condenar al régimen de Castro. Habiéndose negado el tirano a recibirla, la Comisión invitó por vez primera a tres organizaciones del exilio (el Consejo Revolucionario, el Directorio Estudiantil y The Truth About Cuba Committee) para que comparecieran y aportaran pruebas. Esta invitación tenía una gran trascendencia, porque le daba personería al exilio cubano y le permitía influir en una de las fases más críticas del proceso contra Castro: la instrucción del sumario.

En pocos días pude redactar un documento de 75 páginas que Miró Cardona y yo presentamos ante el pleno de la Comisión el 26 de diciembre de 1961. Pude completer este trabajo a paso de carga no sólo porque contaba con buenos archivos personales, sino porque el Consejo (y antes el Frente) tenía en las capitales de América una falange de valientes activistas con magníficas antenas. Entre ellos figuraban Manuel Braña, Alberto Espinosa, Máximo Sorondo, Eddy Leal, Frank Díaz Silveira, Max Azicri Levy, Angel Aparicio, Manolo Fernández, Raúl de Juan y muchos otros colegas orientados por el jefe de las delegaciones, nuestro dilecto Tomás Gamba.

Dado lo extenso del escrito, voy a transcribir únicamente parte del capítulo referente a la subversión, que fue quizás el que tuvo más impacto. Basta relacionar los hechos, sin adjetivación, para demostrar la insólita magnitud del intervencionismo de Castro en sólo tres años, socavando y barrenando los cimientos de América. Se trata de un récord tenebroso de delincuencia internacional, tolerado por un Continente atontado y acéfalo.

Subversión Castrocomunista en América

Introducción

Como es público y notorio, el régimen de Castro ha venido promoviendo actividades subversivas en todo el Continente, con el pleno apoyo de la Unión Soviética y sus satélites.

Las embajadas castristas son utilizadas como centros comunistas de agitación, propaganda y conspiración contra los gobiernos constituidos. Sus agentes, provistos de cuantiosos recursos económicos y de pasaportes diplomáticos, sirven de enlace entre los dirigentes del comunismo internacional y los agitadores locales.

A nadie debe sorprender este plan de subversión continental. El propio Fidel Castro lo anunció el 26 de Julio de 1960, cuando declaró que convertiría la Cordillera de los Andes en la Sierra Maestra del Hemisferio. Y agregó después: "Si nos quieren acusar de promover revoluciones en toda la América, que nos acusen".

Independientemente de las evidencias sobre las actividades subversivas del régimen de Castro que habrán de ofrecer las repúblicas americanas, consideramos conveniente destacar lo siguiente.

Organización de expediciones armadas

El régimen de Castro ha organizado expediciones armadas contra los siguientes países:

1. PANAMÁ El día 15 de abril de 1959, se expidió un comunicado urgente por el Presidente de la República y los Ministros de Estado dando cuenta que era inminente una invasión del país como parte final de un movimiento subversivo para derrocar al Gobierno.

El día 19, desde La Habana, Rubén Miró, líder revolucionario panameño refugiado en Cuba, anunció en comparecencia de prensa que se había decidido enviar una expedición armada en apoyo del movimiento insurreccional iniciado en Panamá por el Dr. Roberto Arias, quien efectuó un desembarcó el día 19 en Santa Clara.

El día 25, el Ministro de Gobierno y Justicia, Sr. José Dominador Bazán, informó oficialmente que un grupo de extranjeros armados había desembarcado en Playa Colorada. Las fuerzas de invasíon — 85 hombres y una mujer— estaban comandadas por Enrique

Morales, panameño exiliado en Cuba, y César Vega, cubano perteneciente al movimiento revolucionario de Castro.

El día 31, el comandante César Vega, quien había asumido el mando por muerte del comandante Morales, declaró en la base naval de Albrook que aceptaría someterse a los tribunales panameños en atención a lo solicitado por una comisión del Ejército Rebelde enviada desde Cuba, integrada por el capitán Torres y el teniente Ruiz. El día primero de mayo los expedicionarios entregaron sus armas a las fuerzas de la Guardia Nacional en Sardinilla, y fueron enviados a Panamá.

El día 24 de junio el gobierno de Panamá ordenó la deportación de los "extranjeros que habían invadido el país por Playa Colorada".

Posteriormente, el Sr. César Vega, ya en calidad de exiliado político de Colombia declaró que la invasión había contado desde el primer momento con el apoyo de los Dres. Fidel Castro y Ernesto Guevara.

2. NICARAGUA En el mes de junio de 1959, el gobierno de Nicaragua anunció que una expedición armada procedente de Cuba había desembarcado en un lugar de la frontera con Guatemala. El grupo estaba bajo el comando de Rafael Somarriba. El día 24, en El Chaparral, se produjo un encuentro entre los invasores y tropas hondureñas al mando del Coronel Espinosa, siendo capturada la fuerza invasora. En el encuentro murieron los cubanos Onelio Fernández y Marcelo Fernández, quienes resultaron ser representantes personales del Dr. Ernesto Guevara. El gobierno dijo tener documentación que probaba la participación del gobierno de Cuba.

3. REPÚBLICA DOMINICANA El gobierno aportó pruebas documentales de que la expedición armada contra ese país, iniciada el 14 de junio de 1959, había sido organizada y entrenada en Cuba, y escoltada hasta las aguas juridiccionales dominicanas por unidades de guerra y aviones militares cubanos. Señaló que los jefes de dicha expedición, comandantes Enrique Jiménez Moya y Delio Gómez Ochoa, eran jefes del Ejército Rebelde de Cuba.

El Gobierno Dominicano mostró documentos que tenían el membrete del Ministerio de Defensa Nacional de Cuba con códigos secretos militares, instrucciones, así como ascensos y otros datos relacionados con los instructores de la expedición. El gobierno de Castro negó la autenticidad de dichos documentos, pero despúes el comandante Delio Gómez Ochoa, hecho prisionero, en una trasmisión ofrecida desde la emisora "La Voz Dominicana", declaró que la expedición habia sido dirigida por el propio Fidel Castro.

Posteriormente el comandante Pedro Luis Díaz Lanz, Jefe de la Fuerza Aérea de Cuba, declaró ante una comisión del Senado de los Estados Unidos, que el comandante Fidel Castro le había pedido que le prestara apoyo a la invasión a Santo Domingo, operación que fue ejecutada por el oficial de la fuerza aérea, capitán piloto Orestes Acosta.

4. HAITÍ En el mes de agosto de 1959, el Gobierno anunció haber capturado una expedición procedente de Cuba e integrada por miembros del Ejército Rebelde de Castro, que había efectuado un desembarco en la costa occidental del país.

5. GUATEMALA En el mes de noviembre de 1959, el Gobierno acusó al régimen de Fidel Castro de haberle prestado ayuda militar a los grupos armados que habían intentado una revuelta en Puerto Barrios y Zacapa.

6. PARAGUAY En el mes de diciembre de 1960, el Sr. Juan Candia, Director de Investigaciones de la República del Paraguay, informó que según declaraciones hechas por los prisioneros en Itta, Enramada, el movimiento revolucionario dominado por el gobierno había sido inspirado y financiado por el régimen del Fidel Castro.

Funcionarios del régimen de Castro que han sido declarados personas "non grata" por intervenir en los asuntos internos de las repúblicas americanas

Diciembre, 1959 El Presidente Rómulo Betancourt expulsó al Embajador de Cuba, Francisco Pividal, al intervenir éste en los asuntos internos de Venezuela, presionando al gobierno de dicho país para que permitiera la entrada de destacados dirigentes comunistas de Cuba.

Abril, 1960 El Embajador de Cuba en Guatemala fue declarado "persona non grata" por haber intervenido en los asuntos internos de ese país. Esto dío lugar a la ruptura de relaciones diplomáticas de Guatemala con Cuba. La prensa de Guatemala publicó unas fotografías en las cuales aparece el embajador cubano sentado en las gradas del edificio del Instituto Guatemalteco de Seguridad Social, participando en una huelga de hambre por motivos laborales.

Junio, 1960 La cancillería nicaragüense pidió el retiro del embajador cubano, Quintín Pino Machado, por haber éste participado en actividades subversivas y terroristas en Nicaragua.

Julio, 1960 El gobierno venezolano expulsó al Encargado de Negocios de Cuba, Guillermo León Antich, por haber éste participado en actividades subversivas, conjuntamente con dirigentes comunistas de Venezuela. En premio a su labor de espionaje y conspiración, el régimen de Castro lo designó posteriormente Encargado de Negocios de Cuba en Argentina.

Septiembre, 1960 El gobierno colombiano exigió la retirada del Embajador de Cuba, Rodríguez de la Vega, por haber éste intervenido en los asuntos internos de Colombia.

Octubre, 1960 El gobierno del Brasil ordenó la expulsión del país del Auxiliar del Servicio Exterior de Cuba, Sr. José Vega Suárez, "por ser agitador político internacional". Poco después, el Jefe de la Policía, Luis Ignacio Jacques, informó que había ocupado 30,000 libros subversivos, que fueron transportados en un avión cubano y que constituyen "sólo parte de la infiltración comunista procedente de Cuba".

Noviembre, 1960 El gobierno de Venezuela consideró como gesto "inamistoso" la presencia del Embajador de Cuba en un acto contra el gobierno. Se anunció el retiro definitivo del Embajador de Cuba, comandante Luis Orlando Rodriguez.

Noviembre, 1960 El Presidente de la República de Venezuela, Dr. Rómulo Betancourt, acusó a los castristas y comunistas por los desórdenes ocurridos en Caracas, con un balance de dos muertos y treinta y cinco heridos. Agentes de la Dirección General de Policía de Maracay detuvieron al Agregado Civil de la Embajada de Cuba, Sr. José R. Rodríguez, su hijo, Rolando Rodríguez y Francisco René Chacón, agente de la policía militar cubana (G-2), por participar en una reunión subversiva.

La Dirección de Extranjería ordenó la salida del país de Neptalio Pernas, miembro del G-2, adscrito a la misión cubana.

Diciembre, 1960 El Ministro de Relaciones Exteriores del Paraguay le dio 48 horas para salir del país al Embajador de Cuba, Sr. Héctor Cayo Portilles.

Diciembre, 1960 El gobierno peruano rompió relaciones diplomáticas con el régimen de Castro al haberse sustraído de la Embajada de Cuba en Lima documentos confidenciales que demuestran la intervención de la tiranía castrista en una conspiración comunista en Perú.

Enero, 1961 El gobierno venezolano se negó a aceptar las credenciales del nuevo Encargado de Negocios de Cuba, Adrián García Hernández, por haber éste participado en actos políticos organizados en Caracas por elementos comunistas.

Enero, 1961 El gobierno de Bolivia repudió al Embajador de Cuba en ese país, José Tabares del Real, despúes de haberse comprobado su participación en la organización de un partido político que respondía a intereses e ideologías foráneas.

Enero, 1961 El gobierno de Panamá le dio 48 horas para que abandonara el país al Embajador de Cuba, José Antonio Cabrera Avila, acusado de intervenir en actividades subversivas en las zonas agrícolas de Panamá.

Enero, 1961 El gobierno uruguayo expulsó del país al Embajador de Cuba, Mario García Incháustegui, por haber éste intervenido en los asuntos internos del Uruguay. Uno de los miembros del Consejo Nacional del Uruguay, al declarar "persona non grata" a García Incháustegui, se refirió a los "representantes del gobierno cubano de ladrones y bandidos que tratan de ignorar la legitimidad de nuestras instituciones". García Incháustegui, actualmente Embajador de Cuba ante la O N U, tiene el cinismo de afirmar que el régimen de Castro respeta el principio de NO INTERVENCIÓN.

Marzo, 1961 El gobierno de El Salvador expulsó del país al Encargado de Negocios de Cuba, Roberto Lasalle, despúes de ocupar documentos confidenciales que demuestran la intervención del régimen de Castro en una conspiración que urdían elementos comunistas salvadoreños.

Marzo, 1961 El gobierno de Honduras ordenó el cierre del Consulado de Cuba en Puerto Cortés, y canceló el exequatur del cónsul de Cuba, Sr. Edelberto Díaz Alvarez, por "desarrollar actividades contrarias a la política democrática del gobierno de Honduras."

El gobierno, en un boletín dando cuenta de la gravedad creada por la infiltración comunista en el país, informó que por la costa norte se habían introducido contrabandos de armas y uniformes verde olivo procedentes de Cuba. Asimismo declaró que "en el país se mueven numerosos agentes de la revolución cubana para subvertir las instituciones democráticas", y anunció la ocupación de literatura subversiva comunista preparada en Cuba.

Mayo, 1961 El gobernador del Estado de Guanabara, Brasil, declaró que de acuerdo con el Ministerio de Relaciones Exteriores había ordenado la detención del Agregado Cultural de la Embajada de Cuba, Sr. Narciso Martín Mora, "por desacato a la autoridad". Puesto en libertad, se pidió al gobierno de Cuba que retirara a dicho funcionario.

Junio, 1961 El gobierno de Bolivia declaró "persona non grata" al Encargado de Negocios de Cuba en ese país, Mauro García Triana, despúes de haberse probado su intervención en los actos subversivos que obligaron al gobierno boliviano a declarar el estado de sitio en todo el país. El Organismo de Seguridad del gobierno de Bolivia declaró que obraba en su poder una carta dirigida por el Jefe del "Centro de Amigos de Cuba en Cochabamba" al Sr. Mauro Garcia Triana en la cual se le pide a éste instrucciones. En uno de los párrafos de dicha carta se dice: "...además tendría que consultarle sobre el armamento necesario para la organización de nuestras fuerzas."

Julio, 1961 El Embajador de Cuba en Chile, Juan José Díaz del Real, es retirado por el régimen de Castro al demandarse en el Senado de Chile que se le declare "persona non grata" por haber intervenido en los asuntos internos del país. Díaz del Real asistió a diversos actos públicos organizados por los comunistas, llegando a efectuar una gira por el interior en compañía de destacados dirigentes de los partidos socialistas y comunistas de Chile.

---------- o ----------

Después de comparecer ante la Comisión Interamericana de Paz, el Consejo Revolucionario me confió la redacción del escrito que hubimos de presentar a la Octava Reunión de Consulta de Ministro de Relaciones Exteriores, que comenzó el 22 de enero de 1962 en Punta del Este, Uruguay.

Traté de que fuese una exposición dialéctica y muscular, y no una melopea soporífera y sensiblera. Era esencial que se conociera nuestra posición y que se leyera nuestro pedimento. A juzgar por lo que ahora relato, me parece haber logrado el objetivo. Cuando el Canciller del Uruguay, Homero Martínez Montero, se reunió con Miró Cardona y conmigo en el Hotel Lancaster de Montevideo, tenía en sus manos nuestra exposición con subrayados en rojo y anotaciones marginales. Esto me dio una enorme satisfacción, sobre todo cuando supe que el Uruguay nos daría el voto decisivo para lograr la expulsión del régimen de Castro del sistema interamericano..

A continuación, el texto de nuestro escrito:

Exposición del Consejo Revolucionario de Cuba con motivo de la octava reunión de consulta

1) El Consejo Revolucionario de Cuba, interpretando el sentir del pueblo cubano que lucha contra la dominación comunista, tiene el honor de someter a vuestra alta consideración el presente documento referido a la cuestión que motiva la Octava Reunión de Consulta de Ministros de Relaciones Exteriores, que se celebrará el próximo 22 de enero en Punta del Este, Uruguay.

2) Lamentablemente, el pueblo cubano no estará legítimamente representado en dicha Reunión de Consulta. El escaño que le corresponde a Cuba no será ocupado por un genuino representante de la Patria de Martí, sino por un agente del comunismo internacional.

3) No azota solamente al pueblo de Cuba un gobierno dictatorial, que ha pisoteado la Constitución, suprimido los derechos humanos, legalizado el terror, eliminado el sufragio, abolido la propiedad privada, regimentado el trabajo y perseguido implacablemente a la Iglesia. Subyuga y ultraja a la nación cubana un régimen totalitario comunista, que se halla sometido en el orden político, económico, cultural y militar, a los designios imperialistas del bloque chinosoviético.

4) Nos encontramos, pues, ante un caso evidente de intervención de potencias extracontinentales en los asuntos internos y externos de una república americana. En estas circunstancias,

216

resulta necesario movilizar con urgencia el mecanismo defensivo del sistema interamericano.

5) Los hombres libres de este Continente aguardan con ansiedad la celebración de la próxima Conferencia de Cancilleres. Quienes han observado hasta ahora cómo el régimen de Castro viola impunemente todos los tratados y cómo el comunismo internacional invade progresivamente el Hemisferio, esperan confiados que la Octava Reunión de Consulta les devuelva la fe en el sistema interamericano.

6) Esta será la gran responsabilidad de los Cancilleres de América: demostrar con hechos la solidaridad de los pueblos, la obligatoriedad de los pactos, la fuerza defensiva de la democracia y la eficacia de la Organización de los Estados Americanos.

7) Existen innumerables acuerdos, convenios y declaraciones que condenan la intervención en América del comunismo internacional y obligan a las repúblicas de este Hemisferio a adoptar medidas colectivas para el mantenimiento de la paz y la preservación de la libertad.

8) En la Novena Conferencia Internacional Americana (Bogotá, 1948), las repúblicas de este Continente declararon que el comunismo internacional, por su naturaleza antidemocrática y por su tendencia intervencionista, es incompatible con la concepción de la libertad americana.

9) En la cuarta Reunión de Consulta de Ministros de Relaciones Exteriores (Washington, D.C., 1951), se sentaron las bases de la cooperación internacional para desarraigar el peligro que plantea las actividades subversivas del comunismo internacional en este Hemisferio.

10) En la Décima Conferencia Interamericana (Caracas, 1954), se adoptó la Resolucíon XCIII, que declara lo siguiente:

"El dominio o control de las instituciones políticas de cualquier Estado americano por parte del movimiento internacional comunista, que tenga por resultado la extensión hasta el Continente americano del sistema político de una potencia extracontinental, constituiría una amenaza a la soberanía e independencia política de los Estados Americanos que pondría en peligro la paz de América, y exigiría una Reunión

de Consulta para considerar la adopción de las medidas procedentes de acuerdo con los Tratados existentes".

11) En la Séptima Reunión de Consulta de Ministros de Relaciones Exteriores (San José, 1960), se acordó "declarar que la aceptación de una amenaza de intervención extracontinental por parte de un Estado americano pone en peligro la solidaridad y la seguridad americanas, lo que obliga a la Organización de los Estados Americanos a desaprobarla y rechazarla con igual energía".

12) De acuerdo con las citadas resoluciones, la existencia en Cuba de un satélite comunista que no oculta su propósito de subvertir el orden en todo el Hemisferio, constituye un hecho o situación, previsto en el Artículo 6 del Tratado Interamericano de Asistencia Recíproca, que afecta la soberanía y la independencia política de los Estados americanos y pone en peligro la paz del Continente.

13) En estas circunstancias, el Órgano de Consulta debe adoptar las medidas colectivas establecidas en el Artículo 8 de dicho Tratado, que comprenden, desde el retiro de los jefes de misión y la ruptura de las relaciones diplomáticas, hasta el empleo de la fuerza armada.

14) Teniendo en cuenta el texto categórico de los convenios interamericanos y el precedente de la acción colectiva acordada unánimemente contra la dictadura que existía en la República Dominicana, ¿puede la Octava Reunión de Consulta dejar de condenar y sancionar severamente al régimen comunista que esclaviza a Cuba y amenaza la paz del Hemisferio? No creemos que sea posible, sin incumplir los compromisos internacionales, sin demostrar la peligrosa inutilidad de la OEA, y sin dejar indefensas a las democracias americanas frente al avance incontenido del comunismo en este Continente.

15) Requerir al régimen de Castro para que se someta a la disciplina del sistema interamericano implicaría una amnistía de todos sus crímenes y violaciones de los convenios regionales. De hecho, se estaría bordeando la coexistencia con un régimen comunista, que puede valerse nuevamente de la perfidia y el engaño para ganar tiempo, o que puede aprovechar este signo inequívoco de vacilación o temor para hacer mofa y escarnio de la OEA,

agravando aun más la crisis de confianza que está minando el sistema defensivo del Mundo Libre.

16) Es preciso recordar que en la Séptima Reunión de Consulta, celebrada el pasado año en San José de Costa Rica, los Cancilleres de América estimaron conveniente darle una oportunidad al régimen de Castro para que rompiera sus vínculos políticos y militares con el bloque chinosovíetico y se reintegrase al sistema interamericano. La "Declaración de San José" fue una solemne advertencia.

17) La respuesta de Fidel Castro merece especial consideración. Rechaza la "Declaración de San José" y desafía a la OEA, suscribiendo la llamada "Declaración de la Habana", en la que ratifica la aceptación de la ayuda militar ofrecida por la Unión Soviética. Reconoce a la China Comunista y acepta la ayuda militar ofrecida por dicho país. Repudia los tratados interamericanos, llegando a romper, en asamblea pública convocada al efecto, instrumentos suscritos por anteriores gobiernos constitucionales de Cuba. Les dedica a los Jefes de Estado y Cancilleres de América los epítetos más groseros e insultantes que se recuerdan en la historia de la diplomacia contemporánea. Les da instrucciones a sus agentes en la América Latina para que intensifiquen la labor de propaganda, agitación, soborno, espionaje y subversión. Más de veinte funcionarios castristas han sido expulsados o retirados por intervenir en los asuntos internos de las repúblicas americanas.

Asimismo, suscribe 72 convenios económicos, políticos, técnicos, culturales y militares con los países comunistas. Envía una delegación oficial al XXII Congreso del Partido Comunista de la Unión Soviética y apoya sus acuerdos. Recibe más de 50,000 toneladas de modernos armamentos provenientes del bloque chinosoviético, que han convertido a Cuba en la segunda potencia militar de este Continente. Vota sistemáticamente con los países comunistas en los organismos internacionales. A través de potentes estaciones de radio, incita a los pueblos del Hemisferio para que se rebelen contra sus respectivos gobiernos. En fin, transforma a la Isla, cuya estratégica posición geográfica la hace el Gibraltar de América, en la aduana, el arsenal y el centro de propagación del comunismo èn este Continente.

18) No pueden olvidarse estos hechos, que sublevan la conciencia de los hombres libres y amenazan la paz del Hemisferio,

para concederle otra oportunidad de rectificación a quien acaba de declarar que ha sido, es y será siempre marxista-leninista.

19) Una mera condenación moral del régimen de Castro, dadas las limitaciones del lenguaje diplomático, vendría a ser una repetición de la "Declaración de San José", agregándole solamente una referencia a Cuba. Le daría otra magnífica oportunidad a Fidel Castro para destrozarla en la plaza pública.

20) No es válido invocar el principio de la no intervención para impedir la acción colectiva, a menos que se haga con el propósito de mantener la intervención comunista en Cuba y propiciar su extensión a todo el Continente. Los que esgrimen el sofisma de la no intervención en favor del régimen de Castro parecen olvidar el Artículo 19 de la Carta de la OEA, que establece que las medidas que, de acuerdo con los tratados vigentes, se adoptan para el mantenimiento de la paz y la seguridad, no violan el principio de la no intervención.

21) Constituye un cruel sarcasmo hablar de autodeterminación en el caso de Cuba, sobre todo después que Fidel Castro cínicamente confesó que tuvo que engañar al pueblo cubano, y a la América en general, para poder establecer su régimen comunista. Si alguna autodeterminación existe en Cuba es la de los miles de cubanos que sucumben frente al paredón de fusilamiento, mueren lentamente en los presidios y campos de concentración, pelean, en desigual combate, en las montañas de Cuba; conspiran en la heroica clandestinidad, y marchan, en trágica procesión, al amargo destierro, con la firme determinación de retornar a la Patria con las armas en la mano.

22) No podría alegarse que faltan pruebas de la intervención de potencias extracontinentales en Cuba, ya que el régimen de Castro hace ostentación de su abyecta sumisión al imperialismo chinosoviético. Tampoco sería válido sostener que dicho régimen no representa un peligro para la paz del Continente, teniendo en cuenta que más de la mitad de las repúblicas americanas han roto relaciones diplomáticas con la tiranía castrista por constituir una amenaza a su soberanía e independencia política. Y no podría plantearse la oscuridad de los convenios interamericanos, ya que éstos, en lo que respecta a la intervención comunista y a la seguridad colectiva, son explícitos, categóricos y de obligatorio cumplimiento.

23) Los Cancilleres de América se encontrarán ante la imperiosa necesidad de tomar una decisión, que no puede ser otra que la de acordar la acción colectiva armada contra el régimen comunista de Castro, que se asienta en el poderío económico, técnico y militar de la Unión Soviética y sus satélites. Esto es lo que establece el Tratado Interamericano de Asistencia Recíproca, lo que exige la seguridad del Hemisferio, lo que demanda el prestigio de la OEA, y lo que reclaman los cubanos que luchan, aislados y solos, contra el comunismo internacional.

24) Los postulados de la no intervención y de la autodeterminación de los pueblos no son escudos para proteger a la tiranía comunista de Castro, sino banderas para rescatar la libertad de los cubanos.

25) La justificación del principio de la unidad hemisférica radica precisamente en el estricto cumplimiento y en la aplicación de los Tratados, y no en su desconocimiento; en la acción colectiva contra el comunismo, y no en el apaciguamiento o la inercia suicida.

26) La Octava Reunión de Consulta se habrá de celebrar bajo los embates de una grave crisis hemisférica, que pone a prueba la eficacia del sistema interamericano. En dicha Reunión se decidirá si las repúblicas americanas han renunciado a los ideales democráticos por los cuales lucharon y murieron los fundadores de nuestras nacionalidades, o si, por el contrario, se proponen defender esos ideales, enfrentándose enérgicamente al comunismo internacional que estrangula a Cuba y pretende extender su férrea dominación a los demás países del Continente.

27) Los hombres libres de este Hemisferio, que contemplan alarmados cómo las sombras del comunismo se proyectan sobre América, confían en que la próxima Conferencia de Cancilleres habrá de irradiar la luz que marque el camino hacia la liberación de Cuba y la consolidación definitiva de la democracia en este Continente.

Miami, 12 de enero de 1962.

CONSEJO REVOLUCIONARIO DE CUBA

José Miró Cardona
Presidente

La separación del régimen de Castro de la OEA fue un acuerdo transaccional entre las "palomas" que se oponían a sanciones colectivas contra Castro y los "halcones" que amenazaron con retirarse si la OEA no tomaba una acción efectiva después de declarar que el marxismo-leninismo era incompatible con el sistema interamericano. Aun así, sólo se pudo lograr el mínimo de votos requeridos (14 o dos tercios) cuando el Uruguay anunció que apoyaba la expulsión (perdón, "exclusión" para ser preciso y no herir diplomáticas susceptibilidades).

Esta medida excepcional (sin precedentes en la OEA) se debió en gran parte a la iniciativa, prestigio y tesón del "Canciller de Hierro" de Colombia, José Caicedo Castilla. Aunque los desterrados cubanos reclamábamos una acción colectiva más contundente, no dejamos de reconocer en justicia que la OEA había tomado un paso trascendental: condenó al régimen de Castro; lo declaró fuera de la Ley; lo privó de toda representación, y le retiró las prerrogativas, derechos y protecciones del sistema interamericano.

Asimismo, la OEA instó a los Estados miembros a que contrarrestaran la subversión castrocomunista, ejercitando la legítima defensa individual o colectiva. En lenguaje diplomático, esto quería decir "luz verde" para actuar contra el paria de América: el régimen convicto de Fidel Castro.

El Reportaje de Maldonado

Para los desterrados cubanos que intervinimos en este parto histórico, la Conferencia de Cancilleres fue azarosa y memorable. El sagaz periodista José Arroyo Maldonado y el popular comentarista Norman Díaz fueron testigos de lo que allí aconteció. El primero, Arroyo Maldonado, escribió un reportaje para el semanario *Avance* (edición de fecha 16 de febrero de 1962), que tituló: *Cuba Democrática Sí Estuvo Representada en Punta del Este*. El informe de Maldonado es anecdótico y veraz, a no ser por algunos comentarios ditirámbicos que me dedica. Haciendo esta salvedad, ya que no cultivo la hagiografía, transcribo el mencionado reportaje:

"Cuba, la Cuba democratica de Martí, *Sí* estuvo representada en la VIII Reunión de Consulta de Ministros de Relaciones Exteriores celebrada en Punta del Este, Uruguay. Ahora ya podemos revelarlo. Estuvo representada no sólo en el corazón de la mayoría de los Cancelleres allí reunidos y en el ambiente de libertad que jamás podrá ser desplazado de este Continente, sino con la presencia física de numerosos patriotas que actuaron en reuniones privadas y dieron las orientaciones necesarias para que se conociera la verdad de lo que ocurrió y está ocurriendo en la Cuba sojuzgada por el comunismo internacional".

"La mayor responsabilidad de esta difícil misión al servicio de la Patria recayó en un patriota joven al que sólo se le mencionaba en el hotel San Rafael con el calificativo de 'El Canciller'. Este patriota no era otro que el Dr. Néstor Carbonell Cortina, representante del Consejo Revolucionario de Cuba en Washington."

"Pese a la prohibición y a las drásticas medidas adoptadas por el secretario de la Reunión para que no se permitiera la entrada en la misma a los cubanos exiliados, en evitación de incidentes como el ocurrido en la Reunión del CIES, donde varios de ellos increparon a la delegación comunista de Castro y cambiaron golpes con los guardaespaldas del "Ché" Guevara, el Dr. Carbonell ganó acceso al hotel desde los primeros momentos utilizando invitaciones de Cancilleres amigos. Ello facilitó el que la documentación aportada por el Consejo Revolucionario de Cuba llegara a manos de cada uno de los Cancilleres y el que los mensajes que desde Montevideo trasmitía el Presidente del Consejo, Dr. José Miró Cardona, fuesen cumplimentados".

"Por fin el Dr. Carbonell logró que se le facilitara una invitación especial para que pudiera, sin subterfugios, penetrar y permanecer en el hotel. No corrieron esa misma suerte otros patriotas, que como el Dr. Luis Conte Agüero, fueron obligados a ausentarse de Punta del Este. A Max Azicri-Levy, delegado del Consejo en Chile, le fueron negadas credenciales como periodista e igual suerte corrió el fotógrafo Bebo Alonso. Tampoco recibió credenciales la periodista Hada Rosete, Agregada de Prensa del Consejo en Montevideo. A César Lancís, quien primeramente logró acreditarse por un periódico de Miami, le fueron retiradas las credenciales antes de iniciarse el evento".

"Otro de los que logró funcionar dentro de le Reunión fue el joven representante del Consejo en Colombia, Eddy Leal, quien logró acreditarse como periodista de un diario de Bogotá".

"Pese a que la vigilancia sobre los patriotas cubanos fue en extremo exagerada, varios de ellos lograron perforarla, permaneciendo en el hotel algunas horas. Fueron ellos el Dr. José Ignacio Rasco y los representantes del Directorio Estudiantil, Chacón y Lasa".

"Apenas iniciada la Reunión de Cancilleres, llegó a Punta del Este el Dr. Miró Cardona. Lo hizo con todas las garantías que las autoridades pueden ofrecer a un verdadero jefe de gobierno".

"Su presencia en el balneario había sido sugerida por una gran mayoría de Cancilleres que deseaban mantener contacto con el Presidente del Consejo Revolucionario. Estos contactos, que no podían efectuarse en el hotel San Rafael, invadido por agentes del G-2, se realizaron en la residencia escogida por el Dr. Miró Cardona. Más de una docena de Cancilleres lo visitaron, al mismo tiempo que miembros de otras delegaciones lo mantenían informado del curso de las deliberaciones".

"La designación del Presidente 'títere' Dorticós como Canciller reemplazando a Roa fue objeto de burlas en todo los ámbitos de la VIII Reunión de Cancilleres".

"Apartémonos que ahí viene Roa y a lo mejor padece de alguna enfermedad contagiosa, oímos decir a unos delegados."

"A otros dos que discutían sobre quien era en realidad el Canciller de la Cuba Roja, si Dorticós o Roa, un tercero los sacó de la duda afirmando que el verdadero canciller lo era Carlos Rafael Rodríguez"....

[En otra parte de su reportaje, Arroyo Maldonado describió la llegada de Miró Cardona al hotel San Rafael al final de la Conferencia, poco después de haberse retirado la delegación de Castro.]

"La presencia del representante del pueblo libre del Cuba en el hotel corrió como reguero de pólvora... e inmediatamente un centenar de periodistas y fotógrafos acudieron a su encuentro..."

"Varios cancilleres americanos, que se disponían a traspasar los controles del hotel para el Salón de Conferencia, regresaron para saludar personalmente al Dr. Miró Cardona e invitarlo para que estuviera presente en la sesión de clausura. No hacía falta ese trámite, ya que el Dr. Miró Cardona había recibido de antemano una invitación del Secretario General [de la O.E.A.] en ese sentido".

"Tan pronto como se instaló en el Salon de Conferencia, uno de los primeros que fueron a saludarlo fue el Secretario de Estado de los Estados Unidos, Dean Rusk. Momentos antes lo habían hecho los Secretarios Adjuntos, Richard N. Goodwin y Arturo Morales Carrión, y los representantes de la Cámara y el Senado de los Estados Unidos".

"Cuando se le pidió para la prensa su opinión sobre los acuerdos adoptados en la Reunión de Consulta, el Dr. Carbonell los resumió en la siguiente forma:

'.... Los campos se encuentran ya perfectamente deslindados. De un lado, los tiranos de Cuba repudiados por América; y del otro, el pueblo cubano apoyado por las fuerzas democráticas de este Continente'.

'La hora de las deliberaciones diplomáticas ha llegado a su fin. Un pueblo que se desangra en lucha desigual contra el imperialismo sinosoviético espera la solidaridad combativa de América. Un Continente amenazado por el avance brutal del comunismo internacional debe movilizar con urgencia sus fuerzas defensivas para librar una guerra, que no sólo es de los cubanos, sino de todos lo que aman la libertad en este Hemisferio...'

"Miró Cardona, por su parte, agregó: '... nos proponemos incrementar el ritmo... con una intensa campaña continental aglutinando las fuerzas democráticas en favor de la liberación de Cuba.'

En la foto el Dr. José Miró Cardona, en compañía del autor y de Eddy Leal, delegado del Consejo Revolucionario de Cuba en Colombia, felicita al Dr. José Joaquín Caicedo Castilla, el "Canciller de Hierro" de Colombia, por su firme postura contra el régimen de Castro. (Punta del este, Uruguay, enero de 1962).

'Demócratas como Luis Battle Berre, del Uruguay, los Generales Aramburu y Rojas, y Eduardo Augusto García, de la Argentina, Carlos Lacerda, en el Brasil, Víctor Raúl Haya de la Torre y Eudocio Ravines, en el Perú, el Presidente Rómulo Betancourt y Rafael Caldera, en Venezuela, José Figueres en Costa Rica, Muñoz Marín en Puerto Rico, entre otras grandes figuras del Continente, ayudarán al Consejo Revolucionario de Cuba en la tarea de la recuperación de la patria cubana".

Fijando nuestra posición

Habiendo librado con éxito la campaña diplomática, Miró Cardona consideró oportuno dirigirse al exilio para refutar falsos alegatos, esclarecer conceptos y fijar la posición del Consejo Revolucionario de Cuba.

No pretendía Miró exacerbar la polémica que dividía a los desterrados cubanos, ni mucho menos caer en el dicterio. Aunque él y el Consejo habían sido vilipendiados después de lo ocurrido en Girón, no abrigaba ningún resentimiento. Pero tampoco podía permanecer callado. Por eso me pidió que redactara un documento "de altura." No fue muy explícito en la encomienda, pero sí me dio a entender claramente que esperaba algo conciso y preciso.

Las cuartillas que redacté fueron aceptadas sin modificaciones por Miró y el Consejo, y fueron publicadas en Miami con bastante despliegue. He aquí el texto del escrito:

Mensaje a los cubanos

El Consejo Revolucionario de Cuba, consciente de las responsabilidades que ha asumido, considera un deber insoslayable señalar sus derroteros en estos momentos de escepticismo enervante, confusión disociadora y divisionismo infecundo.

I. *La coexistencia imposible*

El Consejo Revolucionario rechaza, por absurda, toda posibilidad de coexistencia con el régimen comunista cubano. La prohiben los tratados interamericanos, que condenan la intervención de potencias extracontinentales en este Hemisferio. La impiden los acuerdos adoptados en la Conferencia de Punta del Este, en virtud de los cuales se expulsó de la Organización de los Estados Americanos a la tiranía de Castro, después de haberse declarado su incompatibilidad con el sistema interamericano. La niega la nación líder del Mundo Libre, que, además de los solemnes compromisos contraidos, ve afectada su propia seguridad por la existencia de un bastión comunista a noventa millas de sus costas.

Existen, sin duda, algunas personas que mueven los hilos de la intriga internacional en favor de la coexistencia imposible con el régimen de Castro. No alcanzarán sus objetivos estos agentes embozados del comunismo. Chocarán inevitablemente con realidades adversas. Encontrarán también en su camino la muralla infranqueable de un pueblo que no abandona la lucha y que está dispuesto a denunciar a quienes pretendan pactar con sus verdugos.

II. *El aislamiento ineficaz*

El Consejo Revolucionario sostiene que el embargo económico, por sí solo, no logrará derribar al régimen comunista cubano. Este régimen, que canaliza más del ochenta por ciento de su comercio exterior a través de la Unión Soviética y sus satélites, neutraliza los efectos del hambre con dosis continuadas de sangre y de terror.

El aislamiento diplomático no logrará segregar a Cuba del resto del Continente. Esta isla estratégica, convertida por el engaño y la fuerza en un satélite soviético, esparce el germen del comunismo a través de la propaganda intensiva, de los canales conspiratorios y del contagio psicológico que produce el éxito aparente del régimen de Castro en su constante desafío a todo el Hemisferio.

Pensar que el desgaste paulatino de Cuba inmunizará a la América contra el virus comunista, sería tan absurdo como criminal. No es el abandono de un pueblo oprimido la mejor vacuna contra el comunismo, sino la derrota del régimen opresor.

III. *La acción militar necesaria.*

Sólo la acción armada puede erradicar el comunismo de Cuba y restaurar la paz hemisférica, indispensable para promover el desarrollo económico y la justicia social en la América Latina.

La guerra necesaria y urgente la podríamos librar los cubanos sin ayuda del exterior, si Castro no hubiese recibido de la Unión Soviética más de cincuenta mil toneladas de modernos armamentos, que convierten a Cuba en una verdadera potencia militar.

Son estas circunstancias las que hacen imperativa la asistencia militar de los Estados Unidos, nuestro aliado tradicional que hoy nos brinda generoso asilo, y al cual estamos vinculados indisolublemente por la historia, la geografía y la devoción a la libertad.

La Cuba del destierro no ha permanecido inactiva en paciente espera de la anhelada ayuda militar. Ha reclamado —y seguirá reclamando con mayor vigor cada día— el apoyo bélico necesario para derrotar al régimen comunista, excluido del derecho interamericano y privado, por tanto, de las garantías y protecciones del sistema regional.

En Cuba se debate la supervivencia de un pueblo que no se resigna a vivir en la esclavitud. Pero se decide también el porvenir de América como Continente libre.

IV. *La coordinacion indispensable*

En esta etapa final de nuestra lucha, en que no queda otra alternativa que la acción armada, son mayores los obstáculos que se presentan, pero mayor también nuestra convicción de que serán superados.

El Consejo Revolucionario, que sabe por dónde va y hacia dónde va, tiene razones poderosas para afirmar que Cuba no ha sido abandonada a su propia suerte. Por eso no polemiza en el exilio con los profesionales del denuesto y la mentira. Por eso alerta a los que de buena fe pudieran ser sorprendidos por los enemigos de nuestra causa, empeñados en sembrar la división, esparcir el derrotismo y provocar el choque o la ruptura con nuestro aliado.

Fracasarán los que pretenden detener el impulso de la liberación de nuestra Patria. Los cubanos, mientras más desalentados parecemos, con mayor energía luchamos.

El Consejo Revolucionario sigue sus claros derroteros, convencido de que las discrepancias transitorias y los reveses naturales no impedirán, en el momento decisivo, la coordinación de los esfuerzos necesarios para rescatar a la Cuba de todos, dignificada por el heroísmo de nuestros combatientes y la inmolación de nuestros muertos.

Beligerancia denegada

En febrero de 1962, Washington suspendió sus relaciones comerciales con Cuba decretando un embargo económico, pero nada hizo para detener la escalada militar soviética en la Isla. El 27 de marzo de ese año el gobierno norteamericano se limitó a declarar simplemente que el bloque sinosoviético le había entregado al régimen de Castro equipos militares por un valor de más de $100 millones, y que estaba entrenando a varios cientos de soldados cubanos detrás de la Cortina de Hierro.

Mucho nos preocupó en el Consejo Revolucionario de Cuba la pasividad inexplicable de Washington. Si no se detenía a los rusos, pensábamos nosotros, ellos se aprovecharían de la ventana que se les había abierto con la expulsión del régimen de Castro del sistema interamericano. En otras palabras, si no actuábamos rápidamente para liberar a Cuba, que se hallaba en una especie de limbo jurídico sin ataduras panamericanas, Moscú podría incorporarla como satélite al bloque soviético y dotarla de ayuda económica y coraza militar.

Algunos analistas políticos sostenían que Kennedy no se había recuperado todavía del apabullamiento que Khrushchev le propinó en la reunión celebrada en Viena en junio de 1961. Llevando a cuestas la ignominia de Girón, el Presidente de los Estados Unidos no pudo reaccionar enérgicamente cuando el envalentonado líder soviético lo arrinconó y amenazó. A los pocos meses, las amenazas se tradujeron en acciones. El Kremlin levantó el tenebroso Muro de Berlín, y la Casa Blanca caviló, vaciló y capituló.

En el caso de Cuba, que por día se agravaba con los embarques militares soviéticos, detectábamos la misma parálisis de Washington que se había producido en Berlín. Esta situación alarmante movió a Miró Cardona a solicitar otra entrevista con el Presidente Kennedy (la cuarta en menos de un año).

La reunión se celebró en la Casa Blanca el 10 de abril de 1962. Asistieron también el Secretario de Justicia y hermano del Presidente, Robert Kennedy, el asesor presidencial para América Latina, Richard Goodwin, y el asistente ejecutivo de Miró, Ernesto Aragón, quien actuó de intérprete.

Según las notas de Aragón, a las que me referiré en capítulos subsiguientes, el Presidente admitió que el "problema de Cuba era esencialmente militar, de seis divisiones", y le ordenó a Goodwin que acelerara el reclutamiento y entrenamiento de unidades de exiliados cubanos dentro del ejército de los Estados Unidos. Miró agradeció la intervención del Presidente para agilizar este programa que se hallaba empantanado, pero dada la envergadura de la operación y las responsabilidades asumidas, pidió que se formalizara la alianza embrionaria con el Consejo.

El Presidente no consideró necesaria la formalización en esos momentos, pero le aseguró a Miró que la acción en Cuba sería conjunta, "no unilateral", y lo exhortó a que prosiguiera la lucha, ofreciéndole de nuevo todo su apoyo.

Pese a las seguridades del Presidente Kennedy, no vimos ningún cambio fundamental en su política vacilante con respecto a Cuba. Aun cuando los soviéticos en junio y julio de 1962 incrementaron sus embarques militares a la Isla, Washington mantuvo su postura de dejar hacer, dejar pasar, y no formuló ninguna advertencia, ni emitió ningún ultimátum.

Por otra parte, los Estados Unidos tampoco nos ofrecieron recursos adecuados para ayudar al movimiento de resistencia en Cuba. Éste estaba recobrando vitalidad después del desastre de Bahía de Cochinos, pero de nuevo se encontraba virtualmente abandonado en su lucha heroica contra las fuerzas superiores de Castro y sus asesores soviéticos.

Desde el complejo penitenciario llamado "El Condado," a unos veinte kilómetros de Trinidad, el régimen cubano dirigía las operaciones contra los patriotas alzados en la Sierra del Escambray. A fin de sitiar, acosar y batir a los insurrectos, Castro movilizó a más de cien mil milicianos, soldados y agentes de seguridad, y se valió del apoyo decisivo de expertos militares soviéticos.

Según Juan Vivés, unos de los miembros fundadores del G-2 de Castro, el teniente coronel de la KGB, Valentín Trujanov, el teniente coronel del Ejército Rojo, Anastas Grigorich, y el coronel-comisario político de la KGB, Mijail Furmanov, concibieron y ejecutaron esta operación monstruosa, que incluyó la evacuación de miles de familias, internación en campos de concentración, contaminación de ríos y arroyos, quema de siembras, exterminio de ganado y aves de corral, detenciones, torturas y fusilamientos en gran escala.

De acuerdo con el testimonio de Vivés, participaron ciento cincuenta especialistas soviéticos en las operaciones logísticas, veinte en los interrogatorios (su jefe fue el psiquiatra militar Yuri Karlinov), y decenas de técnicos en el control de la base. Este equipo contaba con traductores hispano-soviéticos, quienes se hacían pasar por antiguos combatientes de la guerra civil española.[47]

Turbado por los informes pavorosos que recibíamos de Cuba, me reuní en agosto de 1962 con Manuel Antonio de Varona para explorar posibles gestiones enderezadas a lograr el reconocimiento de un gobierno cubano beligerante. El propósito no era vegetar en el exilio con cargos ridículos y títulos pomposos. Nuestro objetivo era crear un vehículo provisional idóneo para canalizar, sin impedimentos legales ni sometimientos deshonrosos, la ayuda económica y militar necesaria para derrocar la tiranía de Castro y sentar las bases para la democratización del país.

Era esencial el concurso de los Estados Unidos, ya que sin él ningún otro gobierno se atrevería a respaldarnos. Mas como el Presidente Kennedy se negaba a reconocer nuestra beligerancia, Varona y yo acordamos hacer un intento discreto por la vía congresional. (Un año antes, Rafael Díaz Balart, con el apoyo del congresista Victor L. Anfuso, promovió por su cuenta esta idea, pero sus esfuerzos denodados fueron infructuosos).

A fin de no poner en peligro las relaciones de Miró con la Casa Blanca, hubo que encontrar un campeón en el Senado que hiciera suyo este proyecto. Ese campión fue el influyente senador demócrata de la Florida, George Smathers, amigo personal del Presidente Kennedy.

El senador Smathers y sus asistentes escucharon mis planteamientos, estudiaron con detenimiento un memorándum que les preparé, e hicieron sus propias investigaciones. Convencido de que había suficientes antecedentes históricos y razones justificadas para reconocer nuestra beligerancia, Smathers decidió impulsar esta iniciativa. Lamentablemente, el Departamento de Estado se opuso al reconocimiento, argumentando entre otras cosas que no

---

[47] Juan Vivés, *Los Amos de Cuba*, Emecé Editores, Argentina, 1982, pag. 99.

existía un estado de guerra con Cuba, y logró que se malograra el proyecto.

A continuación, publico por primera vez el memorándum confidencial que sirvió de base para esta iniciativa.

MEMORÁNDUM

Re: Reconocimiento de un gobierno cubano
"de facto" beligerante.

1. Con anterioridad a la invasión del 17 de abril del pasado año, las relaciones entre los exiliados cubanos y el gobierno de los Estados Unidos mantuvieron un carácter secreto. Dichas relaciones emanaron de un pacto o alianza embrionaria entre distintos grupos de exiliados cubanos, que constituyeron el Frente Revolucionario Democrático, y funcionarios norteamericanos (principalmente de la CIA), que actuaban reservadamente a nombre de su gobierno.

2. Después de la invasión de Playa Girón, varió la naturaleza de las relaciones con el gobierno de los Estados Unidos. Los referidos funcionarios norteamericanos dejaron de ser el único punto de contacto con los exiliados cubanos. El presidente del organismo rector de la lucha contra el régimen de Castro —llamado ahora Consejo Revolucionario de Cuba— fue recibido públicamente por el Presidente Kennedy con el objeto de discutir cuestiones relacionadas con la crisis de Cuba. La estrecha y ostensible vinculación que el gobierno de los Estados Unidos ha mantenido desde entonces con el Consejo Revolucionario de Cuba equivale, en apariencia, al reconocimiento de un gobierno "de facto" cubano. En la práctica, sin embargo, la situación es muy distinta.

3. El Consejo Revolucionario, al carecer de personalidad jurídica, no tiene potestad para concertar empréstitos. Ello le impide afrontar los gastos necesarios de la guerra y lo obliga a depender de la generosidad de los Estados Unidos. Esta situación hiere el decoro de los demócratas cubanos y fuerza al gobierno norteamericano a incurrir en gastos que pudieran y debieran ser sufragados por el futuro gobierno constitucional de Cuba.

4. En las actuales circunstancias, el Consejo Revolucionario tampoco tiene facultades para concertar alianzas militares. Ello le

impide impulsar la acción armada indispensable y lo hace depender de la ayuda militar norteamericana, que es esporádica, secreta y restringida por el hecho de no existir un gobierno cubano reconocido que la solicite.

5. La situación ambigua en que se encuentra el Consejo Revolucionario de Cuba —respaldado por el gobierno de los Estados Unidos, pero sin los medios necesarios para hacer la guerra— tiende a convertirlo en centro de frustración y discordia.

6. Por otra parte, la actual posición de los Estados Unidos con respecto a Cuba resulta insostenible. No logra aplacar a los comunistas cubanos, que seguirán acusando de intervencionismo al gobierno norteamericano, aunque la ayuda militar que se les ofrezca a los exiliados sea insuficiente o nula. Tampoco satisface a los demócratas cubanos, que reclaman de su histórico aliado la misma ayuda militar que el régimen de Castro recibe públicamente de la Unión Soviética, con violación flagrante de los tratados interamericanos.

7. El reconocimiento de un gobierno cubano "de facto" beligerante —con la garantía del apoyo militar posterior de los Estados Unidos— permitiría superar estas dificultades. Las razones en que se basa esta afirmación son las siguientes:

a) Un gobierno cubano "de facto" beligerante estaría en condiciones de concertar alianzas militares con los Estados Unidos y los demás países que lo reconozcan (que serían prácticamente todos los que han roto relaciones diplomáticas con el régimen de Castro).

b) La fórmula de la alianza militar con un gobierno reconocido permite que los Estados Unidos les ofrezcan abiertamente a los demócratas cubanos la asistencia militar requerida. Dado el potencial bélico con que cuenta el régimen de Castro y el estado de terror que existe en Cuba, no puede pensarse en una simple acción paramilitar con ayuda clandestina de los Estados Unidos. Para producir el desplome de la tiranía comunista, es necesario actualmente una acción armada del exterior —apoyada por el gobierno norteamericano— que les permita a los demócratas cubanos tener, sobre todo, pleno dominio del aire. Ello requeriría el reconocimiento de un gobierno cubano "de facto" beligerante.

c) Esta fórmula tiene la ventaja de conjugar dos factores fundamentales: 1) rebelión cubana bajo la bandera de la autodeterminación de un pueblo que lucha por rescatar su soberanía; y 2) apoyo militar de los Estados Unidos y de otras naciones del Continente, que, de acuerdo con los principios de la legítima defensa y las disposiciones del Tratado de Río de Janeiro y de la Carta de la O.N.U., podrían asistir al gobierno reconocido del pueblo cubano frente a la agresión del comunismo internacional.

8. Es preciso recalcar el impacto psicológico que produciría el reconocimiento de un gobierno cubano "de facto" beligerante, aun antes de llevarse a efecto la acción militar desde el exterior:

a) Estimularía la resistencia en Cuba y provocaría la deserción de un gran número de cubanos que apoyan actualmente al régimen de Castro, porque no ven perspectivas de una acción armada libertadora.

b) Uniría a los exiliados cubanos, que deponen sus ambiciones y olvidan sus discrepancias en la antesala de la guerra. (Así lo hicieron antes de la invasión de Playa Girón).

c) Desmoralizaría a los comunistas en la América Latina, que se crecen con el mito de la invencibilidad del régimen de Castro, y colocaría en posición beligerante a todos los demócratas en este Continente.

d) Sentaría un precedente para que América —decidida a no tolerar la intervención en su suelo de potencias extracontinentales— reconozca la beligerancia de los pueblos que caigan bajo la dominación comunista. (Este precedente no incluiría, desde luego, conflictos políticos de carácter interno en la América Latina.)

e) Le permitiría a los Estados Unidos recuperar el prestigio perdido en este Continente y reafirmar el liderazgo del Mundo Libre.

9. Existen varios precedentes históricos de reconocimiento de gobiernos "de facto" beligerantes por parte de los Estados Unidos. Entre ellos se encuentran los siguientes: reconocimiento del Comité Nacional Polaco, presidido por Román Dmowski y más tarde por Paderewski, en los últimos meses de la Primera Guerra Mundial; de los países bálticos en la propia coyuntura; del Consejo Nacional Checoeslovaco, presidido por Masaryk (Septiembre 3, 1918); y de los Franceses Libres que dirigió el General de Gaulle, después de la rendición de Francia en 1940.

10. El precedente que más se ajusta al caso cubano es el reconocimiento "de facto" del Consejo Nacional Checoeslovaco, a quien los Estados Unidos y otros países revistieron de autoridad adecuada para dirigir los asuntos militares y políticos de los checoeslovacos.

11. Interesa señalar que los Estados Unidos otorgaron dicho reconocimiento a pesar de que el Consejo Nacional Checoeslovaco no representaba a un Estado tradicionalmente independiente, sino a un territorio que históricamente formaba parte del Imperio Austro-Húngaro. Se recordará que, desde 1914, el pueblo checoeslovaco luchó bajo la bandera de dicho Imperio y en alianza con Alemania. En la última etapa de la guerra, los checoeslovacos residentes en Italia, Francia y Rusia crearon un Consejo Nacional Supremo, proclamaron ante el mundo sus aspiraciones independentistas y, con unidades desertoras del ejército austríaco, organizaron regimientos de voluntarios que entraron en acción al final de la guerra.

12. El caso de Cuba no presenta tantas complicaciones, por las razones siguientes:

a) Cuba, república independiente, se encuentra actualmente sojuzgada por potencias extracontinentales. La Doctrina de Monroe, la Resolución Conjunta de 1898 y los tratados interamericanos obligan a los Estados Unidos a rechazar dicha intervención extracontinental y a respaldar al pueblo cubano en la lucha por el rescate de su soberanía.

b) Ya existe un Consejo Revolucionario de Cuba reconocido tácitamente por los Estados Unidos y por un número considerable de repúblicas latinoamericanas.

c) El régimen comunista establecido en Cuba ha sido expulsado del sistema interamericano y, por consiguiente, se encuentra privado de los derechos y garantías inherentes a dicho sistema. La expulsión jurídica del régimen comunista conlleva necesariamente su expulsión física de la Isla de Cuba. De lo contrario, se le estaría otorgando una carta de impunidad y se le dejaría en libertad para ser incorporado por Rusia al Pacto de Varsovia.

d) La situación en Cuba está madura para una sublevación general, si ésta va precedida de una acción militar adecuada desde el exterior.

e) Los Estados Unidos disponen actualmente de una base fortificada en la propia Isla de Cuba, que facilitaría el desarrollo de un plan para constituir y respaldar militarmente a un gobierno "de facto" cubano.

13. Se sugiere la siguiente estrategia para constituir un gobierno cubano "de facto" beligerante, que haga posible la liberación de Cuba del comunismo internacional:

a) Resolución Conjunta del Congreso de los Estados Unidos, recomendando la urgente adopción de todas las medidas necesarias (incluyendo el reconocimiento de un gobierno cubano "de facto" beligerante) para rechazar la intervención en América del comunismo internacional y asegurarle al pueblo de Cuba su derecho inalienable a la libre autodeterminación.

b) Incrementar la resistencia en Cuba como etapa inicial de un plan militar coordinado.

c) Constituir un gobierno "de facto" cubano, con la sede que convenga de acuerdo con las circunstancias. Dicho gobierno, después de comprometerse a cumplir sus obligaciones internacionales con los países del Mundo Libre, solicitaría el reconocimiento de un estado de beligerancia en Cuba, así como de su "status" como gobierno "de facto" beligerante del pueblo cubano.

d) El gobierno "de facto" cubano solicitaría el apoyo militar de los Estados Unidos y demás naciones de este Continente que lo hayan reconocido, al amparo del Tratado Interamericano de Asistencia Recíproca y demás convenios internacionales.

e) Traslado de dicho gobierno a una parte liberada del territorio cubano.

f) Una vez que se haya liberado totalmente el país, el gobierno "de facto" restablecería la Constitución legítima de 1940, con las disposiciones transitorias que sean indispensables para iniciar la reconstrucción de Cuba y celebrar cuanto antes elecciones libres.

La Resolución Conjunta

A fines de julio de 1962, el promedio de barcos soviéticos que atracaban en Cuba aumentó de quince por mes durante la primera mitad del año a treinta y siete. Según los informes que recibíamos de la clandestinidad, los desembarcos se efectuaban por la noche con mucho sigilo bajo el control exclusivo de militares rusos. A mediados de agosto, ya teníamos indicios fidedignos de una invasión soviética en cierne con tropas especializadas y armas estratégicas.

El 20 de agosto, a raíz de la llegada de varios buques con más de cinco mil soldados rusos, el Consejo Revolucionario denunció la "invasión soviética a la Isla cuya estratégica posición geográfica la convierte en la llave del continente americano." El escrito que me tocó redactar agregaba: "Como ayer invadió a Hungría, Rusia invade hoy a Cuba con sus tropas, porque Fidel Castro no puede contener las ansias de libertad del pueblo que esclaviza ni dominar a los que luchan dentro de su territorio. América no puede tolerar impasible que se reedite en su suelo la página sombría de Budapest..."

En nuestra denuncia reclamamos "con urgencia de los gobiernos de América el inmediato cumplimiento del Tratado de Río de Janeiro, la Carta de Bogotá y los recientes acuerdos de Punta del Este, que obligan a rechazar la intervención de las potencias comunistas y a respaldar militarmente al indomable pueblo de Cuba." Y para rematar, incluimos esta admonición: "La hora no admite acuerdos evasivos ni procedimientos dilatorios. La inercia ante la invasión soviética a Cuba sería la rendición del continente americano."

Comentaristas cubanos bien informados como Salvador Lew y Manolo Reyes, entre otros, formularon también sus respetivas denuncias sobre la llegada furtiva de soldados y cohetes estratégicos rusos. Luis Manrara aportó amplia y certera documentación. Por su parte, el Directorio Revolucionario Estudiantil reveló datos alarmantes sobre los desembarcos soviéticos. Pero hizo más que revelar: organizó una expedición armada a Cuba el 24 de agosto, que perforó espectacularmente las defensas costeras del régimen y logró bombardear el hotel habanero donde se hospedaban muchos de los oficiales soviéticos.

Nuestras denuncias fueron tildadas de ridículas por funcionarios norteamericanos. Un vocero del Departamento de Estado dijo que las supuestas tropas soviéticas no eran más que "cuatrocientos o quinientos asesores agrícolas e industriales." Mas no todos en Washington opinaban asi. Hoy se sabe con certeza que el Director de la CIA, John A. McCone, alzó su voz de alarma a fines de agosto, pero desgraciadamente no fue escuchado.

De acuerdo con el tomo de documentos confidenciales sobre la Crisis de los Cohetes que la CIA "desclasificó" en octubre de 1992, McCone le entregó al Presidente Kennedy y a sus principales asesores un memorándum confidencial de fecha 21 de agosto de 1962 en el que confirma la llegada a Cuba de cuatro o cinco mil técnicos y posibles militares del bloque soviético con pertrechos de guerra.

Teniendo en cuenta lo anterior, McCone afirmó que Cuba podría pasar a ser "una cabeza de playa soviética para promover actividades subversivas en todo el Continente, así como una base estratégica dotada de cohetes atómicos de alcance medio y facilidades para la interferencia y el espionaje electrónicos."

Previendo esa posibilidad, McCone recomendó alertar a los pueblos de América y del Mundo Libre, y "comprometer de inmediato las fuerzas militares suficientes para ocupar el país, destruir el régimen, liberar al pueblo, y establecer en Cuba una nación pacífica que forme parte de la comunidad de Estados americanos".[48]

Muchos de los analistas de los servicios de inteligencia de los Estados Unidos no compartieron la apocalíptica premonición de McCone. Sostenían ellos que la Unión Soviética no se atrevería a colocar cohetes estratégicos en Cuba por temor a provocar un enfrentamiento bélico con los Estados Unidos. Esta premisa, que resultó tan falaz como perniciosa, creó un ambiente en Washington de tolerancia y descreimiento. Nada los asombraba ni estremecía. Ante la manifiesta escalada militar soviética en Cuba, parecían

---

[48] *CIA: Documents on the Cuban Missile Crisis*, Washington, D.C., 1992, pags.31-32.

repetir, con inaudita frivolidad, aquello de "no hay novedad, señora baronesa."

McCone, sin embargo, no se dio por vencido. Desde Europa, donde se encontraba en viaje de luna de miel, continuó insistiendo en que los armamentos defensivos que los rusos estaban emplazando en Cuba (i.e., cohetes SAM de tierra a aire) no podían tener otra finalidad que proteger bases ofensivas de cohetes estratégicos MRBM.

El Presidente Kennedy no escuchó las reiteradas advertencias del Director de la CIA. En la conferencia de prensa efectuada el 30 de agosto, el primer mandatario de los Estados Unidos aseveró que "no tenemos información de la llegada de tropas [soviéticas] a Cuba... El principal objetivo [ruso], desde luego, es asistencia debido a la mala administración de la economía cubana que ha creado malestar general, atraso económico y fracasos agrícolas —típico de los regímenes comunistas en tantas partes del mundo. Así que a mi juicio la situación es lo suficientemente crítica como para que ellos tengan que fortalecerla."

Esta insólita postura justificativa e indulgente, que no hizo más que alentar a los rusos en su temerario lance atómico, prevaleció en las más altas esferas de Washington hasta el mismo comienzo de la Crisis de los Cohetes. Prueba de ello es que el 14 de octubre, sólo dos días antes de que Kennedy recibiera las fotografías de los cohetes estratégicos emplazados en Cuba, su Asistente Especial para la Seguridad Nacional, McGeorge Bundy, afirmó en el programa de televisión *Issues and Answers* lo siguiente:

> *"... Yo sé que no hay actualmente ninguna evidencia y creo que no hay probabilidad de que... el gobierno cubano y el gobierno soviético traten en combinación de instalar una gran capacidad [militar] ofensiva... Hasta ahora, todo lo que le han entregado a Cuba cae dentro de la categoría de ayuda que la Unión Soviético le ha suministrado, por ejemplo, a Estados neutrales como Egipto e Indonesia, y no me sorprendería ver más asistencia militar de este tipo. Esto no va a convertir a una isla de seis millones de habitantes, con cinco o seis mil técnicos y especialistas soviéticos, en una amenaza mayor para los Estados Unidos..."*

La subestimación del peligro que se cernía sobre el horizonte determinó en parte que los vuelos de reconocimiento a gran altura sobre Cuba fuesen esporádicos e insuficientes. En vez de aumentarlos en agosto y septiembre al intensificarse la escalada soviética, Washington los suspendió o redujo, no sólo por mal tiempo, sino por temor a crear un incidente con los U-2 como el que acababa de ocurrir en la China. En cuanto a los vuelos de reconocimiento a baja altura, éstos sólo fueron autorizados a partir del 23 de octubre, después de iniciada la crisis.

Estas infaustas decisiones del Departamento de Estado y la Casa Blanca complicaron y retrasaron la obtención de pruebas fotográficas incontrovertibles. Sin embargo, los servicios de inteligencia norteamericanos pudieron contar con otras fuentes valiosas de información: agentes de la CIA en Cuba, personal especializado de embajadas amigas en La Habana, refugiados cubanos y elementos de la resistencia.

Fueron estas fuentes las que, a mediados de septiembre, describieron con bastante precisión un convoy ruso con cohetes estratégicos SS-4 que iba con rumbo a una zona occidental de Cuba donde se había reportado la construcción de bases de cohetes.

La zona en cuestión lindaba con los pueblos de San Cristobal, San Diego de los Baños, Consolación del Norte y Las Pozas, y estaba enclavada en la finca "La Güira" de José Manuel Cortina. Fue allí, según los datos oficiales de la CIA recién "desclasificados," que un avión U-2 de los Estados Unidos tomó el 14 de octubre las primeras fotografías que desencadenaron lo que se ha dado en llamar La Crisis de los Cohetes.[49]

La increible demora de Washington en reconocer y contrarrestar el avance ruso en Cuba movió a algunos analistas a preguntarse lo siguiente: a) falló acaso algún plan subversivo norteamericano para desestabilizar al régimen de Castro e impedir o frenar la sovietización de Cuba? y b) ¿trató Kennedy, por razones políticas, de aplazar el enfrentamiento inevitable con los rusos en Cuba?

---

[49] *CIA: Documents on the Cuban Missile Crisis*, Washington, D.C., 1992, pags. 101-104.

Los documentos de la CIA nos permiten despejar las dudas sobre el particular. En cuanto a la primera pregunta, podemos afirmar que sí hubo un plan secreto, llamado "Mongoose," que aunque no previó el desembarco militar de los rusos en Cuba, contempló actos de acción y sabotaje para fomentar la resistencia en la Isla. Sin embargo, nada serio se hizo en ese sentido. Cuando el Attorney General Robert Kennedy inquirió tardíamente el 4 de octubre de 1962, a sólo 18 días del estallido de la Crisis de los Cohetes, por qué no se habían ejecutado los planes, McCone le contestó que ya se había completado la primera fase —recabar inteligencia, organizar y entrenar— pero que "el sabotaje no había sido autorizado".[50]

En cuanto a la segunda pregunta sobre posibles motivaciones políticas que hayan influido en el curso de los acontecimientos en Cuba, los documentos de la CIA son bastante explícitos. Cuando McCone le mostró al Presidente Kennedy el 11 de octubre de 1962 fotografías de grandes cajas que a todas luces contenían bombarderos IL 28 que los rusos habían desembarcado en Cuba, el Presidente "pidió que dicha información fuese retenida por lo menos hasta después de las elecciones, porque si caía en manos de la prensa crearía una nueva y violenta controversia sobre Cuba en la campaña, y eso afectaría seriamente su independencia de acción."[51]

Nosotros en el Consejo Revolucionario no llegamos a concebir que una situación tan delicada y peligrosa como la escalada militar soviética en Cuba pudiese ser manipulada en Washington por razones electorales. Pero Varona y yo sí estuvimos convencidos de que había que movilizar a la OEA e intensificar la presión congresional para compeler a la Casa Blanca a actuar sin mayor demora.

Teniendo esto presente, aprovechamos la celebración de una reunión informal de cancilleres en Washington, el 14 de septiembre de 1962, para fijar la posición del Consejo Revolucionario de Cuba ante la crisis hemisférica. Transcribo a continuación los párrafos más sobresalientes de nuestro escrito.

---

[50] Ibid, pag. 111.

[51] Ibid, pag. 123.

Exposición del Consejo Revolucionario de Cuba con motivo de la próxima reunión informal de Ministros de Relaciones Exteriores

El Consejo Revolucionario de Cuba, interpretando el sentir del pueblo cubano que lucha contra la dominacíon comunista, tiene el honor de someter a vuestra alta consideracíon el presente documento, referido a la cuestión que motiva la reunión informal de Ministros de Relaciones Exteriores que habrá de celebrarse próximamente en Washington, D.C.

El desembarco en Cuba de miles de soldados y oficiales procedentes del bloque soviético, así como el anuncio de que Rusia continuará enviando a la Isla contingentes de expertos militares y toneladas de modernos armamentos, constituyen una gravísima amenaza y un abierto desafío a todo el Continente.

Esta intervención militar de la Unión Soviética tiene como objetivo consolidar al régimen comunista que esclaviza a Cuba y convertir a la estratégica Isla en una base de infiltración, espionaje, subversión y asalto a la América Latina.

No puede subestimarse el peligro que hoy se cierne sobre todo el Hemisferio. Las violentas embestidas del comunismo internacional se sienten desde el Río Grande hasta la Patagonia. Una honda crisis de autoridad disloca la vida institucional, paraliza el desarrollo económico y perfora el sistema democrático en América. Son los signos incipientes de la anarquía: negros presagios de la dominación soviética...

Este reto continuado e impune de Rusia y su satélite cubano genera tal contagio psicológico, que le permite al imperialismo soviético propagar en América el mito de la inevitabilidad del triunfo comunista. Si Berlín simboliza hoy la determinación de Occidente de defender la libertad, la permanencia en Cuba de un régimen comunista representa la capitulación del Continente americano.

Un ambiente de frustración y desaliento está provocando el colapso político y moral de las democracias en este Hemisferio. Cunde ya la alarma entre los pueblos de América al ver cómo se tolera que los tanques soviéticos derriben el principio cardinal de la no intervencíon, aplasten la autodeterminacíon de los cubanos, y avancen de modo implacable hacia la conquista del Continente...

Hoy, más que nunca, resulta imperativo cumplir los acuerdos regionales. No puede esperarse que el pueblo de Cuba derrote, por sí solo, a un régimen comunista que se apoya en el paredón infamante, el terror policíaco y las tropas soviéticas que invaden la Isla, pisoteando la Doctrina de Monroe y los convenios interamericanos. La sangre que derraman los cubanos tiene que estremecer la conciencia de América, comprometida a rechazar la intervención en su suelo de potencias extracontinentales.

A la obligación de asistir a un pueblo sojuzgado por el comunismo internacional, se une la necesidad de defender a un Continente en peligro. Cuba está siendo convertida por la Unión Soviética en un gigantesco bastión, y las armas que allí se concentran no sólo apuntan al indomable pueblo cubano. Apuntan, también, a los demás países de América y, de modo especial, a los que se encuentran en el área del Caribe, debilitados ya por la creciente subversión castrocomunista.

Ante esta situación, las repúblicas americanas que se consideren directamente amenazadas deben agruparse y respaldar militarmente al pueblo de Cuba, ejerciendo el derecho inmanente de la legítima defensa, reconocido en la Carta de las Naciones Unidas, el Tratado de Río de Janeiro, la Carta de Bogotá y la Resolucíon II de Punta del Este...

Los convenios interamericanos son explícitos y categóricos. No existen omisiones ni obstáculos legales en el camino de la liberación de Cuba y la legítima defensa del Continente. Resulta innecesario y peligrosamente dilatorio adoptar nuevos acuerdos, como no sean los que canalicen la acción militar inaplazable. El momento no es de debates prolongados, sino de decisiones urgentes. No puede repetirse en América el trágico episodio de Bizancio, que sólo reaccionó ante el estruendo de los cañones turcos que derribaron las vetustas murallas del Imperio...

América está en peligro. Fuerzas enemigas asaltan su territorio y siembran la miseria, el terror y la muerte. Que se unan los que estén dispuestos a afrontar este reto y a demostrar en el campo de batalla de Cuba que la esclavitud comunista no puede existir en este Continente de libertad...

Miami, septiembre 14 de 1962.

Manuel Antonio de Varona
Consejero de Relaciones Exteriores

José Miró Cardona
Presidente

Aparte de este escrito, que recibió amplia difusión, les entregamos a los cancilleres amigos un memorándum confidencial que delineaba nuestra estrategia para liberar a Cuba y restaurar la paz en el Hemisferio.

A continuación, los párrafos principales de nuestro memorándum

MEMORÁNDUM

Asunto: Estrategia para liberar a Cuba
        y restaurar la paz in el Hemisferio

1. La reciente llegada a Cuba de miles de soldados y oficiales procedentes del bloque comunista, así como de toneladas de modernos armamentos, indican un incremento ostensible y masivo de la ayuda militar que el régimen de Castro viene recibiendo de la Unión Soviética, con violación reiterada e impune de los tratados...

2. En vista de estos hechos alarmantes, se sugiere la siguiente estrategia:

a) Declarar que la intervención militar de la Unión Soviética en la Isla de Cuba constituye una violación flagrante de los convenios regionales y un peligro inminente para la paz y la seguridad de las repúblicas de América.

b) Adoptar con urgencia medidas de legítima defensa (incluyendo el bloqueo aéreo y naval de Cuba). Estas medidas se adoptarían al amparo del Tratado de Río de Janeiro y de la Resolución II de la Octava Reunión de Consulta, en virtud de la cual "se encarece a los Estados miembros que adopten las medidas que estimen convenientes a los efectos de su legítima defensa individual o colectiva, y cooperen, según sea necesario o conveniente, con el fin de fortalecer su capacidad de contrarrestar las amenazas o actos de agresión, subversión u otros peligros para la paz y la seguridad, que resulten de la intervención continuada en este Continente de las potencias chinosoviéticas".

c) Reconocer un gobierno cubano "de facto" beligerante, que solicitaría el apoyo militar de las naciones que han invocado la legítima defensa.

3. El aislamiento diplomático y el embargo económico son totalmente ineficaces en esta situación. Cualquier acuerdo que no

246

conduzca rápidamente a la acción militar indispensable, le permitirá a Rusia agravar aun más la crisis hemisférica, y hacer muy difícil la liberación de Cuba. La vía adecuada es la legítima defensa de los países amenazados, coordinada con el derecho inalienable que tienen los cubanos de rebelarse contra la opresión y solicitar el apoyo de las naciones leales a la causa de la democracia. No es aconsejable la acción armada al amparo del Artículo 8 del Tratado de Río de Janeiro, porque ésta requeriría la aprobación del Consejo de Seguridad de las Naciones Unidas, que sería paralizado por el veto soviético.

4. El reto de Rusia es tan crudo y desafiante, y la amenaza al Continente tan grave, que si no se actúa con la urgencia requerida, los cubanos se sentirían abandonados y las repúblicas latinoamericanas estarían indefensas frente a la ofensiva cada vez más violenta del comunismo en este Hemisferio. La permanencia en Cuba de un régimen comunistasoviético sería la derrota del Continente americano.

Miami, septiembre 14 de 1962.

Manuel Antonio de Varona
Consejero de Relaciones Exteriores

José Miró Cardona
Presidente

---------- O ----------

Casi todos los cancilleres latinoamericanos se percataban de la gravedad de la situación y se mostraban dispuestos a actuar. Sólo esperaban por el liderazgo de Washington. Visto que ese liderazgo, enervado por la estulticia y la pusilanimidad, no acababa de aflorar, Varona y yo decidimos recurrir al Poder Legislativo y, a través de él, a la opinión pública norteamericana.

Con ese fin, nos entrevistamos con numerosos congresistas y les dimos privadamente toda la información que habíamos recopilado sobre la ominosa transformación de Cuba en un bastión soviético. También lo hizo el Directorio Revolucionario Estudiantil, representado con acierto en Washington por Fernando García Chacón, así como otras organizaciones del exilio.

Muchos de estos congresistas se hicieron eco de nuestras denuncias. Otros dieron a la publicidad datos confidenciales que habían recibido subrepticiamente de los servicios de inteligencia norteamericanos. (Dada la parálisis de la Casa Blanca, los "leaks" o filtraciones de la CIA y del Pentágono eran muy frecuentes).

Uno de los legisladores mejor informados de lo que acontecía en Cuba, y el primero en denunciar el emplazamiento de cohetes estratégicos en la Isla, fue el entonces senador demócrata por Carolina del Sur, Strom Thurmond. Pero el que con más tesón y valentía se enfrentó con datos precisos a la Administración de Kennedy fue el senador republicano por Nueva York, Kenneth B. Keating. Desde el 31 de agosto al 12 de octubre de 1962, Keating pronunció diez discursos en el Senado y formuló cartorce declaraciones públicas sobre la escalada militar soviética en Cuba.

Nos alentaba saber que no estábamos solos; que ciudadanos influyentes de los Estados Unidos compartían nuestra alarma y demandaban acción inmediata para rechazar la invasión soviética en Cuba. Pero en conversaciones con José Manuel Cortina, éste nos recordó que, en política exterior, la única manera efectiva de comprometer a un Presidente irresoluto era mediante una resolución conjunta del Congreso, que tenía fuerza de ley.

Cortina nos instó a que eleváramos un borrador de resolución a los legisladores amigos, pero preocupado de que posteriormente se fuese a mediatizar o lesionar la soberanía de Cuba, subrayó la necesidad de incluir en el texto el pleno reconocimiento del derecho del pueblo cubano a la autodeterminación.

Siguiendo los consejos de Cortina, redacté en inglés un proyecto de resolución conjunta cuyos "por cuantos" invocaban la Doctrina de Monroe, el Tratado de Río de Janeiro y las resoluciones de la Octava Reunión de Consulta adoptadas en Punta del Este en enero de 1962. Y concluí el texto con esta escueta resolución:

Que la existencia en Cuba de un régimen comunista, sometido a los designios imperialistas del bloque sino-soviético, requiere la urgente adopción de todas las medidas individuales y colectivas que se consideren necesarias para proteger la seguridad de los Estados Unidos y de las otras repúblicas de América, repeler la intervención del comunismo internacional en este hemisferio, y asegurarle al pueblo de Cuba su derecho inalienable a la libre auto-determinación."

Armados de este documento, Varona y yo nos entrevistamos en Washington con los senadores George Smathers, Bourke B. Hickenlooper y Strom Thurmond, así como con el representante William Miller, a la sazón "chairman" del Partido Republicano. Estos congresistas de ambos partidos estuvieron de acuerdo en principio con el anterproyecto de resolución conjunta que les presentamos, y nos prometieron impulsar nuestra iniciativa en los comités correspondientes.

Con el apoyo entusiasta de estos legisladores, y de otros que se sumaron con sus propios anteproyectos, la idea de una resolución conjunta sobre Cuba fue cobrando fuerza. El 17 de septiembre de 1962, los comités senatoriales de relaciones exteriores y de las fuerzas armadas celebraron una sesión para discutir la crisis de Cuba y tomar acuerdos pertinentes. En su comparecencia ante dichos comités coligados, el Secretario de Estado, Dean Rusk, quien no quería comprometerse a seguir una línea definida en el caso de Cuba, recomendó la adopción de una resolución concurrente (no conjunta), que sólo expresaría el sentir del Congreso, dejando al Ejecutivo en plena libertad para fijar y ejecutar, a su discreción, la política exterior con respecto a Cuba.

El poderoso "chairman" del comité de la fuerzas armadas del Senado, Richard B. Russell, insistió, sin embargo, en la necesidad de una resolución conjunta, que requiere la firma del Presidente y tiene fuerza obligatoria. Según Russell, expresar el sentir del Congreso mediante una simple resolución concurrente, no era suficiente. Dada la gravedad de la situación en Cuba, era esencial comprometer formalmente a "la única persona en el gobierno americano que podía hablar por los Estados Unidos en relaciones internacionales": el Presidente".[52]

Después de amplio debate, prevaleció la tesis formulada por Russell. Es así que el Congreso de los Estados Unidos adoptó la siguiente resolución conjunta sobre Cuba, que fue firmada por el Presidente como ley el 3 de octubre de 1962 (76 Stat. 697).

---

[52] U.S. Senate Committee on Foreign Relations and Committee on Armed Services, hearings, *Situation in Cuba*, septiembre 17, 1962, pags. 70-72.

Resolución Conjunta

Por cuanto: El Presidente James Monroe, al enunciar la Doctrina Monroe en 1823, declaró que los Estados Unidos considerarían cualquier tentativa por parte de las potencias europeas "para extender su sistema a cualquier parte de este hemisferio como peligrosa para nuestra paz y seguridad"; y

Por cuanto: En el Tratado de Río de 1947 las Partes convinieron en que "un ataque armado por parte de cualquier Estado contra un Estado Americano será considerado como un ataque contra todos los Estados Americanos, y en consecuencia, cada una de dichas Partes Contratantes se compromete a ayudar a hacer frente al ataque, en ejercicio del derecho inmanente de legítima defensa individual o colectiva que reconoce el artículo 51 de la Carta de las Naciones Unidas"; y

Por cuanto: los Ministros de Relaciones Exteriores de la Organización de los Estados Americanos declararon en Punta del Este en enero de 1962: "Que el actual gobierno de Cuba se ha identificado a sí mismo con los principios de la ideología marxista-leninista, ha establecido un sistema político, económico y social basado en esa doctrina, y acepta ayuda militar de potencias comunistas extracontinentales, incluyendo hasta la amenaza de intervención militar en las Américas por parte de la Unión Soviética"; y

Por cuanto: el movimiento comunista internacional ha extendido cada vez más su esfera de influencia política, económica y militar dentro de Cuba; Ahora, por lo tanto,

Se resuelve: Que los Estados Unidos están determinados:

(a) A evitar por cualesquiera medios que puedan ser necesarios, incluyendo el uso de las armas, que el régimen marxista-leninista de Cuba extienda, por la fuerza o la amenaza de la fuerza, sus actividades agresivas o subversivas a cualquier parte de este hemisferio;

(b) A evitar en Cuba la creación o empleo de cualquier capacidad militar apoyada desde el exterior, que ponga en peligro la seguridad de los Estados Unidos; y

(c) A trabajar con la Organización de los Estados Americanos y con los cubanos amantes de la libertad para apoyar las aspiraciones del pueblo cubano a la autodeterminación.

(Interesa consignar que esta Resolución Conjunta sobre Cuba fue ratificada por el Senado de las Estados Unidos en 1982 y 1984, gracias a la feliz iniciativa del Senador Steve Symms del Estado de Idaho y al esfuerzo incansable de nuestro compatriota Claudio Benedí).[53]

---

[53] Ver *Congressional Record – Senate*, Washington, 18 de octubre de 1990, Vol. 136, No. 141 – Parte II.

MEDIUM RANGE BALLISTIC MISSILE BASE IN CUBA

SAN CRISTOBAL

LAUNCH POSITION

MISSILE-READY TENT

MISSILE ERECTOR

LATE OCTOBER

La primera base de cohetes estratégicos fotografiada en Cuba, cerca del pueblo de San Cristóbal. (Departamento de Defensa de los Estados Unidos, octubre de 1962)

Cohetería militar estratégica emplazada por la Unión Soviética en Cuba.
(Departamento de Defensa de los Estados Unidos, 1962)

La Crisis de los Cohetes

El 16 de octubre de 1962 el Presidente Kennedy recibió pruebas fotográficas indubitables de lo que él y casi todos sus asesores habían estado negando: la existencia en Cuba de cohetes estratégicos de alcance medio e intermedio, así como de bombarderos soviéticos, capaces de obliterar las ciudades principales de los Estados Unidos y del resto del Hemisferio.

Según la opinión emitida posteriormente por expertos en la materia, teniendo en Cuba 24 plataformas de lanzamiento de cohetes MRBM y 16 de IRBM, los rusos podían neutralizar el sistema defensivo nuclear de los Estados Unidos (que requería de una alerta de por lo menos 15 minutos), y aumentar en un ochenta porciento su capacidad para asestar el primer golpe atómico ("nuclear first strike capability").

No obstante las graves implicaciones de estos hechos, la reacción inicial de Kennedy fue realmente abúlica y miope. De acuerdo con la grabación de la reunión celebrada el 16 de octubre en la Casa Blanca (copia de la cual obra en mi poder), el Presidente no le dio mayor importancia al emplazamiento de cohetes estratégicos en Cuba. "Pudiera decirse que no hay ninguna diferencia entre ser arrasado por un ICBM (cohete intercontinental) o por uno a noventa millas de distancia," opinó Kennedy. "La geografía no importa tanto."

El General Maxwell Taylor le explicó al Presidente lo que significaba, desde un punto de vista estratégico-militar, la proximidad de cohetes nucleares rusos apuntando a la sien. Otros funcionarios, como el Secretario Adjunto de Estado, Edwin Martin, y el Secretario de Hacienda, Douglas Dillon, hicieron hincapié en los efectos psicológicos que producirían dichos emplazamientos si fuesen tolerados por los Estados Unidos. A juicio de ellos, la pasividad de Washington sería interpretada lisa y llanamente como miedo.

McGeorge Bundy apuntó que, según sus cálculos, los soviéticos habían tomado la decisión de enviar cohetes estratégicos a Cuba a principios del verano, y el desplazamiento se había efectuado a partir de agosto. Al escuchar esta afirmación, el Presidente reconoció su fallo y dijo: "Ciertamente nos hemos equivocado respecto a lo que él [Khrushchev] está tratando de hacer en Cuba.

No hay ninguna duda sobre esto...". McGeorge Bundy estuvo de acuerdo, pero eximió de culpa al Director de la CIA, John McCone, el único de los altos funcionarios norteamericano que, con clara pupila, barruntó lo que iba a suceder. "Yeah," admitió el Presidente.

En el curso zigzagueante de la discusión se esbozaron algunas ideas para hacerle frente a la crisis en Cuba. La más desatinada y pueril fue quizás la que formuló el Secretario de Estado, Dean Rusk, quien se mostró partidario de avisarle a Castro, por conducto del Embajador de Canadá en La Habana, que "Cuba está siendo sacrificada, y que los soviéticos se están preparando para destruirla o traicionarla..."

Después de varias horas de deliberación, no se acordó ningun plan concreto de acción, pero el Presidente se convenció de que había que desmantelar o destruir las bases de cohetes estratégicos. La tarea de evaluar en secreto las distintas opciones para lograr ese objetivo fue referida al Comité Ejecutivo del Consejo de Seguridad Nacional.

No fue nada fácil llegar a un consenso. Los asesores militares se inclinaban a un ataque aéreo sorpresivo para destruir las bases. El ex Secretario de Estado, Dean Acheson, abogó también por esta opción, pero el Secretario de Justicia, Robert Kennedy, la rechazó con vehemencia por considerarla un Pearl Harbor a la inversa. "Mi hermano no va a ser el Tojo de los 60," sentenció el Attorney General.

En definitiva, el Presidente se decidió por un bloqueo naval, eufemísticamente llamado "cuarentena," a fin de darle una salida decorosa a los rusos. Unos minutos antes de decretarlo en su histórico mensaje televisado, Kennedy se reunió con los líderes congresionales. Algunos de ellos se opusieron al bloqueo por entender que dilataría el proceso y agravaría la situación. El Senador Richard Russell, partidario de una acción militar inmediata, preguntó, "por qué esperar?" Y, a continuación, agregó: "Si nos demoramos, si damos avisos, si telegrafiamos nuestros golpes, la acción militar se hará más difícil y se sacrificarán más vidas americanas".[54]

---

[54] *CIA Documents on the Cuban Missile Crisis*, Washington, D.C., 1992, pags. 275-279.

Por su parte, el Senador William Fulbright, quien hasta ese momento había aconsejado la coexistencia con Castro, abogó por un ataque aéreo en vez de un bloqueo naval. Midiendo las posibles consecuencias de ambas medidas, el influyente líder senatorial explicó su posición: el bloqueo de barcos soviéticos "es un acto de guerra contra Rusia mientras que un ataque o invasión a Cuba es un acto contra Cuba, no contra Rusia".

El Presidente reiteró su decisión de bloquear a Cuba, sin excluir la posibilidad de ataques aéreos o de una invasión a posteriori, y procedió de inmediato a anunciar la "cuarentena." Su alocución fue electrizante. Describió con dramática claridad la crisis creada por los cohetes rusos; señaló las medidas que iba a adoptar para conjurarla; previno a Moscú de las posibles consecuencias si persistía en su curso suicida, y concluyó con esta tersa admonición: "El precio de la libertad es siempre alto, pero los americanos siempre lo han pagado. Y hay un camino que jamás tomaremos, y es el camino de la rendición o el sometimiento."

Nadie después de la Segunda Guerra Mundial había hablado con tanta firmeza, mesura y autoridad. Avalaban las palabras del Presidente la movilización aérea y naval más imponente que se había visto desde el desembarco en Normandía, así como el respaldo unánime de los miembros de la OEA y de la OTAN.

Durante la semana que conmovió al mundo (22 al 28 de octubre de 1962), Washington ultimó algunos de los planes para una posible invasión a Cuba que Adam Yarmolinsky, Asistente Especial del Secretario de Defensa, y oficiales del Pentágono habían discutido unos días antes en Miami con Miró Cardona, Manuel Antonio de Varona, y el asesor militar del Consejo Revolucionario, capitán Ernesto Despaigne. Estos planes incluían la movilización de las unidades cubanas que estaban siendo entrenadas en Fort Knox, el reclutamiento de fuerzas cubanas adicionales, la incorporación de médicos exiliados disponibles, y el traslado a Cuba de los miembros del Consejo Revolucionario y demás figuras del exilio seleccionadas por Miró para integrar el gobierno provisional.

Paralelamente a estos planes de contingencia ("contingency plans"), el Secretario de Justicia, Robert Kennedy, le pidió al veterano de Bahía de Cochinos, Harry Ruiz-Williams, que se mantuviera en "standby" para una posible operación de paracaidistas en Cuba enderezada a liberar a los presos políticos. La CIA, por su parte, contaba supuestamente con el apoyo de otro ex-combatiente de Girón, Roberto San Román, y unos cincuenta reclutas cubanos, los cuales iban a ser trasladados a Cuba en submarinos para recabar inteligencia militar.[55]

Antecedentes históricos

Interesa hacer aquí un breve paréntesis para darles perspectiva histórica a los hechos que se estaban precipitando.

Mucho antes de que Miró Cardona apareciera en escena, líderes cubanos tuvieron que bregar pragmáticamente con el Coloso del Norte frente a los imperativos de la geopolítica. El 19 de julio de 1898, poco después de que los Estados Unidos le declararan la guerra a España y desembarcaran en Cuba, el general Máximo Gómez le escribió lo siguiente a su Secretario de Hacienda e Interino de Guerra, Ernesto Fonts Sterling:

No pierdan su tiempo en querer organizar cosas de la guerra. Ustedes hicieron muy bien en decirle a Calixto García que se pusiera a las órdenes del Jefe americano. Ellos lo que necesitan es que los ayuden no importa la forma, pues son hombres prácticos. Nuestra organización es inútil para ellos y lo es también para nosotros, pues la disciplina es un mito. El General en Jefe y dicho Consejo (el Consejo de Gobierno) son dos figurones. En cuanto a mí, demasiado he sufrido desde el Marqués porque veía en peligro la independencia de Cuba; pero ahora que la considero asegurada no se pueden exigir sacrificios innecesarios".[56]

Por su parte, el general Calixto García, en carta de 22 de agosto de 1898, le expresó lo siguiente al delegado Estrada Palma:

---

[55] *CIA Documents on the Cuban Missile Crisis*, 1992, pags. 311-312.

[56] Tomado de *El Fin de la Dominación de España en Cuba*, discurso leído por el Coronel Dr. Cosme de la Torriente, Academia de la Historia de Cuba, 1948, pag. 42.

"... La solución que se impone es que los Estados Unidos nombren un Gobernador al ocupar La Habana y que éste gobierne la Isla mientras se hacen las listas electorales, elecciones, Constitución y nombramiento de nuevo Gobierno. Eso es lo único posible, pues en el estado en que estamos no podemos continuar. Hay que disolver el Ejército y para eso se necesita pagarlo, no sólo por la justicia sino por la conveniencia, pues ese dinero ayudará a la reconstrucción del país. No hay otra cosa posible, aunque nos duela. Un solo Gobierno en la Isla, los pueblos regidos por sus Alcaldes —que si es posible deben ser elegidos por el mismo pueblo— y nosotros, los Generales, a trabajar y a dar ejemplo de orden."

"Yo creo que los Estados Unidos no faltarán a su palabra empeñada; pero, si así fuera, siempre habría tiempo para morir, ya que no para vencer. Créame, amigo Tomás, que ni hoy ni nunca seré capaz de causar trastornos a mi patria, a la que deseo ver próspera y feliz. Con mis ambiciones satisfechas, pues he visto el triunfo después de 30 años de lucha, sólo deseo hoy que la sangre derramada no sirva para levantar tiranos".[57]

Al igual que hicieron Máximo Gómez y Calixto García en 1898, Miró Cardona se aprestó a cooperar de lleno con los Estados Unidos en vísperas de un posible desembarco en Cuba a fines de octubre de 1962. Mas queriendo evitar los infortunados desatinos norteamericanos que nublaron la alborada de nuestra independencia, Miró insistió en tener una participación activa en la toma de decisiones clave que afectasen el futuro de nuestra Patria.

A ese efecto, y consciente de la necesidad de fortalecer y ampliar su representación en el exilio, debilitada por luengas pugnas intestinas, Miró me pidió que redactara un llamado a la unión de los desterrados cubanos, sin poses altaneras ni giros rebuscados; con sobriedad, concisión y franca sencillez. He aquí el manifiesto que, con algunas modificaciones, fue firmado y publicado por Miró el 25 de octubre, cuando parecía inminente un desenlace bélico de incalculables proporciones en Cuba.

---

[57] Idem, pag. 43.

Mensaje a todos los exiliados cubanos

En los instantes en que se debate la supervivencia de nuestra Patria y el destino de la humanidad, deseo hacer llegar a todos los exiliados cubanos un mensaje muy personal.

No suscribe este mensaje la persona a quien, para honor suyo, organizaciones revolucionarias e importantes núcleos de combatientes han colocado al frente del Consejo Revolucionario de Cuba. Lo firma un ciudadano sin Patria que sólo aspira a rescatarla de la esclavitud y la barbarie.

Con la mirada clavada en la Cuba de todos, me dirijo a los exiliados: a los que depositaron en mi su confianza, y a los que me negaron su apoyo. A los que me alentaron en los momentos difíciles, y a los que me censuraron a lo largo de este vía crucis de incertidumbres y amarguras.

La hora no es de resentimiento, sino de grandeza. Si ayer nos separó a los exiliados la pasión sectaria, hoy nos tienen que unir el amor a Cuba y la esperanza fundada de libertad.

Bello ejemplo nos ofrecen a diario los que en suelo patrio juntan sus corazones para encarar la muerte. Luminoso precedente acaban de sentar las repúblicas americanas y los demás países del Mundo Libre cerrando filas junto a los Estados Unidos para defender la Democracia a riesgo del holocausto nuclear.

Los exiliados cubanos no podemos menos de deponer ambiciones y superar discrepancias en momentos tan graves. Cuba es el centro de la crisis mundial, y sus hijos tienen que demostrar la solidaridad necesaria para librar la guerra y la voluntad de servicio para consolidar la paz.

Aplacemos las controversias legítimas para cuando hayamos roto las cadenas que estrangulan a nuestra Patria. Tiempo habrá entonces para debatir nuestras ideas en un ambiente de paz, concordia y legalidad.

La tarea ahora es coordinar esfuerzos y aunar voluntades para la guerra emancipadora. Ello requiere elevación en los propósitos y flexibilidad en la forma. Confío no sólo en la visión patriótica de los dirigentes, sino también en la fuerza magnética de los símbolos. La Constitución de 1940 y la bandera que no han podido arriar los traidores aglutinan a todos los que sienten la agonía de Cuba y están consagrados sinceramente a la causa de la libertad.

Quiera Dios que este mensaje llegue a todos los ámbitos del exilio. Está escrito bajo el impulso de fuertes emociones, con la sencillez de quien conoce sus limitaciones y la firmeza de quien acepta sus responsabilidades y espera el concurso de todos sus compatriotas.

Nos encontramos en el umbral de grandes acontecimientos. Los exiliados cubanos tenemos que estar unidos y dispuestos a todos los sacrificios en la hora suprema de la liberación y en la etapa posterior de la reconstrucción.

Miami, octubre 25 de 1962.

JOSÉ MIRÓ CARDONA

---------- o ----------

El 27 de octubre, cinco días después de la alocución de Kennedy, la Crisis de los Cohetes llegó a su clímax. Los rusos no sólo habían derribado un avión norteamericano U-2 cuando volaba sobre Cuba, sino que continuaban sin cesar la construcción de sus bases de cohetes en la Isla. Por otra parte, Khrushchev seguía enviándole a Kennedy mensajes contradictorios y se negaba a detener o cambiar el rumbo de los barcos soviéticos que se acercaban peligrosamente a la zona prohibida del bloqueo.

Ese día, pleno de incertidumbre y tensiones, Miró fue llamado a una reunión urgente en Miami con el "Cuban Task Force" designado por Kennedy. Cuando se le comunicó que una invasión precedida de ataques aéreos a las bases de cohetes parecía inevitable, Miró planteó, a nombre del Consejo Revolucionario, estas tres condiciones: 1) desembarco del Consejo con unidades cubanas incorporadas a las fuerzas expedicionarias; 2) reconocimiento inmediato de un gobierno cubano en armas; y 3) proclama de Miró difundida por radio al pueblo de Cuba.

No sé si todas estas condiciones fueron aceptadas por Washington. Pero lo que sí sé es que al regresar a su casa esa tarde, Miró me pidió que redactara de inmediato una proclama de desembarco. Convencido de que se iban a precipitar los hechos, no quería verse en la posición embarazosa de tener que lidiar tardíamente con el texto de una alocución traducida del inglés, como por poco le aconteció a de Gaulle al efectuarse el desembarco en Normandía.

Cumplí la encomienda. Encerrado en un cuarto de la casa de Miró, escribí a mano el siguiente documento:

PROCLAMA

AL PUEBLO DE CUBA

Hemos regresado a nuestra Patria después de varios años de amargo destierro. Junto a nosotros se encuentran, en estrecha alianza, las fuerzas invencibles de la Democracia.

No venimos con ánimo de venganza, sino con espíritu de justicia. No defendemos los intereses de ningún sector, ni pretendemos imponer la voluntad de ningún caudillo. Luchamos por rescatar el derecho del pueblo cubano a establecer sus leyes y a elegir sus gobernantes. No somos invasores, porque los cubanos no pueden invadir su propia Patria. Aspiramos a la gloria de ser libertadores de una nación que cayó bajo el yugo soviético por la perfidia y la traición de algunos de sus hijos.

Venimos a desterrar para siempre de nuestro suelo el odio que divide a los cubanos, el paredón que ensangrienta los hogares, la miseria que azota los campos y ciudades, y la dominación extranjera que subyuga y degrada a nuestra Patria.

La hora ansiada de la rebelión ha llegado. A los miembros de la heroica clandestinidad les pedimos su concurso para rescatar a los altivos presos políticos, a fin de que todos puedan ocupar el lugar de honor que les corresponde en el Ejército Libertador.

Hacemos un llamamiento a los miembros del Ejército Rebelde y las milicias para que rompan sus vínculos con la tiranía comunista y se incorporen a las fuerzas de liberación. Todo el que abandone las filas enemigas para abrazar la causa de la Democracia, será nuestro aliado en la guerra y nuestro hermano en la paz.

La Patria exige de todos supremos sacrificios. Que cada hombre sea un arranque de rebeldía. Que cada mujer sea una antorcha de patriotismo. Que cada hogar sea una trinchera de dignidad.

¡CUBANO: Arroja de tu Patria la hoz y el martillo del comunismo opresor. Incorpórate a la lucha por el rescate de nuestra independencia. Empuña el fusil de la redención y marcha confiado hacia la victoria, que ya ondea en nuestro cielo la bandera soberana y se escucha en toda Cuba el grito ensordecedor de LIBERTAD!

---------- O ----------

Miró leyó cuidadosamente la proclama. Con visible satisfacción, se la entregó a su secretaria para que la mecanografiara y me dijo, ya de noche, que me fuera a casa y esperara su llamada, que la hora cero estaba muy próxima. Aguardé con impaciencia la llamada decisiva, pero ésta no llegó. A la mañana siguiente la crisis se había disipado y, con ella, la esperanza tan ansiada de liberación.

El desenlace funesto

A los ojos de casi todo el mundo, Kennedy había logrado que los soviéticos capitularan en Cuba sin tener que disparar ni un solo tiro. Hazaña gigantesca del Presidente que muchos consideraron "su hora más brillante."

¿Pero fue realmente el pacto Kennedy-Khrushchev (resultante del cruce de cartas entre ambos líderes) una victoria para la democracia y la paz mundial? Las apariencias apoyan este aserto, pero los hechos lo desmienten. Veamos.

a) Kennedy accedió a levantar el bloqueo sin que se hubiese cumplido la condición esencial de la inspección *in situ* para verificar la retirada de todos los cohetes estratégicos. Ante la negativa de Castro, el rejuego de Moscú y la duplicidad del Secretario General de la ONU, U Thant, la inspección se efectuó desde helicópteros en alta mar. En virtud del procedimiento acordado, que algunos calificaron ingeniosamente de "striptease" o destape, las tripulaciones de los barcos rusos que se llevaban las cohetes de Cuba removieron por unos instantes las lonas que los cubrían para que desde el aire los mirones norteamericanos pudiesen contarlos. (Realmente lo que contaron fueron las cajas cerradas y no los cohetes que supuestamente llevaban dentro.)

Este procedimiento anómalo satisfizo al parecer los requerimientos de Kennedy, no obstante los múltiples informes de cubanos en la Isla que denunciaron el traslado subrepticio de cohetes y otras armas estratégicas a cuevas y túneles acondicionados por los rusos. El propio Secretario Adjunto de Defensa, Roswell L. Gilpatric, tuvo el candor de reconocer públicamente lo siguiente:

"Nosotros nunca supimos cuantos cohetes fueron llevados a Cuba. Los soviéticos dijeron que eran cuarenta y dos. Nosotros hemos contado cuarenta y dos. Vimos menos de cuarenta y dos. Hasta que no haya inspección in situ en la isla de Cuba nunca estaremos seguros de que fueron cuarenta y dos todos los cohetes que los soviéticos llevaron a Cuba... Ellos simplemente han retirado lo que dicen que fueron los

cohetes que trajeron. Su actuación no ha ido más allá de eso.[58]

b) Aunque se hubiese comprobado fehacientemente la retirada de todos los cohetes estratégicos de Cuba, habría persistido la verdadera causa de la crisis: la sumisión de Cuba a los designios expansionistas de la Unión Soviética. Creer que con desmantelar los cohetes se resolvía la crisis es tan absurdo como pensar que removiendo el lecho del adúltero se termina el adulterio.

c) Por otra parte, el bloqueo fue levantado sin que se exigiera o planteara la retirada de los soldados y técnicos militares soviéticos. Esta insólita omisión denota quizás un fallo de los servicios de inteligencia, ya que algunos asesores de Kennedy alegan no haber sabido que Moscú llegó a tener en Cuba una fuerza de ocupación de más de 40,000 hombres. Pero aunque se ignorase el número exacto, nunco debió de haberse aceptado el precedente de tropas soviéticas en Cuba, incluyendo una brigada mecanizada de combate y varios miles de técnicos militares que hasta hace poco permanecieron en la Isla.

d) Otro gran fallo fue no haber definido claramente las llamadas armas y bases "ofensivas" que estarían vedadas en Cuba. Esta ambigüedad le permitió a Moscú posteriormente desplazar a Cuba bombarderos, submarinos atómicos y los equipos más sofisticados de espionaje y rastreo electrónicos.

e) Aunque el desmantelamiento de los cohetes norteamericanos "Júpiter" en Turquía e Italia no figuró publicamente como elemento esencial del Pacto Kennedy-Khrushchev, hoy se sabe con certeza que el Presidente se comprometió en privado a hacerlo. Y esto lo pactó sin consultar con sus aliados en la OTAN, quienes con lealtad y valor habían respaldado a los Estados Unidos durante la crisis. Veremos más adelante el impacto que esto tuvo en la Alianza Atlántica y, sobre todo, en el general de Gaulle.

f) Pero lo más funesto y censurable del pacto Kennedy-Khrushchev fue la promesa o garantía de Kennedy de que Estados Unidos no invadiría a Cuba ni permitiría ningún ataque contra Cuba, desde su territorio o desde el territorio de cualquiera otra

---

[58] Roswell L. Gilpatric entrevistado por Bob Clark en el programa *Issues and Answers* de la cadena ABC el 11 de noviembre, 1962.

nación en este hemisferio. Puede argumentarse que este pacto o compromiso no tuvo validez legal (como señalara con amplia documentación el prestigioso internacionalista cubano Francisco García Amador), o que estuvo sujeto a determinadas condiciones no cumplidas por Moscú. Ello no obstante, el aciago compromiso fue respetado y acatado no sólo por la Administración de Kennedy, sino por todos los demás gobiernos norteamericanos que le sucedieron.

Así, desde una posición de inferioridad militar, con el chantaje de una confrontación nuclear, moviendo cohetes a Cuba como piezas de ajedrez, Moscú logró lo que no tenía antes de la crisis: una garantía norteamericana de no invasión. Esta llegó a maniatar a los exiliados cubanos y a consolidar el régimen de Castro, permitiéndole al Kremlin fortificar a Cuba y utilizarla impunemente como punta de lanza del comunismo en tres continentes.

El connotado intelectual y patriota cubano, Andrés Vargas Gómez, califica este sombrío entente soviéticonorteamericano de protectorado en favor del régimen de Castro, ya que en aras de la "paz mundial" las dos grandes potencias coincidieron en no permitir que se alterara el statu quo en Cuba. Comparto en gran medida el criterio de mi buen amigo Vargas Gómez. Para mí, salvando diferencias históricas, el Pacto Kennedy-Khrushchev viene a ser el Münich de América.

---------- O ----------

A pesar de la euforia contagiosa que produjo la aparente capitulación soviética en Cuba y la marginación de Castro, los miembros del Consejo Revolucionario estaban muy alarmados. No conocían a fondo los términos del Pacto Kennedy-Khrushchev, pero intuían que algo funesto encerraba. Con esa premonición, me pidieron que redactara un documento fijando la posición del Consejo ante el levantamiento del bloqueo. Me tocó escribirlo pocos días después de ese acontecimiento, cuando la inmensa mayoría del mundo aplaudía con alivio el fin de la crisis nuclear. He aquí el texto del escrito firmado por todos los miembros del Consejo.

CONSEJO REVOLUCIONARIO DE CUBA

NUESTRA POSICIÓN

El CONSEJO REVOLUCIONARIO DE CUBA considera un deber ineludible fijar su posición histórica al dejarse sin efecto el bloqueo naval a la Isla de Cuba y mantenerse abierto el proceso de las negociaciones. A ese efecto declara:

1. Es plausible todo esfuerzo honorable encaminado a evitar una conflagración atómica, que no dejaría a su paso vencedores ni vencidos. Preciso es reconocer la cautelosa firmeza con que procedió el Gobierno de los Estados Unidos, consciente de que por primera vez en la historia el choque directo de dos grandes potencias puede provocar el exterminio de la humanidad.

2. Deploramos que se haya levantado el bloqueo aun antes de que la Unión Soviética haya retirado de Cuba los bombarderos pesados, los aviones de reconocimiento y espionaje a gran altura, los "migs" modernos que, con ligeras adaptaciones, son capaces de llevar bombas atómicas; los submarinos rusos que emergen en Banes, Mariel y otros puertos de Cuba; los proyectiles dirigidos que se encuentran emplazados y ocultos en cuevas e instalaciones subterraneas, los miles de soldados y oficiales del bloque soviético que integran unidades de combate en suelo cubano, y aquellas otras armas mortíferas que, siendo evidentemente agresivas contra países vecinos, subyugan al pueblo de Cuba que se desangra porque no acepta vivir sin libertad.

3. Los hechos han demostrado que no se puede confiar en las palabras o promesas de Khrushchev, que es el mismo que ordenó la masacre de Hungría y que aseguró a las autoridades norteamericanas que jamás introduciría en Cuba armas ofensivas que amenazaran la seguridad de los Estados Unidos. A fin de verificar el cumplimiento de los compromisos contraidos por Khrushchev, resulta indispensable la inspección directa y total del territorio cubano por técnicos de organismos internacionales. Pero ello no basta. La permanencia en Cuba de un régimen comunista sería, en todo momento, peligro y afrenta para América.

4. Alzamos nuestra voz de protesta y alarma ante la posibilidad de que, a través de las Naciones Unidas, se le concedan garantías específicas a la tiranía comunista soviética que esclaviza a nuestra

Patria. Tales garantías podrían consagrar la impunidad del mismo régimen que provocó la crisis mundial y que, aun después del desmantelamiento aparente de las bases de cohetes atómicos, continúa lanzando proyectiles de propaganda, destrucción, espionaje y subversión a todo el Hemisferio.

5. Exhortamos a la Organización de los Estados Americanos a que mantenga su plena jurisdicción sobre el caso de Cuba, que, no obstante tener repercusiones mundiales, continúa siendo un problema esencialmente regional. Los convenios interamericanos y, en especial, las resoluciones adoptadas en Punta del Este, impiden la "neutralización" o tolerancia de un régimen comunista en América. El escaño vacante de Cuba en el seno de la Organización de los Estados Americanos es un constante recordatorio de los pactos regionales que hay que cumplir y de la ayuda solidaria que hay que prestar a fin de erradicar el comunismo de Cuba y restaurar la paz en el Hemisferio. Confirmada la abyecta sumisión de Castro a los designios imperialistas de Rusia, no cabe otra alternativa que rescatar en Cuba el derecho inalienable a la autodeterminación, reconocido en todos los tratados, proclamado en todas las conferencias, y defendido en todos los tiempos.

6. Advertimos nuevamente que el aislamiento diplomático y el embargo económico, por sí solos, no derriban al régimen comunista de Cuba, ni merman su fuerza expansiva de perturbación y contagio. Carece de fundamento la tesis de que a la Unión Soviética le resulta demasiado gravoso mantener el satélite del Caribe, que le permite penetrar en el area defensiva de los Estados Unidos y socavar las instituciones democráticas en todo el Continente. La política de aislamiento indefinido —que no aisla a Rusia ni protege a América— facilitaría el avance comunista en el Nuevo Mundo al sentarse el precedente de que las repúblicas americanas que caen bajo la dominación soviética son excluidas de la protección de los Tratados y aisladas del resto del Hemisferio. La crisis de Cuba sólo puede ser resuelta por la fuerza de las armas, empuñadas por los demócratas cubanos y por los que deseen la supervivencia de la libertad en América.

7. Denunciamos ante el mundo la gran conjura comunista, que consiste en levantar el espectro de la guerra nuclear para obtener concesiones, y crear posteriormente un clima de entendimiento y de paz que le permita desarmar políticamente al Hemisferio Occidental

y consolidar la base para la conquista de América. A ello se debe la prolongada estancia en Cuba de Anastas Mikoyan, que promete la paz en el Caribe, al mismo tiempo que prepara a la estratégica Isla para realizar la subversión total del Continente.

8. Estamos a tiempo para evitar que se consuman los planes siniestros del comunismo internacional. Nos estimula ver a muchas repúblicas americanas en la trinchera del deber. Los demócratas cubanos, por nuestra parte, redoblamos nuestros esfuerzos para alcanzar la victoria. No nos detienen las negociaciones, por lo mismo que éstas tampoco detienen al régimen comunista, que continúa asesinando a los cubanos y cometiendo actos de terrorismo y sabotaje hasta en los propios Estados Unidos. Esperamos recibir la ayuda militar necesaria para derrotar a las fuerzas comunistas atrincheradas en Cuba. Credenciales nos sobran para obtener esta ayuda indispensable que establecen los Tratados. Una montaña de cadáveres se alza en Cuba para desafiar al tirano y estremecer a América. Miles de cubanos de todas las edades se han alistado en el ejército de esta gran nación, que se ha comprometido en la solemne y categórica Resolución Conjunta de septiembre de este año, a "trabajar con los cubanos amantes de la libertad para apoyar las legítimas aspiraciones del pueblo de Cuba a su autodeterminación". Esta es nuestra bandera de lucha, y con ella avanzaremos hasta clavarla en el territorio liberado de nuestra Patria.

Miami, noviembre 27 de 1962.

Rescate Democratico Revolucionario   *JOSÉ MIRÓ CARDONA*
Dr. Raúl Méndez Pírez   Presidente

Movimiento de Recuperación Revolucionaria
Dr. César Baró   *Dr. Manuel A. de Varona*

Movimiento Demócrata Cristiano   *Sr. Sergio Carbó*
José Fernández Badué   *Dr. Antonio Maceo*

Movimiento Revolucionario "30 de Noviembre"
Sr. Orlando Rodríguez   *Sr. Ricardo Lorié*

Agrupación Montecristi   *Com. Higinio Diaz*
Dr. Francisco Carrillo

Acción Revolucionaria Democrática
Sr. Gerardo Quesada

Frente Obrero Revolucionario Democrático
Sr. Pascasio Lineras

Sector Profesional
Dr. Enrique Huertas

Sector Militar
Coronel José E. Monteagudo

Corporaciones Económicas de Cuba,
Dr. Tulio Díaz Rivera

Directorio Magisterial Revolucionario,Antonio F. Silio
Dr. Oscar de la Vega —Secretario—

---------- **O** ----------

El resultado de la Crisis de Octubre tuvo también un impacto negativo en los aliados de los Estados Unidos. En particular, el compromiso de Kennedy de retirar los cohetes Júpiter de Europa y de no invadir a Cuba estremeció al Presidente de Francia, Charles de Gaulle.

De acuerdo con el respetado escritor norteamericano C. L. Sulzberger, el General de Gaulle le había dicho a Richard Nixon cuando éste era vicepresidente: "Cuando la Unión Soviética desarrolle su capacidad para atacar las ciudades de Norteamérica, uno de vuestros sucesores no estará dispuesto a ir a una guerra nuclear por nada menos que un ataque atómico a Norteamérica."

"Para el General —apuntó Sulzberger— este vaticinio se vio confirmado en la confrontación cubana de 1962. Una vez que los rusos habían emplazado cohetes nucleares en el Caribe, acordaron retirarlos únicamente si Washington retiraba sus cohetes de Turquía y si prometía dejar a Castro tranquilo. De Gaulle razonó: 'Si los americanos no están dispuestos a pelear por Cuba a 90 millas de los Estados Unidos, tampoco pelearán por Europa a 3500 millas de distancia. Debo, pues, sacar conclusiones de todo esto'."[59] Y como bien señaló Sulzberger, estas conclusiones movieron a de Gaulle a desvincular parcialmente a Francia de la OTAN y a desarrollar su propia fuerza nuclear.

---

[59] C. L. Sulzberger en el *International Herald Tribune*, 3 de marzo de 1986.

Nikita Khrushchev y Fidel Castro saludando a la multitud en la Plaza roja de Moscú, después de la Crisis de los Cohetes. (AP / Wide World Photos, mayo de 1963).

No fuimos nosotros los únicos en oponernos al Pacto Kennedy-Khrushchev. En Washington los jefes del Estado Mayor Conjunto también manifestaron privadamente su inconformidad y alarma. Cuenta el historiador Michael R. Beschloss que cuando el Presidente los felicitó por su actuación durante la Crisis de los Cohetes, el almirante Anderson exclamó: "Nos han timado! (*we have been had*). El jefe de la Fuerza Aérea, general Curtis LeMay, dio un manotazo en la mesa y dijo: Es la derrota más grande en nuestra historia, Sr. Presidente... Debemos invadir hoy! McNamara miró a Kennedy y observó que estaba en shock. Tartamudeaba en su respuesta".[60]

Según Beschloss, el Presidente le dijo a Schlesinger que durante la última semana de la campaña congresional los republicanos podrían "atacarnos sobre la base de que tuvimos la oportunidad de deshacernos de Castro y, en vez de aprovecharla, acabamos por protegerlo contra toda invasión. Le estoy pidiendo a McNamara que me dé los estimados de pérdidas humanas si hubiéramos intentado una invasión... Los militares están locos. Eso es lo que ellos querían. Afortunadamente para nosotros tenemos allí a McNamara".[61]

Por su parte, el Comité de las Fuerzas Armadas del Senado de los Estados Unidos ordenó una investigación a fondo de las causas y consecuencias de la Crisis de los Cohetes. Según el informe publicado, no se sabía con certeza cuántos cohetes los rusos habían introducido en Cuba, y no había pruebas concluyentes de que los hubiesen retirado todos.

Los analistas confirmaron que se había observado actividad militar en muchas cuevas y cavernas de Cuba que podrían servir para ocultar armas estratégicas rusas, tales como cohetes móviles de alcance medio. Más allá de los cohetes, los investigadores señalaron con increíble precisión lo que ocurriría si los Estados Unidos tolerasen que Cuba continuara bajo la férula soviética. Veamos las conclusiones del histórico informe.

---

[60] Michael R. Beschloss, *The Crisis Years, Kennedy and Khrushchev 1960-1963*, Edward Burlingame Books, 1991, pag. 544.

[61] Idem, páginas 544-545.

"Nuestro resumen del peligro, actual y potencial, que la presencia soviética en Cuba constituye para las Américas es como sigue:

1. Cuba es una base soviética de avanzada para actividades subversivas y revolucionarias en el Hemisferio Occidental que sirve para exportar agentes, fondos, armas, municiones y propaganda por toda la América Latina.

2. Presumiendo sin concluir que todas las armas estratégicas han sido retiradas, existe siempre la posibilidad de reintroducir cohetes estratégicos y otras armas ofensivas, utilizando las fuerzas soviéticas que permanecen en Cuba para camuflar y proteger esa actividad.

3. Cuba sirve de base de inteligencia de avanzada para la U.R.S.S.

4. El potencial existe para establecer en Cuba capacidad para la guerra electrónica.

5. El vital Canal de Panamá puede ser objeto de ataques clandestinos originados en Cuba.

6. Potencialmente, Cuba es una base desde la cual los soviéticos pueden obstruir nuestras vías aéreas y marítimas clave. Hoy puede ser utilizada para el espionaje eléctronico de nuestras actividades militares en el sudeste de los Estados Unidos y el Caribe.

7. Las pistas de aterrizaje en Cuba pueden servir de bases de reabastecimiento para bombarderos lanzados contra los Estados Unidos desde la Unión Soviética.

8. Bases submarinas soviéticas de avanzada pueden ser establecidas en puertos cubanos con muy poco esfuerzo.

9. La presencia continuada de los soviéticos en Cuba puede requerir una mayor reorientación de las defensas aéreas de los Estados Unidos.

10. Cuba sirve de base para entrenar a agentes de otros países latinoamericanos en técnicas subversivas, revolucionarias y de agitación y sabotaje.

11. La mera presencia de los soviéticos en Cuba afecta adversamente la imagen y el prestigio de nuestra nación. Nuestros amigos en el extranjero con razón pondrán en duda nuestra

capacidad para hacerle frente y derrotar a las fuerzas del comunismo miles de millas allende los mares si no podemos lidiar con la amenaza comunista en nuestra misma puerta".[62]

————————— O —————————

Este informe de los estrategas norteamericanos fue más que certero; fue premonitorio. Envalentonados por el desenlace de la Crisis de los Cohetes, los soviéticos continuaron la fortificación de Cuba, llegando a desplazar a la Isla submarinos atómicos, bombarderos TU-95 que rastreaban toda la costa occidental de los Estados Unidos, así como equipos de espionaje electrónico de la más alta tecnología.

Protegida por la coraza soviética (y por la garantía de no invasión otorgada por Washington), Cuba devino en base de entrenamiento y suministro para apoyar actividades subversivas y militares de los comunistas en diversas partes del mundo —desde el Cuerno del Africa hasta la Cuenca del Caribe, y desde el Río Grande hasta la Patagonia.

Estas consecuencias funestas del pacto Kennedy-Khrushchev repercutieron en los llamados países neutrales o no alineados, los cuales, ante las vacilaciones de Washington, optaron por estrechar sus lazos con Moscú. Nada perjudica más a un gigante que ser timorato. La pusilanimidad del líder incita al desprecio, cuando no a la agresión.

---

[62] Interim Report by Preparedness Investigating Subcommittee of the Committee on Armed Services United States Senate on the Cuba Military Buildup, Washington, DC, 1963.

Los heridos de Playa Girón llegaron a Miami en abril de 1962 para impulsar el canje de prisioneros. En la foto aparece José I. Smith, uno de los valientes expedicionarios lesionado en combate. (*Miami Herald*)

El Presidente Kennedy, en el Orange Bowl de Miami, prometiendo que devolvería la bandera de la Brigada en La Habana libre. (diciembre de 1962)

La renuncia de Miró y la disolución del Consejo

Los demócratas cubanos nos llevamos un gran desengaño con el desenlace de la Crisis de los Cohetes. Sin embargo, a los pocos días de haberse decretado el fin del bloqueo a Cuba, el 23 de diciembre de 1962 para ser preciso, se produjo un acontecimiento que levantó la moral del exilio: la llegada a Miami de casi todos los miembros de la Brigada 2506.

El canje de los prisioneros de Girón por $53 millones en medicinas y comida fue negociado por el prominente abogado norteamericano, James Donovan, en representación del Comité de Familiares constituido por Álvaro Sánchez, Ernesto Freyre, Berta Barreto y Enrique Llaca Escoto, entre otros. Este Comité logró su objetivo, tras múltiples y tesoneros esfuerzos, con la ayuda de una delegación de ex-prisioneros heridos, encabezada por el valeroso brigadista Harry Ruiz-Williams, el respaldo de personalidades como el Cardenal Cushing y el General Lucius Clay, y el apoyo decisivo del Secretario de Justicia, Robert Kennedy.

Impresionante fue la llegada a Miami de los gallardos expedicionarios. Como hubimos de consignar en la nota de prensa emitida por el Consejo, "traían en el rostro huellas de sufrimiento que contrastaban con la altivez de su dignidad. La tiranía comunista logró quebrantar sus cuerpos, pero no pudo abitir su espíritu de rebeldía... Un propósito irrevocable los unía a todos: regresar a Cuba con las armas en la mano para liberarla del vasallaje degradante y brutal de la Rusia Soviética."

"Esta legión de patriotas —afirmamos en esa oportunidad— debe ser la vanguardia de una gran cruzada panamericana contra las fuerzas comunistas que ensangrientan a Cuba y proyectan sombras de esclavitud sobre todo el Hemisferio. América no puede negarle su apoyo a un pueblo hermano que ofrenda sus mejores hijos para rescatar la independencia nacional y evitar el desplome de la democracia en este Continente..."

El júbilo del exilio llegó a su climax el 29 de diciembre, en el Orange Bowl de Miami, cuando el Presidente Kennedy, al recibir en calidad de custodio la enseña de la Brigada, afirmó categóricamente: "Puedo asegurarles que esta bandera le será devuelta a esta Brigada en una Habana libre." Creyendo a ciegas en el

276

simbolismo de esta promesa *sine die*, los desterrados cubanos nos olvidamos por un instante del pacto Kennedy-Khrushchev y ovacionamos al Presidente.

La triste realidad de los compromisos internacionales puso fin a esta euforia pasajera en marzo de 1963, cuando al Alpha 66 y los Comandos L de Tony Cuesta irrumpieron en aguas territoriales de Cuba y atacaron embarcaciones soviéticas que se encontraban en la Isla. El propósito de estas audaces operaciones era forzar la retirada de los rusos y estimular la resistencia, que de nuevo comenzaba a aflorar en distintas partes del país.

Aunque la CIA, al parecer, no era ajena a estas acciones, Washington se vio obligado a arremeter contra los grupos militantes en la Florida cuando Moscú, en forma airada, invocó el malhadado pacto de no invasión. Con todo el poder represivo a su alcance, las autoridades norteamericanas detuvieron a los líderes cubanos directamente involucrados en estos hechos, confinaron a otros en el Condado de Dade, y se apoderaron de todas sus embarcaciones. A fin de aumentar la vigilancia, los guardacostas de la Florida adquirieron seis aviones anfibios adicionales e incrementaron su personal en un veinte porciento.

No conforme con este despliegue de fuerza —no contra Castro, sino contra sus opositores —Washington les pidió a las autoridades británicas en las Bahamas que patrullaran las aguas cercanas para impedir toda incursión a Cuba.

Estas medidas suscitaron un debate acrimonioso. Un notable periodista norteamericano, Henry J. Taylor, se hizo esta pregunta: "¿Quién hubiera podido imaginar la vuelta en redondo que hemos dado? Aquí se había dicho que... el comunismo no era negociable en este Hemisferio. Y ¿qué es lo que ha sucedido? Hemos terminado protegiendo, garantizando y consolidando a la Cuba Roja de Castro y a su destacamento soviético... con todo el poder de la fuerza aérea y de la armada de los Estados Unidos![63]

---

[63] Henry J. Taylor, "Our Cuban Policy's a Leaky Bean Bag," Miami Herald, April 5, 1963.

Los Comandos L, capitaneados por el intrépido Tony Cuesta, se preparan para atacar la embarcación rusa Bakú, anclada en Cuba. (marzo de 1963)

Unas semanas antes de que aconteciera este grave incidente que enardeció las pasiones en el exilio, Miró Cardona, en su carácter de Presidente del Consejo Revolucionario de Cuba, le dirigió dos memorandums al Sr. J. H. Crimmins, coordinador de una nueva oficina para asuntos cubanos que el Departamento de Estado acababa de abrir en Miami. En dichos memorandums Miró planteó la urgente necesidad de articular una alianza para derrocar a Castro, y recomendó que los planes de guerra incluyeran operaciones de comando y sabotaje efectuadas por cubanos con asistencia técnica y financiera de los Estados Unidos. Ante el silencio de Crimmins, quien no se dignó a contestar las misivas de Miró, y las medidas adoptadas contra los grupos militantes del exilio, Miró le pidió a su asistente ejecutivo, Ernesto Aragón, que se trasladara a Washington para tratar de esclarecer y solucionar esta delicada situación.

Según las notas de Aragón (que obran en mi poder), éste pidió una cita con Robert Hurwitch, Deputy Chief of the State Department, Cuban Task Force. La reunión se efectuó el 1º de abril en la oficina de Joseph A. Califano, quien había sido designado como coordinador de los asuntos cubanos en el Pentágono. Estuvo presente, además de Califano, el entonces Teniente Coronel Alexander Haig. Antes de que Aragón pudiera abordar los temas que traía en su agenda, Hurwitch le informó que se daría por terminado a mediados de abril el entrenamiento militar de unidades cubanas en Fort Jackson, Carolina del Sur, y en otras bases de los Estados Unidos. Según lo previsto en ese programa, que fue acordado por el Presidente Kennedy y Miró en preparación de una posible acción futura contra el régimen de Castro, se estaba entrenando la vanguardia cubana que incluía a varios cientos de ex miembros de la Brigada 2506, aviadores y oficiales exiliados.

Sorprendido por la noticia intempestiva que acababa de recibir, Aragón preguntó si la cancelación del entrenamiento militar a las unidades cubanas, así como la falta de respuesta a los memorándums de Miró, significaban un cambio de política del gobierno norteamericano respecto a Cuba y su liberación.

Hurwitch negó que hubiese un cambio de política y aclaró que la terminación del programa de entrenamiento obedecía única y exclusivamente a la carencia de fondos suficientes en el Departamento de Defensa. Asimismo, Hurwitch señaló que los reclutas cubanos, al ser dados de baja, debían inscribirse en las oficinas cubanas del "welfare" y solicitar empleo. En cuanto a los memorándums de Miró, Hurwitch apuntó que no podía opinar sobre ellos porque no los había recibido.

Al concluirse esta reunión, Aragón le hizo llegar a Hurwitch una copia de los memorándums de Miró y llamó a éste a Miami para informarle de todo lo acontecido. Dada la gravedad de la situación, Miró voló enseguida a Washington y solicitó una entrevista urgente con Hurwitch, la cual se celebró en el Departamento de Estado el 3 ó 4 de abril. No hubo necesidad de traducción porque Hurwitch hablaba español correctamente.

Según las notas de Aragón, quien estuvo presente durante toda la conversación, Miró afirmó que estaba convencido de que el gobierno de los Estados Unidos había cambiado su política hacia Cuba, tal vez debido a algún acuerdo con la Unión Soviética relacionado con la Crisis de las Cohetes, y pidió entre otras cosas lo siguiente: a) que de inmediato se pusiera en libertad a los exiliados cubanos que intervinieron en las operaciones de comando y se dejara sin efecto el confinamiento de otros militantes y la incautación de sus embarcaciones; b) que continuara el entrenamiento de las unidades cubanas en Fort Jackson, Fort Benning y Maxwell Air Force Base; c) que se suspendiera la relocalización de cubanos fuera del estado de la Florida, y d) que se precisara el plan militar para derrocar el régimen de Castro, incluyendo operaciones de acción y sabotaje coordinadas con el Consejo Revolucionario de Cuba.

En su respuesta, Hurwitch afirmó enfáticamente que no se había cambiado la política respecto a Cuba, pero que el gobierno de los Estados Unidos tenía planes secretos para resolver el problema comunista cubano que no podían ser revelados ni siquiera a Miró. Éste interrumpió a Hurwitch diciendo que no podían revelarle los planes porque probablemente no existían. Miró agregó que no pretendía conocer los "secretos de Estado," pero sí esperaba y exigía que se le consultara en todo lo que afectase significativamente a su Patria (Cuba), y que no se le presentasen hechos consumados como la inaceptable detención de los comandos cubanos.

Hurwitch reiteró que no había cambio alguno en la política exterior hacia Cuba y que Miró estaba confundido y alterado por estados emocionales. El debate fue subiendo de tono sin que ninguno de los interlocutores cediera en sus puntos de vista, por lo que Miró decidió concluir la discusión diciéndole a Hurwitch más o menos lo siguiente: "Mira, Bob, para terminar este asunto sólo me queda hacer estas solicitudes: pido acción militar colectiva contra el régimen de Castro, me refiero a los Estados Unidos conjuntamente con los demócratas cubanos. Si no quieren hacer lo anterior, solicito para los cubanos del exilio —el Consejo y las distintas organizaciones de combatientes, incluyendo la Brigada y la clandestinidad— la misma asistencia militar y financiera que los soviéticos le brindan a Castro. Y si por cualquier razón no quieren acceder a las alternativas anteriores, concédanle al Consejo un empréstito para que podamos los cubanos solos hacer la guerra contra Castro sin alianzas ni ayuda de ningún tipo que comprometan a los Estados Unidos."

Miró se retiró del Departamento de Estado dispuesto a renunciar, previo informe al Consejo, si no recibía una respuesta satisfactoria a sus planteamientos. Al día siguiente Hurwitch llamó a Aragón para ver si Miró había cambiado de actitud. Al comprobar que Miró se mantenía firme, Hurwitch le pidió que permaneciera unos días en Washington para que se reuniera con el Secretario de Justicia, Robert Kennedy.

La reunión con Bobby Kennedy se celebró dos días después, el sábado, a las 11 a.m., en las oficinas del Departamento de Justicia. Cuenta Aragón, quien fue el único intérprete presente, que Kennedy los recibió como en anteriores ocasiones: con el cuello de la camisa abierto y la corbata colgando; las mangas remangadas y descalzo. Pero esta vez faltó la sonrisa ancha, dentuda y cordial. Su semblante era hosco y el tono glacial. Casi sin saludar a Miró, le dijo que estaba mal informado ya que el gobierno norteamericano no había cambiado su política hacia Cuba. Y agregó: "En ningún momento nadie le ha dicho a usted que los Estados Unidos se han comprometido a una acción militar contra Cuba."

Miró le contestó a Kennedy que "muy al principio, en una oportunidad en que estoy casi seguro que usted estaba presente, se me dijo que el problema de Cuba era un problema militar que requería para su solución de por lo menos seis divisiones, incluyendo por supuesto la mayor cantidad posible de cubanos." Y agregó Miró con un dejo de ironía: "Y al hablar de seis divisiones, no creo que se estaba pensando en brasileños o argentinos, sino en norteamericanos."

Bobby Kennedy rechazó de plano el recuento de Miró, diciendo: "Yo no estuve presente cuando a usted [supuestamente] se le dijo que el problema de Cuba era militar. Eso no es cierto y, además, no existe ningún plan de acción armada contra Cuba." Según Aragón, fue tal el tono cortante de Kennedy, que Miró, bastante alterado, le espetó: "¡Usted es un chiquillo hablando con un profesor universitario... soy uno de tres generaciones de cubanos peleando por la liberación de Cuba... y no le permito a usted que ponga en duda mi palabra!"

Sin siquiera una pausa, Miró agregó: "No entiendo, además, cómo ustedes pueden decir que ayudan a los patriotas cubanos si les impiden llevar a cabo operaciones de comando a Cuba y los detienen cuando las hacen." Kennedy rebatió este punto aseverando que los Estados Unidos no podían tolerar, ni tolerarían, que grupos irresponsables como el Alpha 66 operaran desde el territorio de los Estados Unidos, y que se les aplicarían las leyes norteamericanas con todo rigor.

En el curso de esta acalorada discusión, Miró dijo que a él también se le restringían sus actividades, impidiéndole inclusive visitar a los cubanos que recibían entrenamiento militar en Fort Jackson y otras bases. Esta situación, apuntó Miró, era insostenible, por lo que se veía en la necesidad de presentar su renuncia como Presidente del Consejo e informar a los cubanos por qué lo hacía.

Sorprendido por la irreductible y vehemente postura de Miró, Bobby Kennedy le preguntó: "Dígame, Dr. Cardona, exactamente ¿qué quiere usted?" Miró repitió las tres alternativas que le había esbozado a Hurwitch: acción armada conjunta; asistencia militar y financiera igual a la que los soviéticos le brindaban a Castro, o un empréstito al Consejo para que los cubanos, por sí solos, hicieran la guerra hasta lograr la liberación.

Kennedy le preguntó a Miró: "¿Y de cuanto sería el empréstito que usted pediría?" Miró le respondió que no tenía la menor idea porque todavía no había hecho los cálculos necesarios con sus asesores militares. Kennedy presionó: "Bueno pero diga alguna cifra..."Qué se yo" —replicó Miró— "no puedo dar cifras, pero si insiste, por decir cualquier cosa, cincuenta, cien millones de dólares."

Sin hacer ningún comentario, Bobby Kennedy cambió de tema y expresó que no comprendía por qué Miró quería renunciar, pero si se empeñaba en hacerlo tenía la obligación de consultar previamente con ellos sobre el texto de cualquier documento que quisiera dar a la publicidad. El Attorney General agregó después que había que tener mucho cuidado con lo que se decía, porque podía ser aprovechado por los enemigos de la Administración y podía inclusive afectar la seguridad de los Estados Unidos. Finalmente, Kennedy le pidió a Miró que reconsiderara su postura, que lo pensara unos treinta días, y que después se volvieran a reunir.

Miró, bastante molesto con el sermonete, poniéndose de pie, dijo: "Vine buscando un esclarecimiento del problema cubano... y después de un examen de los hechos y de la información que tengo, llego a la conclusión que ustedes han cambiado la política hacia Cuba y que no piensan hacer ni harán nada para terminar con el régimen de Castro. He propuesto soluciones y fueron rechazadas tácitamente, por lo que mi renuncia es consecuencia de esa negativa. No puedo esperar treinta días, ni pienso consultar con nadie sobre mi renuncia, y asumo toda la responsabilidad por su contenido. Buenas tardes y adiós."

A los pocos minutos de haberse concluido esta explosiva confrontación, Hurwitch se les apareció a Miró y a Aragón, como por encanto, en el apartamento de este último en Washington. Durante casi cuatro horas Hurwitch trató de convencer a Miró de que estaba equivocado en sus premisas y en su decisión. Nada nuevo aportó Hurwitch a la discusión. Con un tonillo monótono se limitó a repetir el sonsonete de "no renuncie, pero si renuncia, enséñenos previamente el texto de sus declaraciones públicas". Miró, exasperado por el ritornelo, llegó a decir en un momento dado: "Mira, Bob, en los últimos dos años he tomado muchos tranquilizantes para poder continuar con fe y creer lo que el gobierno de los Estados Unidos me decía; pero te aseguro que ya no tomaré ni uno más."

Después que Hurwitch se marchó, Miró terminó de mecanografiar él mismo su larga y detallada carta abierta en la que explicaba el motivo principal de su renuncia: el incumplimiento por parte de Washington de los pactos o promesas sobre Cuba. Al día siguiente, Miró y Aragón tomaron el avión y regresaron a Miami. Allí los esperaba un mensaje que decía: "Favor de llamar urgentemente a la Casa Blanca."

Por encargo de Miró, Aragón llamó al número de teléfono indicado y le salió Bobby Kennedy, quien reiteró por enésima vez que ellos esperaban que Miró no renunciara, pero que si lo hacía ellos querían recibir con varias horas de antelación el texto completo de lo que fuera a dar a la publicidad, tal como hizo el Presidente con su alocución durante la Crisis de los Cohetes. Agregó después el Attorney General que ellos todavía consideraban a Miró como un aliado y no como un enemigo, por lo que esperaban que actuara de conformidad y no, repitió, como "enemigo de los Estados Unidos."

Cuando Aragón le dijo que le trasladaría su mensaje a Miró, Bobby Kennedy le pidió que tan pronto tuviera una respuesta llamara a Bob Hurwitch a la Casa Blanca ya que él (Bobby Kennedy) tenía otros asuntos que atender.

Unas dos horas después, Aragón se comunicó con Hurwitch y le dijo que Miró mantenía su decisión de renunciar y que él le entregaría una copia del documento en el momento que considerase oportuno, pero que se hacía responsable de su contenido y que no iba a consultar previamente ni con él ni con nadie.

Según las notas de Aragón, Hurwitch afirmó que esa actitud de Miró creaba un total rompimiento de relaciones con las autoridades de los Estados Unidos, lo que motivaría que ningún otro cubano sería recibido en oficinas o agencias gubernamentales. Por otra parte, Hurwitch le recordó a Aragón que siempre había muchas razones legales para cancelar la "tarjeta verde" o residencia. Cuando Aragón le preguntó si lo anterior constituía una amenaza suya y/o del gobierno de los Estados Unidos, Hurwitch contestó que no, en lo absoluto, que eran únicamente cosas que se piensan ante la actitud tan incomprensible de Miró. Hurwitch manifestó que no había hablado sobre el tema con el Presidente, solamente con Bobby Kennedy y con uno de los "presidential advisers."

Dadas las posibles implicaciones del mensaje sibilino de Hurwitch, Miró le pidió a Aragón que gestionase con el Embajador Gonzalo Facio de Costa Rica unas visas para Miró, su esposa y Aragón (las cuales fueron concedidas), pero ratificó su decisión de proceder con la renuncia. Unas horas antes de presentarla formalmente ante el Consejo, Aragón le llevó una copia a Hurwitch, quien se encontraba en las oficinas del Departamento de Estado en Miami. Al hojear en presencia de Aragón las veintitrés páginas mecanografiadas de la renuncia, Hurwitch no hizo más que exclamar enfurecido: "¡No! ¡El no puede hacer esto! ¡No!" Preocupado por las repercusiones del documento, que más que renuncia era denuncia, Hurwitch le pidió insistentemente a Aragón que lo llevase a ver a Miró. Aragón accedió finalmente, pensando que Hurwitch se calmaría durante el trayecto. No fue así, lamentablemente.

Al llegar a casa de Miró, éste se disponía a salir rumbo a las oficinas del Consejo. Hurwitch, muy exaltado y sin saludarlo, le aventó estos exabruptos: "Pepe, tú no puedes darla a la publicidad... Te has vuelto loco... Sería hacerle un servicio a Fidel Castro y traicionar a los Estados Unidos." Miró, en un tono medio violento, le contestó: "Yo soy cubano y no le debo lealtad a los Estados Unidos. A quien traiciono si mantengo silencio es a mis compatriotas y a mi Patria." Y apuntando con la mano hacia la puerta, le dijo: "Te ruego que salgas inmediatamente de esta casa." Viendo que Hurwitch no reaccionaba, Miró casi le gritó: "¡Sal de aquí! ¡Ni a mí ni a los cubanos los ofendes tú! ¡Vete!"

Aragón acompañó a Hurwitch a buscar un taxi, y mientras esperaban, éste le dijo en un tono mucho más respetuoso y moderado: "Ernesto, yo te pido que me ayudes y hagas razonar a Miró para impedir todo esto. Yo te garantizo que si él espera y no da a la publicidad la renuncia ni deja que se filtre nada de su contenido, podremos llegar a un acuerdo que nos permita seguir trabajando juntos hasta lograr la liberación de Cuba. Te lo aseguro."

Ponderando las palabras de Hurwitch, Aragón le preguntó: ¿Me dices esto como Robert Hurwitch o en tu carácter de alto funcionario del Departamento de Estado?" "Te aseguro" —contesto Hurwitch— "que lo hago con [la investidura] de mi cargo y en nombre del Departamento de Estado. Trasmítele esto a Pepe —que por favor espere. Luego me llamas a la oficina y me avisas si está dispuesto o no a esperar."

Esa misma noche, Miró le rindió al Consejo un amplio y detallado informe de todo lo acontecido, y le dio a conocer el texto de su renuncia. Después de un acalorado debate que se prolongó hasta la madrugada, el Consejo consideró razonable y prudente no hacer efectiva ni publicar de momento la renuncia de Miró, aceptando el compás de espera propuesto por Hurwitch para tratar de superar la grave crisis en las relaciones con Washington.

Para asombro del Consejo y consternación de Miró, el compás de espera no produjo nada positivo. Sólo sirvió para que voceros del Departamento de Estado pudieran iniciar una campaña de denigración contra Miró antes de que éste publicara su renuncia. El objetivo que perseguían era contrarrestar anticipadamente el impacto del documento afirmando que el alegato de Miró era una "burda distorsión de la historia," y que su postura (infiérase chantaje) era intolerable porque amenazaba con denunciar a Washington si no le entregaban $50 millones para hacer la guerra o si no se comprometían a invadir a Cuba. Al rechazar las pretensiones de Miró, el Departamente de Estado sentenció con tono displicente que la política exterior de los Estados Unidos no podía estar "a la merced de refugiados extranjeros."

No pudiendo permanecer callado sin mengua de su honra, Miró formuló la siguientes declaraciones el 17 de abril de 1963, un día antes de ratificar y publicar su renuncia:

"Reiteraré mañana mi renuncia y quedaré en libertad para publicarla. A ello me fuerza el Departamento de Estado, que viola otra vez sus compromisos."

"Al entregar la única copia de la renuncia al señor Robert F. Hurwitch, éste me pidió que no se diera a la publicidad 'a fin de que pudiera superarse en brevísimo tiempo la crisis planteada.' Ello significaba un sacrificio más por parte mía que en estos momentos no justificarían mis compatriotas: el de retirarme en silencio."

"Han transcurrido nueve días. En vez de resolver la crisis, el Departamento de Estado, con el único ejemplar del documento a la vista, mueve todos los elementos del poder ilimitado que posee y los echa en aluvión sobre mí en una campaña de descrédito contra mi persona, sin paralelo en la historia de esta gran nación."

"Me colocan en situación de defenderme y lo haré respondiendo a todos los cargos que se me imputan. Mi destino es el de luchar sin más arma que la razón; pero siempre será preferible 'la dignidad peligrosa a la vida inútil,' como postulaba el Apóstol de nuestras libertades."

José Miró Cardona

A continuación, el texto íntegro de la renuncia de Miró.

Al Consejo Revolucionario de Cuba:

I

Renuncia

1. Cumple a mi deber dirigirme al Consejo Revolucionario de Cuba que presido para presentar la renuncia del cargo que he venido sirviendo hasta el día de hoy, para el cual hube de ser proclamado el 22 de marzo de 1961 por la voluntad unánime de las Organizaciones y personalidades, a las cuales tengo el honor de dirigirme.

2. La razón única de mi decisión irrevocable es de gravedad extrema. Su fundamento podría crear desaliento transitorio en los compatriotas que esperan con ansiedad el minuto de la liberación. A pesar de ello, —con cabal sentido de la enorme responsabilidad que pesa sobre mí, con sereno conocimiento de todas las consecuencias implícitas en mi resolución, que pone fin a un tormentoso conflicto de motivos— un deber de clara lealtad me determina a plantear, con ánimo de superarla, esta crisis necesaria.

II

Recuento histórico

3. Antes de señalar la causa determinante de mi decisión irrevocable resulta obligado realizar, en apretada síntesis, un recuento de los principales acontecimientos acaecidos a partir del 17 de abril de 1961. Me impuse el deber de guardar silencio absoluto acerca de los acuerdos con los Estados Unidos y los planes del Consejo creyendo así prestar un mejor servicio a la causa. Ese criterio me impidió, hasta ahora, aclarar situaciones y

ofrecer la orientación que, de contínuo, demandaba el exilio. Hoy no puede serle negada en modo alguna.

Dos años amargos

4. Los dos años transcurridos, a partir de la derrota del 17 de abril de 1961 han sido, en verdad, duros y amargos para todos los cubanos: para los hombres y mujeres de la clandestinidad sacrificada; para los valientes guerrilleros de la montaña; para los altivos presos políticos; para los heroicos combatientes de Girón; para la población civil de Cuba, dominada por el terror; para la sufrida emigración; para las organizaciones revolucionarias que han visto diezmados sus cuadros de lucha; para el Consejo y para mi que, animado por la fe, he resistido sin flaquezas los embates de enconados adversarios, sin responder, para evitar controversias infecundas, a la crítica limpia de los justificadamente impacientes y a la ponzoñosa diatriba de gratuitos adversarios.

5. A partir del episodio de Playa Girón —que oportunamente esclareceremos en profundidad y extensión, con señalamiento de personas, circunstancias, fechas precisas y detalles complementarios— hemos trabajado con fervor y en silencio para la patria de todos. Para reemprender la ruta después del desastre, pusimos a Cuba por encima de nuestro dolor. Pudimos, por ello, acallar la ira, cerrar la vía al rencor, no escuchar las voces ingratas del orgullo lastimado y de la dignidad ofendida. Y limpio el espíritu de todo sentimiento de hostilidad, comenzamos de nuevo la gran tarea de reconstruir los cuadros de la Revolución deshecha.

Dos fechas importantes: 20 de abril y 4 de mayo de 1961

6. El 20 de Abril de 1961, el Honorable Presidente Kennedy, quien con honestidad ejemplar en un gobernante había asumido ante el mundo la total responsabilidad por el fracaso experimentado, en claros pronunciamientos manifestó también "su decisión de no abandonar a Cuba"; y advirtió al Hemisferio que de no cumplir las naciones de América Latina sus deberes, Estados Unidos cumpliría con los que le venían impuestos por los tratados y convenios interamericanos. Catorce días después, el 4 de mayo, al retornar yo de un viaje a Nicaragua, Guatemala y la Isla de Vieques, realizado por indicación de él, en compañía de los doctores Maceo y Varona, en la búsqueda afanosa de supervivientes, en

entrevista celebrada al efecto, el Presidente Kennedy planteó conmigo el futuro inmediato de Cuba. Sus ofertas de cooperación fueron terminantes y su respaldo, absoluto y total. Por su decisión personal se posibilitó la ayuda económica, con carácter permanente, a las viudas y los huérfanos de los expedicionarios. Se posibilitó, igualmente, la ayuda a las fuerzas clandestinas de Cuba, se proyectó el primer programa de reclutamiento de voluntarios cubanos en distintas unidades militares de los Estados Unidos para un adiestramiento de brevísima duración y agruparlos después con sus jefes naturales en un solo Cuerpo de Ejército, en momento oportuno que discutiríamos juntos. Invité, a su nombre, a Oficiales de las Fuerzas Armadas de Cuba (profesionales, "rebeldes" y de liberación) para recibir cursos especializados en las distintas escuelas de los Estados Unidos destinados a combatir en la Isla de Castro, a más de otros hechos que no es necesario consignar en este momento. El camino recorrido de mayo a octubre de 1961 fue ingrato en ocasiones. No vacilamos en expresar nuestro desacuerdo con métodos y tácticas de colaboradores del Presidente, superados siempre, es forzoso reconocerlo, con espíritu de cooperación. El día 31 de octubre de dicho año se armonizaron todas las diferencias y los acuerdos se concretaron en un "Agreement", que en su día recogerá la Historia.

7. Un solo pensamiento me fortalecía en la fatiga diaria: la seguridad de que nos hallábamos en el camino recto que conducía a la reconquista de la Independencia.

No importaba que los adversarios me negaran el pan y la sal. Cristalizaba en hechos la alianza de los cubanos libres con esta Nación sobre "bases de respeto mutuo" para erradicar el comunismo de la patria de Martí y reafirmar los puntales de la Democracia, en trance de perecer en el Continente americano.

Las actividades del Consejo

8. Las organizaciones revolucionarias representadas en el Consejo coordinaron las acciones a realizar con las fuerzas clandestinas de Cuba y pusieron en marcha los planes acordados. El Organismo que presido tuvo que luchar además en otros frentes. Comparecimos en el mes de octubre ante la Sociedad Interamericana de Prensa para movilizar en favor de Cuba la opinión pública continental. El respaldo de los periodistas del Continente fue

unánime; ante la Comisión de Derechos Humanos de la Organización de los Estados Americanos (Octubre de 1961) para denunciar los crímenes de Castro y detener en seco la ola creciente de los fusilamientos; ante el Senado norteamericano (Diciembre 6 de 1961) para oponernos con muy sobradas razones a la relocalización de los exiliados cubanos a quienes hoy, de modo coactivo, se están dispersando por todo el territorio de la Unión; ante la Comisión Interamericana de Paz de la Organización de los Estados Americanos (26 de Diciembre de 1961), encargada de armonizar y sustanciar las mociones de Perú y Colombia, para ofrecer datos concluyentes acerca de la naturaleza del régimen instaurado en Cuba, de la penetración del mismo en todo el Continente, de sus vinculaciones con la Rusia soviética y la China comunista y de la reiterada infracción de todos los derechos humanos. La relación de entrevistas con diplomáticos y personalidades políticas del Continente se haría interminable.

El honorable Dean Rusk

9. En marcha y las acciones acordadas (noviembre y diciembre de 1961), por las Organizaciones Revolucionarias representadas en el Consejo, el 18 de enero de 1962 sostuvimos una amplia entrevista, gratísima, en verdad, con el Honorable Secretario de Estado para conocer la política a desenvolver en la Conferencia de Cancilleres que habría de celebrarse en Punta del Este, Uruguay. En esa oportunidad fui portador, también, de un mensaje del Directorio Estudiantil Universitario para el ilustre Canciller. Después de analizar la posición de todas las naciones de modo correcto, puso fin a la entrevista con estas palabras: "le aseguro que no se repetirá la Declaración de San José de Costa Rica y le ruego que comunique a su pueblo *que Estados Unidos no permitirá que continúe el Comunismo en Cuba.* Le informaré los puntos de vista de usted al Presidente esta noche. Se mostrará muy complacido al conocerlos. Coincidimos los tres: él, usted y yo".

Punta de Este (Uruguay)

10. De inmediato partimos para el Uruguay. Se discutía allí el destino de nuestra patria. Contribuimos en la medida de nuestra capacidad y de nuestras posibilidades a unificar el pensamiento americano. El Hemisferio se solidarizó cerradamente con la Cuba

del combate y del destierro; se consagró el derecho a la legítima defensa individual o colectiva de las naciones de América en peligro, a más de ser acordadas otras medidas. Fue una jornada brillante y fecunda en resultados. Regresamos con júbilo. Se había concluido un largo, complejo y difícil capítulo, el de las negociaciones diplomáticas, para dar comienzo a otro nuevo: el de la acción militar. Todo indicaba que nos hallábamos en el umbral de los grandes acontecimientos.

Richard N. Goodwin y McGeorge Bundy

11. Al retornar a Miami, después de clausurada la Conferencia de Punta del Este, hubimos de partir para Washington para realizar gestiones urgentes en favor de los prisioneros de guerra, cuyo "status" de tales había sido desconocido por Fidel Castro, que proyectaba ya la turbia maniobra de la celebración del juicio. Fuimos en esa ocasión el doctor Varona y yo. Sostuvimos diversas entrevistas con altos funcionarios del Departamento de Estado y, principalmente, con el señor Richard N. Goodwin, uno de los más cercanos colaboradores del Presidente. Con dicho funcionario, a más de la cuestión de los prisioneros, le planteamos diversos aspectos del problema cubano; pero en esta ocasión rehuía el diálogo. En vez de responder, preguntaba. Su actitud contrastaba, a juicio mío, con las seguridades personales expresadas a mí por el Honorable Presidente en las entrevistas celebradas en 4 de mayo, 13 de julio y reiteradas, por escrito, en carta que me dirigió en 25 de septiembre, con la que se dio termino a una de las crisis a que aludí anteriormente y a la cual puso fin de modo formal el "Agreement" de octubre a que he hecho referencia. Como quiera que el señor Goodwin trataba las cuestiones de Cuba con visible desgano, solicité allí mismo una entrevista con el Presidente Kennedy.

12. Regresamos a Miami, informamos al Consejo y en la espera de que nos fuera concedida la audiencia solicitada, partimos nuevamente hacia Washington. Así lo exigía el anuncio hecho por Castro de iniciar el juicio inicuo e ilegal. En la realización de angustiosas gestiones, a las que habré de referirme de inmediato, reiteré la solicitud de audiencia con el Presidente para el doctor Varona y para mí. Fuimos desviados hacia un nuevo personaje, el señor McGeorge Bundy. La conversación fue cortés, pero fría.

Imprecisión, dilaciones, vaguedades. No comprometía su criterio. Sólo se alteró levemente la serenidad del correcto caballero ante una certera expresión del doctor Varona, en relación con el destino de los prisioneros que habrían de ser juzgados al día siguiente, 29 de marzo. ¡Tremenda vigilia la de todo el destierro! Recuerdo haber declarado lo siguiente: "Impedido de cumplir mis deberes de abogado con los hombres de la Brigada les envío un conmovido saludo. Entre ellos está el hijo mío. Estoy a su lado y orgulloso de él. Que acepte con dignidad su destino. Es un privilegio sufrir y morir por la Patria. Que Dios los ayude".

13) El doctor Varona acordó conmigo que yo permaneciera en Washington hasta la terminación del juicio y que tratara además de entrevistarme con el Presidente Kennedy. Él retornó a Miami. Las gestiones a que hube de referirme anteriormente fueron contínuas. Nos dirigimos a la representación del Nuncio S.S. en Washington, a todos los Embajadores; y por cablegramas a todos los Gobiernos del mundo. No solicitábamos clemencia. Invocábamos las estipulaciones de la Convención de Ginebra sobre "prisioneros de guerra" con el fin de impedir el juicio infame. Cuba era signataria del Convenio. Para satisfacción y para honor nuestro, el Canciller de la República Dominicana, José Bonilla Atiles, fue en la Organización de los Estados Americanos el abogado de la Cuba de Martí. Trabajó de modo infatigable hasta lograr que se acordara una declaración en apoyo de la tesis planteada por el Consejo, con la "inevitable abstención" de México y Brasil. La Organización de las Naciones Unidas fue sorda, como siempre, a nuestras apelaciones. Los neutralistas del inútil y perjudicial organismo tienen un concepto de vía estrecha de los derechos humanos cuando éstos son vulnerados por un régimen comunista.

Robert F. Kennedy

14. En el curso de esos días se produjo una entrevista, que pareció decisiva para los destinos de Cuba, con una persona de indiscutible valimiento y esencialmente ejecutiva. Me refiero al Attorney General, Honorable Robert F. Kennedy. Dicha entrevista la hicieron posible dos periodistas, —en verdad amigos de Cuba— Hal Hendrix y Joe Mallin, ambos de la redacción del Miami News. Dos planteamientos formulé al señor Kennedy. El primero, por su urgencia, fue la liberación de los prisioneros, cuestión que hasta ese

momento había trastornado y dilatado el señor Goodwin. Después de escucharme con singular atención y de meditar acerca de los argumentos expuestos, prometió tomar a su cargo la solución del asunto. Se consagró al mismo con verdadera devoción. La segunda versó sobre el problema de Cuba. Hice una síntesis de toda la cuestión y le mostré preocupación por las diferencias que había observado entre las vaguedades del señor Goodwin y las seguridades del Honorable Presidente. A ello respondió: "No estoy informado de todos los detalles, pero le aseguro que la política del Presidente no ha variado". Me citó para una nueva entrevista, el 10 de abril, mártes, a las cuatro de la tarde.

La entrevista del 10 de abril

15. Después de conversar brevemente con el Attorney General en su despacho el día prefijado, me invitó a concurrir con él a la Casa del Presidente. Fuí, como en ocasiones anteriores, con el doctor Ernesto de Aragón. Allí estaba Richard N. Goodwin. La entrevista con el Presidente duró una hora justa. Fue satisfactoria y esclarecedora. En el curso de la misma analicé la crisis interna de Cuba, la crisis hemisférica, la crisis de desconfianza del exilio y la atormentada posición del Consejo. No fue una entrevista protocolar y fría. Fue un diálogo vivo el que sostuvimos para asegurarme él de modo enfático, concluyente, terminante "que el problema era esencialmente militar de seis divisiones", y que el Consejo "debía contribuir con el mayor contingente posible de combatientes"; que no habría de adoptar una acción unilateral, porque, en un todo de acuerdo con mi criterio, ello sería incurrir en gravísimo error de tremenda resonancia continental. Escuchó con atención mis puntos de vista y reiteró su petición de que los cubanos continuaran adiestrándose en las unidades militares. Al informarle yo que el plan acordado se hallaba en vías de fracaso por las dilaciones en la tramitación, la exigencia excesiva de determinadas condiciones físicas, por el límite de edades acordado y porque no habían sido invitados los oficiales, se dirigió al señor Goodwin en demanda de explicaciones. Este aseguró a mi presencia que yo no le había comunicado mis quejas. "Durante ocho meses, respondí, he venido demandando, casi diariamente, el cumplimiento de lo acordado". Con leve contrariedad, el Honorable Presidente dictó allí mismo órdenes que debían cumplirse de inmediato para el reclutamiento

masivo, con supresión de todos los requisitos posibles y para que se formalizara la invitación a los Oficiales. La entrevista, es obvio, contempló otros aspectos que no me corresponde revelar. Puso fin a la conversación con palabras que no podré olvidar: "su destino es sufrir. No flaquee. Tiene mi apoyo y le reitero mis pronunciamientos anteriores. Exprésele al Consejo mis más cordiales saludos". Salí de la Casa Blanca con la certidumbre de que se aproximaba la liberación de la Patria con la presencia cubana en la vanguardia del combate.

Crisis en el Consejo

16. Regresé a Miami. El ambiente del exilio estaba enrarecido. Se nos atacaba "por no hacer la guerra". La crisis penetró violenta en el Consejo. Se notaron ausencias en la sesión que celebramos para informar de mis gestiones. Los consejeros, con gran sentido de la discreción, no quisieron que fuera demasiado explícito. A petición del doctor Varona, se acordó aprobar los planes y se me otorgó un voto de confianza para instrumentarlos y un voto de felicitación por la patriótica labor realizada por mí. Pudo superarse la crisis interna, pero perdí la colaboración eficaz de figuras relevantes de la vida nacional en los momentos en que más los necesitaba. No valieron súplicas.

El General Lansdale
La cuota azucarera
Viaje a Centro América

17. A partir de ese momento, bajo un tremendo barraje oposicionista del exilio, mientras las organizaciones revolucionarias llevaban a cabo actos en verdad temerarios, realizamos el censo de posibles combatientes; preparamos, sin vetos o exclusiones, las listas de oficiales, dentro de los términos de edades señalados; el General Lansdale vino hasta Miami para discutir conmigo determinados aspectos del problema militar, que no era de fácil solución y que implicaba inevitables dilaciones. Mientras se sustanciaban estas cuestiones, el Consejo defendió el derecho de Cuba a la cuota azucarera en la Cámara de Representantes (25 de mayo de 1962), bajo la dirección del profesor Arturo Mañas, a quien le expreso mi gratitud. Después, por motivos de política internacional, visité las naciones de Centro América y Panamá (junio 7 a 19 de

294

1962), a cuya unidad de pensamiento y de acción se debían en parte los acuerdos de Punta del Este. Los desterrados que allí se encuentran nos recibieron con afecto. Entrevisté a todos los Presidentes y Cancilleres. Se esbozó la visita del Presidente Kennedy, que acaba de tener efecto. Encontramos a las naciones del Istmo unidas, altivas, solidarias de Cuba, pero inermes.

Los reclutamientos. La Reunión de Cancilleres

18. De regreso debimos esperar un lapso más, que era inevitable. Pero fue un período intenso de entrevistas con diplomáticos de la América Latina. Mientras tanto, Khrushchev artillaba la Isla de Castro. Las organizaciones clandestinas rindieron un gran servicio de inteligencia. Muchos fueron los juicios públicos, todos contradictorios, que se formularon sobre las bases de proyectiles y la presencia de tropas rusas. En agosto 25, en conferencia de prensa celebrada al efecto, denunciamos el arsenal de las Antillas y la invasión de las tropas rusas. Solicitamos el bloqueo naval y aéreo de la Isla, alertamos a todas las naciones del Continente. En ese instante se produjo una acción temeraria por lo heroica del Directorio Revolucionario Estudiantil y de la Agrupación Montecristi. Un mes después, tras muchas conversaciones en el Pentágono, se me dio a conocer el programa para el reclutamiento masivo. Me opuse a algunos de sus aspectos. Fueron aceptadas mis objeciones; y el 25 de septiembre el Consejo hizo su proclama "exhortando a los cubanos sin distinción de edad, de credos o de banderías políticas, a deponer todas las actitudes y motivos que los separan y dividen y a incorporarse en muchedumbre a las filas de los combatientes". En octubre 3, (ajustándose todos los factores con sincronización perfecta) se llevó a cabo la Conferencia Informal de Cancilleres. El comunicado emitido era prenuncio de grandes acontecimientos. El Continente cerraba filas. Me sentía seguro, a pesar de las críticas al comunicado que se calificaba de insulso e intrascendente y a la proclama convocando al reclutamiento. No obstante, se nutrieron las oficinas con voluntarios de todas las edades. También las mujeres respondieron presente.

Una reunión más importante: el señor Adam Yarmolinsky

19. En el mes de octubre fui a Chicago, invitado por el "Chicago Council", a pronunciar una conferencia con motivo de la conmemoración del Grito de Yara. Allí fui citado para concurrir a

una junta en la ciudad de Miami con personas de importancia, el domingo 14 a las tres de la tarde. La reunión se celebró. La presidía el señor Adam Yarmolinsky, con la asistencia del señor Robert F. Hurtwitch, funcionario ejemplar del Departamento de Estado, y Oficiales de alta graduación del Pentágono. Por el Consejo concurrimos el Dr. Varona, el Capitán Ernesto Despaigne y yo. La conferencia que tuvo lugar en el Hotel Carrillon, en ese domingo, duró cuatro horas justas. Se nos pedía con urgencia inusitada la incorporación masiva de todos los cubanos en edad militar, aun de aquellos que llegaban día a día de Cuba, "que debían incorporarse antes de inscribirse en el Refugio". Se discutieron todos los aspectos relativos a los Oficiales (rebeldes, profesionales y de liberación). Se estudió el problema que significaba la utilización de aviadores y la triple situación legal de los médicos (refugiados, residentes y ciudadanos norteamericanos). Y la clasificación de "cadres" y de "civil advisers" según se tratara de oficiales profesionales o rebeldes. Esa comisión trabajó toda la noche del domingo y la madrugada del lunes. Los reclutas de Fort Knox se hallaban sometidos a un adiestramiento intensivo. La crisis era inminente. Nos hallabamos a ocho días del 22 de octubre. Me afirmaba en el criterio de que había sido correcto el camino seguido. Una preocupación me atormentaba: la situación de los presos políticos; pero trabajé con más ardor que nunca. Discutimos la situación con las organizaciones revolucionarias del Consejo que alertaron sin indiscreciones sus cuadros de lucha en Cuba. Las Corporaciones Económicas trabajaron a un ritmo acelerado para asegurar los abastecimientos de Cuba en los doce meses siguientes. La discreción fue grande, porque los augures de Miami continuaban desempañando su inagotable función crítica.

El 22 de octubre de 1962

20. Llegó el 22 de octubre. Con la debida antelación fui informado del contenido de la Proclama que el Honorable Presidente debía hacer pública a las seis de la tarde.

El mundo libre vibró de entusiasmo con la Proclama del Presidente Kennedy. Las naciones de la abstención, del neutralismo y de la indiferencia se alinearon junto a los Estados Unidos. Numerosas fueron las que movilizaron sus fuerzas. Los cubanos en Fort Knox estaban alertas, con la impaciencia de la acción.

Concerté todos los arreglos necesarios. El Consejo se declaró en sesión permanente y sus miembros quedaron debidamente localizados. Esperamos. El 23 y el 24 fueron días de tensión insostenible. A las cuatro de la tarde de ese día 24, pendiente del curso de los acontecimientos, se me informó "que las circunstancias variaban, pero no el propósito y que las acciones proyectadas se dilataban por breve tiempo". Khrushchev parlamentaba. Advertí que se entraba en el trampal de las dilatorias jurídicas, lo cual favorecía al soviet y a su comisario del Caribe. Llegó la fecha acordada; se suspendió la "cuarentena", es decir el bloqueo. Decayó el espíritu público. El hecho tuvo resonancia negativa en los campamentos de Fort Knox. Comenzó de modo imponente la marejada de la inconformidad. Renacía con vigor la desconfianza y cundía el derrotismo. Era inútil toda argumentación para detenerlo.

El regreso de los combatientes, Orange Bowl

21. Otro hecho de intenso dramatismo hizo renacer la confianza perdida. Me refiero al retorno de los combatientes de Girón, cuya moral de combate no pudieron quebrar los dos años de prisión. Los que no regresaron, los que sucumbieron en la arena del combate se hallaban presentes en la ausencia. Los supervivientes volvían con la consigna de ellos: la del regreso con decoro para salvar a Cuba. Ese hecho conmovedor fue seguido de otro de enorme trascendencia política. Me refiero a la presencia del Presidente Kennedy en el acto del Orange Bowl. Ante aquellos hombres, castigados por el plomo, al recoger la bandera de la Brigada formuló pronunciamientos de inequívoca alianza. Habló el líder de la Democracia y habló en líder. Sus palabras fueron vibrantes, enérgicas, decisivas y comprometedoras. Reiteró ante el mundo su compromiso con Cuba. Confirmó de ese modo palabras dichas con anterioridad por el Presidente Villeda Morales en la propia ciudad de Miami, —después de haberse entrevistado con el Presidente en Washington: "Pronto, muy pronto, Cuba será liberada".

III

El momento actual

22. A partir de ese instante, con desesperante lentitud, han transcurrido tres meses más. En el curso de los mismos, a contínuos requerimientos, he venido recibiendo las mismas seguridades

ofrecidas con anterioridad. Sin embargo, han ocurrido hechos que las contradicen de modo evidente. Tales son: 1) el continuado cambio de posiciones con la consiguiente cesión de puntos de vista sobre los que Estados Unidos había enfatizado en demasía. Me refiero: a) a la inspección directa sobre el terreno, planteada como cuestión irreductible y transigida por Estados Unidos después de la singular mediación de U'Thant y de la misteriosa visita de Mikoyan a Cuba; b) la retirada de los soldados rusos, —no técnicos en Agricultura cuyo número supera los 20,000 como había informado la clandestinidad de Cuba— a la que se fijó una fecha determinada para la evacuación, pero la cual no acaba de realizarse, a ciencia y paciencia de los Estados Unidos, que debían saber ya que Khrushchev cambiará su estrategia de modo contínuo y sus tácticas de lucha, mil veces si fuere necesario, en la persecución de sus objetivos. Para el comunismo "la palabra de honor no es más que eso; una palabra". El honor, es para ellos un candoroso prejuicio burgués. Estos dos hechos me determinaron a elevar sendos memorándums (febrero 14 y marzo 28) a través de la oficina de Coordinación establecida en Miami con posterioridad al 22 de octubre último y que oportunamente serán conocidos.

Las acciones comando

23. Cursados los Memorandums a que he hecho referencia (del primero de los cuales no había obtenido respuesta) se realizan dos acciones de comandos llevadas a cabo por grupos de cubanos (no de norteamericanos) contra embarcaciones rusas (no americanas) fuera de las aguas jurisdiccionales de este país. Como consecuencia de las mismas, se producen con ritmo vertiginoso seis hechos, desconcertantes los seis, que enumero a continuación:

1) La esclarecedora nota de protesta rusa que advierte a los Estados Unidos que se han violado compromisos.

2) La Nota del Departamento de Estado "censurando la acción cubana realizada", la cual contradice la Resolución Conjunta del Congreso de Septiembre de 1962. Resulta significativo que la acción llevada a cabo por el Directorio Revolucionario Estudiantil y por la Agrupación Montecristi, con anterioridad al 22 de octubre, no recibiera idéntica repulsa.

3) El ataque de Castro a una embarcación norteamericana. Resulta subidamente sospechoso que Fidel Castro observe ¡ahora!

el protocolo de las cortesías diplomáticas, ofrezca excusas y se las acepten. Con anterioridad al acuerdo quebrantado a que alude Rusia en la nota a que hemos hecho referencia, Fidel Castro ametralló el avión que piloteaba el infortunado Rudolph Anderson, sin que se produjera una represalia, y se ha cansado de realizar actos de piratería, de verdadera delincuencia internacional, como el robo continuado de aviones, el ataque a una embarcación pesquera tripulada por norteamericanos, el secuestro de diez cubanos que habitaban en un Cayo, lejos de las aguas territoriales de Cuba y de Estados Unidos. En tales hechos, a la violación del derecho agregó su habitual insolencia. Desde luego, no dio explicaciones.

4) La orden terminante que se ha comunicado a distintos compatriotas confinándolos en el Condado de Dade.

5) El embargo de embarcaciones cubanas, dos de ellas pertenecientes a Organizaciones Revolucionarias del Consejo, para inmovilizarlas y, finalmente,

6) La más insólita y desconcertante de todas las medidas adoptadas: la advertencia a Inglaterra para que impida, o persiga en su caso, a los combatientes cubanos que navegan por las aguas jurisdiccionales de sus posesiones en América. De ese modo Fidel Castro goza de una inmunidad absoluta en la ejecución de los tenebrosos designios de Khrushchev, amparado por la policía marítima más eficiente de las dos potencias de mayor tradición democrática del mundo.

Análisis crítico de las medidas adoptadas

24. Dominado por la incertidumbre, tres razonamientos me oponía para justificar las medidas adoptadas. Son los siguientes:

1) Esas medidas encuentran su justificación en la necesidad de encubrir con actos ostensibles de aparente amistad, una acción bélica de carácter inmediato. La deseché, porque en ese caso se hubieran retenido en el campamento de Fort Jackson a 240 patriotas cubanos que han completado su período de adiestramiento. Se me informó en Washington que serían, a pesar de mi oposición, licenciados en breves días;

2) Las medidas acordadas obedecen, quizá, a que las acciones cubanas comprometen una estrategia de gran profundidad. Deseché también este razonamiento, porque, de acuerdo con lo

convenido, debí estar previamente informado, condición ésta que se cumplió de modo cabal el 22 de octubre de 1962.

3) Las medidas acordadas probablemente obedecen a que no se quiere interrumpir el dilatado proceso de la evacuación de los técnicos rusos, (que integran más de una división de soldados del Ejército de los Soviets) o la excarcelación de los prisioneros norteamericanos. Tampoco me satisfizo, por contradictorio, el argumento. La razón es evidente: En octubre 22 los soldados rusos se hallaban en Cuba, y en prisión los ciudadanos norteamericanos y los cubanos que fueron liberados con mucha posterioridad.

25. Frente a todos los argumentos se imponía la fuerza de los hechos que conducían a esta conclusión: la lucha de Cuba se hallaba en proceso de liquidación por parte del Gobierno. Esta conclusión aparece confirmada, fuertemente confirmada, con la advertencia que cada refugiado ha recibido con el subsidio de este mes, forzándolos a la relocalización. Dice así en su parte final: "Cada refugiado cubano lleva consigo un mensaje del verdadero espíritu de los cubanos, su amor a la libertad y su ansia de convertir la tristeza de abandonar su patria en la inspiración de prepararse para un futuro más brillante en tierras de libertad". Esta disposicion que señala a los cubanos un futuro brillante en una nación que no es la suya, no es autónoma. Quiero decir que está dispuesta por la Oficina de Coordinación que controla, después del 22 de octubre, todas, absolutamente todas las actividades en relación con Cuba.

El viaje a Washington

26. Partí para Washington dominado por el torcedor de la angustia. Mi estado de espíritu en esos momentos fue conocido por un periodista amigo a quien respeto y admiro: Howard Handleman, de la redacción de la Revista *U.S. News and World Report*. "Voy, le dije, en solicitud de que se dejen sin efecto las órdenes dictadas contra los valientes expedicionarios y, principalmente, en busca de claridad para las zonas obscuras de mi pensamiento". En la capital, libre de la presión de los más encontrados criterios que me agitaron durante 48 horas en Miami, después de sereno análisis, adopté en principio la decisión que doy a conocer en el día de hoy. La condicioné, sin embargo, al resultado de mis entrevistas. Mi espíritu se hizo permeable al más leve argumento que me ofreciera un

mínimo sentimiento de seguridad. El destino de Cuba se hallaba en debate.

Las entrevistas en Washington

28. Las respuestas que esperaba a todas las cuestiones planteadas por mí, con serenidad absoluta, pero con verdadera pasión, no despejaron las dudas que en beneficio de los Estados Unidos yo me había planteado. Al no lograr las definiciones obligadas, por cuanto después del 17 de abril de 1961 se comprometieron conmigo a discutir previamente cualquier cambio de política que se intentara, la duda se transformó en certeza. El conjunto de circunstancias a que he hecho referencia constituyen por sí mismas una serie de indicios racionales, vehementes indicios, que conducen, de modo inevitable a las conclusiones siguientes:

Conclusiones

29. *Primera*: Estados Unidos de Norte América ha sido víctima de una jugada maestra de los rusos. Con el espantajo de la instalación de las bases de misiles, que necesariamente tenían que ser fotografiadas, y la rápida aceptación de ser retiradas, al primer requerimiento, Khrushchev proponiendo pactos que no habrá de cumplir ha logrado sus objetivos inmediatos: a) mantener su cuartel de ataque y subversión en el Caribe; b) fortalecer la capacidad militar de Fidel Castro para destruir al primer intento de insurrección; y c) consolidar el régimen comunista en América, primer paso para la coexistencia pacífica, al inmovilizar a los Estados Unidos y con los Estados Unidos al resto del Continente, tan defraudados como los patriotas cubanos y tan desconcertados como ellos respecto al futuro de todos.

30. *Segunda*: Inmovilizados los Estados Unidos, enquistada Cuba en los extraños vericuetos de la guerra psicológica por voluntad de las dos grandes potencias del mundo, en un acuerdo oscuro, se ha hecho necesario inmovilizar también a los patriotas cubanos.

31. *Tercera*: Cuba, heroica y martirizada, maltrecha y hambreada, ha servido de carta de negociación, pese a la americana Doctrina de Monroe, a la "Joint Resolution" de 1898, al Tratado de Asistencia Recíproca de Río Janeiro, a los acuerdos de la Organi-

zación de los Estados Americanos, a las Resoluciones de Punta del Este, a la voluntad soberana de esta Nación expresada en la Resolución del Congreso de Septiembre de 1962, y a las reiteradas ofertas de cooperación recibidas por mí.

Cuarta: Que la Oficina de la Coordinación de los Asuntos de Cuba, de reciente creación y la sucursal de Miami están llevando a cabo una rápida liquidación del proceso cubano que se refleja, entre otros, en los siguientes hechos:

1) la precipitada relocalización, verdadera dispersión de los cubanos;

2) el hecho de impedir a toda costa el establecimiento, aun transitorio, de bases de operaciones a los revolucionarios cubanos fuera del territorio de la Unión y de sus aguas jurisdiccionales;

3) la persecución a los revolucionarios en la forma señalada anteriormente, sometidos ahora a inquisitivos interrogatorios.

IV

Consideraciones Generales

32. Esos son, expuestos en su cruda realidad, los hechos. Las seguridades reiteradamente manifestadas, las promesas constantemente renovadas, han sido quebrantadas de repente, sin previo aviso y sin señalar nuevas rutas. Hasta hoy me animaba, no un optimismo sin base de sustentación, sino un sentido racional de seguridad de que Cuba sería liberada muy pronto por la acción conjunta de fuerzas cubanas y norteamericanas con el apoyo irrestricto, moral y material de la mayoría de las naciones del Hemisferio. Pero se ha producido un violento e inesperado viraje en la política del Gobierno Norteamericano tan peligroso y subitaneo como otro anterior de triste recordación, que no encuentra más explicación razonable que el acuerdo a que alude Rusia protestando por la acción cubana. Es necesario fijar bien este hecho: el ataque a la nave rusa no fue realizado por fuerzas norteamericanas ni aquella se hallaba en las aguas jurisdiccionales de este país. Tal acuerdo habría de ser repudiado con toda vehemencia, no sólo por los cubanos, sino por los hombres libres del Continente. Ninguna potencia podrá torcer el destino de nuestra Patria, porque la libertad nuestra no es ni podrá ser objeto de negociación.

33. Ante esa situación inesperada que destruye en un minuto la paciente labor de dos años que he llevado a cabo, con la confianza total del Consejo, no se me ofrece otra alternativa que resignar el espinoso cargo que he venido sirviendo. Mas a fin de que mi conducta pueda ser juzgada con toda amplitud en todo este largo, interminable proceso que culmina en una desoladora frustración, debo expresar en este instante los principios que, en medio de muchas transigencias, he mantenido rígidamente en el curso de estos dos años.

La Alianza para el Progreso

Primero: He sostenido y sostengo que los "expertos en Latinoamérica" no perciben la inminencia del desastre en todo el Continente. Aseguran que la panacea de todos los males sociales de la patria común la constituye, por sí sola, el Programa de Alianza para el Progreso. Es ciertamente un generoso y necesario esfuerzo, cuyo éxito, a juicio mío, está condicionado a la erradicación del régimen comunista de Cuba.

El aislacionismo y el embargo económico

Segundo: He sostenido y sostengo que es criminal el propósito "aislacionista" que propugnan los que temen a la acción armada. La asfixia económica que se ejerce a través de un embargo total, prolongando "sine die" el martirio de un pueblo que ha llegado a límites insostenibles de su resistencia para provocar la rebelión interna, no puede justificarse si no se preestablece el momento de su terminación. Promover o intentar un movimiento insurreccional determinado por la desesperación sin coordinarlo con acciones bélicas proyectadas desde el exterior, en un pueblo dominado por el terror, conduciría: 1) a reeditar la página sombría de Budapest; 2) a crear el mito de la invencibilidad de Fidel Castro; y 3) a propiciar las negociaciones para un coexistencia que América acaba de repudiar.

El temido conflicto mundial y la revolución permanente

Tercero: He sostenido y sostengo que Khrushchev no desencadenará la guerra mundial por el hecho de la presencia de tropas norteamericanas en conjunción de esfuerzos con los combatientes cubanos. Geográficamente, Cuba se halla fuera de la zona de influencia del Soviet. Khrushchev no provocará el conflicto armado. Lo demostró el 22 de octubre pasado. Por el contrario, amparado por su política de amenazas, aumentará, día a día, su ejército de comunistas locales en distintas partes del Hemisferio y seguirá ampliando sus fronteras en América. La Revolución permanente es su objetivo. Arde ya Venezuela por decisión de Castro, la convulsión es constante en la Argentina y el fermento marxista en todas las demás naciones es prenuncio aterrador de grandes cataclismos.

Cuba fuera del sistema regional

Cuarto: He sido opuesto y me opongo a que el problema de Cuba sea separado del sistema regional y situado dentro de la estrategia mundial que conduce el Comintern de la Rusia imperial para el logro de sus vitandos propósitos de hegemonía. El problema de Cuba es esencialmente regional. Aislarla de la comunidad americana para que en su día, un día cualquiera de un año incierto, se decida unilateralmente el destino de Cuba es totalmente inaceptable para el decoro de los que proponemos una alianza honorable. Ello significaría el desolador naufragio de la soberanía de la Nación. Yo no aceptaré jamás recibir como merced y bajo condiciones una Isla ocupada.

La alianza con los Estados Unidos

Quinto: Hemos dicho y reiterado que la alianza cubano-norteamericana está justificada por razones de profundas raíces en la Historia y conjuga de modo perfecto, dos intereses vitales, permanentes y recíprocos de ambos pueblos: a) la Independencia de Cuba, y b) la seguridad de esta Nación, elementos que dan la tónica e informan el contenido político de la Resolución Conjunta de 21 de abril de 1898. "Cuba es y de derecho debe ser libre e independiente" dijo en esa oportunidad histórica el Poder legislativo de esta nación. En su virtud, los "rough riders" bajo el mando de Teddy Roosevelt y los mambises a las órdenes del Mayor General Calixto García combatieron juntos en las lomas de San Juan y dieron fin al poderío español en América. Esa declaración es de naturaleza permanente. Está en vigor. De ella nacen las relaciones entre Cuba y los Estados Unidos. Hoy nuestra Patria está convertida en una provincia soviética y la seguridad de Estados Unidos se halla amenazada por la fortaleza comunista del Caribe.

Nuestros reiterados planteamientos

Sexto: Por las razones expresadas anteriormente y otras muchas que pudieran agregarse, he propiciado la alianza con los Estados Unidos por entender, con muy sobradas razones, que Cuba debe ser ayudada por todo el Hemisferio. Esa obligación corresponde por igual a todas las Naciones del Continente porque en Cuba se discute en estos momentos la supervivencia de los valores esenciales del hombre y el patrimonio de la civilización occidental: Dios, Patria y Familia; y como consecuencia bienes inestimables, cuales son: Democracia, Independencia, Libertad, Justicia y Bienestar Social. La lucha que viene sosteniendo el patriotismo cubano es algo más profundo que la insurrección de un pueblo contra una dictadura típicamente americana. Es la lucha contra un fenómeno nuevo en la América: la instalación del régimen comunista que para destruirlo reclama el concurso de todos. Así lo exige el cumplimiento inexcusable de los tratados.

Intervencionismo

Séptimo: Soy opuesto a toda forma de intervención en los asuntos políticos internos de otro país cuando, como ocurrió en el pasado, la intervención se realizaba en favor del Poder interventor. Pero en la crisis de Cuba se produce el fenómeno justamente a la inversa. Intervenida evidentemente nuestra Patria por una potencia extracontinental, el Tratado de Río de Janeiro y otros instrumentos internacionales demandan la acción conjunta del hemisferio para dar fin a la intervención. Esos instrumentos declaran expresamente que esta forma de actuar no constituye intervención.

Holocausto

Octavo: He dicho y reiterado hasta el cansancio que pretendemos elevar, por el esfuerzo conjunto, el monumento a la Victoria, no el obelisco al martirio. Por ello, de modo constante, con claridad absoluta, he planeado y ahora una vez más, la conveniencia, la necesidad de establecer una alianza sobre bases de respeto mutuo para una acción militar conjunta. Ello supone "coordinación de todos los esfuerzos" y "presencia cubana en la dirección y ejecución de los planes que se acuerden". Aclaro mi pensamiento: solicitamos coordinación, ofrecimos colaboración, pero no admitimos la exclusión de Cuba del proceso. Nuestra proposición fue rechazada en esta oportunidad. Entonces demandamos, también una vez más, que se nos facilitara análogo potencial bélico al que recibe Fidel Castro de la Unión Soviética, para triunfar solos en el combate o sucumbir todos en holocausto. La respuesta fue tajantemente negativa. Se cerraron todas las puertas. Las ha cerrado inexplicablemente nuestro aliado de 1898.

V

Final

34. Fijados los principios que han orientado mi conducta en este proceso debo decir, para conocimiento, no ya del Consejo, sino de todos los compatriotas, que después de mis últimas conversaciones en Washington, no puedo creer en palabras que esbozan, sin definir, confusas perspectivas de una liberación imprecisa y lejana, negadas por hechos objetivos de presente. Dominado por el espectro de la incertidumbre y perdida la confianza en la realización de las seguridades ofrecidas, no puedo continuar en la posición rectora del Consejo.

35. Cuba, sin embargo, no puede detenerse en su lucha. Necesita hoy más que nunca, de todas sus fuerzas para que cuaje en realidad histórica la Patria que quisieron los fundadores. El Consejo Revolucionario —que ha rendido sin publicidad una labor excepcional que será conocida en su oportunidad para merecer la gratitud de todos— debe estrechar filas y encarar la adversidad, como siempre, con ánimo resuelto; examinar la realidad actual con serena objetividad; revisar la política a desarrollar en relación con Cuba, con la América Latina y con los Estados Unidos, y continuar la áspera ruta. Las fuentes del patriotismo cubano son inagotables, como inagotables son sus reservas morales. ¡Que Dios nos ayude a todos en esta nueva jornada!

36. Dejo el cargo a fin de que sea designado otro cubano que, con parejo amor a la Patria, pero con más capacidad o mayor habilidad que yo pueda lograr mejores auspicios en la contienda empeñada. Dejo el cargo, repito, pero no deserto de las filas. Continuaré luchando como hasta hoy, sin medir las horas, hasta

destruir a Fidel Castro y su régimen de oprobio si antes, por voluntad del Señor, no llega la que nos rescate de toda angustia y todo sufrimiento.

Miami, martes 9 de abril de 1963   *José Miró Cardona*

---------- O ----------

Como era de esperarse, la renuncia de Miró sacudió al exilio y a la opinión pública norteamericana. Algunos de los líderes cubanos que en el pasado lo tildaron de sumiso y "entreguista", jugando la carta norteamericana, ahora lo acusaron de imprudente y alarmista, rompiendo los nexos con Washington. Por su parte, el Departamento de Estado y la Casa Blanca, que antes consideraron a Miró como un hombre honesto y ecuánime, ahora lo presentaron como mendaz y voluble.

¿Qué llevó a Miró al enfrentamiento y la ruptura? Para mí, fue el cansancio, tanto físico como mental, de creer en una alianza sietemesina, anclada en la ilusión más que en la realidad. La chispa la provocó la orden de Washington de hostigar a los grupos militantes que operaban en Miami, desconociendo a Miró y al Consejo. Mas lo que en definitiva arreció su determinación de renunciar fue la incipiente política norteamericana de contemporización con Castro, que Miró llegó a atisbar o presentir después de la Crisis de los Cohetes; algo así como una corriente silenciosa y envolvente de negociación y acercamiento. Y como él mismo me asegurara un día en privado, el hijo del General Miró Argenter no se prestó a jugar el papel infamante del Mariscal Petain.

Aguda fue la percepción de Miró. No obstante una descabellada e infructuosa conspiración urdida por la CIA para eliminar a Castro con la ayuda del comandante Rolando Cubela (Operación AM/LASH), Washington se inclinaba a un "rapprochement" con el tirano. Con ese fin, William Atwood, asesor especial de la delegación de los Estados Unidos ante la ONU, celebró en el otoño de 1963 varias reuniones secretas con el embajador cubano. Atwood seguía instrucciones del Presidente Kennedy, quien, según McGeorge Bundy, "quería iniciar una apertura hacia Cuba para sacar a Castro de la órbita soviética y quizás borrar [la mancha de] Bahía de Cochinos y normalizar la situación."[64] Después del asesinato del Presidente, se suspendieron las negociaciones y se archivó este proyecto.

Al producirse la renuncia de Miró, Manuel Antonio de Varona asumió la presidencia del Consejo. Varona respetó la decisión de su colega, pero no estuvo de acuerdo con la ruptura. El fogoso camagüeyano fustigaba con frecuencia la política norteamericana hacia Cuba, pero sus hondas y a veces explosivas diferencias jamás lo llevaron al rompimiento. Entendía que la ayuda de Estados Unidos era esencial para combatir el eje Habana-Moscú, y que no debíamos quemar las naves.

Fue por ello que el Dr. Varona hizo lo indecible por mantener el Consejo a flote, tratando de limar asperezas y de lograr que Washington continuara la ayuda que le había prestado. No tuvo éxito, y entonces sin desplante ni resentimiento, en un acto de relevo histórico que mucho lo enaltece, disolvió el Consejo y le ofreció su apoyo desinteresado a la organización que despuntaba en esos momentos con más autoridad y fuerza: La Representación Cubana del Exilio (RECE). Fundada y financiada principalmente por el distinguido industrial cubano José M. Bosch, RECE llevó a cabo un referéndum en el exilio en apoyo de una representación constituida por Erneido Oliva, Ernesto Freyre, Aurelio Fernández, Vicente Rubiera y Jorge Mas Canosa. Aunque breve e infructuosa, la labor patriótica de este núcleo gestor marcó un jalón en las luchas azarosas del destierro.

Transcribo a continuación el último documento suscrito por el Consejo Revolucionario de Cuba —una carta abierta de fecha 4 de junio de 1964 que Tony Varona me pidió que redactara, explicando los motivos que determinaron la disolución del Consejo y el apoyo al RECE.

---

[64] Senate Select Committee on Intelligence Activities Interim Report, Alleged Assassination Plots Involving Foreign Leaders, 20 de Noviembre, 1975, pags. 173-174.

CARTA ABIERTA DEL
CONSEJO REVOLUCIONARIO DE CUBA

Miami, junio 4, 1964

Señores Miembros de la Representación Cubana del Exilio

P r e s e n t e. Att: Dr. Ernesto Freyre

Distinguidos compatriotas:

1. Elevados propósitos nos mueven a dirigirles esta carta, que hacemos pública porque consideramos que su contenido interesa a los desterrados cubanos en general.

2. Como ustedes saben, el Consejo Revolucionario de Cuba llegó a forjar una poderosa alianza de organizaciones y personalidades representativas del pueblo democrático de Cuba. En la realización de su trascendente misión, el Consejo propició la creación y el adiestramiento de la primera Brigada que ha librado en América desigual batalla contra las fuerzas opresoras del comunismo. El abandono internacional de que fueron víctimas los miembros de la Brigada en modo alguno empaña el heroísmo que demostraron en las arenas de Girón.

3. Asumiendo simbólicamente la representación del pueblo cubano, el Consejo estableció delegaciones en toda la América que contrarrestaron la feroz campaña comunista y facilitaron la expulsión del régimen de Castro del sistema interamericano. Posteriormente, el Consejo gestionó y logró la creación de unidades cubanas en el Ejército de los Estados Unidos a fin de que los desterrados en edad militar pudieran recibir un adiestramiento intensivo que los capacitara para impulsar la guerra necesaria y urgente.

4. Circunstancias especiales los colocan a ustedes en posición de llevar a feliz término las gestiones patrióticas que iniciara el Frente Revolucionario Democrático y continuara el Consejo Revolucionario de Cuba. La Representación Cubana del Exilio que ustedes integran surge con un respaldo apreciable del destierro y con los medios necesarios para difundir el mensaje dramático de la Cuba irredenta, reclamar el cumplimiento de los tratados interamericanos y articular los planes militares que la situación demanda.

5. Despojados de toda ambición o interés sectarios, sin otro afán que el de dotar nuevamente a los desterrados cubanos de una representación idónea ante los organismos internacionales y los gobiernos aliados, que defienda los supremos intereses de nuestra Patria, los miembros del Consejo Revolucionario de Cuba han acordado respaldar las gestiones que realice la Representación Cubana del Exilio en favor de nuestra causa. Los defectos de forma que observamos e impugnamos antes de celebrarse el Referéndum no son obstáculos insalvables que impidan nuestro respaldo en esta hora trágica en que los cubanos vagan por el mundo sin patria ni libertad.

6. Al ofrecer nuestro desinteresado apoyo a las gestiones patrióticas que realice la Representación Cubana del Exilio, los miembros del Consejo recogen el clamor de los demócratas de Cuba y de América que vienen insistiendo en la necesidad de una representación idónea para concertar alianzas y de una coordinación adecuada para impulsar la guerra. Con el objeto de propiciar la conjunción de las fuerzas democráticas cubanas, el Consejo Revolucionario de Cuba da un paso al frente y exhorta a las demás organizaciones del exilio a que procedan con igual desprendimiento.

7. A fin de evitar la confusión que pudiera producir la existencia de distintas entidades cubanas acreditadas internacionalmente, las organizaciones y personalidades que integran el Consejo Revolucionario de Cuba han acordado su disolución. Esta disolución no afecta la existencia ni la fisonomía de las organizaciones que integran el Consejo, las cuales continuarán ocupando su puesto en la trinchera del deber. Contribuimos así a facilitar las gestiones internacionales de la Representación Cubana del Exilio, que adquiere el sagrado compromiso de rechazar toda maniobra fraudulenta que impida la absoluta erradicación del comunismo en Cuba y el pleno restablecimiento de la democracia representativa, bajo la égida de nuestra Constitución de 1940.

8. Resulta inoportuno enjuiciar la obra realizada por el Consejo Revolucionario de Cuba. La pasión sectaria, unida a los embates del destierro, impiden apreciar sus aciertos, que superan en mucho a sus errores. El Consejo ha estado envuelto en la controversia que siempre acompaña a las organizaciones revolucionarias que dejan a su paso una estela de realizaciones. Esta controversia algún día

cesará, y nuestros más encarnizados adversarios tendrán al menos que reconocer que en esta hora —la más crítica de nuestra historia— el Consejo Revolucionario de Cuba supo dar un ejemplo más de desinterés y grandeza.

Muy atentamente,

Dr. Manuel A. de Varona
Presidente

Dr. Tomás Gamba
Secretario

RESCATE DEMOCRÁTICO REVOLUCIONARIO
Dr. Mario del Cañal Ferrer

MOVIMIENTO DEMOCRATA CRISTIANO
Sr. José Fernandez Badué

ACCIÓN REVOLUCIONARIA DEMOCRÁTICA
Sr. Gerardo Quesada

FRENTE OBRERO REVOLUCIONARIO DEMOCRÁTICO
Sr. José A. Hernández
Dr. Luis J. Botifoll
Dr. Benito Carballo
Gral. Otalio Soca Llanes

En la tribuna

Después de la disolución del Consejo en junio de 1964, no faltaron esfuerzos patrióticos, como el de RECE, y planes militares enderezados a unificar las fuerzas dispersas del exilio y a galvanizar la resistencia en Cuba. Uno de los que más se distinguió en esa época fue Manuel Artime, quien reactivó el Movimiento de Recuperación Revolucionaria (MRR), y, con la ayuda de la CIA, estableció bases de operaciones en Centroamérica. Pero las acciones de comando fueron esporádicas e ineficaces, y llegaron a fenecer cuando Washington ordenó que la CIA desmantelara su hipertrófica central clandestina en Miami y suspendiera todo apoyo a los grupos anti-castristas de acción y sabotaje.

Organizaciones como el Directorio Revolucionario Estudiantil, representado entonces por Juan Manuel Salvat, Luis Fernández Rocha, Isidro Borja y los hermanos Miguel y José María de Lasa, trataron de operar por su cuenta fuera de los Estados Unidos. Con el visto bueno de la República Dominicana y recursos propios, artillaron una embarcación y se entrenaron en la isla Catalina cerca de La Romana. Cuando los jóvenes seleccionados para la primera operación se disponían a zarpar, las autoridades locales les informaron que por "presiones de los americanos", se veían obligados a abortar la expedición y cerrar la base.

Manolo Ray trató de movilizar las huestes del Movimiento Revolucionario del Pueblo (MRP) para desembarcar en Cuba, pero no pudo lograr su objetivo. Eloy Gutiérrez Menoyo, con el apoyo de Alpha 66, sí llegó a infiltrarse en la Isla, pero poco después fue capturado y condenado a 22 años de prisión.

El aparato represivo de Castro no dejó de ensañarse en los rebeldes, y su lúgubre paredón continuó trucidando vidas de patriotas. Entre los que cayeron en esta etapa figuran los heroicos camagüeyanos Alberto Cesáreo Fernández Medrano, Manuel Paradela Gómez y Marcelino Martínez Tapia.

En el exilio, los doctores Carlos Prío Socarrás, Carlos Márquez Sterling, Manuel Antonio de Varona, Guillermo Martínez Márquez y otras personalidades trataron a principios de 1965 de que Brasil reconociera un gobierno cubano en el exilio. Sin embargo, esta idea, calorizada por el canciller brasileño Vasco Leitao da Cunha, no fructificó debido en parte a interferencia de Washington, que no quería que se complicara su política exterior con un foco de beligerancia en el Caribe.

Ese mismo año, el dinámico Enrique Huertas, Presidente del Colegio Médico Cubano en el Exilio, dirigió una gran campaña cívica con el objeto de recaudar fondos para la guerra. Después de celebrar un acto de concentración popular en el Orange Bowl, se creó el "Banco José Martí" y los fondos recaudados sirvieron para financiar el "Plan Torriente," que contó con el respaldo de sectores representativos del destierro. Desgraciadamente, esta noble iniciativa también abortó al ser vilmente asesinado su máximo propulsor, José Elías de la Torriente.

Durante el período de 1964 a 1967, matizado por el desconcierto y la frustración, pronuncié algunos discursos a petición de distintas organizaciones no partidistas del exilio. Aunque el ambiente caldeado invitaba a la arenga desbordada, procuré embridar la pasión con enfoques racionales, sin dejarme llevar por el emocionalismo veleidoso de los "optimistas" y "pesimistas" que pululaban en el destierro.

Refiriéndome a ellos en uno de mis discursos, dije: "Tanto perjudica a nuestra causa quien presenta como un hecho la liberación de Cuba que aún no hemos conquistado, como quien se da por vencido ante la magnitud de la hazaña que queda por realizar. Este es el péndulo funesto de los 'optimistas' y 'pesimistas', que coinciden en ser simples espectadores de esta lucha, los unos porque afirman que ya todo está hecho, y los otros porque alegan que nada se pueda hacer."

Al tratar de impartir una tónica de lucha sostenida, combatí frontalmente la inercia o pasividad de Washington ante el drama de Cuba y el avance del comunismo en América. Sostuve que el aislamiento, *por si sólo*, no lograría derribar ni frenar a Castro mientras éste estuviese financiado, armado y apoyado por Moscú y sus satélites. Y abogué por la acción colectiva, con vanguardia cubana, de acuerdo con lo establecido en los tratados y convenios del sistema interamericano.

Crítico fui de la miope política norteamericana de dejar hacer y dejar pasar, que permitió la sovietización y el martirio de Cuba. Mas mi censura razonada y precisa en modo alguno desdoró la gratitud imperecedera del refugiado, ni la lealtad invariable del aliado. Aun con sus grandes fallas y errores, los Estados Unidos no tienen parigual como santuario generoso de democracia y tierra pletórica de oportunidad.

Transcribo a continuación fragmentos de cuatro de los discursos que pronuncié durante esta etapa. El primero fue una evocación del Apóstol en ocasión del inicio de la semana martiana (enero de 1964). Invitado por el Colegio Nacional de Profesionales de Cuba en el Exilio, compartí la tribuna con el Dr. Emilio Núñez Portuondo. Este preclaro internacionalista honró en el exilio a su estirpe mambisa junto con su hijo Ricardo, quien desempeñó el prestigioso cargo de Director del Centro de Refugiados Cubanos.

---------- o ----------

PEREGRINOS DEL DOLOR; MISIONEROS DE LA LIBERTAD

El Decano del Colegio Nacional de Profesionales Publicitarios de Cuba en el Exilio, mi dilecto amigo Aurelio García Dulzaides, me confió la delicada y honrosa misión de pronunciar unas palabras en este acto de apertura de la semana martiana, que cobra realce con la presencia de cubanos tan distinguidos como los que aquí se congregan esta noche.

Aunque he tenido por norma trabajar en silencio, por entender que la acción perseverante y discreta en todos los campos es más efectiva que el verbalismo al uso, acepté esta gentil invitación por tratarse de una velada patriótica, dignificada por la figura señera de José Martí.

Celebro, pues, esta feliz iniciativa del Colegio de Publicitarios. Los desterrados cubanos, azotados por el infortunio y a veces abatidos por el desengaño, necesitamos inyecciones de fe que nos levanten el ánimo y nos permitan encarar la adversidad. Y carentes de cimientos sólidos que nos sirvan de base para intensificar la lucha, tenemos que apoyarnos en tumbas gloriosas, como la de Martí, que irradian luces de eternidad a lo largo del áspero sendero del decoro, de la justicia y de la libertad.

No es éste el momento para una exégesis biográfica de Martí. Sólo la insensibilidad egoísta e irresponsable haría posible estudios académicos o ensayos eruditos mientras Cuba agoniza bajo el látigo de la barbarie. Lo que sí procede en esta situación es extraer de las sabias enseñanzas del Apóstol la inspiración revitalizadora y el remedio adecuado a los males del presente.

De cara a la ingente tarea de liberar y reconstruir a Cuba, tienen plena vigencia estas pragmáticas martianas que me voy tomar la libertad de leer:

"El cubano ahora ha de llevar la gloria por la rienda; ha de ajustar a la realidad conocida el entusiasmo; ha de reducir el sueño divino a lo posible; ha de preparar lo venidero con todo el bien y el mal del presente; ha de evitar la recaída en los errores que lo privaron de la libertad; ha de poner la Naturaleza sobre el libro. Ferviente ha de ser como un apóstol; y como un indio, sagaz. De todas las sangres estamos hechos, y hay que buscar al compuesto modos propios".

Estas advertencias parecen escritas para la etapa actual, la más crítica de nuestra historia. Y es la más crítica, no sólo porque subyuga a los cubanos una horrenda tiranía, sino porque corremos el riesgo de perecer como nación, si no logramos dominar nuestras pasiones y coordinar nuestros esfuerzos para impulsar la liberación de Cuba antes de que el injerto comunista prenda en toda la Isla y destruya los tejidos vitales de nuestra sociedad. No sería éste el primer caso en que una nación se desintegra y desaparece. De Babilonia sólo quedan referencias en momificados documentos de biblioteca...

Tenemos, pues, que traducir en realidad las sentencias de Martí, que él rubricó con su propia sangre. Debe guiarnos en esta lucha el sentido de lo posible, pero este realismo práctico no debe apagar el ideal de saludables rectificaciones en un futuro de progreso ascendente. Necesitamos, como decía Martí, el fervor del apostolado, la majestad del desinterés y la soberanía del amor. Y urge, hoy más que nunca, buscarle a este compuesto de circunstancias, modos propios.

La lucha que libramos los cubanos no tiene paralelo en los anales de América. Hemos tenido la desgracia de ser los pioneros del éxodo anticomunista en este Continente, porque hemos sido los primeros en sufrir en carne propia el flagelo de la dominación soviética.

Esta dominación es la más degradante y brutal, porque ha logrado tecnificar el estrangulamiento de los pueblos, el envenenamiento de las conciencias y la parálisis de la voluntad.

Y es tan temible este sistema de opresión, porque cuenta con la dirección y el apoyo de una potencia implacable, armada con el infierno atómico y provista de un ejército invisible de fanáticos adiestrados, que aprovechan las franquicias que les otorgan las democracias para clavarles en la espalda el puñal de la traición.

Son estas circunstancias excepcionales las que nos obligan a encontrar nuevas fórmulas de lucha, nuevas técnicas de organización. Los métodos empleados hasta ahora para combatir dictaduras locales resultan obsoletos frente a esa barbarie tecnificada que es el comunismo internacional.

Necesitamos modos propios, al decir del Apóstol, para formar nuestros cuadros de lucha. Dadas las facilidades con que cuenta el comunismo para el espionaje y la infiltración, conviene mantener la diversidad y autonomía de las organizaciones, siempre que haya coincidencia en los principios y convergencia en las estrategias de combate.

La necesidad de adoptar modos propios en esta lucha irregular se extiende a nuestros aliados, que no deberían persevevar en los trágicos errores de Teherán, Yalta y Postdam, que propiciaron la Cortina de Hierro, que contribuyeron a la caída de la China, y que culminaron en la insolita sovietización de la isla de Cuba.

Modos propios necesitamos en la propaganda, cuya eficacia depende de la claridad del mensaje y de su repetición. Esta propaganda sistemática debe estar dirigida no sólo al pueblo cautivo de Cuba, sino a los demás pueblos de América, que serán esclavizados por el comunismo si no reaccionan a tiempo y nos prestan el concurso necesario para extirpar el tumor maligno del Caribe.

Cada desterrado cubano es un peregrino del dolor; pero cada desterrado cubano tiene que ser también un misionero de la libertad. Si estamos en el exilio, es para apoyar a nuestros hermanos en la Isla que yacen en cautiverio. Si estamos vivos, es para seguir el ejemplo luminoso de los patriotas que han muerto...

Tenemos el derecho y el deber de alertar las conciencias democráticas de América, contrarrestando el veneno de una propaganda pacifista que degenera el carácter y sólo conduce a la rendición humillante o a la guerra total en condiciones adversas.

En cada desterrado cubano debe haber un Catón inflexible y austero que plantee la necesidad de erradicar el comunismo de Cuba como nuestro *Delenda est Carthago*. Sí, Cuba soviética es Cartago amenazando a Roma. Sólo que nosotros no tenemos que enseñar los higos frescos para demostrar la cercanía del bastión enemigo.

Es tan corta la distancia que nos separa de la Isla esclavizada, que casi se pueden escuchar las descargas de la fusilería roja frente a los negros paredones de fusilamiento. Es tan corta la distancia, señores pacifistas, que sobre ustedes salpica la sangre de los patriotas que caen abatidos por el plomo comunista, mientras gritan con fervor religioso: ¡Viva Cristo Rey!

Delenda est Carthago frente a los que hablan de paz en un Continente invadido por el imperialismo soviético. *Delenda est Carthago* frente a los que lucran con el dolor de los cubanos y negocian con sus verdugos.

Delenda est Carthago frente a los que no se inmutan ante las bombas comunistas que estremecen a Venezuela, ante la conspiración silente que sovaca los cimientos del Brasil, y ante las turbas adiestradas que asaltaron el Canal de Panamá.

Permítanme una breve digresión para hablar del Canal de Panamá, que algunos aquí consideran obsoleto. A ellos yo les digo que el Canal de Panamá es obsoleto si obsoletas son la dignidad de esta nación y la seguridad del Mundo Libre.

Hace poco leí un informe interesantísimo del almirante de los Estados Unidos, John S. McCain, Jr. Este informe, publicado con anterioridad a los disturbios de Panamá, hace referencia a un plan comunista de apoderarse paulatinamente de las yugulares marítimas del mundo. El almirante norteamericano, con precisión alarmante, explica cómo el imperio soviético se propone controlar el Canal de Panamá, a través del bastión estratégico de Cuba; el Estrecho de Gibraltar, a través de Argelia comunista; el Canal de Suez, a través de la República Arabe Unida; el Mar Rojo, a través del Yemen sovietizado; y el Estrecho de Malaca, a través de Indonesia comunista y del Viet Nam sometido a los designios rusos.

Ante este cuadro tenebroso, tenemos que repetir la frase de Catón —*Delenda est Carthago*— no sólo para redimir a Cuba, sino para proteger a esta Roma del Mundo Libre y preservar el tesoro tan preciado de nuestra civilización occidental.

Siguiendo las directrices martianas, hemos de cumplir nuestra misión de alertar, sin ira ni resentimiento. Con serena firmeza hemos de plantear discrepancias tácticas. Con la lealtad del aliado hemos de formular sugerencias constructivas. Una política exterior equivocada no empaña la nobleza de este pueblo, que nos ha abierto su corazón mientras que otros nos han cerrado sus fronteras.

En medio de circunstancias adversas que limitan nuestra capacidad para actuar ¿podemos nosotros realmente intensificar la lucha? Sí podemos, si logramos sacudir de nuestro espíritu el conformismo fatalista y tomamos conciencia de que el impulso direccional de esta guerra tiene que ser cubano, aunque el apoyo militar sea continental.

Si bien es difícil para nosotros determinar el curso de la historia, podemos ser, sin embargo, catalizadores de fenómenos geopolíticos, provocando con nuestra inteligencia, tesón y valor acciones o reacciones que aceleren la movilización de los factores necesarios para librar la guerra.

Para eso hace falta estimular y fortalecer la vanguardia de los cubanos —no importa el número, ni la procedencia, ni la edad— con tal de que coloquen a la Patria por encima de las ambiciones personales. Vanguardia cubana en el campo de la guerra, en el campo del abastecimiento, en el campo de la recaudación, en el campo de la propaganda y en el campo diplomático y congresional.

Todos estos frentes son importantes; todos se complementan. ¿Quienes son los que deben actuar en cada uno de ellos? Los que sientan que el dolor de Cuba les quema las entrañas. ¿Quien debe dirigir? Mientras que no haya una autoridad acatada por la mayoría, a cada cubano lo dirige su propia conciencia.

Martí le dio gran importancia a todas estas actividades. Mientras él inflamaba a los cubanos con su volcánico fervor patriótico y preparaba, con medios muy limitados, la guerra necesaria, el prominente abogado norteamericano, Horatio Rubens, acompañado de Tomás Estrada Palma y Gonzalo de Quesada, orientaba al Congreso de los Estados Unidos, informaba a la prensa y dialogaba con altos funcionarios en Washington.

La historia recoge los detalles de una conversación que Horatio Rubens sostuvo con el Presidente William McKinley a fines del siglo pasado. El Presidente quería que los cubanos accedieran a un armisticio. Renuente a apoyar a los mambises, no obstante el clamor de la opinión pública que simpatizaba con la gesta emancipadora, McKinley pretendía que los patriotas depusieran sus armas por un tiempo. La respuesta de Rubens fue categórica: "No, Señor Presidente, un armisiticio en estos momentos sólo beneficiaría a los españoles". Y cuando McKinley preguntó si lo que querían los cubanos era arrastrar a los Estados Unidos a la guerra, Rubens respondió: "No, Señor Presidente, lo que esperan los cubanos es que los Estados Unidos, al menos, reconozcan su beligerancia".

Esta entrevista con el Presidente McKinley no deprimió a Rubens ni a Estrada Palma ni a Gonzalo de Quesada. Por el contrario, les servió de acicate para redoblar sus gestiones cerca del Congreso y de la prensa de este país. Así se creó el ambiente propicio para la alianza cubanonorteamericana, que se materializó después de la dramática explosión del acorazado "Maine".

Hoy, como ayer, necesitamos los desterrados cubanos recorrer el camino de Rubens, Estrada Palma y Gonzalo de Quesada, porque nos urge recabar el apoyo masivo del exterior, no para mantener la resistencia, pero sí para alcanzar la victoria.

Cuba ha sido invadida for fuerzas expedicionarias del bloque soviético, expertas en la aplicación de los métodos más depurados de represión y de terror, y provistas de las armas más modernas de destrucción. Puede afirmarse, sin temor a hipérbole, que Cuba es, en la superficie, un gigantesco campo de concentración y, bajo tierra, un vasto laberinto, formado por un enjambre de cuevas, cavernas y túneles que han sido transformados por los rusos en instalaciones militares de carácter estratégico.

Son estas circunstancias las que hacen indispensable el apoyo adecuado del exterior. Credenciales nos sobran para demandar —y continuar demandando— esta ayuda. Una pirámide de cadáveres se levanta en Cuba ante la pasividad culposa de América.

Pero que no se frustre o mediatice la liberación de Cuba con negociaciones secretas y peligrosas. Que no se intente ensayar titoísmos en el Caribe a espaldas de la voluntad del pueblo de Cuba. Porque esta lucha, enaltecida por tantas vidas de patriotas y por tantas lágrimas de madres, no se libra para cambiar únicamente de forma. Cuba, entiéndase bien, sólo se liberta arrancando el comunismo de raíz, y no podando algunas de sus puntas.

Aunque muchos quieran silenciarlo, Cuba está protegida por una coraza de tratados y acuerdos interamericanos que obligan a las repúblicas de este Hemisferio a prestar asistencia colectiva a los pueblos que caen bajo la dominación de potencias extracontinentales.

Así que no es dádiva o merced lo que pide el pueblo democrático de Cuba, que se desangra en lucha desigual contra el imperialismo soviético. ¡La Patria altiva de Martí no implora misericordia ni mendiga caridad: reclama el estricto cumplimiento de los tratados interamericanos vigentes!

Ahí están los solemnes acuerdos de Río de Janeiro, Bogotá, Washington, Caracas, Santiago de Chile, San José de Costa Rica y Punta del Este... ¿Es que son letra muerta? ¿Es que las alianzas democráticas son un engaño y los tratados una ficción?

Que no se hable más de Cuba como mera vitrina del desastre económico, desastre que perjudica al pueblo oprimido más que al régimen opresor. Si Cuba es hoy una vitrina, lo es de la impunidad del comunismo ante la inercia inexcusable de America.

Que se cumplan los tratados y acuerdos, que incluyen en lo que respecta a los Estados Unidos, dos Resoluciones Conjuntas aprobabas por el Congreso y refrendadas por el Ejecutivo de esta nación: la de 1898 y la de 1962. Que se articulen las alianzas, que se apoye a los demócratas cubanos, y verá el mundo cómo se levanta una Isla, casi sumergida en sangre, cómo retrocede el oleaje comunista y cómo se impulsa en América el progreso verdadero, que requiere el ordenamiento de la ley y el oxígeno de la libertad.

Son muchos los obstáculos en el camino de la liberación de Cuba, y los peligros son graves. Pero perseverando en nuestros esfuerzos habremos de triunfar.

Hay una fuerza inconstrastable, superior a los intereses circunstanciales de los pueblos, que estremecerá a nuestros aliados y los colocará junto a nosotros para integrar la columna invencible de la libertad. Esta fuerza irresistible es el instinto de conservación.

Este instinto, en ocasiones, nos parece que ha muerto, pero no, duerme. Duerme como esos inmensos volcanes que de pronto entran en erupción, sacudiendo la tierra y expulsando de su seno oleadas de fuego. Así veo yo el subsuelo emocional de las Américas, que habrá de hervir ante el peligro de que la plaga comunista se extiende a todo el Hermisferio.

Si en el orden externo contamos los cubanos con el instinto de conservación de nuestros aliados, en el orden interno disponemos de la suprema fuerza moral que genera el ejemplo inmarcesible de Martí y de todos los héroes que han caído en defensa de la libertad. Esta fuerza moral, que es luz en la oscuridad, aliento en la desesperanza y consuelo en la desolación, habrá de engendrar la victoria en las arenas del combate final.

Al referirme a nuestra constelación de libertadores, encabezada por José Martí, me vienen a la mente unas estrofas muy sencillas escritas por uno de sus discípulos, un viejo mambí que permanece en la Isla cautiva, casi ciego, su cuerpo encorvado por los años, pero su espíritu enhiesto. Estas estrofas, cargadas del fervor patriótico que hoy nos estimula, fueron escritas cuando tenía quince años, poco antes de tomar la goleta que lo llevó a Cuba para la luchar por la independencia en la guerra del 95:

> *Quiero morir en la guerrra*
> *junto a mi mejor amigo,*
> *combatiendo por la tierra de mis ensueños testigos.*
> *Quiero morir entre hermanos,*
> *sin vanidad y sin gloria;*
> *morir entre mis cubanos*
> *aunque me olvide la Historia.*
> *Y no quiero cuando muera*
> *más rezo ni más plegaria,*
> *que un beso de la bandera de la estrella solitaria.*[65]

--------- O ---------

---

[65] Poema inédito de José Manuel Carbonell.

Dos días después de haber pronunciado este discurso, me visitó una delegación del Colegio Nacional de Periodistas de Cuba en el Exilio, encabezada por su Decano, Mario Barreras. El propósito de la visita era invitarme a hablar en el acto de cierre de la semana martiana, que incluía ese año (1964) el sentido homenaje de los demócratas cubanos a un gallardo periodista dominicano que había sobresalido como abanderado de nuestra causa.

Influyeron en mi decisión de aceptar esa encomienda —la segunda en una misma semana— dos razones poderosas: la primera fue la presión inaguantable que sobre mí ejercieron los organizadores del acto, maestros en el arte del acoso y el tormento; y la segunda, el honor de compartir la tribuna con un grande de la Patria y figura estelar de las letras cubanas: el Dr. Juan J. Remos.

A continuación, recojo fragmentos del discurso que pronuncié la noche del acto en el salón de festejos del Hotel Everglades en Miami.

LAS TERMÓPILAS DE AMÉRICA

Deseo, ante todo, agradecer profundamente los elogios, tan enaltecedores como inmerecidos, que los organizadores de este acto me han prodigado. Estos elogios pesan demasiado sobre mis hombros y dificultan la delicada misión que se me ha confiado de hablar en este acto en que conmemoramos otro aniversario del natalicio de José Martí.

Yo no represento aquí hoy a ninguna generación. Sólo represento la conciencia de un desterrado que dice lo que siente y siente lo que cree. Soy, como muchos otros cubanos, un obrero del patriotismo tercamente empeñado en reconstruir la torre majestuosa de nuestra libertad.

El Colegio Nacional de Periodistas me ha honrado invitándome a hablar ante tan selecto auditorio, más que por merecimientos personales, por el simbolismo de ser yo descendiente de libertadores del 68 y del 95, que impregnaron su espíritu en la savia martiana y contribuyeron a esbozar en Tampa las resoluciones que originaron el Partido Revolucionario Cubano, columna vertebral de nuestra gesta emancipadora.

No vengo a esta tribuna a pronunciar un discurso alambicado y formal. Hay demasiado luto en el alma cubana para encerrar la palabra en moldes retóricos. Prefiero que brote libremente sin importarme la forma de expresión, con tal de que sea sincera.

Sólo pretendo, en esta noche de evocación martiana, recoger las vibraciones de dolor de un pueblo que lucha denodadamente contra el imperialismo soviético. Sólo deseo esta noche traducir en palabras las palpitaciones agudas de una nación que se encuentra encadenada, pero que no se rinde. ¡Antes prefiere teñir los mares de America con la sangre generosa de sus hijos!

Honramos a Martí —y nos honramos nosotros mismos— habiendo invitado a este acto a un gladiador de la democracia en la República Dominicana, a un patriota a quien el Apóstol llamaría cubano por derecho propio, a un distinguido periodista, de esos que no prostituyen la pluma, sino que la convierten en saeta de luz para defender la libertad: Rafael Bonilla Aybar.

Sus arraigadas convicciones democráticas lo colocaron en posición beligerante frente a los intentos de comunizar a la República Dominicana. Su acendrado amor a Cuba lo enfrentó a la ingratitud de un ex Presidente dominicano quien, habiendo recibido el calor hospitalario de la Cuba democrática, ignoró nuestra tragedia y apoyó la ocupación soviética de Cuba con el cruel sarcasmo de la no intervención.

Al saludar esta noche a nuestro prestigioso invitado, evoco los vínculos históricos, geográficos y emocionales que unen a la República Dominicana y a Cuba. No a la Cuba falsificada del comunismo, sino a la Cuba verdadera, a la Cuba inmortal que se apoya en las columnas inconmovibles de Martí y de Máximo Gómez. Estas columnas, que resisten la acción del tiempo, nos permiten hoy edificar una alianza cubanodominicana para derrotar al comunismo en Cuba y abrir horizontes de progreso ilimitado para todos los pueblos de este Hemisferio.

Cumpliremos así la profecía martiana: "Las Antillas libres salvarán la independencia de nuestra América, y el honor ya dudoso de la América inglesa, y acaso acelerarán y fijarán el equilibrio del mundo".[66]

---

[66] Quizás sea difícil concebir cómo una Cuba libre pueda llegar a "acelerar y fijar el equilibrio del mundo". Pero después de la Crisis de los Cohetes, sí podemos comprender cómo una Cuba sovietizada puede provocar el *desequilibrio* del mundo.

No deliraba Martí con este aserto. Estaba consciente de la privilegiada posición geográfica de Cuba, isla estratégica que los descubridores llamaron Llave del Golfo de México y Antemural de las Indias.

Tan preocupados se encontraban los Estados Unidos ante la posibilidad de que este Gibraltar de América cayera en manos de una potencia enemiga, que una década y media antes de que se promulgara la Doctrina de Monroe, el gabinete del Presidente Jefferson se opuso enérgicamente a que Cuba fuese adquirida por Francia o Inglaterra. Y fue el deseo de algunos gobiernos norteamericanos de anexar a Cuba uno de los factores que obstaculizaron la ayuda externa a los libertadores y demoraron nuestra independencia.

Cuba siempre ha sido considerada como elemento esencial de la seguridad interna de los Estados Unidos. Así lo afirmó el Secretario de Estado de este país en 1853, y lo corroboró recientemente un gran estratega norteamericano, Director del Departamento de Seguridad Nacional y Relaciones Exteriores de los Veteranos de todos las Guerras Extranjeras de los Estados Unidos: el general Hittle. Este general formuló importantes declaraciones que me voy a tomar la libertad de leer:

> *"Cuba está enclavada en las vías marítimas de norte a sur sobre las cuales descansan la supervivencia en la guerra y el bienestar económico de las Américas. Domina el Caribe y las entradas desde el Atlántico al Canal de Panamá. Gran parte de la historia estratégica de las Américas no ha sido más que la historia de la lucha por el control de Cuba."*

> *"La ocupación soviética de Cuba constituye la adquisición estratégica más importante del comunismo internacional desde la caída de la China dentro de la órbita roja. Lo que esto significa es que el comunismo soviético se ha superpuesto a la OTAN, ha saltado el Atlántico, que históricamente ha sido nuestro foso protector, y ha establecido un bastión en el corazón estratégico del Hemisferio Occidental."*

Estas no son las palabras apasionadas de un desterrado cubano defendiendo intereses nacionales. Son las palabras admonitorias de un estratega de los Estados Unidos, alarmado por el cerco comunista a esta gran nación. Son las palabras responsables de un patriota norteamericano que no quiere ser mudo espectador del suicidio de América como continente libre.

Claro que se han tomado medidas, individuales y colectivas, para hacerle frente al reto comunista en Cuba. Pero estas medidas se reducen fundamentalmente al llamado *aislamiento*.

Y al hablar de aislamiento, no puedo menos de pensar en el pueblo cautivo e inerme de Cuba, que hoy exclama con la voz apagada de la desesperación:

¿Aislamiento mientras el imperio soviético vuelca sobre Cuba tanques, aviones de combate, cohetes estratégicos, aparatos electrónicos, submarinos y un número alarmante de tropas que hollan nuestra soberanía y se atrincheran en nuestro suelo?

¿Aislamiento mientras continúan los fusilamientos y miles de cubanos mueren lentamente en los campos de concentración y en las prisiones infernales, sin que esto constituya ya noticia en este Hemisferio?

¿Aislamiento mientras el terror comunista se ensoñorea de los campos y ciudades, mientras se extermina a familias enteras, y mientras se utilizan gases venenosos para aniquilar a nuestros patriotas?

¿Qué es lo que se pretende con este aislamiento? ¿Que Cuba se convierta en un inmenso ataúd, girando, como en danza macabra, entre las olas encrespadas y negras del Golfo de México?...

Yo no puedo creer que ésta sea la intención, pero sí es el resultado de la actual política, equivocada y cruel. En el fondo, lo que sucede es que esta gran potencia ha subestimado el peligro de una Cuba soviética y no ha seguido las directrices de la historia, que demuestra que el aislamiento diplomático y económico, por sí solo, no derriba a los regímenes totalitarios. Máxime cuando éstos se encuentran apoyados, como Cuba, por el mundo comunista y por algunos de nuestros aliados, que son equilibristas de la amistad y mercaderes del decoro.

Por otra parte, el llamado aislamiento ni siquiera ha logrado contener el comunismo en Cuba. Este avanza, con mayor violencia cada día, por toda la América. El bastión soviético del Caribe exporta constantemente armas, propaganda marxista y agentes subversivos. Y sus mercados de exportación comunista no están limitados a este Hemisferio. Incluye, también, al Continente africano, que hoy se halla hostigado y en plena erupción.

¿Y a qué se debe esta desorbitación comunista que está desmoralizando a los demócratas y poniendo en crisis las alianzas defensivas del Mundo Libre? Se debe, en gran parte, al papel que juega la Cuba soviética, símbolo de la impunidad del comunismo y del apaciguamiento de las democracias.

La impunidad envalentona y contagia a los comunistas y a sus compañeros de viaje; el apaciguamiento debilita y deprime a los demócratas. La impunidad provoca nuevas agresiones comunistas; el apaciguamiento desarma moralmente a las democracias y pone en peligro nuestro sistema de vida.

Ante estas realidades adversas ¿qué hacer? Pues sacudirnos el letargo enervante y movilizarnos. Esto fue lo que hizo Martí ayer; esto es lo que haría hoy. ¡Frente a la inercia de nuestros aliados, la movilización patriótica de los exiliados!

La movilización, para que sea eficaz, ha de articularse y coordinarse. Pero la realización de este objetivo no debe paralizar la labor individual de los exiliados. Actuemos de acuerdo con nuestras aptitudes y posibilidades, pero actuemos. Cada desterrado cubano puede ser útil en todo, menos en el derrotismo, el insulto o la división.

Mientras haya compatriotas que luchen en Cuba contra el comunismo, debe haber cubanos en Washington y en las demás capitales de América reclamando el apoyo militar que establecen los tratados y exigen el honor y la seguridad de América. Yo exhorto a los sectores representativos del exilio a que envíen delegaciones al Congreso de los Estados Unidos a fin ilustrar y estimular a los legítimos representantes de esta nación, que siempre reacciona con nobleza y valentía cuando no se le adormece con la mentira y se le dice la verdad.

Nuestra verdad, la verdad cubana, tiene que perforar una cortina de falacias para llegar a lo más hondo de la conciencia americana. La presencia de los cubanos debe ser un perenne recordatorio del peligro comunista y del histórico compromiso contraído por los Estados Unidos en la Resolución Conjunta de 1898, complementada por la de 1962: "El pueblo de Cuba es, y de derecho debe ser, libre e independiente".

La acción en todos los frentes requiere el concurso de cubanos de todas las edades. No debe haber monopolio de ninguna generación, porque esta es una guerra de salvación. Y en esta guerra hace falta, al decir de Martí, "caldera y freno". La caldera de la impetuosidad juvenil y el freno de la experiencia, que sólo dan los años. La caldera para que no se anquilose la lucha contra el comunismo y el freno para evitar imprudencias, que podrían ser fatales.

Al examinar los peligros que nos acechan, es preciso tener presente el viaje que un personaje siniestro hizo a la América Latina el año pasado, después de haber hablado privadamente con Nikita Khrushchev. Me estoy refiriendo al Mariscal Tito —Mariscal de la infamia, del terror y de la traición a su pueblo. Pues bien, Tito visitó al Brasil, a Chile, a Bolivia y a México, y después pasó por los Estados Unidos. ¿Cual fue el propósito real de su viaje? Sentar las bases para la "Unión de Repúblicas Socialistas de la América Latina", plan secreto que tiene por objeto neutralizar a algunos países latinoamericanos como paso previo para la dominación comunista.

Hay que estar alerta, porque este plan continental pudiera contemplar maniobras en Cuba, precedidas de simulacros guerreros, con miras a producir cambios aparentes que faciliten la implantación de un titoísmo en la Patria de Martí.

Se equivocan los que creen que pueden jugar nuevamente con los destinos de Cuba. El pueblo cubano no está fosilizado. Cree que el progreso es una espiral ascendente. Es partidario de mejoras sociales y de rectificaciones políticas, dentro del marco constitucional. Pero el pueblo cubano ya está vacunado contra los comunistas que prometen bienestar y solo reparten miseria, y contra los demagogos que predican libertad y sólo engendran esclavitud, terror y muerte.

Con honda satisfacción podemos decirle el Apóstol, redivivo aquí esta noche por nuestra ferviente devoción, que Cuba tiene reservas de patriotismo, de talento y de valor en todos los frentes: en las montañas indómitas, en la clandestinidad, en las prisiones y en el exilio.

A estas reservas las mueve hoy una ola de espiritualismo cristiano, que es el major antídoto contra el odio que genera el comunismo. Estas reservas, lejos de disminuir, se multiplican con el martirologio. ¡Cada cubano que cae abrazado al ideal de libertad es una semilla de patriotismo que germina en el corazón de los demás!

Y al hablar de los mártires cubanos en la lucha contra el comunismo, me viene a la mente el episodio de Leonidas y sus 300 espartanos, quienes recibieron órdenes de detener a los ejércitos persas en el Paso de las Termópilas hasta que Esparta pudiera prepararse para el combate frontal. Tras una lucha feroz y desigual, Leonidas cae bajo una lluvia de dardos, y con él, sus 300 espartanos.

El sacrificio de Leónidas y de sus compañeros exaltó el valor de los griegos y los condujo a la victoria final. Para rememorar esta hazaña, se grabó en una roca de las Termópilas esta sencilla pero imborrable inscripción: "Viajero, ve y díle a Esparta que aquí hemos sucumbido por obedecer sus leyes".

Pues bien, señores, Cuba es hoy las Termópilas de América. Y sobre las tumbas de los cubanos que han muerto procurando detener el avance implacable de las hordas comunistas, me parece ver esta inscripción escrita con letras de fuego: Viajero, ve y díle a América que aquí hemos sucumbido por preservar la democracia y vindicar el honor en este Hemisferio...

---------- O ----------

A los pocos meses de haber yo clausurado la Semana Martiana, el Directorio Magisterial de Cuba en el Exilio me invitó a hablar en un acto multitudinario que, con motivo del Día de las Madres, se celebró en el Bayfront Park de Miami, el 9 de mayo de 1964.

Mucho ya se habían destacado las madres en la lucha a muerte contra la tiranía comunista. El himno que un grupo de ellas compuso mientras cumplían condena en las inmundas cárceles de Castro refleja su indoblegable espíritu y su fervor patriótico. He aquí la letra que las presas, desafiantes, entonaban con la música del Himno Invasor de nuestra guerra de independencia:

"A la lucha de nuevo, cubanos,
que la Patria nos vuelve a llamar,
El traidor que creímos hermano
Nos obliga de nuevo a luchar.

Por el hijo que nazca mañana,
Por la paz, el trabajo, y por Dios,
Por la estrella de amor, soberana,
Caigan rotos el martillo y la hoz.

¡Adelante! Nos llaman del frente
Que el clarín se convierta en fusil
Que se sepa que un pueblo valiente
Lleva siempre su lucha hasta el fin.

De la sierra, del monte y del llano
De la gesta que al mundo asombró
Canten siempre todos los cubanos
Cuba, sí, Cuba sí, Rusia NO!" [67]

Recojo a continuación fragmentos del discurso que pronuncié en homenaje a las madres cubanas.

Sublime Madre Cubana

Los organizadores de este acto me hicieron la distinción de invitarme a hablar esta noche después de que lo hiciera una madre excelsa, lacerada por un profundo dolor, pero firme y enhiesta, con vibraciones patrióticas en su palabra noble. [68]

Acepté tan honrosa encomienda porque este acto no tiene matiz sectario. Aquí no venimos a dividir, sino a juntar. No venimos a destilar el odio que corroe y mata. Venimos a esparcir el bálsamo de la concordia que dignifica y levanta. Y esta tiene que ser nuestra actitud, porque quienes realmente presiden este acto son las madres cubanas, a quienes rendimos sentido homenaje de respeto, devoción y amor.

Día de las Madres... Celebramos el Día de las Madres en momentos muy trágicos para los cubanos. Un inmenso crespón de luto cubre hoy a nuestra Patria esclavizada. Muchas familias han sido desmembradas por el odio comunista. La férrea dominación

---

[67] Tomado del libro de Mignon Medrano, *Todo Lo Dieron Por Cuba*, El Fondo de Estudios Cubanos de la Fundación Nacional Cubano Americana, Miami, 1995, pag. 294.

[68] Me refiero a la madre ejemplar de un valiente, que murió insumiso en el presidio como mártir de la libertad: Pedro Luis Boitel.

soviética ahoga en sangre las ansias de libertad de nuestro pueblo. El apoyo solidario de las repúblicas de América no acaba de llegar, y la atmósfera de este exilio, que es realmente destierro, se torna cada vez más densa y asfixiante. Sí, el panorama es sombrío, pero Cuba no está vencida. ¡La Cuba democrática está en pie, y seguirá en pie, mientras que en la mirada de nuestras madres haya resplandores de dignidad y antorchas de esperanza!

Una de las fuerzas espirituales más poderosas que existen es el amor apasionado de las madres. Cuando este amor se identifica plenamente con una causa noble y elevada, como es la liberación de la Patria, no hay dique capaz de contenerlo, ni arma capaz de extinguirlo. Por eso le temen tanto los tiranos. Las madres, exaltadas por el patriotismo, son volcanes que estremecen a los pueblos y queman sus estrañas con la lava ardiente del decoro.

Y la conducta de las madres cubanas ha sido ejemplar. Su patriotismo ha resistido los embates del infortunio y ha fecundado los corazones de una pléyade de héroes y mártires que ennoblece a nuestra causa. Si la llama de la rebeldía cubana no se ha apagado, a pesar de los reveses y de las adversidades, si todavía se mantiene encendida alumbrándonos el horizonte de la libertad, ello se debe, en gran parte, a la abnegación sublime de las madres cubanas.

Ellas han ocupado su puesto en la trinchera del deber: junto al patriota en la clandestinidad; cerca del combatiente preso, herido o desterrado, y junto al mártir abatido por las balas enemigas. Las tumbas de estos mártires podrán estar hoy envueltas en la soledad, pero no en el olvido. Donde quiera que haya una madre cubana habrá siempre una oración y una lágrima para los que han caído en defensa de la libertad.

Son muchas las páginas de heroísmo y de gloria que han escrito las madres cubanas en esta lucha contra la barbarie comunista. Podría hablarles de las madres que han ofrendado todos sus hijos a la causa de la libertad de Cuba, siguiendo el ejemplo de Mariana Grajales, cuyo nombre egregio evoco esta noche. Podría hablarles de las madres que integran grupos de acción y sabotaje; de las que, para evitar que sus hijos sean envenenados por el adoctrinamiento comunista, huyen con su familia en pequeñas y

330

frágiles embarcaciones. Prefieren morir entre las olas del Golfo antes que el comunismo les arrebate a sus hijos.

Hay un episodio que guardo en mis recuerdos como una reliquia. Poco antes de marchar yo a los campamentos en 1961, me visitó un patriota cubano que se proponía desembarcar en Cuba para realizar una misión muy riesgosa. Presintiendo que algo le iba a suceder, me pidió que llamara a su esposa, que se encontraba en Cuba, a fin de que viniera a Miami para poder despedirse de ella.

Al llegar a esta ciudad, le rogué que no atormentara a su marido con lamentos, porque él había empeñado ya su palabra y estaba resuelto a ir a Cuba de todas formas. Nunca olvidaré su respuesta. Me dijo ella: "Yo no he venido a Miami a pararlo. Yo he venido a informarle de mis actividades clandestinas en Cuba, porque yo quiero, cuando él desembarque en la Isla, estar a su lado para que juntos enfrentemos los mismos riesgos y corramos la misma suerte."

Él, por circunstancias fortuitas, fue detenido y fusilado. Ella también sufrió prisión y ahora se encuentra en el exilio, con la responsabilidad de sus cuatro hijos y la soledad espantosa de la viudez.[69] Parece una página arrancada de la historia de los girondinos. Y, como esa, hay muchas más.

A pesar del calvario que sufren los cubanos —especialmente las madres cubanas— y del peligro que se cierne sobre América, los países aliados no acaban de definir su política. Nos hablan de aislamiento, pero a quienes aislan es al pueblo cautivo de Cuba, no al régimen opresor, que continúa recibiendo ayuda masiva del exterior y extendiendo sus actividades subversivas al resto del Hemisferio.

Nos hablan de la retirada casi total de los soviéticos, pero nuestros compatriotas en Cuba continúan viendo oleadas de rusos con su imponente arsenal.

Nos hablan del peligro de la guerra mundial; sin embargo, les suministran abiertamente armas y técnicos militares a los demócratas en Vietnam. No así a los patriotas cubanos que luchan y

---

[69] Me refiero a Ofelia Arango Cortina viuda de Manuel ("Ñongo") Puig Miyar.

mueren a 90 millas de sus costas, protegidos en teoría por convenios, tratados y resoluciones que en la práctica no se cumplen.

En este Día de las Madres me dirijo a las autoridades de los países aliados —especialmente de éste que nos cobija— y les digo: los demócratas cubanos son respetuosos y agradecidos; comprenden las complejidades de la Guerra Fría; pero ante la trágica incertidumbre en que viven, piden, reclaman que se les diga la verdad.

Sí, nosotros necesitamos y ansiamos la verdad, porque como decía un ilustre estadista, "la verdad en toda su desnudez y pobreza es más adorable y santa que la mentira disfrazada y suntuosa". La verdad sobre negociaciones internacionales que afecten nuestro destino; la verdad sobre posibles maniobras titoístas que serían repudiadas por los demócratas cubanos; la verdad sobre la ayuda militar que se promete, pero que no llega. Es indispensable conocer la verdad, porque nosotros no podemos basar nuestra estrategia de lucha sobre falacias, sofismas o ilusiones.

De algo sí estamos seguros, y es de la capacidad de lucha del pueblo cubano; de sus reservas de patriotismo, talento y valor. Si bien necesitamos ayuda foránea, nosotros no supeditamos nuestra lucha al permiso de nadie. Cuba tiene que ser libre, y lo será, por el imperativo de la geografía, por la expansión cancerosa del comunismo y, sobre todo, por el sacrificio de los cubanos.

Podemos llevar la frente en alto al demandar el cumplimiento de los tratados. Bello ejemplo de hidalguía y valor está dando nuestro pueblo. Habrá, sin embargo, quienes se burlen de nuestros esfuerzos; habrá quienes nos critiquen y hasta quienes nos desdeñen. Ello no debe deprimirnos. Cuando al insigne tribuno, Manuel Sanguily, se le dijo con sorna en plena Guerra de Independencia que los cubanos no tenían bandera, él contestó: "Los cubanos sí tienen bandera. ¡Mírenla: es la que chorrea más sangre!"

Esta bandera, ennoblecida de nuevo por el sacrificio, es nuestro más preciado galardón. Y yo quiero, en esta noche inolvidable, entregársela simbólicamente a esas legionarias del patriotismo que tienen enlutado el corazón: a las madres cubanas.

————— O —————

Los Rotarios Cubanos en el Exilio, presididos por José M. Vidaña, me hicieron la deferencia de designarme como orador principal en el homenaje que el exilio cubano le ofreció al Senador de la Florida, Richard B. Stone, por sus iniciativas en favor de la libertad de Cuba. Transcribo a continuación fragmentos del discurso que pronuncié en el acto que se celebró en el Hotel Everglades de Miami, el 23 de junio de 1967.

ATACADA POR SUS ENEMIGOS;
ABANDONADA POR SUS ALIADOS

La comisión organizadora de este acto me ha confiado la honrosa misión de pronunciar unas palabras en homenaje a quien ha hecho de la causa de Cuba causa propia; a quien ha alzado la voz de alarma para despertar las conciencias aletargadas que no se percatan del peligro que representa la existencia de un bastión comunista en el punto más estratégico de América; a quien ha levantado la bandera de la dignidad norteamericana, movilizando al Senado de la Florida para que demande en Washington que cese el abandono de un pueblo que ha sido sojuzgado por el comunismo en flagrante violación de la Doctrina Monroe y de los tratados interamericanos, que se invocan, pero que no se cumplen: me refiero al Senador Richard Stone.

Senador Stone: Cubanos representativos de todas las tendencias del exilio y de todas las vertientes ideológicas afines a la democracia se congregan aquí esta noche para rendirle tributo por la gran cruzada cívica que usted promueve en favor de la liberación de Cuba y de la defensa de las instituciones democráticas en este Hemisferio. Despojados del suelo patrio y carentes de los medios adecuados para rendirle el solemne homenaje que usted merece, los cubanos del destierro sólo podemos abrir el corazón para ofrecerle, con emocionada sencillez, la dignidad más alta que puede otorgar un pueblo que lo ha perdido todo: el testimonio de la gratitud.

Y esta gratitud, que hacemos extensiva a los demás senadores de la Florida, estará simbolizada en una tarja de bronce que próximamente les será entregada a los dignatarios de este gran Estado, que se ha solidarizado con el dolor de los cubanos, extendiéndoles los brazos a las víctimas desamparadas del naufragio de nuestra Patria.

Al expresarle nuestro agradecimiento, deseamos hacer constar que apoyamos plenamente la Resolución presentada por usted en el Senado de la Florida y aprobada unánimemente por ese cuerpo, en virtud de la cual se le pide al Congreso de los Estados Unidos que investigue a fondo e informe sobre la permanencia de un satélite soviético en Cuba, sobre sus actividades subversivas en el resto del Hemisferio y sobre las medidas diplomáticas, económicas y militares que esté tomando los Estados Unidos para eliminar esa amenaza y ayudar al pueblo de Cuba a rescatar su libertad.

No conforme con esto, el Senado de la Florida ha demandado urgentemente que el Congreso de los Estados Unidos reviva y aplique la Doctrina Monroe tal y como se aplicaba esa Doctrina antes de que Cuba cayera bajo el yugo ominoso del imperialismo soviético.

En otras palabras, el Senado de la Florida se ha dirigido al Congreso de esta nación para decirle: A 90 millas de nuestras costas, en la isla que los grandes estrategas siempre han considerado de importancia vital para la seguridad de los Estados Unidos porque domina las principales vías marítimas y aéreas que unen a las dos Américas; en esa isla que es el Gibraltar de este Hemisferio, el comunismo internacional ha establecido, pública y abiertamente, con total impunidad, un formidable bastión que dispone de las armas y equipos bélicos más modernos.

Desde ese bastión se martillan diariamente consignas marxistas en las mentes de las juventudes de América. Desde ese bastión se exportan armas, explosivos y propaganda comunista al resto del Continente. En ese bastión se adiestran guerrilleros comunistas en el arte diabólico de asesinar, de subvertir el orden, de sembrar el terror y de socavar y destruir las democracias en America. Desde ese bastión se insulta constantemente a los Jefes de Estado y se hace mofa y escarnio de los tratados interamericanos.

Ante estos hechos alarmantes que desconciertan y enervan la militancia democrática en América, el Senado de la Florida, a instancias del Senador Stone, se ha erguido con la gallardía de los pioneros que fundaron esta gran nación, para decir a toda responsabilidad: ¡Basta ya. No habrá paz, ni seguridad, ni decoro en America mientras que se tolere la permanencia en Cuba de un régimen comunista que es amenaza, peligro y baldón de ignominia para todo el Hemisferio!

Hay quienes alegan, para justificar la inacción, que la Doctrina Monroe no puede aplicarse porque fue abolida por los tratados interamericanos. Nada más lejos de la verdad. La Doctrina Monroe no fue abolida, sino todo lo contrario: fue ratificada multilateralmente por las repúblicas de América e incorporada al Tratado Interamericano de Asistencia Recíproca, que prohíbe la intervención de potencias extracontinentales en este Hemisferio y señala las medidas que deben adoptarse, incluyendo el uso de la fuerza, en los casos de agresión o de amenaza a la paz del Hemisferio.

Resoluciones adoptadas posteriormente por la OEA reiteran que la existencia del régimen comunista de Cuba es incompatible con la paz y la seguridad del Hemisferio y estipulan el ejercicio de la legítima defensa, individual o colectiva, para repeler las actividades agresivas o subversivas de dicho régimen.

Tomando como base la Doctrina Monroe y los convenios regionales, el Congreso de los Estados Unidos adoptó la histórica Resolución Conjunta del 3 de Octubre de 1962 que eleva a la categoría de ley de la nación tres compromisos contraídos por los Estados Unidos en el caso de Cuba. La parte dispositiva de la Resolución Conjunta lee así:

"Estados Unidos resuelve:

Primero: Evitar por cualesquiera medios que puedan ser necesarios, incluyendo el uso de las armas, que el regimen marxista-leninista de Cuba extienda, por la fuerza o la amenaza de la fuerza, sus actividades agresivas o subversivas a cualquier parte de este hemisferio.

Segundo: Evitar en Cuba la creación o empleo de cualquier capacidad militar apoyada desde el exterior, que ponga en peligro la seguridad de los Estados Unidos; y

Tercero: Trabajar con la Organización de los Estados Americanos y con los cubanos amantes de la libertad para apoyar las aspiraciones del pueblo cubano a la autodeterminación."

Pues bien, esa Resolución Conjunta, que es un mandato del Congreso de los Estados Unidos refrendado por el Ejecutivo de esta nación, ha sido olvidada e incumplida. Ni se han evitado las actividades subversivas del régimen comunista cubano, ni se ha impedido la fortificación progresiva y amenazante de la isla de Cuba, ni se les ha brindado ayuda eficaz a los cubanos amantes de la libertad en su lucha desigual contra el comunismo opresor.

Así se explican los recientes desembarcos de cubanos en Venezuela; las guerrillas comunistas en Bolivia, Colombia, Guatemala y otros países de América; y el sabotaje y terrorismo en la República Dominicana. Y a ello se debe el estado de desesperación en que se encuentran los cubanos: atacados por sus enemigos y abandonados por sus aliados...

Si se nos preguntase qué hacer para conjurar la grave crisis hemisférica, nosotros contestaríamos: cumplir la Resolución Conjunta con la urgencia que el caso requiere. No debe paralizarnos el miedo a una conflagración mundial. El mito de la beligerancia de los rusos quedó destrozado en el Desierto de Sinaí, gracias a la acción heroica de los soldados israelitas, a quienes saludamos esta noche con respeto y admiración.

En cumplimiento de la Resolución Conjunta y de los convenios interamericanos, los Estados Unidos deberían sustituir la llamada política de aislamiento por una política de liberación. Si ha habido algún aislamiento, ha sido el del pueblo cautivo e inerme de Cuba y el de sus desterrados, quienes se ven impedidos por barcos y aviones norteamericanos de luchar por el rescate de la Patria esclavizada.

La Alianza para el Progreso no debería concebirse en términos puramente económicos sin tener en cuenta la grave crisis de autoridad que confronta el Hemisferio. No puede haber ni habrá pleno desarrollo económico y social en este Continente mientras que la estabilidad política de los gobiernos de América esté siendo socavada impunemente por el régimen comunista de Cuba.

El progreso y la libertad en América son indivisibles. Para recoger los frutos económicos de la Alianza para el Progreso hay que asumir las responsabilidades políticas y militares de una Alianza para la Libertad.

Ante la formación en Cuba de un ejercito multinacional de guerrilleros y terroristas, aptos para subvertir el orden y sembrar el caos, las repúblicas de este Hemisferio deberían crear un ejército interamericano para defender la democracia y preservar la paz. Esta es una responsabilidad que tiene que asumir la OEA, si es que quiere superar el ridículo de su presente postración y sobrevivir con honor las embestidas del comunismo internacional.

Cuando la OEA expulsó al régimen de Castro del sistema interamericano, los cancilleres de América manifestaron que no tenían el propósito de dejar al pueblo cubano desprovisto indefinidamente de toda representación, ni de condenarlo a la pena infamante del ostracismo regional.

Hora es ya que la Cuba democrática ocupe el escaño vacante de la OEA, que no pertenece al régimen comunista, sino a la nación cubana. Y nos corresponde a nosotros demostrar suficiente madurez y patriotismo para acatar y apoyar la representación cubana del exilio, cualquiera que sea, siempre que coloque a Cuba por encima de toda aspiración personal o de grupo, porque como decía Martí, "cuando la Patria aspira, sólo es posible aspirar para ella."

Y al ser admitida la representación de la Cuba democrática en la OEA, los Estados Unidos, junto con las demás repúblicas de América, deberían reconocer y apoyar la beligerancia de nuestro pueblo, ratificando con hechos el inmortal principio de que "Cuba es, y de derecho debe ser, libre e independiente."

Senador Stone, en este acto de reconocimiento y gratitud deseamos hacerle llegar este mensaje que brota del alma de nuestro pueblo:

Los demócratas cubanos no piden ni esperan pasivamente que los liberten otros. Los demócratas cubanos sí reclaman en su lucha el apoyo que establecen los tratados y que exigen la seguridad y el honor de América. Armas, todas las que puedan conseguirse. Brazos, todos los que quieran empuñarlas. Cualquier apoyo que ofrezcan los aliados siempre encontraría a los cubanos en la primera línea de combate. En las ciudades y en los campos, en las montañas y en los llanos, se ha rubricado con sangre la sentencia de Martí: "el cubano, antes que la libertad, se arranca la vida."

Y esta lucha habrá de continuar pese a todos los reveses y a todas las adversidades. Si caen los padres, continuarán los hijos. Si faltan jóvenes, se alzarán los ancianos, las mujeres y los niños. Y si en plena contienda llegasen a flaquear nuestras fuerzas, si el poderío del enemigo llegase a quebrar nuestra resistencia, enton-

337

ces los cubanos sabríamos repetir el grito inmortalizado en las trincheras de Verdún: "¡De pie los muertos!" Y nuestros muertos egregios responderían a nuestro llamado, señalándonos la ruta de la victoria con la luz inextinguible de su ejemplo...

El régimen de Castro ante la OEA

A principios de 1975, soplaban vientos de apaciguamiento y contemporización con Castro en diversas capitales de América. Concluida la guerra en Vietnam, se empezaba a hablar, prematura e ingenuamente, del fin de la Guerra Fría. Washington desarrollaba una política de "benign neglect" (descuido benévolo) hacia Latinoamérica, y la Cuba de Castro parecía no constituir una amenaza hemisférica para algunos asesores ciegos o ilusos.

Esto dio pie para que varias cancillerías que coqueteaban con Castro lanzaran el globo del "pluralismo ideológico" para tratar de justificar el regreso a la OEA del régimen marxista-leninista de Cuba.

La urgente movilización de figuras representativas del exilio pudo evitar que esto ocurriera. Mi contribución a la exitosa campaña librada fue un ensayo, publicado en serie en el *Diario Las Américas*, que le dio perspectiva histórica al tema candente que se debatía. Dada su extensión (53 páginas), reproduzco únicamente la primera y última sección del escrito.

---------- O ----------

La Organización de Estados Americanos, al reconsiderar próximamente el caso de Cuba, decidirá si subsiste como alianza regional —la más antigua del Mundo Libre— o si desaparece bajo el influjo disolvente del llamado pluralismo ideológico, que no es más que un subterfugio para consagrar la permanencia y expansión del régimen comunista de Cuba, negación de todos los principios y convenios en que se funda el sistema interamericano.

Levantamiento de sanciones

Se alega para justificar el levantamiento de las sanciones colectivas impuestas al régimen de Castro que éstas no han sido eficaces. Si por eficacia se entendiese únicamente el derrocamiento del régimen cubano, dicho alegato tendría fundamento. Aunque interesa destacar que nunca se pensó que el aislamiento parcial, por sí solo, fuese suficiente para erradicar un sistema totalitario que se asienta en el terror y en el apoyo masivo del mundo comunista.

Las sanciones, sin embargo, han tenido cierto valor como dique de contención y evidencia tangible de condenación moral. Plantear ahora el levantamiento de las sanciones impuestas al régimen transgresor de Castro, porque no han sido plenamente eficaces, sería tan absurdo como liberar y perdonar a delincuentes reincidentes por carecer de medios efectivos para reprimir sus crímenes.

Ilusiones engañosas

Pero es que se afirma que la Guerra Fría ha terminado; que los enfrentamientos ideológicos no tienen sentido en esta era pragmática de balanza de poderes; que la Unión Soviética y sus satélites, incluyendo a Cuba, han renunciado a sus afanes agresivos y expansionistas, y ansían hoy la coexistencia pacífica.

Esas son ilusiones engañosas de quienes aplauden la paz negociada en el Oriente por el Dr. Kissinger, sin escuchar el cañoneo implacable de los comunistas, que continúan sembrando muerte y destrucción en los campos y ciudades de Vietnam del Sur y de Cambodia.

Mas, no es en las trincheras abiertas del enfrentamiento bélico donde realmente se manifiesta la peligrosidad de los comunistas, sino en los frentes oscuros de la lucha clandestina, el espionaje, el terrorismo y la infiltración política. El régimen de Castro, por su propia naturaleza, no abandonaría esos frentes, aunque temporalmente encubra o limite su apoyo directo a las guerrillas y hasta modere su lenguaje. Le bastaría, por el momento, la labor subrepticia de agentes subversivos entrenados y armados en Cuba, y la penetración comunista en los sindicatos, universidades y gobiernos latinoamericanos, que sería dirigida desde las mismas embajadas cubanas.

Negociaciones con Castro

Queda finalmente el argumento de que Castro es hoy una realidad en América, y no pudiendo derribarlo mediante una acción colectiva debido a las implicaciones internacionales de un choque con la Unión Soviética, sólo procede reconocer su permanencia y negociar con él.

Si lo que se desea es un enfoque realista de la situación cubana, digamos toda la verdad, aunque nos duela. Y la verdad es que en múltiples oportunidades el gobierno de los Estados Unidos, acompañado a veces por gobiernos latinoamericanos, ha tratado de negociar con el régimen castrista, directamente o a través de los rusos. Y Washington ha tomado más en serio los intentos privados de negociación que los propósitos ostensibles de liberación.

Así se concibe que los demócratas cubanos hayan carecido de los recursos bélicos necesarios para triunfar. Así se comprende por qué algunos gobiernos de América no encontraron en Washington el firme respaldo que esperaban para la acción colectiva y el reconocimiento de la beligerancia de los cubanos. Así se explica que la Unión Soviética, maestra en el arte de la perfidia y el engaño, haya podido establecer un formidable bastión comunista dentro del perímetro defensivo de los Estados Unidos y aspire hoy a que se le otorguen las prerrogativas del reconocimiento diplomático y los dólares de una nueva Alianza para el Progreso.

La negociación con el régimen de Castro no es, pues, un fenómeno nuevo. Sólo que una negociación en la actualidad, después de innumerables acuerdos regionales que declaran la incompatibilidad del comunismo con el sistema interamericano y de compromisos solemnes contraídos por Washington de apoyar a los cubanos amantes de la libertad, le permitiría a Castro emerger fortalecido del ostracismo hemisférico y presentarse como el héroe que derrotó a Estados Unidos, soslayó a la OEA, rompió el cerco del aislamiento impuesto por el "imperialismo," y convirtió en realidad el mito contagioso de la inevitabilidad del triunfo comunista.

Y esto sucedería en un continente que dispone de una coraza de tratados y convenios para rechazar la intervención del comunismo internacional. De un continente que llegó a dictar la máxima sentencia condenatoria contra el régimen agresor de Castro, pero que le faltó la visión o el valor para ejecutarla en nombre de la libertad y de los principios más elementales de seguridad y legítima defensa.

Verdades de un proceso

Analicemos ahora el proceso reciente de la OEA y los acuerdos regionales adoptados en relación con el caso de Cuba; un proceso de gran interés en esta hora sombría de claudicaciones.

Durante gran parte de esta etapa diplomática, nos correspondió el altísimo honor de asumir la representación de la Cuba cautiva, pero insumisa, en unión de compatriotas muy distinguidos. Por la propia índole de las gestiones diplomáticas, nuestra labor se desarrolló casi siempre en forma callada y discreta. Hoy, en vísperas de la Conferencia de Cancilleres más transcedental de estos últimos tiempos, no podemos permanecer en silencio. Apoyados en amplia documentación que obra en nuestros archivos, procederemos al relato de los hechos, sin otro afán que el de difundir la verdad y sin otro compromiso que el de nuestra propia conciencia.

[A fin de abreviar este capítulo, omito el análisis detallado que hice sobre los acuerdos adoptados por la OEA en Santiago de Chile (agosto de 1959) para sentar las bases de la democracia representativa; en San José de Costa Rica (agosto de 1960) para condenar la amenaza de intervención de la Unión Soviética en Cuba; en Punta del Este, Uruguay (enero de 1962) para excluir al régimen de Castro de la OEA, y en Washington, D.C. (octubre de 1962) para hacerle frente a la Crisis de los Cohetes].

----------- O -----------

Al concluir la llamada Crisis de los Cohetes, el Presidente Kennedy afirmó que habría "paz en el Caribe". Ésta no duró mucho tiempo. En el informe del 3 de julio de 1963 de la Comisión Especial para Estudiar las Resoluciones II y VIII de la Octava Reunión de Consulta, se dijo lo siguiente: "Es indudable que Cuba constituye actualmente el centro regional de la acción subversiva del comunismo internacional en América. Ello es cierto, no sólo por lo que respecta a la propagación de la ideología comunista, sino también —lo que es más peligroso— porque constituye un centro muy cercano de adiestramiento para los agentes de todo orden que tienen a su cargo el desarrollo de la subversión en los países americanos." Y previendo los hechos ocurridos a fines de 1963, agregó el informe: "No cabe duda de que el régimen de Castro ha elegido a Venezuela como su principal objetivo..."

En la sesión extraordinaria del Consejo de la OEA celebrada el 3 de diciembre de 1963, el Embajador de Venezuela denunció "actos de intervención y agresión del gobierno de Cuba que afectan la integridad territorial y la soberanía de Venezuela, así como la vigencia de sus instituciones democráticas", y solicitó que el Consejo se constituyera y actuara provisionalmente como Organo de Consulta de acuerdo con el Tratado de Río de Janeiro para considerar las medidas que deban adoptarse.

El Consejo de la OEA designó una comisión especial para que investigara los hechos denunciados. El informe de 112 páginas que dicha comisión rindió al Consejo el 24 de febrero de 1964 incluyó numerosos documentos que corroboraron la acusación venezolana, así como una serie de fotografías de las armas cubanas encontradas en una playa de Venezuela.

Ante las pruebas concluyentes, la Novena Reunión de Consulta celebrada en Washington, D.C. del 21 al 26 de julio de 1964, acordó la ruptura de relaciones diplomáticas, consulares y económicas con el régimen de Castro, de acuerdo con el artículo 8 del Tratado de Río de Janeiro. Todas las repúblicas americanas acataron el acuerdo, con excepción de México.

El apaciguamiento suicida

Han pasado los años, y el régimen de Castro ha continuado fomentando la subversión, el espionaje, el terrorismo y las guerrillas en todo el Continente. Sólo que ahora la intervención castrista se realiza a través de agentes de los propios países agredidos, entrenados, adoctrinados y equipados en Cuba.

A pesar de estos hechos alarmantes, soplan vientos de apaciguamiento suicida en el Continente. En noviembre del año pasado los cancilleres se reunieron en Quito para considerar el levantamiento de las sanciones impuestas al régimen de Castro. No se logró, sin embargo, la mayoría de dos tercios requerida por el Tratado de Río de Janeiro para dejar sin efecto dichas sanciones.

Próximamente se reunirán los Cancilleres en Washington para tratar otra vez el caso de Cuba. ¿Qué decir ante este nuevo intento de consagrar la permanencia de un régimen que sigue siendo peligro y afrenta para todo el Hemisferio? Nada más elocuente que el discurso pronunciado en la OEA por el Canciller de Costa Rica, Gonzalo Facio, el 3 de diciembre de 1963. Dijo entonces el Canciller Facio: "Comprendemos que el caso de Cuba ha dejado de ser un problema de orden local o de orden puramente interamericano. Representa el traslado de la guerra fría al corazón de las Américas, y por ello tiene un ámbito mundial. Sin embargo, sin perder de vista los problemas de estrategia global que plantea la Guerra Fría, mi Gobierno ha sostenido siempre que una política de mera contención frente a la agresión subversiva comunista que nos viene de Cuba, no puede ser suficiente. Como americanos nos negamos a cerrar los ojos frente a la tragedia del hermano pueblo de Cuba. Solo, aislado, este bravo pueblo no puede liberarse de un régimen como el de Fidel Castro que además de haber recurrido a los más crueles métodos del Estado policial, cuenta para mantenerse en el poder con el apoyo de fuerzas militares de potencias extranjeras".

"Es ya tradición americana, que se remonta a las luchas por la independencia, que ninguna guerra de liberación se lleve a cabo sin que el pueblo oprimido reciba ayuda exterior. Ese sentimiento de solidaridad americana se justifica ahora más que nunca en el caso de Cuba, porque la intervención chinosoviética, condenada expresamente por todos los Estados americanos, tiende a consolidar un régimen extraño y antagónico a la tradición histórica del Nuevo Mundo, que además constituye fuente de agresión subversiva contra todas las naciones del Hemisferio.

No se violaría la soberanía cubana si se diera apoyo al pueblo de Cuba —dentro y fuera de la Isla— en su guerra de liberación nacional. Porque, como he tenido oportunidad de repetirlo muchas veces, la soberanía reside en el pueblo, y cuando un dictador la usurpa, sobre todo para ponerla al servicio de una potencia extranjera, ninguna forma de lucha contra el tirano viola la soberanía nacional, sino que, por el contrario, tiende a devolvérsela al pueblo a quien el dictador se la ha usurpado. La autodeterminación popular, que no es otra cosa que el ejercicio de la soberanía, no puede ejercerse en Cuba mientras exista el régimen tiránico del Fidel Castro..."

¿Pueden los cancilleres de América olvidar estas palabras que tienen plena vigencia por cuanto están inspiradas en los más altos principios, tradiciones e ideales del mundo americano? ¿Pueden los Ministros de Relaciones Exteriores extender prerrogativas diplomáticas y ayuda económica a un régimen que los desprecia y que está empeñado en destruir las libertades en este Hemisferio? ¿Pueden, en fin, los señores cancilleres ignorar al pueblo de Cuba y pactar con sus verdugos?

No. A menos que el Tratado de Seguridad y Asistencia Recíproca sea una burla; que la Organización de los Estados Americanos sea una farsa; que la Declaración de los Derechos Humanos sea una estafa, y que la amistad de los pueblos sea una traición.

Sea cual fuere la decisión de la OEA, el pueblo indomable de Cuba no abandonará la contienda. Está en juego no sólo su libertad, sino su propia supervivencia. No se doblegará ni aunque la próxima Conferencia de Cancilleres capitule y lo traicione. Firme y erguido continuará la lucha y evocará "La Esperanza" que cantara el poeta José Agustín Quintero después de un fallido intento de liberar a la Patria opresa:

"Si hoy en la negra oscuridad desierta
te oprime del dolor el yugo impío,
y tristre lloras la esperanza muerta
de un destino fatídico y sombrío,
tal vez mañana ha de brillar luciente,
ceñida de laurel, tu noble frente".

Abril de 1975

Militancia y cubanía

Como hubimos de analizar en capítulos anteriores, la política exterior norteamericana después de la Crisis de los Cohetes llegó a maniatar a los exiliados militantes y contribuyó a mantener el statu quo en Cuba. Fue tal el cerco impuesto por Washington a los grupos de acción en la Florida, que las operaciones de infiltración y sabotaje se hicieron prácticamente imposibles.

Actuación del exilio militante

Una de las pocas acciones paramilitares que se recuerdan a fines de la década de los 70, fue la que intentó con sus Comandos L el intrépido Tony Cuesta. Sorprendido por unidades navales de Castro frente a las costas de Cuba, Tony trató de quitarse la vida con una granada de mano antes de caer prisionero. Gravemente herido por la explosión, este gigante de la resistencia sobrevivió, tullido y sin vista, en las ergástulas del régimen. Después de cumplir trece años de prisión, regresó a Miami y allí murió, sin deponer su rebeldía, con sombras en los ojos cegados por la metralla, pero con luz en la frente nimbada por la valentía.

Ante la imposibilidad física de estimular o apoyar la rebelión en Cuba, decenas de exiliados optaron por continuar la lucha armada contra el comunismo en otros frentes: Vietnam, Bolivia, Angola, Chile y Nicaragua. Para estos jóvenes militantes, la derrota de los comunistas en cualquier teatro de operaciones redundaba en beneficio de la libertad de Cuba. Por eso los que combatieron la tiranía sandinocomunista solían decir: "Nicaragua primero; Cuba después."

No todos los que empuñaron las armas en los diversos frentes anticomunistas actuaron con civismo y decoro. Algunos (pocos, afortunadamente), ávidos de fortuna o aventura, tomaron después oscuros vericuetos envilecidos por la droga y mancillados por el crimen. Precisa destacar, sin embargo, que la rapacidad de los menos no empañó la nobleza de los más.

En el campo diplomático y congresional, se hicieron múltiples pero infructuosas gestiones para lograr que se reconociera la beligerancia de los cubanos. Entre las iniciativas que fueron impulsadas en la década de los 70 se encuentran: "La Batalla de Washington", gestada por Carlos Prío Socarrás y Eduardo Suárez Rivas entre otros; "Cubanía Beligerante", promovida por Prío, Andrés Rivero Agüero, Rafael Guas Inclán, Emilio Ochoa y otras personalidades; la "Comisión Representativa de Exiliados Cubanos", calorizada por excongresistas, bajo la dirección de Lincoln Rodón, y el "Movimiento Patriótico Cuba Libre", liderado por Carlos Márquez Sterling.

En los años subsiguientes se crearon o fortalecieron importantes agrupaciones que hoy conforman el exilio militante. Entre ellas figuran la "Junta Patriótica", que fundó y regenteó hasta su muerte el veterano Tony Varona, y que hoy preside Ernestino Abreu; la "Fundación Nacional Cubano Americana", que dirige Jorge Mas Canosa, máximo propulsor del cabildeo en Washington; "Unidad Cubana", que encabeza Andrés Vargas Gómez; "Cuba Independiente y Democrática" (CID), que capitanea Huber Matos; el "Movimiento Democrático" que coordina Ramón Saúl Sánchez y la "Plataforma Democrática Cubana", que constituyeron Carlos Alberto Montaner (vertiente Liberal), José Ignacio Rasco (vertiente Demócrata Cristiana) y Enrique Baloyra (vertiente Social Demócrata).

Complementan este repertorio: "Agenda Cuba", que promueve Leonardo Viota; MAR por Cuba, que inspira Silvia Iriondo; "Alpha 66", que lidera Nazario Sargen; el "Partido Protagonista del Pueblo", que representa Orlando Bosch; la "Brigada 2506", que dirige José Miró Torra; el "Directorio Revolucionario Democrático Cubano", que orienta Orlando Gutiérrez; los "Municipios de Cuba", que preside Juan Reinerio González; el movimiento "Pro-Gobierno Cubano en el Exilio," que encabeza José Morell Romero e impulsa José A. Mijares, y dignas representaciones de los partidos políticos tradicionales de Cuba: Emilio Ochoa y Luis Conte Agüero por los "Ortodoxos", y Gustavo León y Lomberto Díaz por el "Partido Revolucionario Cubano" y "Organización Auténtica", respectivamente.

Otras decenas de grupos existentes promueven una vasta gama de programas y consignas, que van desde la acción armada hasta reformas negociadas con el régimen (como pretenden algunos que ya se han reunido con Castro o sus emisarios). La diversidad en las tácticas de lucha no sería tan nociva si hubiese transparencia y concordancia en los principios básicos y en las metas de libertad, sin engañifas ni escamoteos. Tampoco sería tan perjudicial el debate acalorado, si no fuese *ad hominem*, contra las personas más que contra las ideas.

347

No dejan de ser muy lamentables estos excesos, que emanan del temperamento explosivo de los exiliados; pero es preferible que se avive la militancia entre olas encrespadas de pasiones, a que se apague lentamente en el mar muerto de la indiferencia.

Los hechos están logrando reducir las divergencias que nos separan. Después del criminal hundimiento del remolcador el 13 de julio de 1994, del motín en el Malecón, del patético oleaje humano de balseros, del arresto de decenas de disidentes del Concilio Cubano, y del asesinato en el aire de cuatro de los Hermanos al Rescate, no son muchos los exiliados que hoy apoyan el levantamiento incondicional del embargo y el diálogo rastrero con el tirano monologuero.

Nada sería más perjudicial a nuestra causa que prolongar los estertores del régimen odioso y quebrado con sueros artificiales de ayuda económica; ni nada más infamante y peligroso que revestirlo de legitimidad con tortuosas negociaciones o burdos rejuegos plebiscitarios.

Bien hace en oponerse a este contubernio el formidable triunvirato congresional cubanoamericano, integrado por Ileana Ros-Lehtinen, Lincoln Díaz Balart y Bob Menéndez. Desde el Capitolio en Washington, ellos sostienen con acierto que no puede haber paz ni libertad con Castro, y plantean vigorosamente la necesidad de mantener una línea dura hasta que se produzcan cambios fundamentales (no cosméticos) en Cuba. Con igual firmeza y dignidad se manifiestan los siguientes ex-embajadores nacidos en Cuba: José Sorzano, Otto Reich, Armando Valladares, Alberto Martínez Piedra, Mauricio Solaún y Everett Ellis Briggs. Y en el campo político, César Odio, Tirso del Junco y José Manuel Casanova, entre muchos otros, mantienen una postura vertical pro Cuba libre.

Mas no basta el embargo económico para acelerar el proceso de liberación. También hay que estimular y apoyar la resistencia interna, como hicieron Washington y el Vaticano con "Solidaridad" en Polonia. Y hay que alentar a los que, estando en posiciones clave cerca de Castro, pudieran algún día desalojarlo.

La resistencia armada es un tema escabroso que divide al exilio. Pero hay una bandera que a todos nos conmueve y aglutina: la bandera de los derechos humanos, aherrojados, escarnecidos y pisoteados por Castro.

Pedro Luis Boitel, símbolo de la resistencia heroica y del presidio plantado, murió detrás de las rejas, en huelga de hambre, en mayo de 1972.

La Batalla por los Derechos Humanos

Un paladín del periodismo libre, José Ignacio Rivero, comenzó esta batalla en Cuba al emprender su magna cruzada contra la dominación comunista. Ya en el exilio, muchos otros intervinieron. Guillermo Martínez Márquez estremeció a la Sociedad Interamericana de Prensa con el mensaje desgarrador de la Cuba cautiva. Antonio Alonso Ávila documentó las violaciones de los derechos humanos perpetradas por la propia legislación comunista de Cuba. Y Humberto Medrano fue de los que con más lucidez, energía y tesón denunció ante los organismos internacionales y la opinión pública las atrocidades del régimen de Castro. Entre sus vibrantes "Yo Acuso" figura el artículo en que describe el martirio del líder estudiantil, Pedro Luis Boitel, enjaulado 12 años en las inmundas cárceles de Cuba Roja. Transcribo a continuación los párrafos más sobresalientes de ese trabajo.

Boitel: macho y mártir

"Murió sin doblegarse. Sin ceder en sus principios. Sin rendir su gallarda postura de desafío.

No era más que un preso político. Desvalido, inerme. Las golpizas y las huelgas de hambre lo habían depauperado, agotado hasta una esquelética expresión. Pero su espíritu indomable le había dado las proporciones de un gigante. Y eso era para sus verdugos: un gigante imbatible.

Podrían golpearlo, clavarle bayonetas, balacearlo, quitarle toda asistencia médica. Pero no pudieron lograr nunca que doblara la rodilla ante el monstruo poderoso y cobarde que lo mantenía en prisión a pesar de haber cumplido su condena.

Cuantas veces intentaron "rehabilitarlo" fallaron en su intento. Cuantas veces quisieron que se desdijera, que abdicara su altivez, que se plegara por la fuerza o por la promesa de suspenderle maltratos y vejámenes; cuantas veces lo hicieron se estrellaron contra su estoica resistencia.

Llegaron hasta ofrecerle altas posiciones en el régimen si aceptaba "cuadrarse" en la doctrina comunista. Sólo lograron su negativa rotunda y su desprecio. Los humillaba con su firmeza de convicciones. Les escupía en el rostro su irrenunciable derecho a decir que no.

Sí, tenían que matarlo. No había otra manera de acallar la voz rugiente con que les rechazaba en la tortura o en la dádiva. No había otra forma de librarse de aquel esqueleto aullante; de aquel semiparalítico con sesenta libras de peso y cien mil toneladas de coraje...

Ay, Pedro Luis, ¡cómo llora Cuba tu martirio! ¡Cómo lloramos todos los cubanos, que seguimos siéndolo —por encima de tentaciones y presiones— la pérdida de este "inmenso capitán atado por la muerte!..."

¡Qué grande fuiste y qué grande eres, Pedro Luis Boitel! Y digo eres, porque los hombres como tú son vencedores de la muerte. Porque los hombre como tú, como Echevarría, como Porfirio Ramírez, son savia inagotable de los pueblos, estímulo permanente de los hombres, estrellas sin ocaso que derraman su luz inextinguible sobre las generaciones futuras.

Tú, Pedro Luis Boitel, no has muerto simplemente. Te han asesinado. Sabían de tu entereza, y en la última huelga de hambre te dejaron morir. Eso es asesinato. Eso es crimen nefando. Y es hora de que todos los hombres libres que se reúnen en los aerópagos internacionales de la ONU y la OEA, sepan que Fidel Castro acaba de asesinar al estudiante Pedro Luis Boitel...

. Si nadie protestara, Pedro Luis, no te extrañe. Las nóminas hacen mucho daño en América. Y al "primum vivere" se añade el miedo y la más absoluta demagogia para frenar actitudes decorosas frente al crimen. Pero voces habrá que por encima de este marasmo politiquero y de los "understandings" tomados a espaldas de los pueblos, tratarán de poner las cosas en su sitio y bajo tierra a tus verdugos.

Tu muerte, noble y valeroso hermano, es una caída más en este calvario que estamos recorriendo, los que llevamos a cuestas, sin soltarla, la cruz de Cuba. Lágrimas amargas han corrido al saberla, por los mismos surcos que han dejado, ante otras muertes similares, casi las mismas lágrimas. La hora es de seguir luchando porque no hayas muerto en vano. La hora es de mantener enarbolada la bandera de tu credo político sublime y obstinado y hacer lo necesario porque un día ondee, erguida y triunfal, en la patria que amaste hasta la inmolación".

---------- O ----------

Otro de los pioneros de la lucha por los derechos humanos fue Claudio F. Benedí. Este incansable gladiador se ha batido en todos los frentes, denunciando *urbi et orbi* los horrores del régimen de Castro. Pero más allá de las denuncias, Benedí ha demostrado que las violaciones de los derechos humanos que se cometen en Cuba no son simples transgresiones por abuso de poder, propias de gobiernos autoritarios reformables. No, son violaciones sistemáticas, crímenes de lesa humanidad, que, por ser consustanciales al totalitarismo, cesarán únicamente el día en que caiga el régimen comunista que los promueve. Esta doctrina de la violación institucional de los derechos humanos, que lleva el nombre de Benedí,[70] ha recibido reconocimiento internacional y ha servido de base para condenar al régimen de Castro en diversos foros.

Una de las organizaciones que con mayor efectividad ha logrado contrarrestar la campaña de desinformación de Castro y sus simpatizantes en torno a los derechos humanos en Cuba, ha sido *Of Human Rights*. Fundada en 1974 por la Dra. Elena Mederos y un grupo de estudiantes y profesores cubanos de la Universidad de Georgetown, esta organización no partidista ha tenido mucho éxito en su noble campaña internacional enderezada a condenar al régimen de Castro y a mitigar la agonía de los presos políticos en Cuba. Gran parte de este éxito se debe a su director, Frank Calzón, quien ha sabido ganarse el respeto y el apoyo de organismos internacionales y de instituciones tan acreditadas e influyentes como Freedom House.

No todas las iniciativas en favor de los presos políticos han sido encomiadas. En 1978, dentro del marco de la política de distensión formulada por el Presidente Carter, el banquero Bernardo Benes y Jorge Roblejo Lorié del Comité Familiares de los Cien negociaron con el régimen de Castro la excarcelación de numerosos presos políticos. Aunque lograron su objetivo, fueron duramente censurados en el exilio por las implicaciones coexistencialistas del diálogo con el tirano.

---

[70] Claudio F. Benedí, *Los Derechos Humanos*, Miami, FL, 1992.

En cuanto a las denuncias de los horrores de la tiranía, ningún estudio supera en documentación y profundidad a *Cuba: Mito y Realidad*, fruto de más de veinte años de paciente labor y riguroso análisis académico bajo la dirección del sociólogico Juan Clark. Esta obra, basada en el testimonio oral de cientos de entrevistados, explica en forma descarnada y factual las dimensiones del terror totalitario implantado por Castro y las razones del éxodo de más de un millón y medio de cubanos.

Acaso el relato más pavoroso sobre el Gulag de las Américas, y el que más resonancia internacional ha tenido, es *Contra Toda Esperanza*, escrito por Armando Valladares. Habiendo pasado veintidós años en las inhumanas cárceles políticas de Castro, el poeta Valladares narra con dramático acento los infortunios que presenció y padeció en prisión. Sufrió confinamiento solitario y brutales agresiones por no someterse a la "rehabilitación", y fue privado de alimentos durante cuarenta y seis días. A consecuencia de éstas y otras privaciones, Valladares estuvo ocho años en silla de ruedas. Entre los versos punzantes que escribió, altivo entre las rejas, sobresale éste:

¡Préstame tus piernas un instante!

A tí que estás allá
en un jardín que no fue tuyo nunca,
ven aquí a estas rejas
que atraviesan mi cara y mis pupilas
de parte a parte.

No te ocultes entre luces tibias;
que te duela también mi dolor,
que es tuyo,
y mis sombras
y la ración de terror y bayoneta
que yo consumo por ti hace años
para cumplir con mi deber exacto
y con el tuyo.

Ven aquí, o al menos,
¡préstame tus piernas un instante! [71]

---

[71] Armando Valladares, Prisionero de Castro Planeta, 1982, pag. 113.

Al ser puesto en libertad en 1981, por gestión del Presidente de Francia, François Mitterand, Valladares se consagró a la defensa de los derechos humanos, primero en las Naciones Unidas como representante de los Estados Unidos, y después al frente de la Fundación Valladares.

La batalla por los derechos humanos que se libra en el exilio cuenta con muchos otros ex presos políticos militantes, entre los que descuellan Andrés Vargas Gómez, Angel Cuadra, Jorge Valls, Sebastián Arcos, Mario Chanes de Armas, Roberto Luque Escalona, Roberto Martín Pérez, Luis A. Gómez Domínguez, Polita y Ramón Grau Alsina, y Sarah Odio, (quienes con su "Operación Pedro Pan" salvaron a tantos niños cubanos), Albertina O'Farrill, Ricardo Bofill Pagés, presidente del Comité Cubano Pro Derechos Humanos; Luis Zúñiga, presidente de la Fundación para los Derechos Humanos; Guillermo Rivas-Porta, secretario general de la Coordinadora Internacional de Ex Prisioneros Políticos Cubanos; Rodolfo Capote del Frente Nacional de Ex Presos Políticos, José Rufino Álvarez de la Asociación de Ex Presos Políticos, y Rolando Borges del Ex-Club.

Los más connotados ex presos políticos han dejado valiosos testimonios históricos y literarios de sus tenebrosas experiencias. Pero el patetismo de sus relatos no enturbió su numen ni marchitó los sentimientos más puros de su ser. Una de las columnas verticales del presidio de Castro, Ernesto Díaz Rodríguez, quien cumplió gran parte de sus cuarenta años de condena, nos legó estos versos cristalinos, limpios de amargura y rebosantes en belleza:

Los niños son esas flores
que brotan entre las piedras,
y las nubes que se engarzan
y las olas que se alejan,
son los tiernos girasoles
que miran la luna llena
y el arbol que se levanta
como una esperanza nueva.
Son, en fin, la luz que impregna
las paredes de mi celda
y la espiga que germina
en los charcos de mis venas.

Otras personalidades del exilio han jugado también un papel importante en la batalla por los derechos humanos en Cuba. Entre ellas figuran los notables cineastas Orlando Jiménez Leal y Néstor Almendro con su documental *Conducta Impropia*, Jorge Ulla con su película *Nadie Escuchaba*, Eduardo Palmer, José Cardona y Alex Antón con su reciente filme *Rompiendo el Silencio*, y León Ichaso con *Azúcar Amarga*.

También han sobresalido los siguientes abanderados: el prestigioso abogado y escritor Luis Fernández Caubí con su obra *Cuba: Justicia y Terror*, el coronel Esteban Beruvides con su libro *Cuba y Su Presidio Político*, y Mignon Medrano con su dramático relato de la odisea de las presas cubanas en *Todo lo Dieron por Cuba*. Asimismo se destacan periodistas de fuste como Agustín Tamargo, quien con dialéctica cortante y cubanísimo decoro defiende a las víctimas de la barbarie castrocomunista y arremete contra sus victimarios. Y entre los analistas conceptuosos despunta Ariel Remos, quien en su constante denuncia de los crímenes de Castro desentraña la política internacional funesta que los tolera.

Entre los comentaristas cubanos que a diario truenan contra el salvajismo del régimen de Castro sobresalen Armando Pérez Roura y Tomás García Fusté. Y con un estilo más reflexivo y sosegado, también se distinguen en la campaña denunciatoria los comentaristas de Radio y TV Martí, la obra cumbre de la Fundación que en sus transmisiones a Cuba ha contado en distintas épocas con la sagaz orientación de Ernesto Betancourt, Tony Navarro y Rolando Bonachea, entre otros.

En esta gran batalla por los derechos humanos, unos fustigan y denuncian crímenes; otros se movilizan y salvan vidas. Entre éstos últimos figuran, en lugar prominente, José Basulto y su grupo de pilotos voluntarios "Hermanos al Rescate". Con ejemplar nobleza y franciscana dedicación, estos pilotos han peinado las olas del Golfo para divisar y rescatar a miles de víctimas del naufragio de Cuba: los balseros. A fin de complementar la labor de los "Hermanos al Rescate", se creó el "Hogar de Tránsito para Refugiados Cubanos" en Cayo Hueso, presidido por el ex combatiente de Girón, Arturo Cobo. El Hogar se ocupó de recibir y cobijar temporalmente a los balseros rescatados, y de trasladarlos después a Miami con la asistencia de la Conferencia Católica de Estados Unidos.

Este bello capítulo de humana solidaridad se ha cerrado parcialmente a consecuencia de la nefasta política migratoria decretada por el Presidente Clinton. Pero no por ello los Hermanos al Rescate han cesado su labor de rastreo, vigilancia y denuncia, a riesgo de sus propias vidas.

Digna de encomio es la gran campaña que libró el exilio hasta lograr que se permitiera la entrada de los balseros hacinados en Guantánamo. Aparte de los incansables congresistas cubanoamericanos, descollaron en primera línea César Odio y Guarioné Díaz, y un grupo de señoras encabezadas por Silvia Iriondo (MAR), Lourdes Quirch (Operación Ángel), Clara María del Valle (Fundación Cubano Americana), Dolores Smithies (International Rescue Committee), y Tere Zubizarreta (GRASP).

Pero si importante es la militancia del exilio en todos estos frentes, vital es la disidencia que, con creciente vigor, se está haciendo patente en muchas partes de la Isla.

La disidencia

No debe extrañarnos que en Cuba, después de Girón, haya tardado en aflorar la disidencia —oposición que incluye tanto a los que creen que el régimen totalitario de Castro es reformable, como a los que saben que la ruptura con el sistema es esencial.

Factores poderosos han impedido toda manifestación contraria al régimen: aparato de espionaje y represión en cada cuadra; imposibilidad de crear organizaciones autónomas, incluyendo sindicatos; supresión de todo canal de información no controlado por el régimen; adoctrinamiento enervante, continuo y masivo; el mito de la invencibilidad de Castro (antes de la desintegración del imperio soviético); retraimiento y silencio hasta hace poco de la Iglesia, la única institución no aniquilada o absorbida por el Estado; obstáculos prácticamente infranqueables para estimular y apoyar la resistencia desde el exterior (fatal en el caso de una isla); sensación en Cuba de impotencia y abandono después del pacto Kennedy-Khrushchev; y, por encima de todo, el terror anonadante, sistemático y difuso.

Como bien apunta Carlos Alberto Montaner, "el instrumento para someter a los disidentes es el miedo". Y agrega el perspicaz escritor: "Pocas cosas puede haber más atemorizantes que una turba que vocifere, maltrate, escupa y humille a una persona o a un grupo de personas indefensas. Esa experiencia pueder ser aun peor que la tortura en un calabozo, aunque sólo sea porque el miedo es la más intensa de las sensaciones. El dolor físico es una reacción involuntaria a un estímulo neurológico, mientras que el miedo, sobre todo el miedo al linchamiento, es una emoción en la que intervienen el *pathos* y el *logos*. Una emoción en la que se trenzan amargamente la conciencia del peligro, la inminencia racional de la muerte, la noción de la impotencia, el sentimiento de inferioridad, la humillación y la sobrecogedora descarga de adrenalina que prepara al organismo para un esfuerzo supremo, pero que acaba paralizándolo..."

Y concluye Montaner: "El dolor se olvida. El recuerdo del miedo no nos abandona nunca. Se enquista en la memoria y le clava sus dedos afilados hasta el último día de nuestras vidas".[72]

El terror imperante en Cuba se puso de manifiesto durante el juicio en 1989 del general Arnaldo Ochoa, quien de la noche a la mañana dejó de ser "héroe nacional" para convertirse en "traidor a la Revolución". Su lastimosa autoconfesión y autocondena, tan vívidamente descritas en el libro *Castro's Final Hour* de Andrés Oppenheimer, pareció un remedo de los "juicios" que orquestó Stalin en los años 36, 37 y 38 para encubrir sus purgas. El fusilamiento de Ochoa y de otros tres oficiales, después de su aniquilamiento físico y moral, fue un mensaje de choque aterrador para matar en flor la disidencia en momentos de gran fermentación nacional, agudizada por la pérdida de los subsidios soviéticos y el consiguiente desplome de la economía.

A pesar del impacto conmocional del Caso Ochoa y de la creación de las Brigadas de Respuesta Rapida, la disidencia en Cuba ha ido cobrando fuerza, sobre todo después de la "Declaración de los Intelectuales Cubanos". Cuenta el escritor y ex preso político Ariel Hidalgo en su documentado libro *Disidencia*, que esta Declaración fue redactada por el crítico literario Fernando Velázquez Medina y suscrita por sus compañeros del movimiento "Criterio Alternativo" María Elena Cruz Varela, Roberto Luque Escalona y Víctor M. Serpa Riestra, así como por otras personas que no se habían manifestado públicamente como disidentes.

---

[72] Carlos Alberto Montaner, *Víspera del Final*, Marymar, 1993, pag. 131.

¿Qué pedían estos intelectuales? Contesta Ariel Hidalgo: "Solicitaban, no la libre elección del Jefe del Estado, sino elecciones directas a la Asamblea Nacional, sin restricciones; no un sistema de libre empresa, sino sólo la reactivación de los mercados libres campesinos; no el aumento del embargo comercial contra Cuba, sino la petición de asistencia a los organismos especializados de Naciones Unidas, con el fin de paliar la escasez de medicinas y el previsible aumento de la mortalidad. Los demás puntos eran amnistía política y libre flujo migratorio".[73]

No obstante el espíritu conciliatorio de estas peticiones, el régimen tomó represalias contra los firmantes separándolos de los cargos que ocupaban. Esto no amilanó a los líderes disidentes, quienes avanzaron en su empeño de coligarse. Así, explica Hidalgo, se crearon en el país dos grandes federaciones de grupos disidentes: la Coalición Democrática Cubana apoyada desde el exterior por la Fundación Nacional Cubano Americana, y la Concertación Democrática Cubana que cuenta con el respaldo de Cuba Independiente y Democrática (CID). Aunque diferían radicalmente en sus proyecciones y tácticas, no surgieron grandes tensiones entre ambas organizaciones.

Quedó fuera de este alineamiento el Comité Cubano Pro Derechos Humanos, pero su Secretario General, Gustavo Arcos Bergnes, le aclaró al líder disidente Elizardo Sánchez que aunque él y Sebastián Arcos formalmente no se unían a la Concertación, mantenían estrechas relaciones con todas sus filiales. Tampoco se integraron los grupos clandestinos, como el Directorio Estudiantil Revolucionario José Antonio Echeverría, ni los que tenían a todos sus ejecutivos en las prisiones, como el MID de Esteban González, ni el Movimiento Cristiano de Liberación dirigido por Oswaldo Payá.

A principios de octubre de 1991, unos días antes de la celebración del IV Congreso del Partido Comunista, la Concertación emitió un documento clamando por un "encuentro nacional con plena representatividad del espectro político y social cubano" con el objeto de discutir las medidas necesarias para la reconciliación y la democratización pluripartidista, la constitución de un gobierno provisional, la convocatoria a una asamblea constituyente,

---

[73] Ariel Hidalgo, *Disidencia*, Ediciones Universal, 1994, pag. 268.

y, finalmente, la celebración de unas elecciones generales. Este documento incluyó esta ominosa advertencia: Si el IV Congreso del Partido Comunista de Cuba desestimara la esencia y propósitos de esta propuesta, estaría rechazando una de las últimas oportunidades de evitar el colapso económico, el caos social y un derramamiento de sangre como no ha conocido Cuba en toda su historia".[74]

Como afirmara Yndamiro Restano, Presidente del Movimiento Armonía, las conclusiones del Congreso cayeron como "un cubo de agua fría sobre las esperanzas de lo mejor de Cuba... " El régimen de Castro no sólo hizo caso omiso a esta propuesta, sino que arremetió físicamente contra uno de los firmantes del documento, la poetisa María Elena Cruz Varela. En efecto, las llamadas Brigadas de Respuesta Rapida —jaurías de esbirros adiestrados— agredieron brutalmente a Cruz Varela: la golpearon, la arrastraron por los cabellos escaleras abajo, y le hicieron tragar una de sus proclamas, mientras la vejaban públicamente. Poco después, la poetisa fue condenada a prisión.

Las rejas no pudieron acallarla. *El Ángel Agotado* recoge sus secretos, sus plegarias, y el mensaje penetrante de esta desgarradora despedida:

"A la ascención llegué sin estar listo. Entre
una trampa y otra me robaron la fuerza.
La amable lucidez de mis brebajes.
Me robaron la notas del canto a la Alegría.
Si soy hombre. O mujer. Ya no me importa.
Tampoco ser un ángel podrido de cansancio.
Me acuchillan la fe. Me acuchillan la carne.
Se reparten las sobras del festín de palabras.
Sólo tuve palabras. Para nombrar dolores.
Para nombrar los males. Y palabras de amor
que magnifican. Qué caro cuesta todo.

---

[74] Ariel Hidalgo, *Disidencia*, pag. 293.

Qué caro cobran todos los ritos celestiales.
Enfermo de traición el ángel se despide.
La realidad comienza a destruirse en la
pira siniestra de sus naves".[75]

La cultura en la diáspora

¿Por qué es que después de más de tres décadas de dispersión, desengaño y desilusión no se ha apagado en el exilio el espíritu de lucha y la fe en el regreso? ¿Por qué, a pesar del divisionismo imperante y de la poderosa corriente norteamericana de asimilación ("melting pot"), conservan tantos exiliados el orgullo de sentirse cubanos?

La masiva concentración de coterráneos en el sur de la Florida, en New Jersey y otras áreas ha ayudado obviamente a mantener la llama encendida. Pero lo que ha hecho que perviva nuestra palpitante cubanía ha sido la preservación de las tradiciones nacionales, afianzadas por el idioma, avivadas por la nostalgia y enriquecidas por la cultura.

Una de las instituciones que, con acendrado patriotismo, contribuyó a fortalecer esas tradiciones en el exilio fue Cruzada Educativa Cubana. Fundada en 1962 por María Gómez Carbonell y otras distinguidas educadoras, y presidida durante muchos años por Vicente Cauce, Cruzada se dedicó a defender y divulgar los valores culturales de Cuba, a honrar la memoria de nuestros libertadores y repúblicos, a exaltar los logros de los exiliados, y a elaborar planes para la descomunización de la escuela cuando la Isla sea liberada.

María Elena Saavedra, quien ha sobresalido como cronista de la cultura en el destierro, le dio realce a muchos de los eventos cívicos y patrióticos organizados por Cruzada. Y Mercedes García Tudurí, gloria de la intelectualidad cubana y primera asesora de Cruzada, enalteció su tribuna en diversas oportunidades con enjundiosos trabajos educativos y filosóficos.

---

[75] María Elena Cruz Varela, *El Ángel Agotado*, Fundación Liberal José Martí, 1992, pag. 114.

El Dr. Juan J. Remos, repúblico eminente, devoto de las letras, quien con las prédicas y el ejemplo promovió la unión del exilio bajo el influjo de la cultura.

Uno de nuestros grandes estadistas y literatos en el exilio, Juan J. Remos, dejó huellas luminosas de su talento en los anales de Cruzada. En un discurso pronunciado el 25 de noviembre de 1967, con motivo del homenaje que se le rindiera al cumplir sus Bodas de Oro con la enseñanza, Remos sentenció:

"... es la cultura el hálito vital de nuestra razón de ser como nación; y... es defendiendo su inmanencia bien definida en lo histórico, en lo idiomático, en lo social, en lo político, en lo religioso, en lo artístico, como podemos sentirnos todos apretados en un mismo haz, luchando por ver cuajar en realidad la redención cubana."

Convencido de que ha de existir un vínculo que una el presente con el pasado, porque sin ello la verdadera conciencia de nación no existe, Remos demostró lo pródiga que ha sido nuestra patria en figuras cimeras que han nutrido la inteligencia y el corazón de las generaciones cubanas. He aquí la magnífica evocación histórica que les legó a los jóvenes:

"Tengo el orgullo de ser cubano, porque nuestra tradición cultural nos destaca como uno de los países de mejor calidad en el Continente. Si es atinado el criterio senequista de que nadie ama a su patria por ser grande, sino por ser suya, yo la amo, sí, porque es la mía, pero, además, porque es grande. Tierra en cuyo complejo cultural, formado en el siglo XIX, late el quid que se desprende del pensamiento filosófico y educativo que personalizan Varela, Luz y Caballero, Mendive y Enrique José Varona; de los movimientos que promueven Domingo del Monte, Nicolás Azcárate, José María Céspedes y José Antonio Cortina; de la sensibilidad poética que va de José María Heredia a Julián del Casal; de las orientaciones políticas y sociales que alientan Saco, Céspedes, Montoro, Sanguily y Gonzalo de Quesada; de los rumbos económicos que señalan Arango y Parreño, Pozos Dulce, el Lugareño; del sentido jurídico que imprimen Escovedo y José Calixto Bernal; del encauzamiento de opinión pública que emana de los adoctrinamientos de Ricardo del Monte, Adolfo Márquez Sterling, Juan Gualberto Gómez, Raimundo Cabrera, Justo de Lara; de los vuelos científicos que se registran de Felipe Poey a Carlos Finlay; del alma vernácula que anima el relato de la *Cecilia Valdés* de Cirilo Villaverde y de la *Leonela* de Nicolás Heredia; de los hurgadores en las peculiaridades del idioma en las cumbres de Dihigo y Rodríguez García;

de las indagaciones eruditas y críticas de Antonio Bachiller y Morales, Enrique Piñeyro, Vidal Morales, Figarola Caneda, Rodríguez Lendián y Aurelio Mitjans; del espíritu artístico en las creaciones musicales de Espadero, Saumell, Ignacio Cervantes, White, Lico Jiménez, y en los lienzos de Escalera, Escobar, Landaluce, Arburu y José Joaquín Tejada. Al pie de esas montañas, infinidad de valores y, como suprema expresión del genio de nuestra cultura, José Martí".[76]

Otra de las instituciones culturales del exilio, en la que convergen figuras señeras de nuestra intelectualidad, es el Círculo de Cultura Panamericano. Fue fundado hace unos treinta años por Carlos M. Raggi y Ageo y otros "profesores, escritores, artistas y personas dedicadas en general a promover la cultura y defenderla contra los que la vician y corrompen".

Presidentes de talla y renombre han prestigiado esta institución. Entre los ya fallecidos figuran Enrique Labrador Ruiz, Lydia Cabrera, Humberto Piñera, Leví Marrero y Roberto Agramonte. Retirado pero no vencido se encuentra Eugenio Florit. Permanecen en pie de lucha, desde sus respectivas trincheras literarias, Jorge L. Martí, Julio Hernández Miyares, José Sánchez Boudy, Mercedes García Tudurí y Rosario Rexach.

Todos ellos, a su paso por la presidencia, contribuyeron a enriquecer nuestro patrimonio cultural mediante congresos anuales, publicaciones y concursos literarios. Pero como bien apuntara Rosario Rexach, hay dos notables intelectuales que merecen especial mención porque han sido, y son, los verdaderos puntales del Círculo de Cultura Panamericana: su ex Presidente y fundador, Alberto Gutierrez de la Solana, y su Secretario-Ejecutivo, Elio Alba Buffill.

El Patronato Ramón Guiteras, que tiene su base en el Colegio de Belén en Miami, también ha irradiado cultura en el exilio propiciando ciclos de conferencia sobre los forjadores de nuestra nacionalidad y los valores de la República. Con cubanísima dignidad lo preside Luis Botifoll y lo orienta su secretario José Ignacio Rasco. Ambos fundaron, con la activa colaboración de Guillermo J.

---

[76] *Cruzada Educativa Cubana*, Premio "Juan J. Remos", Senda Nueva de Ediciones, New York, 1984, p. 359.

Jorge, la Editorial Cubana para publicar y vender, al costo, los clásicos de nuestra literatura.

Las principales universidades en Miami han ayudado también a avivar la militancia y acrecentar el acervo histórico y cultural de la Cuba del destierro. Entre los que más se han distinguido en ese empeño figura Jaime Suchlicki del Centro Norte-Sur del Instituto de Estudios Cubanos de la Universidad de Miami. Por su parte, Esperanza de Varona y la exquisita poetisa Ana Rosa Núñez han integrado en la Biblioteca Otto G. Richter de la Universidad de Miami los archivos cubanos más completos del exilio. Modesto Maidique, quien con alta distinción rige los destinos de la Universidad Internacional de la Florida, ha calorizado proyectos culturales de gran envergadura, como el de la "Historia de Cuba en Vivo" que desarrolla Miguel González Pando.

Los colegios profesionales en el exilio y diversas instituciones cívicas y religiosas han contribuido a fortalecer nuestras raíces y a crear conciencia patriótica. En primera línea se encuentran los médicos bajo la presidencia, mundialmente reconocida, de Enrique Huertas; los abogados, que dirigen Luis Rodríguez Cepero (Colegio Nacional) y Máximo Sorondo (Colegio de La Habana); los periodistas que orienta Armando Alejandre; los educadores, que agrupa Eduardo Zayas Bazán; los economistas, que representa Armando Lago; la Cámara de Comercio, que rige Luis Sabines; la Asociación de Hombres de Empresa, que moviliza Leslie Pantín, Jr.; los Rotarios, que encabeza Laureano Fernández Costa; la Casa Cuba, que preside Tulio Díaz Rivera; el Consejo Nacional Cubano-Americano, que comanda Guarioné Díaz; la Asociación Pro-Cuba, que coordina Camilo Fernández; la Alianza Democrática, que impulsa Carlos Saladrigas; el Grupo Cubano Americano de Investigación, que anima Alberto Luzárraga; los defensores del patrimonio nacional, que capitanea Alberto S. Bustamante; los activistas que militan en Puente y en la Alianza de Jóvenes Cubanos; las peñas que promueven Teobaldo Rosell, Santiago Rosell, José Ignacio Rivero, Rogelio de la Torre y el preclaro economista y gestor de la convergencia patriótica, Antonio Jorge; y los movimientos cívicos y religiosos que inspiran Monseñor Agustín Román, Monseñor Eduardo Boza Masvidal, y los reverendos Martín Añorga, Max Salvador y Marco Antonio Ramos.

Entre las agrupaciones no lucrativas que han patrocinado el estudio a fondo de los temas más candentes de nuestra cultura y problemática nacional, sobresalen la Fundación Nacional Cubano Americana, que preside Jorge Mas Canosa; la Fundación Liberal José Martí, que orienta Carlos Alberto Montaner; el Instituto Jacques Maritain de Cuba, que impulsa José Ignacio Rasco; FACE, que dirige José Cancela, y el John J. Koubek Memorial Center, que representa Pablo Chao. Y en el campo corporativo, la empresa Bacardí, que con tanto éxito dirige Manuel Jorge Cutillas, es la que con mayor devoción a sus raíces ha estimulado y protegido las artes y las letras en el exilio.

También son dignas de mención la revista literaria *Linden Lane Magazine*, que con enorme esfuerzo editan Belkis Cuza Malé y Heberto Padilla; el *Catálogo de Letras* que dirige Soren Triff; el *Anuario de Familias Cubanas* que fundaron Joaquín de Posada y Oscar Grau Esteban, y las publicaciones sobre temas económicos y políticos que patrocina la Sociedad Económica de Richard ("Dickie") O'Connell.

Pero la verdadera fragua de militancia y cubanía, la que en todo momento ha contribuido a forjar conciencia, avivar la fe y defender con pasión y valentía la causa de la libertad de Cuba, ha sido el *Diario Las Américas*. Sin desviaciones ni desmayos, su esclarecido director, Horacio Aguirre, ha impulsado personalmente la cruzada democrática. Y, con la valiosa colaboración de sus hijos, de Ariel Remos, Luis Mario y Guillermo Cabrera Leiva, entre otros, el *Diario* les ha dado realce a todas los eventos cívicos, asi como a los logros económicos y culturales del destierro.

El periódico *El Nuevo Día* de Puerto Rico, que Carlos Castañeda dirigió con acierto durante muchos años, también ha servido de caja de resonancia de las actividades y pronunciamientos de los exiliados cubanos. En mayor escala, con el aval de distinguidas plumas y los cuantiosos recursos de su casa matriz, *El Nuevo Herald* ha devenido en tribuna abierta a todas las opiniones sobre el caso de Cuba. Desde sus respectivas columnas, Roberto Suárez, editor emérito del rotativo, y Luis Aguilar León, director de la sección de Opiniones, se mantienen firmes en sus convicciones democráticas y en su postura anti-castrista. Y en la sección de crítica de arte y literatura, el destacado poeta Armando Alvarez Bravo les ha dado publicidad y relieve a las obras más sobresalientes del destierro.

Nadie en el exilio se ha preocupado más por la pureza del idioma que Olimpia Rosado. Y nadie ha fomentado más la difusión de la cultura cubana que Juan Manuel Salvat. Basta ver los cientos de libros sobre Cuba que su Ediciones Universal ha publicado y distribuido para darse cuenta de la magnitud del noble y fructífero empeño. En la rica cantera de sus publicaciones hay múltiples pruebas del talento creativo y de la devoción a la libertad que enaltecen al exilio cubano.

Entre las obras monumentales del destierro figuran *Cuba: Economía y Sociedad*, fruto de la acuciosa investigación del ilustre profesor Leví Marrero, y la *Enciclopedia de Cuba*, que se debe a la iniciativa y el tesón de Vicente Báez, Emilio Guede y Arturo Villar. Colaboraron en la Enciclopedia escritores de talla, entre los que descuella el actual decano honorario de nuestras letras, ensayista y poeta de raíz y alto vuelo, Gastón Baquero.

Muchos han escrito en el exilio sobre historia e historiografía de Cuba. Las obras más completas incluyen las publicadas por Emeterio Santovenia, Raúl Shelton, Herminio Portell Vilá, Calixto Masó, Rafael Esténger, José Duarte Oropesa, Manuel Moreno Fraginals, Carlos Márquez Sterling y su hijo Manuel. Este último no sólo ha sobresalido en el campo de la historia, sino también se ha desenvuelto con distinción en la cátedra, el periodismo, el teatro y la novela.

Prolífico y brillante en sus obras históricas y biográficas ha sido Octavio R. Costa. Con claridad azoriniana y elegancia de estilo que engalana el estro poético, Costa ha trazado con maestría la trayectoria del cubano en la historia. Su crítica en todos sus trabajos ha sido siempre constructiva, y nunca ha regateado el aplauso estimulante y el elogio enaltecedor.

Decía José Ingenieros que "es una cobardía aplacar la admiración; hay que cultivarla como un fuego sagrado, evitando que la envidia la cubra con su pátina ignominiosa". Costa no adolece de ninguna de esas pequeñeces que a veces degradan a los intelectuales vanidosos. Con serenidad y nobleza, Octavio vuela alto entre los grandes.

Entre los libros de historia y antropología que versan sobre nuestro folklore afrocubano sobresalen las obras antológicas de Lydia Cabrera, complementadas por las monografías de Jorge e

Isabel Castellanos. Y entre los diccionarios de modismos criollos o cubanismos figuran las agudas y jacarandosas compilaciones de José Sánchez Boudy.

El fenómeno del militarismo en nuestra historia fue tratado con amplia documentación y profundidad por José M. Hernández. Y los altibajos de nuestro convulso pasado fueron examinados, con pupila histórica, por Armando P. Ribas en *Cuba: Entre la Independencia y la Libertad.*

José Ignacio Lasaga recogió en sus *Vidas Cubanas* pasajes interesantísimos de nuestra historia, y Víctor Vega Ceballos nos deleitó, en sus artículos periodísticos, con hermosas semblanzas extraidas de su álbum republicano.

La bibliografía en el exilio sobre Martí es tan extensa que haría interminable la lista de títulos publicados. Entre los trabajos medulares merecen mención la biografía de Martí por Carlos Márquez Sterling, *Idea, Sentimiento y Sensibilidad de Martí* por Humberto Piñera, y *El Espíritu de Martí* por Jorge Mañach. Este último libro, prologado en 1971 por la renombrada escritora Anita Arroyo, recoge las lecciones magistrales dictadas por Mañach en la Universidad de La Habana sobre la genial integración de las vertientes anímicas del Apóstol, centradas en su pasión de amor, de deber y de sacrificio.

Otro libro sobre Martí que aúna, en feliz balance, enjundia y belleza, es el que recoge las conferencias dictadas en Cuba y en el exilio por la afamada ensayista Rosario Rexach.

No hay nadie en el exilio que se haya dedicado, con tanta disciplina y devoción, a esclarecer episodios diversos de la vida de Martí como Carlos Ripoll. Y en cuanto al estudio de las concepciones filosóficas y doctrinales del Maestro, nadie supera la labor ciclópea realizada por Roberto Agramonte poco antes de cumplir sus 90 años.

Muchos también han sido los discursos pronunciados sobre Martí en el exilio, pero entre los más elocuentes y memorables figuran las evocaciones del insigne galeno y humanista, Virgilio Beato.

El exilio está cuajado de ensayos políticos y sociológicos que escrutan el pasado para estudiar las causas del desplome de la República y evitar recaídas en el futuro. Entre las obras que más han incitado a pensar y debatir figuran: *Reflexiones Sobre Cuba Y Su Futuro* de Luis Aguilar León, *Todos Somos Culpables* de Guillermo de Zéndegui, *¿Por Qué Fracasó La Democracia En Cuba* de Luis Fernández Caubí, y *El Caimán Ante El Espejo* de Uva de Aragón Clavijo.

Aguilar deshace con el estilete de su dialéctica los mitos del "ombliguismo" de Cuba, del perfil heroico del legendario comandante, y de la revolución necesaria. Discurre sobre los factores que incidirán en el futuro, incluyendo la transformación racial, la crisis ética y la situación económica. Y en su epílogo, nos regala una originalísima descripción, preñada de humorismo, del carácter hiperbólico y contradictorio del cubano.

Guillermo de Zéndegui repasa el lastre de nuestro pasado azaroso y accidentado que hizo posible la comunización del país. Explica por qué a todos nos corresponde reconocer nuestra parte alícuota de culpa, por acción u omisión, y afirma, con riguroso fundamento, que para consolidar la libertad en el futuro habrá que cauterizar tres grandes vicios o defectos: la envidia, la intransigencia y el uso de la violencia.

Luis Fernández Caubí define con lucidez y precisión las condiciones esenciales de la democracia a la luz de la historia. Apoyado en rico e ingenioso anecdotario, comenta los zigzagueos emocionales de los cubanos que contribuyeron a desestabilizar la República, "ese antagonismo entre el Ying y el Yang; ese pugna perenne entre el... halago y el denuesto, entre el elogio y el nombrete." Y demuestra que la clave de la estabilidad democrática radica en la concordia, asentada en el respeto a las instituciones gobernantes.

Uva de Aragón Clavijo nos ofrece una interpretación personal de la idiosincrasia cubana —de los rasgos y tendencias que nos caracterizan. Con agudeza introspectiva y lenguaje gráfico y fluido, halla en la génesis del militarismo y caudillismo el culto a la virilidad o machismo. Sostiene que ese endiosamiento del hombre fuerte llevó al pueblo cubano a abrirse de piernas y entregarse al Máximo Líder. Y asevera que la Cuba del futuro tendrá que erradicar esa tendencia nefasta, así como la insolidaridad, producto de la "gangrenosa pasioncilla que es la envidia."

Además de los ensayos antes mencionados, están los relatos de episodios dramáticos que jalonan el proceso de comunización y resistencia dentro y fuera de Cuba. Entre los más reveladores y sugestivos se encuentran los publicados por los siguientes testigos y protagonistas.

Mario Llerena reflexiona sobre los orígenes y desarrollo del castrismo en *La Revolución Insospechada*. Carlos Franqui da a conocer detalles inéditos del proceso en su *Diario de la Revolución Cubana 1952-1958*, y luego nos muestra las entrañas del monstruo en otros libros sobre Castro. Lucas Morán Arce nos ofrece en *La Revolución Cubana* una vívida descripción de la insurgencia contra Batista. Ramón M. Barquín nos relata en *El Día que Fidel Castro Se Apoderó de Cuba* hechos y decisiones que sellaron nuestro destino. José Pardo Llada aporta antecedentes históricos y anecdóticos en *Fidel y el Che*. José Ignacio Rivero recoge en *Prado y Teniente Rey* sus Catilinarias contra la conjura comunista. Antonio Navarro hilvana en *Tocayo* sus memorias de la resistencia.

Cubriendo diversas etapas de la tiranía, el poeta Heberto Padilla describe en *La Mala Memoria* la persecución intelectual bajo el régimen estaliniano de Castro. Armando Valladares denuncia en su libro *Contra Toda Esperanza* los horrores del Gulag cubano. Roberto Luque Escalona, tras un perspicaz análisis de nuestro pasado, condena sin ambages al tirano en *Fidel: El Juicio de la Historia*. Carmelo Mesa Lago señala con maestría las contradicciones del régimen en *Dialéctica de la Revolución Cubana*. Orestes Lorenzo relata en *Wings of the Morning* la épica hazaña del rescate a su familia, realizada con el apoyo de la gran benefactora de la causa cubana, Elena Díaz Versón.

Reinaldo Arenas estremece y conmueve en *Antes Que Anochezca* con el testimonio de sus desgracias y de su lucha frontal contra Castro hasta la muerte. Carlos Alberto Montaner desgrana en *Víspera Del Final* sus incisivas reflexiones sobre el ocaso del fenómeno castrista y sus implicaciones para el futuro. Guillermo Cabrera Infante, en *Mea Cuba*, analiza desde diversos ángulos y con abundancia de anécdotas, lo que él llama "Castroenteritis", esa terrible "enfermedad del cuerpo (te hace esclavo) y del ser (te hace servil)..."

Entre las obras que relatan las vicisitudes y frustaciones de los exiliados en su lucha por la libertad sobresalen *Daga en el Corazón* de Mario Lazo, *Girón: La Verdadera Historia* de Enrique Ros, *Bahía de Cochinos* de Luis González Lalondry, *Cuba en Guerra* de Enrique Encinosa y el documental sobre la Brigada 2506 de Eduardo Palmer, con la colaboración de Juan Clark.

La narrativa no política del exilio, la puramente literaria que ha triunfado, también está empapada de cubanía. Esta se manifiesta en las obras premiadas de Enrique Labrador Ruiz, Lino Novás Calvo, Lydia Cabrera, Guillermo Cabrera Infante, Oscar Hijuelos, Severo Sarduy, Reinaldo Arenas, Hilda Perera y Eduardo Manet, entre otros. Asimismo, palpita el corazón cubano en las antologías y publicaciones de cinco de nuestros más calificados críticos de arte y literatura: José Gómez Sicre, Julio Hernández Miyares, Alberto Gutierrez de la Solana, Elio Alba Bufill, y Armando Álvarez Bravo.

¿Cómo describir la cubanía que tipifica la literatura del exilio? Cabrera Infante la resume en este giro poético: "Ser cubano es ir con Cuba a todas partes. Ser cubano es llevar a Cuba en un persistente recuerdo. Todos llevamos a Cuba dentro como una música inaudita, como una visión insólita que nos sabemos de memoria. Cuba es un paraíso del que huimos tratando de regresar"

La nostalgia de Cuba y sus palmas, de sus perfumadas brisas y del límpido cielo que el sol esmalta, está muy presente en la poesía de la diáspora. Imposible sería señalar en este capítulo a todos los notables poetas cubanos que en el exilio han evocado a la Patria con la lírica apasionada de sus versos. Honremos, al menos, con una mención a cuatro de nuestros grandes: Agustín Acosta, Eugenio Florit, Gastón Baquero y ese "chileno de Bayamo" que añora a Cuba, pero sin amo, Alberto Baeza Flores.

De las generaciones más jóvenes, son muchos los que se han distinguido con variada métrica y depurado estilo. Pero entre los que con más consistencia y vibración le han cantado a Cuba en sus poemas, figura en lugar prominente Luis Mario.

Casi siempre su verso es un tónico que levanta o un bálsamo que alivia. Pero cuando se humilla a Cuba o al tirano se le rinde pleitesía, su verso se transforma en látigo que rasga y en azote que castiga. Así sucedió en 1964 cuando algunos de los supuestos exiliados que fueron a La Habana se postraron a los pies de Castro. Ante ese espectáculo servil y bochornoso, Luis Mario se irguió con santa ira y escribió un poema de tono tribunicio que estremeció al exilio.

Como quiera que no ha cesado el peligro de otros encuentros en Cuba que pudieran hacerle el juego al tirano, transcribo a continuación la apóstrofe de la dignidad publicada por el poeta en el *Diario Las Américas,* el 1° de mayo de 1994.

Los Invitados de Castro

Por Luis Mario

"Visitar la casa del opresor es sancionar
la opresión... Mientras un pueblo no
tenga conquistados sus derechos, el
hijo suyo que pisa en son de fiesta
la casa de los que se los conculcan,
es enemigo de su pueblo."

José Martí

Viajero que visitas al tirano
y le estrechas la mano:

Tú que vuelves a Cuba en libres alas
¿qué sabes del estigma de las balas?

Veraneante en lujoso camarote
¿sabes lo que es retar al mar en bote?

¿Sabes de la odisea del balsero,
cena de tiburones por la infamia de enero?

Turista que visitas al tirano
y le estrechas la mano:

Tú que huiste de sombras y de abrojos
cuando la libertad cerró los ojos,

porque una noche roja y sin pudor
puso el odio a reinar sobre el amor,

¿Cómo vuelves ahora
a estrechar esa mano sucia, cruel y traidora?

Al acercarte a esa figura rancia
¿No sentiste un temblor de repugnancia?

¿No pensaste en las madres reducidas
a despojos de lágrimas y heridas?

¿No evocaste el horror de las prisiones,
ni la sangre, graffiti fatal de paredones?

Ante esa voz con ecos de cianuro
¿No sufriste ante Cuba sin hoy y sin futuro?

Ante el cultor descomunal del fiasco
¿No te hirvieron las venas por el asco?

Al sonido del Himno Nacional
¿No viste en el escudo las huellas del puñal?

---------- O ----------

Emigrante: eres libre, puedes besar la bota
que tritura a tu propio compatriota.

Ejerce tu derecho
de llevar el oprobio como insignia en el pecho.

Pero no digas nunca que Cuba fue tu escuela
si al verla arder atizas la candela.

No digas que esa patria fue tu cuna,
si aplaudes el terror en la tribuna.

El que medra a la hiel del carcelero,
nunca será cubano, siempre será extranjero.

No digas que esa tierra te dio vida,
si al que oprimes sus ancas le sostienes la brida.

Toma el carril que tu moral prefiera.
Estruja con espinas la bandera.

Ultraja, si lo manda tu deseo,
el machete indomable de Maceo.

Pero no digas que naciste allí,
donde nació Martí.

Si la poesía de la diáspora ha ayudado a avivar las imágenes de la Patria en la cinta de nuestros recuerdos, la música cubana ha logrado impregnar su ritmo en lo más hondo de nuestro corazón.

De "Cachao" a Olga Guillot, de Celia Cruz a Marisela Verena, de Paquito D'Rivera a Albita, las composiciones e interpretaciones de nuestra música cadenciosa han hecho mucho por exaltar la cubanía y amenguar las pasiones disolventes en el destierro. Acaso esa música, que vibra también en los documentales *Cachao*, producido por Andy García, y *Aquí Estamos*, creado por Natalio Chediak y Guillermo Torres, sirva de puente para juntar en su día a los cubanos de las dos riberas.

Mas lo que nos acerca y estimula no es sólo la música con su ritmo, sino las evocaciones con su letra. Esa feliz combinación, esa inspiradora amalgama de música y letra la lograron con creces Emilio y Gloria Estefan en su disco *Mi Tierra*.

Las primeras estrofas arroban con ecos de una honda melancolía:

> *"De mi tierra bella, de mi tierra santa,*
> *Oigo ese grito de los tambores,*
> *Y los timbales al cumbanchar.*
> *Y ese pregón que canta un hermano,*
> *Que de su tierra vive lejano,*
> *Y que el recuerdo le hace llorar."*

Después el coro, evocando pregones y lamentos, toca las fibras más sensibles del corazón.

> *"Siguen los pregones, la melancolía,*
> *Y cada noche junto a la luna*
> *Sigue el guajiro entonando el son,*
> *Y cada calle que va a mi pueblo,*
> *Tiene un quejido, tiene un lamento,*
> *Tiene nostalgia, como su voz.*
> *Y esa canción que sigue entonando,*
> *Corre en la sangre y*
> *Sigue llegando,*
> *Con más fuerza al corazón."*

Los ritmos de *Mi Tierra* han tenido resonancia mundial por la belleza de su música y la emotividad de su mensaje. Mas el canto que electrizó al exilio y corrió por toda Cuba como salmo de esperanza e himno de libertad, es la composición de Willy Chirino: *Nuestro Día... Ya Viene LLegando*. Transcribo sus últimas estrofas con orgullo, sentimiento y una fe que no se apaga.

"Y pese a la distancia y el ataque
Del rígido almanaque, yo vivo con la suerte
De sentirme cubano hasta la muerte,
De ser amante de la libertad.

Hoy que mi pueblo vive ilusionado
Yo me siento inspirado
Y un Son estoy cantando
Anunciándole a todos mis hermanos
Que nuestro día ya viene llegando".

Coro

(Ya viene llegando)

Nicaragua	*¡Libre!*
Polonia	*¡Libre!*
Hungría	*¡Libre!*
Checoslovaquia	*¡Libre!*
Alemania Oriental	*¡Libre!*
CUBA	¡¡¡LIBRE!!!

IV

CRUCES EN EL CAMINO

A lo largo de esta lucha interminable, he tenido que hacer, como muchos otros, pausas en el camino para rendir tributo y dar cristiana sepultura a seres muy queridos que fueron faro de orientación y paradigma de militancia y cubanía. El ejemplo de los que mueren en el destierro abrazados al ideal de libertad, sin llegar a ver las primeras luces del alba, constituye una fuente inagotable de patriotismo y un estímulo para resistir sin claudicar.

Este capítulo, que tiene mucho de devocionario, comienza con fragmentos de la correspondencia en el exilio entre dos figuras estelares de nuestra era republicana: Orestes Ferrara y José Manuel Cortina. El historial de ambos es impresionante. Ferrara: italiano de nacimiento, pero cubano consagrado en la manigua redentora; Coronel del Ejército Libertador; fundador y líder del Partido Liberal; Presidente de la Cámara de Representantes; Embajador en Washington y Secretario de Estado; Constituyentista del 40; abogado y profesor universitario; escritor y polemista de fama mundial.

Cortina, por su parte, fue Presidente de la primera Federación de Estudiantes de la Universidad de La Habana; fundador y líder del Partido Liberal; legislador; Presidente de la Delegación de Cuba a la Liga de las Naciones; Secretario de la Presidencia y Ministro de Estado; Presidente de la Comisión Coordinadora de la Convención Constituyente de 1940; abogado, agricultor y empresario; tribuno de altísimos quilates, cuya palabra brilló, tanto en la plaza pública, como en los foros internacionales.

Poco después del fallecimiento de Cortina en Miami, en 1970, revisé su archivo de correspondencia y encontré unas 24 cartas que él y Ferrara se cruzaron en el exilio. Tanto me conmovieron esas epístolas, por su contenido filosófico y su tono de íntima hermandad, que decidí ensamblarlas y publicarlas en 1972.

Inspirado en los diálogos socráticos, extraje los párrafos más relevantes de las cartas, sin seguir un orden cronológico, y los agrupé por tema en forma de coloquio. Fue una labor difícil de pespunte, balance y contrapunteo, pero creo que logré que el diálogo fluyera libremente sin tener que alterar los textos seleccionados.

Entre las plumas del destierro que ensalzaron este trabajo, publicado en el *Diario Las Américas* y recogido en un folleto, figuran Rafael Guas Inclán, Ramón Corona, José Gasch y Josefina Inclán. Esta eximia poetisa publicó en el *Diario Las Américas* de fecha 20 de agosto de 1972 un bello artículo titulado "Cortina y Ferrara Dialogan para la Historia."

"Mas que un diálogo, y lo es alto" —afirma Josefina Inclán— "es un testamento de ideas, es un haz de enseñanzas, un estremecedor ejemplo de la grandeza preocupada de dos colosos del pensamiento y la palabra, en esta hora difícil para Cuba y para el mundo."

Refiriéndose al formato del trabajo, agrega la poetisa: "Originalmente presentado el diálogo y acertadamente conducido, no pierde unidad y revela una labor difícil si se tiene en cuenta que proviene de la elección de trozos de diversas cartas, escritas algunas con intermedios temporales. Tal es el acierto de la composición que cuando se lee en alta voz, tomado por cualquiera de sus partes, mantiene el interés, aun desmembrado."

Y concluye Josefina: "Si alguna vez puede decirse a plenitud que el estilo es el hombre, es frente a estas voces en diálogo de historia. Ferrara, tajante, pronto al asalto, como un mosquetero de audaz esgrima. Cortina con empaque señorial, impecable en la forma, ejemplarizando lo que consideraba ineludible... Audacia, talento y raciocinio que conversando muestran la misma conciencia de responsabilidad movida por el amor entrañable y mantenido a Cuba."

Además de las reseñas periodísticas, recibí muchas cartas encomiásticas con agudos comentarios sobre el Diálogo y los interlocutores. Entre las personalidades extranjeras que se expresaron en términos laudatorios se encuentran Luis Muñoz Marín y los ex Embajadores Juan Pablo de Lojendio, Spruille Braden y Vasco T. Leitao da Cunha.

Este último, que llegó a ser Canciller del Brasil, me escribió lo siguiente: "Ha prestado usted un gran servicio, no sólo a su desdichada patria, sino también al Continente y a la humanidad al sacar a la luz pública el alto pensamiento y la grandeza moral de los dos próceres tan luminosamente retratados en la correspondencia."

Intelectuales cubanos de nota también opinaron. Lydia Cabrera aseveró: "No sólo a mí, que los conocí bien a los dos, creo que a todos los cubanos —y muchos me han hablado— han de interesar estas cartas. ¡Lástima que no haya más, y si las hay, que no se publiquen!" Pura del Prado, en carta sumamente emotiva, evocó sus vívidos recuerdos de Cortina. Y Martha Padilla me obsequió estas perlas de su estro poético: "El cuaderno que me envía... es el más bello y noble tributo a mi enorme admiración por ambos... Mi ternura y recuerdo hacia ellos continúa en usted, que descorre ese hermoso paisaje de la intimidad fraterna de dos gigantes. Es emocionante leer con ojos humanos lo que ya fue escrito con el alma".

Otras personalidades se refirieron en sus cartas a las posturas y estilos contrastantes de Ferrara y Cortina. César García Pons, por ejemplo, apuntó lo siguiente: "El epistolario que usted sintetizó... vale tanto por las ideas y los sentimientos que recoge, como por lo que dice de los personeros de un tiempo de nuestro país durante el cual hablar bien (Cortina) suponía un rango, una aptitud estimable y honrosa, y pensar con arreglo a principios de hombre de Estado (Ferrara) una capacidad excepcional para servir a la comunidad desde los estrados de las cuestiones públicas."

José Miró Cardona, por su parte, describió los contrastes de esta manera: "Leí con fruición creciente la antología de los fragmentos de las cartas. Revelan la calidad excepcional de los dos hombres. Cortina: maestro, sencillo y profundo, adoctrinaba. Ferrara: esgrimista habilidoso, fue un polemista de subidos quilates. Desconcertaba. Era admirado y temido. Los dos, grandes de la patria. Uno y otro nos hacen sentirnos lo que somos: pequeños y miopes..."

Y cierro este breve resumen de los comentarios que *Diálogo para la Historia* suscitó al ser publicado en 1972, con esta simpática viñeta que me narró el sobrino de Ferrara, Antonio Montoto Sánchez: "Una vez en casa de Ferrara en un almuerzo familiar en el que estaba su abuelo [Cortina], me dice Ferrara ya al final: 'Y tú, que no has hablado una palabra, di algo.' Yo, que entonces tenía unos diez años, y extasiado con la conversación de esos dos colosos, sólo se me ocurre contestar lo que de verdad pensaba: 'Yo quisiera hablar como usted, pero decirlo como Cortina.' Pasaron más de cuarenta años y Ferrara todavía me preguntaba si seguía queriendo hablar como él y decirlo como Cortina."

Escuchemos seguidamente el diálogo apasionante entre Ferrara y Cortina, acompañado de una breve introducción.

Diálogo para la historia

Introducción

Poco antes de morir en Miami hace dos años (1970), y enterado de que yo me trasladaba a Roma en viaje de negocios, mi abuelo José Manuel Cortina me pidió que le diera un fuerte abrazo, cargado de nostalgias y recuerdos, a su fraternal amigo y compañero de luchas, Orestes Ferrara. Así lo hice. Fue mi primera y única reunión con Ferrara. Escuché absorto sus relatos sobre el pasado de la República y sus juicios admonitorios sobre el presente de la barbarie. Había tristeza en sus ojos apagados e indignado desafío en su torso colosal. Su voz inconfundible vibraba con acentos patrióticos, y sus ideas fluían con maravillosa lucidez.

Al trasmitirle el postrer mensaje que le enviaba Cortina, se conmovió visiblemente y me pidió que le dijera que la amistad que los unió durante más de medio siglo se fundía para siempre en un abrazo a la hora de la muerte.

La amistad de estos dos hombres superiores se inició a raíz de un debate parlamentario en los albores de la República. Ferrara, quien ya se distinguía en la Cámara como temible polemista, refutó con sutil ironía algunos pronunciamientos formulados por Cortina sobre un tema constitucional. Cortina se creció en la improvisada respuesta, invocando antecedentes históricos y constitucionales que sorprendieron al formidable adversario. Al levantarse la sesión, Ferrara se acercó a Cortina y le dijo: "¿Por qué polemizar sobre asuntos intrascendentes cuando nos unen afinidades intelectuales y propósitos elevados comunes a ambos?" Y extendiéndole la mano, agregó: "Los gigantes no se pelean: se alían."

Así surgió una verdadera alianza en el campo de los principios liberales, que se tornó con el tiempo en una honda y sincera amistad. Esta amistad nunca se vio empañada por pasiones inferiores, ni sufrió quebranto en las lides políticas que inevitablemente originaron discrepancias tácticas y posturas divergentes. El afecto, la admiración y el respeto que mutuamente se profesaban explican la compenetración de estos dos seres, tan disímiles en la forma, pero tan similares en el fondo. Porque si en Ferrara había audacias dantonianas apoyadas por un intelecto vigoroso, incisivo y chispeante que hacía recordar a Voltaire, en Cortina había arranques tribunicios al estilo de Mirabeau, generados por un talento imaginativo y profundo que se inclinaba a Víctor Hugo.

En cartas dirigidas a Ferrara desde el exilio, Cortina admiró en él "sus arrogancias de mosquetero, la agudeza de su original y vigoroso carácter y los destellos de su mente omnipresente y genial". Y refiriéndose a los vínculos que los unían, afirmó: "De Ferrara he sido amigo invariable en todos los tiempos, importándome muy poco las diferencias secundarias de criterio en la política actuante, porque en lo medular siempre hemos coincidido. Nuestras vidas son un hermoso ejemplo de cómo dos hombres de peculiar temperamento y personalidad pueden ser amigos y aliados en el más elevado concepto."

Ferrara, por su parte, expresó estas ideas sobre Cortina en carta de fecha 3 de octubre de 1962, dirigida a su querido amigo, el Dr. Guillermo Alonso Pujol: "Cortina es, él mismo, la originalidad en persona. Es indiscutiblemente un gran orador, por encima de las épocas y de los idiomas. Es un astronauta de las ideas que no se aparta de su camino. Si a veces, rarísimas veces, pierde el contacto, en lugar de bajar se remonta a mayor altura y deja al oyente estupefacto. La desviación, en lugar de confundirlo, le da mayor libertad mental, libertad mental que en él es habitualmente fabulosa. Lo tuve en la Cámara algunas veces de adversario, y en la tribuna callejera de concurrente siempre. Me deleitaba oirle. Eramos dos tipos opuestos: él, orador; yo, polemista. Nos teníamos afecto y estimación. Eran otros tiempos. El amor ligaba a los hombres, no el odio, como en esta hora fatal de la humanidad."

Estas dos figuras sobresalientes no se pudieron reunir en el destierro como eran sus deseos, pero tuvieron la oportunidad de sostener un amplio diálogo epistolar, que, por su hondo contenido patriótico y doctrinal, bien podría considerarse un diálogo para la historia.

Me permito, pues, extraer y publicar, virtualmente sin cambios ni retoques, los párrafos más relevantes de 24 cartas cruzadas por ellos en el exilio durante el período de 1961 a 1968, copia de las cuales (incluyendo una dictada pero no enviada) obran en mi poder. He procurado darle agilidad y secuencia lógica a este diálogo histórico sin alterar en modo alguno el contraste de los estilos, la fluidez de la prosa y la profundidad de las ideas.

A continuación, el diálogo sostenido casi a los 90 años por dos ciudadanos eminentes que murieron en la penumbra del destierro, añorando el cielo de la Patria libre.

CORTINA   "Como sé que eres un hombre de lecturas constantes, te supongo enterado de todo, pero sí te digo que el caso de Cuba, cuando sea estudiado después, será uno de los azares del comunismo más notables y una prueba gráfica y extraordinaria de los infinitos recursos que la experiencia dictatorial de Rusia ha acumulado a la sombra de la astucia de Lenin y con los absurdos de Marx, fundados en principios contrarios a la naturaleza humana que solamente pueden subsistir temporalmente."

"Hay que reconocer que en la alta técnica diplomática de manejar masas, ambiciones, tonterías y necedades del enemigo, los comunistas que forman la alta dirección son unos maestros y tienen un mecanismo de negociación frente al cual Maquiavelo, que fue un genio de la estrategia de las pasiones, resulta un joven sin experiencia, porque Maquiavelo tenía algunos escrúpulos. El comunismo es la nada en materia de escrúpulos y es el universo en materia de maldad, con la ventaja de que no tiene más fin político que el despotismo, ni más concepto de pueblo que el de masa infeliz para hacer experimentos. Cuba, si sale de esto, será un caso extraordinario de reacción, valor, temeridad y suerte. Veremos a ver..."

FERRARA   "El estado de nuestro país me interesa sobremanera. Mi deseo sería volver una vez más a nuestra Isla y terminar mis días en nuestra pintoresca loma universitaria. Pero esto lo veo imposible. Al tiempo de la Guerra de Independencia el mundo respondió al grito de dolor de Cuba. En este segundo período, de publicidad internacional, la intelectualidad y las masas populares, de común acuerdo, han manifestado la más canallesca incomprensión, procurando que las cien mil tragedias que afligen al pueblo cubano se multipliquen en extensión y en crueldad."

"A pesar de ciertas muestras de heroísmo, no veo nada sólido, firme, audaz... Cierto, con un dictador *verdadero*, el único que hemos tenido, y lo sabe ser (probablemente por sus consejeros rusos), no es para "broma" tipo 1906 - 1916 - 1933. Pero yo al quejarme no pido más que una mayor seriedad, que las horas difíciles exigen, una unión que surge de la necesidad misma."

CORTINA   "Reflexionas con la agudeza de tu profundo y activo talento con el que serviste a Cuba mucho tiempo. Después vinieron progresivamente las sombras, que hace años envuelven a Cuba. Causas diversas y defectos fundamentales de educación hicieron olvidar esos principios dogmáticos en que tiene que apoyarse la armadura interna de la moral del hombre. Al fin y al cabo, moral es lo que aumenta la vida e inmoral lo que en definitiva la destruye. Los pillos creen otra cosa."

"Por la debilidad que provoca siempre la excesiva facilidad de vivir en un país de estupendas posibilidades, el cubano que, bien pulido, es un hombre muy distinguido, se dejó llevar de su tendencia a usar o lo trágico o lo cómico para apreciar las cosas, eludiendo ese término medio central de fría razón y fuerza que caracteriza lo superior de la personalidad del hombre."

"Estamos ahora en la inverosímil situación de ser un experimento soviético, y, como cosa cubana, es un experimento extremista, sin omitir nada. Desde luego, se siente hervir en el subsuelo la desesperación e ira española que arde debajo del carácter aparentemente frívolo del cubano. Esa furia o desesperación no se sabe hasta donde llega sino cuando estalla. En definitiva, esto será barrido, pero existe la interrogación de cuándo esto pasará. La vida humana, frente a la vida de los pueblos, es muy breve."

FERRARA   "Mi primera frase sobre nuestra alegre vida pública fue: 'Cuba es el país de los viceversas.' Lanuza la reprodujo en uno de sus discursos y luego la modificó en la forma. Los tiempos han cambiado, pero no han cambiado los principios fundamentales de la vida. Mi estado de ánimo no me permite hablar largamente de cosas genéricas. Por el momento te diré que tanto tú como yo escogimos una buena época para nacer, pero una muy mala para morir. Cuando yo pienso que debo irme de esta mi larga y profunda vida en un cuarto de hotel, separado del ambiente de mis afectos, lejos de la familia que el tiempo me había dado en forma de amigos fraternos, casi seculares, me sulfuro con acentos irritados, como los esgrimía a mis veinte años."

"Yo no creo en la capacidad de Castro, pero sí creo en su audacia, y, como tú sabes, *audaces fortuna juvat, timidos que repellit*. Fueron los americanos los que le dieron a Castro la victoria completa y en forma de parranda agradable. Castro, si hubiera vencido con sus propias fuerzas, hubiera encontrado grupos políticos que se hubieran opuesto a sus ambiciones, más que a sus ideas, ya que yo creo que ideas no tiene ninguna. El ha tenido una sola decisión que merece el saludo de la Historia, una decisión antipatriótica, pérfida, malvada, destructora, que ha sido el entregar a Moscú el punto neurálgico que amenaza a los Estados Unidos."

"Sobre Castro no me equivoqué, del mismo modo que no erré con respecto a los otros redentores —una serie de sinverguenzas, sin dignidad ni honor. Por eso usé esta frase irónica sin llegar al menosprecio de la más noble figura humana: '¡Cuanto daño nos ha hecho Martí!' La canalla, queriendo imitar al genio, nos ha sepultado en el infierno."

CORTINA "En Cuba no se ha encargado de imponer el comunismo un fanático, como tú dices también, sino un tipo de hombre muy inferior que maneja ráfagas de locura cruel e implacable con la misma destreza que si fuera la razón, y que ha tenido para sostenerse a un enorme pueblo (Rusia) que los romanos no asimilaron nunca ni quisieron conquistar, y que figuraba entre los más calificados de los bárbaros. Y ese pueblo, armado hoy de cultura occidental y de éxitos en la lucha contra Hitler, ha jugado al ajedrez con la tontería del gran pueblo norteamericano, cuyo cerebro director no ha crecido tanto como sus grandezas materiales y sociales. Y he aquí que esa rara combinación ha convertido el problema cubano en problema mundial."

384

"Tú dices, en una frase en que brilla una chispa genial e irónica, que 'escogimos una buena época para nacer y una muy mala para morir.' Yo recuerdo nuestros primeros tiempos en que tú lucías un mosquetero en el apogeo de la audacia y el combate, y yo, con el pelo negro que me cubría casi la frente, tenía el espíritu cargado de combatividad, fe y energía, y de propósitos resueltos de servir a Cuba. Recuerdo una tarde que íbamos a la Cámara, y tú, mirando el Morro y el azul turquí del mar que nos envolvía, me dijiste: '¡Bello país! Qué grandes cosas podemos hacer, si lo sabemos dirigir!' Buenos tiempos aquellos, con todos sus defectos y contingencias."

"Sembrar... ¡Quién sabe si la cosecha no se ha perdido! Ahí están los libros, ahí está la historia. La vida de un hombre de Estado es tan corta que apenas tiene tiempo de ver el resultado mínimo de sus propios actos y predicaciones. Nosotros no escapamos de esa ley fatal. Sin embargo, en el mundo moral, lo mismo que en el mundo físico, nada se pierde, y debemos pensar que si el Universo no es una creación loca de una retorta química inverosímil, el espíritu humano, paralelo a lo que llamamos materia, sigue rumbos nuevos e infinitos después de la muerte."

FERRARA Algunos errores se han cometido y el camino que se está siguiendo no me indica que la política del momento y del futuro sea más acertada. El que, como yo, ha vivido las trágicas horas de la Guerra de Independencia, sabe que el hambre no puede ser en Cuba un factor de victoria. La tierra nuestra da mucho y el cubano, por otra parte, sabe apretarse el cinturón. Mientras los rusos mandan pelotones o regimientos estando a unas diez mil millas de distancia, los americanos quieren cerrar las exportaciones a la Isla que tiene la tierra más fecunda del mundo. Es extraño que los americanos no recuerden que el bloqueo napoleónico contribuyó a crear la riqueza en Inglaterra, y eso que Inglaterra no tiene ni la centésima parte de nuestra fertilidad."

"La situación internacional es confusa, difícil. Los Estados Unidos —que han provocado nuestra dificultad— son los que nos deben salvar, los únicos que nos pueden salvar.

No han comprendido aún que salvándonos a nosotros se salvan ellos mismos. Sí, no han comprendido que lo que no es peligroso hoy para ellos, lo será mañana. Yo sé que no es fácil resolver estos problemas, pero tampoco hay que dejar pasar las oportunidades. Desgraciadamente, en los Estados Unidos la política es *muy sistemática*, y no se saben dar los saltos oportunos, que si bien son audaces, favorecen los resultados prácticos."

"Yo he dicho en mi vida muchas veces que no sé cómo podría ofender a un americano. Lo que nosotros usamos como ofensa personal, como la mayor ofensa personal..., allí no provoca, la mayor parte de las veces, ninguna reacción, y lo más que dicen es: 'esa es una opinión suya'. De esta manera no se hace política internacional. Hay que evitar la provocación, pero hay que aceptar el desafío."

CORTINA "Cuando vine de Cuba me encontré organizado y en marcha el problema de Girón, que no me gustó, porqué nunca supe a derechas quien lo dirigía. Y cuando conocí a algún personaje, éste era inferior y de segunda categoría. Me refiero a los americanos. En cuanto a los cubanos, puedes creer que era conmovedor ver a muchachos de 18, 20 y 21 años querer alistarse a montones, mientras tropezaban con raras dificultades, por lo cual la legión, en vez de ser de 4 ó 5 mil hombres, fue sólo de 1,500. El aliado, no romántico sino material, abandonó a esos jóvenes en el momento preciso —un tremendo error, por no llamarlo de otro modo— y se produjo el estado actual que debió ser liquidado en aquellos días, porque la organización en Cuba era muy deficiente."

"El gobierno americano ahora hace declaraciones frecuentes sobre la terrible fuerza de la bomba atómica. Hace alusiones de que en la guerra atómica nadie gana. Que los Estados Unidos destruirían, pero también serían destruidos. Producen ese estado emocional que acobarda a los pueblos, para luego sutilmente deslizar que el problema de Cuba puede provocar la guerra universal, y de esta manera conducir a Cuba a una fórmula de aislamiento o de enquistamiento... Es decir, exageran el riesgo de la bomba atómica haciendo estadísticas de las muertes que produce, en vez de decir la verdad, o sea, que por Cuba no se puede producir ninguna guerra atómica, porque hay muchos medios de acometer el problema. Y, además, Khrushchev es un zorro astuto que sabe lo que hace y no arriesga más que lo que debe. Si siguen sus gobernantes infundiéndole el temor de no pelear nunca, la América se dividirá en sajones, latinos y eslavos."

"Como ves, es un camino feo e imprudente, que está llevando a Cuba al martirio en proporciones que tú no puedes imaginarte. La guerra ésta no tiene final ni tendrá tregua jamás. La última generación de los cubanos se ha aprendido bien la lección. O Cuba existe para ser en el futuro una gran nación, o Cuba desaparece como nación de nuestra raza. El problema es que nunca habíamos estado en una situación en que el aliado natural desconociera sus propios intereses y se arriesgara a crear una situación complejísima y difícil como la que hoy tenemos."

FERRARA "¿A quién hay que acudir? ¿Cuál es el camino que se puede seguir? En primer término hay que disminuir las divergencies existentes. Luego hay que actuar. La unión de los cubanos es indispensable; el sacrificio y el heroísmo de que están dando prueba debe intensificarse. La decisión de los que hicieron la independencia debe afirmarse otra vez, con los mismos desafíos a la muerte de aquel entonces. Si no arriesgamos la vida, no tenemos posibilidad de vencer. La vida hay que arriesgarla con métodos cubanos, o sea, de resistencia, no de asalto. Es preciso ocupar el terreno que se pueda e ir muriendo. El combate astuto, de sorpresa, de fuga continua y de alguna crueldad, anula ciertos factores de guerra sistemática y ordenada. Yo sé que se ha intentado, y sé que ha habido víctimas. Bendigo a los muertos..."

"Toda ayuda americana resulta un bálsamo, como también cualquier otro método de acción colectiva con fuerza organizada. Pero yo hablo en nombre de tantos desgraciados, atropellados y vencidos que esperan una solución, entregados como están a oir palabras oscilantes de Kennedy, Rusk y compañía, embelesados un día y enfurecidos al día siguiente. Es preciso que todos actuemos — si las piernas se pudieran cambiar, yo estaría en el campo de Cuba a pesar de mis 87 años..."

CORTINA "De pie en las colinas de Roma, contemplas la tragedia de nuestra Patria con la honda inquietud del guerrero veterano que acaricia aún la empuñadura del rudo machete mambí, cuyo seco golpe de combate vibró tanto en otros tiempos heroicos y románticos."

"Después de Girón, he actuado por medio de la acción directa, personal, con los individuos que podían influir en algo, llevando como arma poderosa mi desinterés absoluto y mi propósito de eliminar toda posición que pudiera provocar controversias o celos de ninguna especie. He actuado acordándome de Martí, que, en un momento difícil en que hablaban de su actividad, él renunció a su nombre y se llamó a sí mismo 'conciencia responsable', que hacía cada día lo que podía por la liberación de Cuba. Créeme que si no han sucedido las cosas mejor, ha sido porque las circunstancias —ese factor indominable e imprevisible— han opuesto dificultades insalvables."

"En uno de esos movimientos tácticos de Khrushchev, el congreso americano adoptó una Resolución Conjunta. Eso no fue totalmente espontáneo. Fue gestionado por nosotros. Al decir nosotros, digo la media docena de hombres que está actuando en medio de las llamadas divisiones, que no son más que puramente formales, por ausencia de un objetivo directo e inmediato. Esa Resolución Conjunta es terminante en lo que respecta a varios conceptos, especialmente en la obligación que contrajo legalmente el gobierno de los Estados Unidos de ayudar a los patriotas cubanos a liberarse y producir su autodeterminación. ¿No crees que esto es importante? Con los sajones hay que tener un argumento y un papel. La piedad y las consideraciones líricas no hacen ningún efecto. Eso lo sabes tú igual o mejor que yo."

"Estamos ahora estudiando cual es la fórmula mejor de sustituir el sistema seguido hasta ahora, que ha sido preguntar demasiado al americano qué cosa él va a hacer, en vez de proponerle constantemente formas y métodos de hacer las cosas, hasta lograr aquella que *coordine sus intereses con los nuestros*. Tú sabes que no hay pacto en donde, como decían los romanos, no se dé algo para que le den a uno algo también. La Junta que se formará se ocupará de esto, o sea, terciar en la lucha con informes, con datos, con argumentos y con acción incesante en la propaganda."

"Puede plantearse la guerra cubana con la cooperación económica de los Estados Unidos, tomando como ejemplo la cooperación de la Unión Soviética a Cuba. No necesitamos la presencia americana en el combate. El cubano solo puede ganar, si lo ayudan económica y moralmente. Si en Cuba empieza una guerra importante, nos encontraríamos un caso como la guerra de independencia de España frente a los franceses, que hasta las mujeres pelearon. Créemelo así, Orestes, Cuba está profundamente herida, profundamente ofendida, y el espumarajo sucio y rojo que aparece como expresión del cubano, es una insignificante minoría. Lo que pasa es que el elemento terror sin compensación, ante la soledad abismal en que ha sido dejada Cuba en la parte bélica, es un factor que no se domina con facilidad, y solamente puede ser contrarrestado con la resuelta decisión de los cubanos de liberarse por sí mismos, con toda la cooperación que puedan obtener."

FERRARA "Me alivia un tanto el espíritu el hecho de que tú estés tomando parte, aunque sea en la sombra, en los acontecimientos de esta apenada emigración. El consejo de un hombre de experiencia como tú eres, es siempre muy útil."

"Creo que ha llegado el momento de tener mejores esperanzas sobre la cuestión de Cuba. Para que estas esperanzas se conviertan en realidad, es preciso que nosotros nos animemos; yo, por mi parte, he pensado preparar a mis almigos para constituir un *motor* que pueda impulsar los acontecimientos. Este motor debiera consistir en una Junta de hombres capaces, pero no muy entregados a la vieja política. Por vieja política yo entiendo lo que estaba ardientemente en el movimiento de los partidos."

"Para hacer una Junta que represente la parte de Cuba, ordenada y respetable, es preciso basarnos en la solidaridad del elemento cubano que se encuentra en el extranjero. Digo a todos que ha llegado el momento de olvidar las intransigencias partidistas, y, sin volvernos hermanos, cooperar los unos con los otros. La Junta debiera estar compuesta de hombres nuevos en la política. Los viejos debiéramos ser como elementos consultivos, o algo más, según los acontecimientos. Acudo a ti con la esperanza de que tu autoridad y prestigio puedan impulsar la formación de dicha Junta y sus consecuentes instituciones, entre las cuales yo no excluiría un 'gobierno cubano en el exilio.' Tú me conoces. Yo soy un hombre de acción que no espera, sino que por el contrario avanzo siempre que veo una puerta, aunque lejana, semiabierta. A pesar del embate de los años, hay que redimir una vez más a nuestro noble país."

CORTINA "Correspondiendo a tu amable confianza, me dispongo a ayudar con la más eficaz cooperación. Creo que Miami ha sido y es un sitio muy adecuado para consolidar un centro de acción especial que eluda las dificultades presentes y limite su actividad estrictamente a los esfuerzos libertadores dentro y fuera de Cuba. Todo lo que sea perfeccionar el futuro sin haber hecho el presente es ineficaz y se presta a infinitas divergencies y tonterías."

"Por parte de nuestros aliados y amigos no ha habido el propósito de ayudar mucho a la unión, porque muchos jefecillos de grupos han recibido calor innecesario que exalta la vanidad de los mediocres y los hace ser juguetes de cualquier intriguilla. Sin embargo, no podemos establecer ahora una academia a lo Luz y Caballero para hacer hombres. Hay que utilizar a los que se pueda excitando sus mejores facultades y desalentando sus pasiones inferiores. En definitiva, el material cubano para la gran obra no es malo. Tiene una proporción de gente resuelta y una juventud valiente y decidida que pertenece a la generación que acaba de llegar en la escala de la vida."

"Procuraremos rehacer una Junta Revolucionaria de muy amplia base, sin hacer ninguna distinción, como no sea la de poner a un lado a los que no estén dispuestos a pelear hasta el fin por la liberación de Cuba y los que se sientan indiferentes ante esta situación, que no admite alternativas. La batalla hay que sostenerla en Washington, cuyo concurso nos hace falta para triunfar, sin que tengamos

390

necesidad de pedirles en ningún momento que directamente tomen una acción, como no sea la que resulte de un acuerdo de la OEA, que tan pronto quieran los Estados Unidos, lo adoptaría inmediatamente. Hay materiales jurídicos y convenios que, debidamente aprovechados, hacen ineludibles la cooperación norteamericana y la acción complementaria de la OEA."

"Creo que debemos ser optimistas. Quién sabe si lo que viene sea pronto el triunfo de la libertad, que es, sin metáfora de poeta y como expresión de verdad, el oxígeno del alma. Cuida tu salud. Yo estoy haciendo lo que puedo con la mía, que se va sosteniendo por ahora. Recuerdo a este respecto, para ti y para mí, una frase que creo que fue de Gladstone: Al enemigo se le vence sobreviviéndole."

FERRARA Tus previsiones me han levantado el espíritu. Pienso, sin embargo, que me pasa lo del colegio de mis primeros años. Entonces, en los días de Semana Santa, un bendito fraile se acercaba a la puerta de la amplia cámara donde vivíamos muchos, casi niños, y gritaba lúgubremente:

¡Se tempo passa rapidamente, e si avvicina l'ultima ora!

"El tiempo ha pasado, y puedo decir también que lo ha hecho rápidamente. La última hora se deja esperar. De todas maneras, no veo la llegada del momento fatal, fatal... en el buen sentido. No puedo extenderme más porque sufro profundamente. Tenía 70 años de relación matrimonial. La 'pálida niña cubana' que Martí cantó en sus versos cayó, dejándome en la mayor pena y en el más profundo dolor. Espero volver a tener un cierto vigor muy pronto para volver a la palestra en la cual se ha forjado el amor por nuestra tierra común. No creas que he perdido la fe. Tú sabes que soy incrédulo en religión; por tanto, la fe en mí surge del deber, no de la fantasía. Lucho y seguiré luchando, e iría hacia la muerte si fuera preciso, por un simple espíritu de sacrificio necesario a la colectividad."

"Sé que has sufrido desgracias familiares. No tengo palabras para consolarte. Sólo lo irremediable nos hace soportar el inmenso dolor. La cosa que más te deseo es una larga y vigorosa vida. Tú te mereces todo, pues tú has tenido la ventaja de una supremacía que te ha llevado al aprecio universal. Tú has sido el mejor orador que yo he oído en mi vida, y creo haber oído a los más elocuentes. Deseo que siempre que puedas me digas algo sobre nuestro país y sobre nuestro futuro, para tener la esperanza de poder un día vernos, abrazarnos y gozar de la brisa fresca de nuestra Patria. Tuyo siempre, mi querido hermano de ideas y de penas..."

CORTINA "Yo estoy caminando entre tinieblas, pero lucho con lo mejor que tengo para ayudar a mis compatriotas en el ajedrez trágico de la situación de Cuba. Y evito escribir en mi conciencia el pensamiento de Dante en la puerta del Infierno. Los tiempos han sido duros, mucho peores que los que conocimos tú y yo en conflictos anteriores. Esto es nuevo, y hay que trabajar con la sagacidad de un indio y la tenacidad de un tigre rondando en la noche. Han pasado cosas inconcebibles, y para combatirlas se necesitan modos propios."

"Yo estoy herido en el pecho con una estocada que me cogió fuera de guardia y que ha sido la súbita muerte de mi compañera y esposa. Tú tienes razón. El concepto de lo irremediable, si no atenúa el dolor, nos quita la idea de que la desgracia haya sido sólo para uno, cuando ello es regla invariable del enigma de la vida, a la que llegamos con una sensación extraña de duración y eternidad. Y desaparecemos después como una brizna de humo, preguntándonos muchas veces: ¿por qué y para qué nacimos?"

"La contradicción entre el anhelo de permanencia y lo fugaz de nuestras vidas produce una tempestad de sombras y dolor en nuestro espíritu cuando la muerte nos arrebata un hondísimo afecto. A veces he pensado, coincidiendo algo contigo en los juicios de una conversación que hace tiempo tuvimos, que el instinto religioso, manifestado siempre en distintas formas en todos los pueblos, es puesto por Dios para neutralizar la desesperación del hombre por su impotencia ante la muerte."

"Lo mismo que yo le pido a mi cerebro que me dé rumbo y ánimo para no caer en el vacío, le pido a tu carácter y a tu gran capacidad ideológica que te ayude y nos permita ver la contingencia milagrosa y posible en que Cuba se libere al fin, aunque después muramos..."

"He visto que tu cubanismo profundo jamás se olvida de la Patria, que te quiere como a un hijo y que te recuerda, a través de la mente de los hombres justos, con sentimientos de afecto y admiración. Tú has llenado tu vida de vigorosas actividades. Has unido la difícil estrategia de la política con el patriotismo verdadero, y has dejado obras de crítica e historia que proyectan tu gran talento y múltiple capacidad. Yo he sido espectador de muchos de tus azares, he admirado tus éxitos y he apreciado tu tesón para resistir los duros días nefastos. Y ahora, estrechándote las manos, conmovido con las vibraciones de una gran amistad, y mirándote al rostro, veterano de la vida, te digo: ¡querido compañero, sigamos adelante!"

MEDALLONES

A continuación transcribo diez breves panegíricos que pronuncié o escribí sobre familiares y amigos íntimos quienes, por su entrañable amor a Cuba y su conducta ejemplar, merecen el homenaje póstumo y las siemprevivas de nuestros más caros recuerdos.

El primero de estos medallones se lo dediqué a mi abuela por línea materna, María Josefa Corrales de Cortina, al depositar sus restos en el cementerio de Woodlawn Park en Miami, el 25 de septiembre de 1962.

Fue una mujer muy querida, agraciada con las más nobles virtudes que ni el cáncer ni la tragedia de la familia lograron empañar. Su entierro fue una verdadera manifestación de duelo que congregó a figuras representativas del exilio. Por eso mi abuelo Cortina me pidió, a última hora, que pronunciara unas palabras ante su tumba.

Lo que allí brotó fue una elegía, una guirnalda del espíritu, humedecida por mi gran pena.

ELEGÍA A MI ABUELA

María Josefa Corrales de Cortina

En nombre de mi abuelo, de sus hijos, del resto de la familia y en el mío propio, deseo expresarles a ustedes nuestra profunda gratitud por habernos acompañado, en este peregrinaje doloroso, a depositar los restos de mi abuela.

¡Qué difícil es resignarse ante la muerte de un ser querido, máxime cuando la persona que se ausenta de esta vida deja, como ella, huellas profundas en el corazón de quienes la conocieron!

Fue una mujer singular. Valerosa y perspicaz en los momentos de decisión, serena frente al peligro, estoica aun en los umbrales de la muerte. De una personalidad exquisita, que arrebataba a todos los que tuvieron la dicha de tratarla. Alegre, ingeniosa, vivaz, su gracia personal era un encanto. Su sonrisa, una primavera de luz y de esperanza.

Pero detrás de esa sonrisa, se veía dibujada la tristeza; la tristeza que emana de las almas bondadosas que sólo viven para los demás; de las almas piadosas que absorben el dolor ajeno; de las almas caritativas que son bálsamo para restañar heridas, y consuelo para levantar al necesitado.

Eso fue mi abuela: un constante desprendimiento de su ser, para fundirse en el dolor de los demás.

Recuerdo las palabras que musitó poco antes de dormir el sueño plácido de los buenos. Eran preguntas insistentes, que reflejaban una honda preocupación. Deseaba saber cómo estaba, no ella: su familia. Esa fue su obsesión, su desvelo: su esposo, sus hijos, sus nietos, y todos los que la conocieron y amaron, que eran también para ella sus hijos y sus nietos...

Ya al final de su existencia en la tierra, se dirigió a una de sus hijas, que se encontraba a su lado, con un ruego que brotaba de lo más hondo de su corazón: "bésame...bésame...".

Eran sus últimas palabras. Y no podían ser otras, porque toda su vida no fue más que un beso continuado de ternura y de bondad.

Yeya —así la llamábamos cariñosamente— , las amistades que aquí se congregan se despiden de ti con un sollozo.

De tus familiares, de esa familia que tú tanto quisiste, puedes estar orgullosa. Un sobrino muy querido, valiente de la resistencia, fue fusilado por la tiranía. Uno de tus nietos también cayó abatido por las balas enemigas en defensa de la libertad. Otro, lleva en su carne condecoraciones de plomo y fuego. Otros, permanecen, altivos, en las prisiones infernales de Cuba. Uno de tus hijos, lacerado por tanto dolor, cumplida ya su misión en la Tierra, te espera ansioso en el Cielo. Y todos los demás han cumplido con su deber.

Puedes estar tranquila. A tu familia la desgarra hoy una tristeza infinita. Pero está en pie, al lado de este roble, tu esposo, que todavía permanece enhiesto. Tu familia podrá desintegrarse en la pelea, pero no se doblega, ni claudica, ni se rinde.

Me despido de ti con una plegaria al Señor por el reposo eterno de tu alma. Y te pido, en nombre de esta familia desolada, que desde el Cielo nos ilumines, nos consueles y nos des tu bendición.

Tomado taquigráficamente por Pablo Gassó.

Septiembre de 1962

ANTE LA TUMBA DE UN PATRIOTA

José Manuel Carbonell

En marzo de 1968, muere en Miami mi abuelo paterno, José Manuel Carbonell. Despide el duelo Juan J. Remos con una bellísima oración en la que evoca los méritos patrióticos y literarios del prócer caído. Julio Hernández Miyares le dedica una muy sentida nota necrológica. Otras plumas destacadas del destierro se suman al homenaje póstumo y escriben artículos sobre él. Los elogios culminan, años después, con el panegírico que pronunció Octavio R. Costa al conmemorarse el centenario del natalicio de Carbonell. Remata Costa su brillante pieza oratoria con una letanía que comienza con estas estrofas:

> *Era un alma diamantina,*
> *la palabra enarbolada*
> *en la defensa de Cuba*
> *con optimismo y con fe.*
>
> *Era un hombre excepcional,*
> *era un glorioso poeta*
> *y un mago de la tribuna,*
> *José Manuel Carbonell.*

Entre los juicios históricos que sobre él se han emitido sobresale el de Rubén Darío: "Carbonell es el Poeta-Paladín por excelencia. El tipo perfecto del poeta latinoamericano que sólo en él ha cobrado cuerpo y vida. De una pureza de mármol, de un carácter de hierro, rígido y sereno, de un valor moral y físico a prueba de mordidas y zalemas".

Antonio Sánchez Bustamante lo describe así: "Poeta felicísimo que pone en sus versos a menudo hermosos arranques tribunicios, y tribuno elocuente por cuyas estrofas se siente pasar el aroma delicado de la poesía".

A los pocos días del fallecimiento de mi abuelo, decidí burilar su semblanza en la lámina de mis más íntimas memorias. Cortina me dijo que era tan fiel el retrato que bosquejé, que le "traía a la mente la exactitud de un espejo". Y mi madre me escribió lo siguiente:

"No creía que se podía decir nada nuevo sobre Carbonell. Infinidad de artículos y cartas llenos de cariño, anécdotas y datos biográficos. Tú dices lo que ellos no podrían decir, porque eres el nieto y porque eres tú. En unas líneas haces una síntesis de su vida y con gran ternura la unes con el más allá. Tu padre y yo lloramos... Porque además de bien dicho, todo lo que dices es verdad".

Juzgue el lector si hay mesura o ditirambo en la semblanza de este hombre eminente y bueno que vivió con Cuba en el corazón y murió con Cuba en los labios.

---------- o ----------

No corresponde al nieto hablar del abuelo, máxime cuando el dolor conmueve el alma y nubla el pensamiento.

Mas, de José Manuel Carbonell no tengo que hablar yo. Por él habla la gesta emancipadora del 95, que lo vio "subir con rifle y jolongo las ríspidas Escaleras de Alto Songo, siguiendo sobre la huella de la legión procelaria, la melancólica estrella solitaria..."

Por él habla el culto a Martí, que con ejemplar devoción iniciaron y difundieron los hijos del viejo tronco del 68, Néstor Leonelo Carbonell.

Habla por él la literatura cubana, en la que sobresalen el lirismo elocuente de su oratoria, la frescura romántica de su poesía y la fuerza creadora de su intelecto, que le permitió completar, en breve tiempo, la obra monumental en dieciocho volúmenes de la Evolución de la Cultura Cubana.

De José Manuel Carbonell habla la Academia Nacional de Artes y Letras, que lo honró con la presidencia, y la diplomacia continental, que lo vio representar, con alta distinción, embajadas cubanas que eran faros de cultura, de civismo y de buena voluntad.

Por él habla también la legión de sus amigos, a quienes entregó, con la sonrisa afable y el corazón sincero, la cordialidad de su afecto y el testimonio de su lealtad.

En fin, de José Manuel Carbonell habla Cuba, la tierra de sus sueños, la nación de sus ideales. No hay fase de su vida limpia y fecunda que no haya sido consagrada a la Patria. Y es que Cuba, para él, fue desvelo, obsesión y perenne apostolado.

La caída de Cuba bajo el yugo comunista le desgarra el alma. Desde la isla cautiva me escribe: "Bien estás lejos de este dolor de sentirme esclavo y prisionero en la Patria que ayudé a libertar con mi propio brazo". Y en carta posterior agrega: "Resisto de pie y sin miedo los embates del mal llamado destino, y como en los versos de Milanés, "apoyado al timón, espero el día..."

Marcha al exilio y trae consigo la honda pena que le produjo el adiós a la Patria opresa y el triste presentimiento de que moriría en tierra extraña.

La amargura del destierro no ahoga su sensibilidad. En su espíritu siempre queda un fondo de poesía. Al recibir la noticia de mi matrimonio, abre el poeta las alas de la emoción y me envía, en estas líneas, su regalo del alma: "Mucho quisiera decirte, pero no puedo. Los ojos muy apagados y el pensamiento volando. Pero tú y tu elegida saben de nuestros votos de felicidad. A ella le mando mi regalo del momento en estos cuatro versos de un viejo poeta que ya no escribe versos:

> *Que el cielo te colme de gracia y ventura,*
> *Y que en tu fragante jardín tentador,*
> *Se abran entre lirios de impecable altura*
> *Los claveles rojos de un eterno amor."*

Poco después, lo derrumba la muerte en Cuba de sus hermanos Néstor y Miguel Ángel, unidos a él y a sus demás hermanos por los vínculos entrañables del amor fraterno y los lazos indisolubles del fervor patriótico.

Pero ni el infortunio ni los años logran abatir su espíritu. Unas semanas antes de ser hospitalizado, nos escribe: "Trato por todos los medios de levantar cabeza, de vivir, por ustedes y por Cuba. ¡Por Cuba me siento listo para pelear!"

Ya en el hospital le fallan sus fuerzas físicas; no así su indómita voluntad, que prolongó su vida en tenaz batalla más allá de toda humana expectación.

Consumido su cuerpo, apagados sus ojos de soñador y poeta, sin fuerzas siquiera para dar el último de esos abrazos efusivos y generosos que prodigó en su vida, resistió hasta el último instante, sin una queja, sin un lamento, con la estoica entereza de su carácter y la sublime resignación de su fe.

Su final fue sencillo, como lo fue su vida: besó a su familia, se despidió de Cuba y se entregó a Dios.

Con él se va la mente preclara de un talento, el noble corazón de un caballero y la vida sin mancha de un patriota. Queda, para la posteridad, el tesoro intelectual de sus obras literarias y la estela luminosa de su ejemplo, que serán enseñanza, orientación y estímulo para las generaciones venideras.

Así llega a su final este patriota: con la guerra libertadora en la mente, y el amor a la Patria en el corazón. En su delirio, recitaba versos, dictaba proclamas, pronunciaba discursos, todos sobre Cuba. Y poco antes de cerrar los ojos, pidió su uniforme para desembarcar en la Isla.

Quiero pensar que así fue... Que no ha muerto, y que lucha nuevamente por la independencia de la Patria: su mirada fulgurante y la frente despejada; el fusil en una mano, y en la otra, la bandera desplegada.

Marzo de 1968

PRÍNCIPE DE LA PALABRA

José Manuel Cortina

En marzo de 1970, a los 90 años, muere en Miami mi abuelo materno, José Manuel Cortina. Horacio Aguirre, en su sentidísimo editorial del *Diario Las Américas*, elogia la actuación sobresaliente del estadista y afirma que, con su muerte, la bandera de Cuba está a media asta. Sergio Carbó le rinde tributo al "gran·cubano de todos los tiempos... a un político de los que construyó la República." Ramón Corona declara que, con el fallecimiento de Cortina, se "silencia una palabra de oro." Ariel Remos analiza magistralmente la oratoria sin par de ese "auténtico caudillo del verbo."

Octavio R. Costa, en una de sus memorables *Instantáneas*, destaca el señorío de la personalidad de Cortina, que "presidía toda la constelación de sus talentos." Asimismo admira "cómo un hombre que se acercaba a los noventa se mantenía en pie, firme, vertical, erecto como una espiga, dándole a su país los últimos alientos de su corazón, los postreros destellos de su inteligencia privilegiada."

Martha Padilla describe, con pinceladas impresionistas, el impacto que de niña en Cuba le produjo la voz de Cortina: "Voz de calma y trueno. Voz a colores. Voz escénica y colosal. Voz envolvente y cálida, donde el matiz abroquelaba la pasión erudita, y la palabra entonces se sumía en la síntesis, en un vuelo redondo de claridad amplísima".

Uno de los trabajos más emotivos y medulares que en esa ocasión se escribieron en loor de Cortina fue el de Carlos Márquez Sterling, titulado: *José Manuel Cortina: El Canciller de la Cubanía.*

En ese artículo, publicado en la edición del 4 de abril de 1970 del *Diario Las Américas*, Márquez Sterling describe el "repentismo iluminado" de la oratoria de Cortina, "que llenaba con sus imágenes los contornos de la tribuna y se llevaba detrás a los pueblos que le escuchaban, llenos de esa emoción que el gran orador de entraña insufla en los corazones humanos al calor de esa chispa creadora que es el pensamiento de los hombres superiores."

Después de afirmar que Cortina era un estadista de cuerpo entero, Márquez Sterling explica cómo el tribuno salvó a Cuba de la tercera intervención norteamericana, promovida por Crowder en tiempos de Zayas, y como coronó su brillante carrera política como líder indiscutible de la Constituyente de 1940. "Puedo asegurar, con la autoridad que me da el hecho de haber presidido aquel parlamento extraordinario" —escribió Márquez Sterling— "que el setenta por ciento de nuestra Carta Fundamental más seria y justiciera se le debe a Cortina."

Al fallecer el tribuno, mi familia me pidió que despidiera el duelo. Para acometer tan dolorosa y difícil encomienda, desdoblé mi personalidad a fin de que el parentesco no enturbiara el juicio y ahogara la voz. Traté de honrar al prócer sobriamente, como compatriota y no como deudo. Sólo al final de mis palabras me despedí del abuelo, en silencio.

Mi oración fúnebre mereció el comentario generoso de diversas personalidades. Rafael Guas Inclán le dedicó un inspirado artículo titulado "La Confluencia de la Sangre." El prestigioso intelectual, Antonio Iraizoz la declamó en La Habana ante un grupo de amigos, encabezados por el ilustre repúblico Raúl de Cárdenas y Echarte. Y Orestes Ferrara la calificó de "maravillosa", y acotó: "Mis relaciones con su abuelo eran tales que superaban las de una hermandad. Por esto su oración me conmovió profundamente."

A continuación, la versión taquigráfica de la oración fúnebre.

¡Qué difícil es hablar ante la tumba abierta de un ser querido!

Si lo hago, es por encargo de mi atribulada familia, que desea agradecer el consuelo de vuestra compañía en estas circunstancias de inefable tristeza, que no resisten la fría lógica del análisis, porque están envueltas en los misterios insondables de la Providencia.

¿Qué decir ante la muerte de este hombre excepcional, que caló muy hondo en la conciencia de su pueblo? Algunos dirán que se ha apagado una luz de nuestro cielo. Yo prefiero decir que se ha desplomado una columna de nuestra Patria; una columna de talento, integridad y carácter.

Carácter: he ahí el sello distintivo de Cortina. El fue estadista, tribuno, jurisconsulto, escritor, pensador, hombre de empresa.... Pero fue, sobre todo, un carácter, que es como decir, voluntad indoblegable, principios inconmovibles, rectitud de conciencia, elevación de propósito, pureza de alma. Y fue su carácter diamantino la fuerza moral que determinó su ascenso en la vida, de simple lector de tabaquería a la encumbrada posición de Hombre Representativo, según el concepto de Emerson, Hombre Representativo de Cuba y de América.

Poseía Cortina una inteligencia extraordinaria, dotada de una fina sensibilidad. Su vasta cultura, que hacía recordar a los enciclopedistas franceses, no era la cultura barnizada y libresca que se llama erudición; era la cultura asimilada por el talento y tamizada por la experiencia que se llama sabiduría. Sabiduría sin desplantes de soberbia, que él siempre llevó con la distinción de la caballerosidad y el candor de la simpatía.

Le llamaban "Príncipe de la Palabra"; palabra que brotaba de sus discursos como un torrente de luz. Poseía el raro don de la síntesis y una capacidad excepcional para la improvisación. La palabra espontánea y directa alcanzó en él niveles de perfección rara vez igualados. Podía disertar sobre cualquier tópico en cualquier momento, y siempre la hacía con enjundiosa belleza. En los instantes de inspiración, su palabra se tornaba poesía, y había en su verbo destellos multicolores, proyectados por la acuarela de su fértil imaginación. Un gran escritor de América le llamó "el Ticiano de la metáfora".

En cada uno de sus discursos ponía siempre un jirón de su alma. Por eso conmovía como orador. Y cada uno de sus discur-

403

sos estaba avalado por su conducta. Por eso llegó a ser guía de multitudes, conductor del pueblo, tribuno de la República.

Este hombre eminente pudo haberse dedicado exclusivamente a sus actividades profesionales e intelectuales. Y si no lo hizo, fue porque tenía a Cuba clavada en el pensamiento y en el corazón. Decía él que el hombre privilegiado por la Naturaleza no tiene derecho a vivir entre frías murallas de egoísmo. Tiene que romper el cerco privado de la indiferencia y salir al palenque de la vida pública, aunque sangre el pecho, para fecundar los corazones y levantar la Patria.

Y predicó con el ejemplo. Desde temprana edad interviene activamente en las lides políticas. Mientras algunos caen en los pantanos oscuros de la abyección, Cortina se yergue como una imponente cumbre moral. No le detiene la maledicencia ni la ingratitud. Sigue los consejos de Enrique Federico Amiel: "Que el mundo piense de nosotros lo que quiera: ese es un asunto suyo. Si no nos pone en el lugar que nos corresponde, sino cuando hayamos muerto, o nunca tal vez, es su derecho. Nuestro deber es obrar como si la Patria fuese agradecida, como si el mundo fuese equitativo, como si la opinión fuera perspicaz, como si la vida fuera justa, y como si los hombres fueran buenos".

Descuella Cortina en el Congreso, sobresale en la Cancillería y en los organismos internacionales y se destaca como gran conciliador en las crisis republicanas. Pero su actuación estelar fue, sin duda, como arquitecto principal de la Constitución de 1940, la Carta Magna de la República, que él llamara "fórmula democrática de pacificación y avance social, escrita con sangre, dolor y anhelos cubanos".

En la Asamblea Constituyente se impone como tribuno. Se celebraba una de las sesiones iniciales, y las pasiones de partido se habían desbordado. Cundía el pánico, y el grito ensordecedor de las multitudes frenéticas retumbaba como un trueno. Se levanta Cortina, y en un arranque tribunicio que recordaba a Mirabeau, increpa y domina a las multitudes con un grito que fue como un aldabonazo de la dignidad ciudadana: "¡Los partidos, fuera; la Patria, dentro!".

Si grande fue Cortina durante el proceso republicano, escalando posiciones de responsabilidad y de gloria, imponente y majestuoso fue en el destierro, después de haberlo perdido todo, todo menos el honor. No acepta cargos, títulos ni honores en el exilio. Trabaja por Cuba en silencio, febrilmente, desinteresadamente, con la obsesión del retorno a la Patria liberada, y la mirada fija en la campiña de sus ensueños.

Figura como miembro activo de un comité patriótico integrado por distinguidas personalidades que aquí se congregan, un comité que él llamaba "el Comité sin nombre". Queriendo evitar las pugnas de grupo que han atomizado al exilio, decía él: "Olvidémonos de las siglas, olvidémonos de los cargos, olvidémonos de los nombres"; y recordando al Apóstol, agregaba: "Yo me llamo conciencia". Esa es la palabra que mejor describe la fase final de su vida: CONCIENCIA.

Su cuerpo era una sombra. Su voz era un suspiro. Sus ojos, dos lagos inmensos de tristeza. Sólo quedaba, firme y enhiesta, la conciencia. La conciencia de un hombre integral que encara la adversidad con estoica entereza, sin perder la frescura romántica que inspiró su vida. La conciencia de un demócrata que observa atónito el desplome de la República que él contribuyó a forjar, sin perder la fe en los destinos de Cuba. La conciencia de un patriota que cae en la trinchera del destierro, sin arriar la bandera de la libertad y el decoro.

Al igual que los soldados de la Vieja Guardia Napoleónica, Cortina muere, pero no se rinde. Su conciencia altiva permanece con nosotros, y nos acompañará en la magna cruzada por el rescate de la independencia y en la gran tarea de la reconstrucción. Y cada vez que las pugnas de partido enerven nuestros esfuerzos y pongan en peligro la causa suprema de Cuba, esa conciencia escalará la tribuna y repetirá, con voz augusta de ultratumba, el grito que estremeciera a la Asamblea Constituyente de 1940: "¡Los partidos, fuera; la Patria, dentro!".

Con esas sus palabras, nos despedimos hoy del prócer de la Patria, del tribuno de la República. ¿Cómo despedirme del abuelo? Con palabras, no puedo. Prefiero hacerlo en silencio, entre cristales de lágrimas...

Versión taquigráfica de Pablo Gassó.

Marzo de 1970

EL ESTOICO FINAL DE UN CABALLERO

Enrique Arango y Romero

En marzo de 1972, fallece en Miami un cubano prominente, abogado de sólidos quilates, arquetipo de la más alta distinción y caballerosidad: mi tío Enrique Arango y Romero.

El desmembramiento de su hogar, en lucha frontal contra la tiranía comunista, minó su salud, pero no quebró su espíritu. Con nobleza de sentimientos, les ofrendó a Cuba y a su familia los últimos latidos de su extenuado corazón.

En homenaje a su memoria, le dediqué a Enrique el siguiente medallón, que fue publicado a los pocos días de su fallecimiento

---------- o ----------

Fresca está aún la tierra que cubre los restos mortales de un caballero sin tacha, de un cubano de estirpe que honró a la Patria con su conducta y enalteció a la familia con su ejemplo: Enrique Arango y Romero.

Hay ciudadanos eminentes que sobresalen por sus méritos personales y que vienen a constituir la aristocracia de la virtud y del talento, más fecunda y perdurable que la de la fortuna y de la sangre. Enrique Arango perteneció a esa aristocracia superior del espíritu, que, cuando no se margina o inhibe, engrandece a los pueblos e impide que caigan en la mediocridad o que degeneren en la abyección.

Procede en justicia exaltar su memoria, aunque tengamos que abrir el cofre sagrado de los recuerdos íntimos y dejar correr el pensamiento por cauces emotivos que rasguen el corazón. Pero no debe la pasión matizar el elogio de quien fuera arquetipo de la sobriedad y la elegancia. No de la elegancia ostentosa y artificial que se exhibe por fuera, sino de la elegancia sencilla y natural que emana de adentro, como un reflejo de los más puros sentimientos que ennoblecen al hombre y le dan balance, sentido y dignidad a la vida.

Hablar entre los cubanos de Enrique Arango es hablar de la más alta y refinada distinción y grandeza moral. No conozco ninguna manifestación de su vida, ninguna actividad, ninguna empresa, ningún gesto, ninguna palabra, que no haya reflejado distinción y grandeza moral. Y no podía ser de otro modo, porque en su alma sólo había decencia, honradez, generosidad y decoro.

Integro y cabal, Enrique Arango jamás abjuró de sus principios, ni faltó a su palabra, ni traicionó una amistad. Así se explica el respeto y la devoción que le profesaban sus amigos y asociados, quienes al solo llamado de Enrique se constituían en legionarios del afecto dispuestos a los mayores sacrificios. Y ese afecto, que no reconoció límites de edad ni de procedencia social, se tornó en tristeza inconsolable a la hora de la muerte...

Había estilo en su vida, estilo que fue en él expresión caballerosa de hidalga prestancia y que se mantuvo incólume en todo momento, como una torre imponente de nobleza, frente a la acción corrosiva de un medio ambiente proclive al denuesto, a la hipocresía y a la vulgaridad.

Al igual que su hermano Pancho, Enrique descuella en los deportes como gallardo atleta de olímpica destreza. Sobresale en el ejercicio de la profesión por su talento analítico, ecuánime y razonador, poco común en los países del trópico. Se distingue en el campo de los negocios como maestro en el arte difícil de la transacción, que permite conciliar intereses contrapuestos, dirimir controversias y extraer del seno mismo de la discordia el conjunto armónico de un acuerdo definitivo. Y en todas sus relaciones y actividades, incluyendo su asomo a la política, deja siempre el sello imborrable de su galante estilo y de su exquisita personalidad.

La tragedia de Cuba, que ha sido también la tragedia de su familia, pone a prueba el temple de su carácter y la nobleza de su alma. Enrique apela a todas sus reservas físicas y morales para hacerle frente a los embates del infortunio. Su hijo, sus hijas y sus yernos toman el camino del sacrificio para defender el pabellón de la Patria y el honor de la familia. Y Enrique, cansado y solo, sin recursos ni salud, echa sobre sus hombros la ingente responsabilidad de tres hogares desolados. Y todo ello, sin una queja, sin un reproche, sin un suspiro. Se mantiene firme y erguido, con la altiva dignidad de un roble moral que no se amilana ni se quiebra.

Ante la ausencia de letrado, asume la defensa de su yerno heroico, condenado de antemano por la tiranía y fusilado. Marcha después a la prisión para visitar a su hija que allí se encontraba, destrozada por la noticia del fusilamiento de su esposo, y con estoica entereza permanece en silencio junto a ella, y le aprieta la mano, y le seca las lágrimas, y la abraza en el dolor.

Se dirige más tarde al exilio, no sin antes recibir de su otra hija, que permanece en Cuba junto a su marido preso, el encargo de llevarse y de cuidar el tesoro de las dos nietas hasta que la madre salga de Cuba y pueda de nuevo reunirse con ellas.

Y con esta encomienda, con esta responsabilidad que fue para él obsesionante preocupación, cae Enrique enfermo de muerte. Lucha desesperadamente por vivir, no por él, cansado ya por el esfuerzo y el sufrimiento, sino por su familia. Por su mujer ejemplar, que fue para él siempre la novia de sus ensueños y para la cual tuvo en todo momento las expresiones más delicadas de ternura y de amor. Vivir, no por él, sino por esas nietas que le fueron confiadas y que él tenía la responsabilidad de entregar a la llegada de la madre al destierro.

Con esa preocupación, el atleta Enrique Arango, sin otro músculo que el de la dignidad y sin otra fibra que la del carácter, inicia una carrera desesperada contra el tiempo que él presentía que se le estaba acabando; una carrera que, como en las olimpiadas de los griegos, sólo podía terminar con la entrega simbólica de las antorchas, representadas por las nietas bajo su custodia.

No le acompañan las fuerzas, y cae antes de llegar a la meta con el rostro transfigurado por el dolor y los ojos empañados por la tristeza.

Mas, no cayó Enrique Arango; cayó su cuerpo frágil, agotado por el esfuerzo y vencido por la fatiga. Lo mejor de su ser, su alma noble y pura, ascendió a los cielos inasibles de la eternidad, y desde allí fulgura como una estrella moral, que nos consuela y alumbra en esta noche interminable de luto y de pesar.

Marzo de 1972

¡ADIÓS, MARÍA!

María Gómez Carbonell

En mayo de 1988, cerró sus ojos en Miami una de las mujeres más brillantes de la Cuba republicana, y una de las más devotas y esforzadas del destierro militante: María Gómez Carbonell.

Entre las personalidades cubanas que cantaron sus virtudes y lloraron su muerte figuran: Mercedes García Tudurí, Carlos Márquez Sterling, Víctor Vega Ceballos, María Elena Saavedra, Octavio R. Costa, Ariel Remos, Martín N. Añorga, Antonio Alonso Ávila, Florinda Alzaga, Lincoln Rodón, Félix Cruz Alvarez e Ileana Ros-Lehtinen.

Todos se refirieron a la trayectoria luminosa de María como educadora, legisladora, ministro de gobierno, activista social y abanderada de la democracia en el exilio. Y todos elogiaron su inmarchitable patriotismo y sus singulares dotes literarias, sobre todo los fulgores de su encendida elocuencia que ilustraba y conmovía.

Cuba ha producido muchas mujeres eminentes que sobre-salieron en las diversas ramas del saber. Pero en la poesía ninguna superó a Gertrudis Gómez de Avellaneda, y en la oratoria ninguna brilló más que María Gómez Carbonell.

Fiel a su estirpe, María fue una apasionada de la Cuba irredenta, paladín de la cultura y blasón de la familia. Poco antes de morir, me escribió unas líneas en las que palpitaba el orgullo del apellido. "Observa —me dijo— que, como publicó Octavio R. Costa, nuestro apellido representa una constante en la historia de Cuba. Está en la Guerra de los Diez Años con Néstor Leonelo, Juan Bautista y Gaspar, este último Capitán del Ejército Libertador, muerto en la batalla de Atallaosa. El apellido está en Tampa junto a Martí y en la constitución del Partido Revolucionario Cubano con Eligio, delegado de Tampa; está en la Guerra del 95 con José Manuel, tu abuelo; está inmaculado en la República independiente; está en Girón, contigo; está en el exilio con todos nosotros, y estará con nuestros últimos descendientes el día de la redención de la Patria."

Al recibir la infausta noticia del fallecimiento de María, me encontraba de paso en Londres. Volé de inmediato a Miami para despedir el duelo en nombre de la familia que ella tanto honró. Siguen las palabras que pronuncié junto a su féretro.

---------- O ----------

En nombre de la familia Carbonell, y en el mío propio, deseo expresarles a todos los presentes nuestro profundo agradecimiento por habernos acompañado a depositar, en tierra generosa pero extraña, los restos mortales de María.

Esta manifestación de duelo, que cobra especial relieve con la presencia de figuras destacadas de la Cuba verdadera de ayer, de hoy y de mañana, constituye un merecido homenaje a una mujer excepcional que dejó huellas indelebles en la historia de la República y el destierro. La pasión política, alguna que otra vez, pudo haber nublado su mente, pero la devoción patriótica dignificó sus ansias y exaltó su vida.

Para nuestra familia, afligida por la ausencia de un ser tan querido, que honró con luces propias la pléyade de los hermanos Carbonell, vuestra companía aquí hoy es un estímulo; vuestro abrazo efusivo, un consuelo. El dolor hermana, y el ejemplo de una vida excelsa que se extingue abrazada a la cruz y a la bandera, alienta y ennoblece.

No voy a hacer un esbozo biográfico de María Goméz Carbonell. Esto le corresponde a su hermano del alma, el Dr. Lincoln Rodón, quien tiene a su cargo el panegírico. El hablará del talento y las bondades de María, y de su estela de éxitos como insigne educadora, congresista, consejera de estado, ministro de gobierno, defensora de los derechos de la mujer, propulsora de la asistencia social y cultivadora de la poesía, el ensayo y la oratoria.

El verbo enardecido de María Gómez Carbonell no tuvo parigual. Ninguna oradora en Cuba o en América la superó en el lirismo conceptuoso y vibrante, esmaltado con giros poéticos, sentencias rotundas y metáforas deslumbrantes. No pavoneó su elocuencia con vana delectación. En sus discursos siempre había enjundia y mensaje. Su voz maravillosa abarcó todos los registros y tonalidades. Censurando las infamias restallaba como un látigo, y cantando las virtudes acariciaba como un beso.

Hoy, ante su tumba, yo sólo voy a evocar sus años en el exilio, que ella misma resumió en una frase diáfana y sencilla como su vida: "pensando en Cuba y luchando por su libertad." Sin proponérselo, María había esculpido su propio epitafio: pensando en la Patria, olvidada por tantos, y luchando incansablemente por su redención. No podía ser otro el ideal de la nieta del patricio Néstor Leonelo Carbonell, quien "soñó congregar a los cubanos del mundo, y los convocó, el primero, a una sola casa," como afirmara Martí al visitarlo en Tampa. Ni podía ser otra la consigna de la hija de Candelaria Carbonell, a quien el Apóstol, en versos plenos de ternura, llamó la "Virgencita de Ibor."

Al ideal de Patria y Libertad, María se entregó en cuerpo y alma. A la vera del ilustre Juan J. Remos, fundó Cruzada Educativa para preservar las esencias cubanas en este exilio disolvente. Editó la revista "El Habanero" y creó el programa radial para los niños, "La Escuelita Cubana," que posteriormente difundió en un libro. Y auspició innumerables actos patrióticos para mantener encendida la llama de la rebeldía. Fue un dinamo de actividad —redactando proclamas, dictando conferencias, pronunciando discursos— y fue un símbolo ardiente de abnegación y deber.

Apasionada y lúcida hasta el final, jamás cejó en el empeño emancipador, porque le dolía Cuba y sentía en carne propia su tragedia. Pero nunca maldijo su suerte ni exteriorizó sus penas. Sólo el limonero de su patio pudo haber escuchado algun sollozo en noche traicionera. "No lo cuentes, no lo digas," escribió María en soliloquios memorables. "Cuando muere un pueblo inerme en las garras de traidores y rufianes; cuando el plomo es el único lenguaje que conocen los villanos; cuando sólo fuego y fusta son las únicas consignas a que ceden los tiranos, un sollozo es una entrega, una lágrima es un fallo, un delito, la fatiga. ¡No lo cuentes, limonero de mi patio, no lo digas!...

Lo que mantuvo a María firme y activa en el exilio, lo que prolongó su vida, fue la esperanza de volver. Volver al terruño amado que la vio nacer y exhalar allí su último suspiro. La añoranza del retorno a la Patria libre inspiró su libro *Volver*. En él María recogió sus poemas en el destierro, hermosos cánticos del patriotismo, elegías del espíritu, madrigales del corazón.

Como postrer homenaje a María Gómez Carbonell, como un adiós de este sobrino que mucho la quiso y la admiró, me voy a permitir la libertad de leer uno de sus versos que ella tituló *Aquella Despedida:*

> *"Fue una mañana de dolor cargada;*
> *dejaba atrás, amores y paisaje...*
> *Y, a través del cristal, anonadada,*
> *di un beso, como un último mensaje*
> *a la tierra adorada...*
>
> *Veinte y un años se han ido; mil afanes*
> *han marchitado el alma, y todavía*
> *en las pupilas llevo el panorama*
> *de aquel patio florido de La Habana*
> *donde meció el Señor la cuna mía...*
>
> *No sé si volveré... La vida es carga*
> *para el proscrito, y en el suelo ajeno*
> *la risa duele y es la miel amarga,*
> *oscuro el día y la velada larga,*
> *porque lejos de Cuba, nada es bueno.*

Si tardo mucho, o se me va la vida
esperando que asome la mañana;
si no permite Dios que, redimida,
la Patria sea de nuevo soberana,
que enferma o muerta yo, mustia o herida,
siga el beso de aquella despedida
sonando sobre el patio de mi Habana."

Quiso Dios que María muriese alejada de la Patria. Mas lo que murió fue su cuerpo, minado por el infortunio y vencido por los años. Su espíritu vive, y podemos imaginarnos donde está: flotando en las ondas luminosas del Cielo sobre el patio florido de su Habana...

DESPIDIENDO A MI PADRE

Néstor Carbonell Andricaín

Lúcido, dinámico y jovial, con la efervescente lozanía de su perenne juventud, dejó de existir el 31 de julio de 1990, en San Juan, Puerto Rico, mi padre, Néstor Carbonell Andricaín.

Había recobrado sus bríos, después de una delicada afección cardíaca, cuando lo sorprendió, artera y sigilosa, una fulminante pulmonía. Su muerte me derrumbó y llenó de luto, no sólo a mi familia, sino a miles de compatriotas que fueron cautivados por su talento, hombría de bien, y efusiva personalidad.

Habiendo residido más de veinte años en Puerto Rico, mi padre se ganó también la admiración y el cariño de todos los que lo conocieron en la Isla del Encanto. Por eso el entonces Gobernador, Rafael Hernández Colón, le expresó a mi madre: "Al hacerte llegar nuestra solidaridad con tu pena, junto con las lágrimas derramadas por la partida de Néstor..., debemos darle gracias a Dios por su vida, y por todo el bien que hizo no sólo a los de su sangre, sino a cuantos se acercaban a su bondad y afecto."

Entre los cubanos que sintieron la irreparable desgracia, Octavio R. Costa evocó la estirpe patriótica y literaria de los

Carbonell al consignar "la muerte del último de la tercera generación." Silvia y Porfirio Pendás vertieron toda su tristeza por la pérdida de quien fue como un hermano para ellos. Víctor Vega Ceballos recordó los años fructíferos que compartió con mi padre en la brega parlamentaria de la Cuba democrática. Santiago Rey Perna, al enviarle emocionado un postrer saludo a su grande y fraternal amigo, aseveró: "Ni siquiera la política, que crea dificultades y proyecta sombras, fue capaz de hacerlo entre él y yo." Y José R. Andreu, al manifestar su dolor por la partida de su viejo y buen amigo, sentenció: "El castigo de durar es ver partir a los que queremos. El camino de la vida se nos llena de cruces y el calendario de fechas tristes."

Uno de los mayores afectos de mi padre, Carlos Márquez Sterling, vencido por los años y estremecido por la noticia, permaneció callado. Pero me cuenta su distinguida viuda que dos gruesas lágrimas rodaron de sus ojos tristes. Lo que él no pudo articular con palabras lo expresaron con sentimiento sus hijos. Uva de Aragón Clavijo le dedicó una bellísima semblanza titulada *Mis Recuerdos de Néstor Carbonell*. Refiriéndose a lo que la hizo distinguirlo por entre los demás amigos de Carlos, escribió: "No sé si era su palabra fácil, o su actuación decidida, o la simpatía criolla que emanaba de su personalidad, pero desde niña aprendí a querer y admirar a este cubano bueno y optimista para quien Cuba era, sin embargo, un dolor constante."

Desde su propio belvedere, Manuel Márquez Sterling tuvo esto que decir al acompañarnos en nuestra pena: "Hay muchas páginas de mi niñez y juventud que se enlazan con el recuerdo de tu padre, un cubano de los que jamás se alzaron para maldecir ni perseguir a nadie."

El panegírico de mi padre estuvo a cargo del alcalde de San Juan, Héctor Luis Acevedo. Al destacar sus cualidades intelectuales, cívicas y morales, Acevedo se refirió al sello distintivo de su fascinante personalidad: la sonrisa ancha y sincera que siempre afloró, con las expresiones de su caballerosidad, como un abrazo del alma.

Yo no tenía pensado hablar en el cementario —tal era la intensidad del dolor que me abrumaba. Pero me pareció escuchar la voz inconfundible de mi padre insistiendo: "Chico, hay que dar las gracias." Y eso fue lo que traté de hacer en mi desgarradora oración.

---------- o ----------

En nombre de mi madre, de mi hermana, de mi tía y del resto de la familia, quisiera expresarles a todos ustedes nuestro profundo agradecimiento por habernos acompañado a enterrar a mi padre en esta isla hospitalaria, que fue para él como una extensión de su Patria. Y de modo especial, les doy las gracias más expresivas al Padre Méndez y al Licenciado Héctor Luis Acevedo, alcalde de San Juan, por sus palabras tan sentidas, tan generosas y tan elocuentes.

Nuestra fugaz y azarosa existencia en la tierra carecería de sentido si después de la muerte física no hubiese vida espiritual, descanso eterno para las almas buenas y aurora plena de felicidad. Esta es la creencia que mitiga el desgarramiento que produce la pérdida de un ser querido. Este es el sentimiento que nos alienta y levanta en la hora negra de la adversidad. Este es el mensaje consolador que Cristo inmortalizó con su expresión sublime de la esperanza: "Yo soy la resurrección y la vida. El que crea en mí, aunque haya muerto, vivirá".

Aferrado, hoy más que nunca, a ese mensaje de eternidad, me dirijo a ustedes con palabras de gratitud. Mi padre así lo hubiese deseado. Correspondiendo siempre a todas las demostraciones de gentileza y afecto, solía decirme: "hay que dar las gracias". ¿Cómo no complacerlo hoy, aunque el dolor me parta el alma y me ahogue la voz?

Cumplido este deber insoslayable, ¿qué más puedo decir ante la tumba de mi padre? No seré yo quien hable de sus éxitos como abogado y notario, congresista, Presidente de la Cámara de Representantes y Senador de la República de Cuba, orador político y parlamentario, consejero de empresas y publicista. Serán los colegas de mi padre quienes seguramente recordarán sus méritos en la vida y darán fe de su talento intuitivo, de su visión política, de su dinamismo fecundo y de su integridad moral.

Yo sólo quiero referirme brevemente a sus cualidades humanas. Porque si grande fue mi padre por las luces de su inteligencia, más grande aun fue por las bondades de su corazón. Su generosidad no tuvo límites. Su desprendimiento fue total. Vivió en constante tensión, en contínuo desvelo por ayudar a los demás: a su familia, a sus amigos y a todo el que se acercaba a él con alguna necesidad.

Su ardiente vocación de servicio público lo llevó desde temprana edad a la política, y a ella se entregó con la fe de un misionero y la pasión de un cruzado. Declinó la privacidad y el sosiego requeridos para dedicarse al intelecto. Prefirió la vorágine de la vida pública y el contacto directo con el pueblo. Puso siempre a Cuba por encima de sus aspiraciones personales. Poco antes del desplome de la República, abogó por una solución electoral que pudo haber evitado la comunización del país. Frustrados sus esfuerzos, marchó al exilio sin odio ni resentimiento, presto a la lucha como abanderado de la libertad.

Fue un romántico de la vida que irradiaba optimismo. Siempre veía el lado positivo de la cosas y el fondo bueno de los seres. Mas su optimismo no surgía de quimeras o ilusiones; emanaba de su capacidad para resolver problemas, de su habilidad para zanjar controversias, y de su poder de persuasión para aunar voluntades.

Su meta en la vida fue juntar, no separar; fue sumar, no restar. Sin abjurar de sus principios, sobresalió como sagaz conciliador, como un campeón de la concordia y el entendimiento, porque respetaba el criterio ajeno y nunca ofendía a nadie. Mostró en todo momento tacto exquisito y honda sensibilidad. Hasta en su lecho de muerte fue considerado y atento. Insistió en que no se agobiara a los médicos, y trató por todos los medios de no alarmar a su angustiada familia.

Fue un volcán de actividad, un luchador incansable, que no se doblegaba ante ningún revés, ni se detenía ante ningún obstáculo. Aun enfermo, cumplía religiosamente todos su compromisos. No cesaba de trabajar, prestando servicios y haciendo favores. En sus últimos días, dio muestras de su extraordinaria vitalidad y de su admirable entereza. Poco antes de perder la lucidez, cuando pensábamos que ya se había dado por vencido, movió los dedos de la mano y nos hizo la señal de la victoria. Estaba convencido de que iba a triunfar, a vivir. Y así fue... Porque si bien dejó de existir en la Tierra, ganó para siempre la paz en el Cielo.

Mi padre será recordado por muchas cosas, pero sobre todo por su efusiva y chispeante personalidad. Ella fue la clave de su magnetismo, de su encanto y de su inmensa popularidad.

¿Conocieron ustedes a alguien más alegre, más sincero, más ocurrente y más cordial que él? Con el aval de tantos amigos que le quisieron, puedo decir que mi padre fue un príncipe de la simpatía y el afecto, porque Dios puso en su alma una sonrisa y un rayo de sol en el corazón.

Al conjuro de nostalgias y recuerdos, me vienen a la mente las dos últimas estrofas de unos versos que mi abuelo José Manuel Carbonell le dedicó a mi padre en su infancia:

> *"Hoy eres niño, pronto serás hombre,*
> *Y por la gloria habrás de combatir,*
> *Bajo la enseña ilustre de tu nombre*
> *Que como cruz de honor puedes lucir".*

> *"Honra y quiere a la Patria sobre todo;*
> *Respeta, ama y defiende a la mujer,*
> *En todo lo demás piensa a tu modo,*
> *¡Me siento viejo viéndote crecer!..."*

En ésta, mi última despedida, le digo a mi padre: "Cumpliste a cabalidad el encargo de mi abuelo. Serviste a Cuba y a Puerto Rico con amor y dignidad. En unión de mi madre, que fue para ti estímulo, consuelo y devoción, fundaste un hogar ejemplar. Y hoy, al retirarte de este valle de lágrimas, nos dejas el tesoro espiritual más grande que puede legar un padre: la cruz de honor de un apellido, que dignificaste con tu ejemplo y enalteciste con tu vida. ¡Bendito seas!

Agosto de 1990

UN AMIGO INOLVIDABLE

Laureano Batista Falla

Una entrañable comunión de afectos e ideales, de esperanzas y de penas, me unió a Laureano Batista Falla en Cuba y en el exilio. Por eso su muerte, en enero de 1991, me afectó profundamente.

El cáncer implacable abatió a este cubano ejemplar en la plenitud de sus facultades y privó a la Cuba del mañana de uno de sus más sólidos puntales.

Algunos de los amigos y familiares de Laureano escribieron sobre él a fin de que las generaciones presentes y futuras conocieran de sus virtudes ciudadanas, de su digna postura ante la vida y de su estoica actitud ante la muerte. Entre los que le rindieron homenaje figuran Luis Aguilar León, Julio Batista y Campilli, Guarioné Díaz, Alberto Martínez Piedra, Alberto Muller, Alberto C. Pérez, José Ignacio Rasco, Miguel Torres Calero y Raquel la Villa.

Yo también me sumé al coro de admiradores, y tracé este perfil del Laureano que yo conocí. Recibí una gran satisfacción cuando uno de sus hijos, al agradecerme el escrito, agregó emocionado: "Así era mi padre."

---------- o ----------

Murió como un estoico, afrontando con callada entereza los embates de una larga e implacable dolencia. Apeló a todos los recursos de la medicina para tratar de contener el cáncer que lo consumía. Pero no se hizo ilusiones. Habiendo sufrido más de diez intervenciones quirúrgicas que horadaron su cuello y menguaron sus fuerzas, sabía que estaba condenado a muerte, triste sino que también segó las vidas de dos de sus hermanos que le precedieron en el calvario.

Hay mucho de griego en la tragedia de los Batista Falla, y en el caso de Laureano, mucho de estoicismo. Como los discípulos de Zenón, sublimó sus virtudes, se creció en la desgracia, y aguardó la muerte con admirable serenidad. A pesar del dolor punzante que lo atormentaba, espació el uso de los calmantes hasta que ya no pudo más. Quiso prolongar su lucidez para compartir con su familia, y especialmente con los hijos que estudiaban fuera, las últimas horas de su vida.

El estoicismo de Laureano se reflejó siempre en la austeridad de su carácter, en la lógica incisiva y ecuánime de su mente, y en el acero inquebrantable de su voluntad. Mas estas aristas, aunque significativas, no son las que cabalmente definieron su personalidad y marcaron el rumbo de su vida. Laureano fue, ante todo, un idealista con vocación social; un militante del bien que prodigó favores sin esperar recompensa; un cubano raigal que en todos sus planes y actuaciones se apegó cristianamente a los principios inmutables de Dios, Patria y Libertad.

Desde que lo conocí hace cerca de cuarenta años, cuando ambos estudiábamos Derecho en la Universidad de Villanueva, Laureano estuvo dedicado a las actividades cívicas, humanitarias, académicas y culturales. Rechazó la vida materialista y apática que tentaba a los que nacían en la opulencia, y no se dejó contagiar por las frivolidades de nuestra sociedad. Laureano era distinto: serio sin ser aburrido; culto sin ser pedante; firme sin obstinación; cortés, noble, discreto, íntegro como el diamante, y muy original.

A mediados de la década de los cincuenta, Laureano abrió las puertas de su casa en La Habana para celebrar tertulias informales. Intelectuales de nota asistían a esos coloquios para discutir con los jóvenes invitados temas de variada índole que abarcaban el arte y la literatura, la política y la economía, la filosofía y la religión.

Alarmado por la descomposición moral y la violencia que minaban los cimientos de la República, quiso Laureano contribuir a la formación de jóvenes de talento y principios. Abrigaba la esperanza de que éstos, algún día, pudiesen integrar el cuadro dirigente de una Cuba genuinamente democrática y progresista; una Cuba asentada en la ley y no en la voluntad omnímoda de ningún tirano, ni en los cantos de sirena de ningún caudillo.

Castro y sus cómplices del fraude comunista frustraron la gran oportunidad de regeneración que se presentó en 1959, y Laureano, como tantos otros cubanos insumisos, tomó el camino del destierro. No vino aquí a rehacer su vida, sino a promover la única empresa que realmente le interesó: la liberación de la Patria. Figuró como uno de los fundadores y dirigentes del Movimiento Demócrata Cristiano de Cuba. Financió múltiples iniciativas de acción y propaganda contra la tiranía, y participó activamente en operaciones clandestinas para apoyar la resistencia. A pesar de los reveses y desengaños, Laureano no cejó en sus esfuerzos patrióticos. Fiel a sus ideales, continuó ofreciéndole a Cuba su inteligencia, su devoción y su salud. Y nunca se arrepintió de ello.

Cuando se dio cuenta de que su cáncer avanzaba inexorablemente, sin posibilidades de detenerlo, Laureano no se replegó ni se amargó. Antes bien, le dio nuevo impulso a sus iniciativas cívicas y culturales. Su vivo interés por todo lo de Cuba lo llevó a trabajar con brío en una tesis de grado centrada en las vertientes ideológicas y políticas que orientaron la fase inicial del movimiento de resistencia. Y con el objeto de fortalecer los lazos históricos y morales que deberían, hoy más que nunca, unir a los exiliados, fundó con su hermano Víctor y otros distinguidos intelectuales la revista *Raíz* —una publicación laica de pensamiento católico. A ella le dedicó las últimas energías que le quedaban.

Quiso Laureano, antes de partir, afianzar nuestras tradiciones y raíces. En ese empeño, abrió de nuevo las alas de su idealismo y vóló como un águila, muy alto, por encima de las pequeñeces humanas; imponente, airoso, sereno, con la mirada fija en un horizonte cubano de grandezas.

Vi a Laureano por última vez en su casa unos pocos meses antes de morir. Me recibió con su habitual afecto, pero con la cara transfigurada por las operaciones y el dolor. Encontrándose solo (su esposa, la incomparable Adela, se había retrasado), y no pudiendo conversar con la fluidez que hubiese deseado, se excusó diciendo: "Mi parquedad en el hablar no se debe a falta de interés...; es que después de mi última operación me cuesta mucho trabajo mover la boca." Y entonces agregó con esa chispa, ingeniosa y sutil, con que alegraba sus penas: "Deja que llegue Adela... Ella hablará por mí y, si te descuidas, también por ti."

Durante esa visita, íntima y memorable, conversé con Laureano de muchas cosas: experiencias universitarias, luchas en el exilio, el ocaso del comunismo, amistades comunes, la familia, y, desde luego, Cuba. Observé nostalgias en sus ojos humedecidos, pero no escuché ningún reproche o lamento.

Al retirarme, Laureano me acompañó hasta la puerta y me dijo: "No te olvides de la juventud en el exilio, y, en especial, de los abogados y demás profesionales que comienzan a despuntar. Ellos no conocen de nuestras leyes, usos y costumbres. Hay que enseñarles historia, inculcarles cubanía y prepararlos para cuando llegue la libertad. Esos jóvenes, y los que aguardan impacientes en Cuba, son la esperanza del mañana."

Un hombre así que, en medio de su suplicio, anida esos sentimientos y expresa con fervor esos deseos, tiene que ser uno de los elegidos por Dios para servir de ejemplo. Laureano bajó a la tumba con la palabra dignidad grabada en su frente. Para muchos que lo conocieron, él será un símbolo luminoso del patriotismo grande, de la generosidad más pura y del valor entero. Pero para mí, que tanto lo quise y admiré, Laureano seguirá siendo mi amigo inolvidable.

Enero de 1991

SENTIDO TRIBUTO A UN ESTADISTA

Carlos Márquez Sterling

En mayo de 1991, me sacudió la triste noticia del fallecimiento de Carlos Márquez Sterling, un nombre incrustado en la historia de Cuba y una imagen clavada en mi recuerdo. Heredé de mis padres y abuelos el cariño y la admiración que siempre le profesé. Y él me correspondió, casi diría consintió, con estímulos y elogios en los que siempre ponía lo mejor de su corazón.

Muchas personalidades le rindieron tributo al compatriota insigne, uno de nuestros más preclaros estadistas. Y sus hijos, Uva de Aragón Clavijo y Manuel Márquez Sterling tradujeron en sentidísimas oraciones los recuerdos empapados en nostalgia del patriarca y mentor desaparecido.

A Manuel le escribí estas líneas: "Bien sé que te azota una tempestad de sombras y de dolor. Yo pasé por ella el año pasado, pero no totalmente. A veces me asaltan ráfagas de tristeza. Es el vacío terrible que en nosotros ha producido la pérdida de nuestros padres, vacío que en vano tratará de llenar el tiempo."

"Pero hay que sobrellevar las penas y seguir adelante. Los que como nosotros llevamos apellidos ilustres no podemos flaquear.

Hay algo de responsabilidad moral, de relevo histórico, que tenemos que cumplir. La sangre manda y el futuro espera. ¡Que el ejemplo de nuestros mayores nos estimule e ilumine!"

En homenaje a Carlos, escribí este medallón con perspectiva histórica, pero con calor de familia. Su viuda, la encantadora Uva Hernández Catá de Márquez Sterling, halagó mis oídos diciéndome, conmovida, que solía releer algunos de sus párrafos.

---------- o ----------

Se nos fue un grande de la patria, una mente preclara y renacentista. Se nos fue un insigne estadista: el Dr. Carlos Márquez Sterling.

La noticia de su fallecimiento me afectó profundamente, con la misma intensidad que hubiera conmovido a mis mayores. No hay familias que hayan estado más entrañablemente hermanadas en la edificación y defensa de la República que los Márquez Sterling y los Carbonell y Cortina. Juntos en la lucha contra la injerencia extraña; juntos en la elaboración de la Carta Magna de 1940, y juntos en la fundación del Partido del Pueblo Libre y en la búsqueda infructuosa de una salida democrática a la crisis integral que nos arrojó al comunismo.

Fresca aún la tumba de mi padre, la muerte de Carlos Márquez Sterling viene a aumentar mi dolor sin consuelo. La siento como una honda herida que se abre; la veo como un capítulo de la historia que se cierra.

En momentos en que la crítica acerba tiende a desvalorizar nuestro pasado y a negar nuestros aciertos, dejo correr la pluma para exaltar a este egregio ciudadano que honró a Cuba en la cátedra y en el foro, en la academia y en el congreso, en la palestra y en la tribuna, en el gobierno y en el destierro.

Dotado de una luminosa inteligencia y de una vastísima cultura, Carlos Márquez Sterling pudo haberse concentrado exclusivamente en sus actividades académicas, profesionales y literarias. Sobresalió como profesor de derecho y abogado con la lógica penetrante de su talento y la claridad meridiana de sus conceptos. Se distinguió como biógrafo de Martí, Don Tomás y otras personalidades, como periodista de fuste e historiador fecundo. En los

debates brilló con su acerada dialéctica, y en los cenáculos literarios y las sobremesas hogareñas cautivó con sus anécdotas chis-
peantes y sus epigramas sutiles.

Mas la pasión de Carlos fue la política, y al igual que mi padre
y otros legisladores dignos de respeto, a la política se entregó para
servir a Cuba y no para servirse de ella. Fue caballeroso y sensato
en sus actuaciones públicas, perceptivo y agudo en el análisis, y
flexible en las transacciones necesarias. Con profundo conocimiento de la psicología nacional, ajustó sus criterios a las realidades cambiantes de la política, pero jamás abjuró de sus principios
fundamentales.

Víctor Hugo sostuvo que "mal elogio es decir de un hombre
que su opinión política no ha variado desde hace cuarenta años. Es
decir que para ese hombre no ha habido experiencia diaria, ni
reflexión, ni repliegue del pensamiento sobre los hechos. Es alabar
el agua estancada, el árbol muerto; es preferir la ostra al águila.
Por el contrario, todo es variable en la opinión, nada político es
absoluto, excepto su interior moralidad. Pero esta moralidad es
asunto de conciencia, y no de opinión. La opinión de un hombre
puede cambiar honorablemente, siempre que no cambie su
conciencia."

Y la conciencia de Márquez Sterling se mantuvo siempre
inalterable: firme en la defensa de la soberanía nacional, el imperio
de la ley, la democracia representativa y la libertad de empresa.
Patriota de cuerpo entero, sin poses demagógicas ni jactancias
pueriles, trabajó afanosamente por elevar el nivel económico,
político y social del país. Quiso que Cuba fuera una nación culta y
progresista, asentada en la ley, y no una república bullanguera y
raquítica de "chicharrones y café con leche."

Como Presidente de la Convención Constituyente de 1940,
Carlos Márquez Sterling tuvo una participación decisiva en la
promulgación de una de las constituciones democráticas más
equitativas y avanzadas de los tiempos modernos. El respeto que
inspiró como timonel de la constituyente, y la destreza con que
condujo los debates, permitieron discutir y aprobar en pocos días
gran parte de las ponencias formuladas por la comisión
coordinadora que presidió Cortina.

La Constitución del 40 adolece de algunos defectos, como todas las del mundo, pero quienes con detenimiento estudien su articulado podrán apreciar la amplitud de los derechos que garantiza y la moderación de los frenos que establece. Por eso Márquez Sterling aseveró que los cubanos, el día de la liberación, ratificarán las esencias de la Carta Magna de 1940 —expresión genuina de la voluntad soberana del pueblo— que "concilia la libertad y la dignidad del hombre con el orden y la justicia social."

La gestión de Márquez Sterling como dirigente nacional culmina en 1958 con la fundación del Partido del Pueblo Libre y el esfuerzo denodado por encontrar una fórmula electoral que cerrara el ciclo de la insurrección y evitara el desplome de la República. Fue en esa encrucijada histórica que sobresalieron, con toda nitidez y pujanza, sus dotes de estadista.

El hombre de Estado ve más allá que el político. Con alteza de miras, escruta el horizonte y trata de impedir el mal anticipándose a él. Previsión es su cualidad distintiva, y valor para enfrentarse a los miopes e incautos su fuerza contundente.

Márquez Sterling previó el peligro que corríamos apoyando ciegamente a los apóstoles de la violencia y el engaño, quienes querían derribar el Gobierno, no para efectuar reformas, sino para destruir el sistema. Rechazó la tesis de la revolución armada por regresiva y sangrienta, y frente al poder de las balas esgrimió la fuerza democrática del voto.

Años después, el Papa Juan Pablo II, consciente de las tácticas letales que emplea el comunismo para apoderarse de los pueblos, vino a confirmar el acierto de esa postura. Dijo el Sumo Pontífice: "Los que desacreditan el camino de la reforma y favorecen el mito de la revolución no sólo promueven la ilusión de que basta con abolir un mal para crear una sociedad más justa; ellos también propician el advenimiento de los regímenes totalitarios."

Para desgracia de los cubanos, la fórmula electoral propuesta por Márquez Sterling y otros líderes de la oposición fue frustrada por la ceguedad y la intransigencia. Y la revolución siniestra que trataron de impedir con tanto celo, azotó al país con la devastación de un huracán y el maleficio de una tragedia.

Forzado a tomar el camino del exilio, Márquez Sterling no cejó en sus esfuerzos por impulsar la liberación de Cuba. Funda clubes patrióticos, fustiga, estimula, escribe y aconseja. Debate con vehemencia, y si en el calor de la argumentación hirió susceptibilidades, es porque el dolor de Cuba le quemaba las entrañas. La pasión es santa si la causa es buena. Cuando la Patria sufre, el silencio es cómplice y la indiferencia vil.

Muere Márquez Sterling con la honda satisfacción del deber cumplido y el orgullo de saber que su queridísima esposa y sus hijos continuarán su obra y le harán honor a su augusta memoria. Pero muere triste, alejado del terruño amado, sin ver la caída del régimen comunista y los resplandores inefables del alba.

Que se haga silencio; que reine la calma. La bandera a media asta, y a lo lejos las palmas. Ha muerto un grande hombre, un grande de la Patria. Inclínome reverente: está de luto mi alma.

Mayo de 1991

GLADIADOR INSIGNE DE LA LIBERTAD

Manuel Antonio de Varona

En octubre de 1992, se desploma en Miami un titán de la resistencia y gallardo combatiente por la libertad: Manuel Antonio ("Tony") de Varona y Loredo. Cubanos de todas las tendencias y de todos las edades le rinden tributo al líder caído. Su entierro multitudinario logra por unos instantes lo que no pudo su prédica: juntar las fuerzas antagónicas y dispersas del exilio.

A Varona me unió una íntima amistad, que surgió a través de mi padre en Cuba y que luego pude estrechar con devoción y lealtad en el exilio. No obstante la diferencia de edades, el Dr. Varona siempre me distinguió con su afecto y me honró con su confianza. Las delicadas gestiones por la libertad de Cuba que me encomendó y los múltiples escritos que me encargó dan fe de este aserto.

En las lides del destierro pude aquilatar no sólo la integridad moral, el tesón y el arrojo de Varona, sino también su nobleza y sensibilidad. Detrás de su carácter, a veces ríspido e impetuoso, había un inmenso y criollo corazón.

Muchos artículos se escribieron sobre la personalidad polifacética y la vida azarosa e intachable de Varona. Entre los más destacados se encuentran los trabajos de Horacio Aguirre, Gastón Baquero, Virgilio Beato, Ariel Remos, Víctor Vega Ceballos, José Ignacio Rasco, Uva de Aragón Clavijo, Guillermo Cabrera Leiva, Manuel G. Mariñas, Orestes Ferrer, Claudio Benedí, Eduardo Borrell Navarro, Armando Alejandre, Arístides Sosa de Quesada, Julio Estorino y Roberto Rodríguez Aragón.

A pesar de este aluvión de panégiricos, no podía quedarme callado. Habiéndome sido imposible ver a Varona y escribir sobre él poco antes de su muerte, como fueron mis deseos, le debía, al menos, mi homenaje póstumo. La semblanza que le dediqué parece haber tocado las fibras emotivas de un buen número de correligionarios, especialmente de Olivia, su viuda, y de Carlos, su hijo, y fue incluida íntegramente en el libro *Cuba Siglo XX y la Generación de 1930* de Inés Segura Bustamante. Aquí va el texto de mi emocionado tributo.

---------- o ----------

Quería haberle dedicado unas líneas cuando su corazón latía, pero la muerte ineluctable me ha privado de ese placer. Acato, pues, los designios de la Providencia. Lo que ayer iba a ser un mensaje de aliento al amigo enfermo, será hoy un adiós conmovido al patriota que se nos fue.

¡Qué enorme vacío deja en el exilio Manuel Antonio de Varona! El fue más que un campeón de la lucha contra el régimen comunista que subyuga a Cuba. Fue más que el líder patriarcal del destierro militante. El fue, sobre todo, paradigma de la entereza indoblegable, de la cubanía inmarcesible y de la pasión quemante y sincera por la libertad.

Siendo muy joven, Varona forja su carácter en la fragua del patriotismo. Su integridad era de acero, de ese acero toledano que cimbra y ondula, pero que no se quiebra jamás. Su valor era indomable, sin aspaviento ni arrebato. Fue uno de los fundadores del Directorio Estudiantil Universitario en 1930, y figuró en la vanguardia de la lucha contra la dictadura de Machado. Para Varona, el primer deber del ciudadano era preservar y defender la libertad. Por eso se opuso siempre a las dictaduras, y sufrió prisión y destierro sin claudicar.

A pesar de su temperamento combativo y de su azaroso historial, Varona era un hombre respetuoso de la ley y amante de la paz. Su vocación era la política —la alta política dignificada por la honradez y consagrada al bien común. Desde las elevadas magistraturas que ocupó, que incluyeron la presidencia del Senado y el premierato bajo el gobierno de Prío Socarrás, Varona impulsa la aprobación de leyes complementarias que crearon el Banco Nacional de Cuba, el Banco de Desarrollo Agrícola e Industrial y el Tribunal de Cuentas, entre otras instituciones.

Sobresale Varona en el Congreso y la plaza pública por su dinamismo, sagacidad y arrojo, pero, sobre todo, por su carácter. En un ambiente prostituido por la malversación y el fraude, Varona mantiene incólume su prestigio y decoro. Dice lo que siente —a veces con rudeza, pero sin encono— y obra conforme a su conciencia. El ejemplo que dio de civismo, probidad y limpieza es lo que más necesitaba la República. Decía Martí: "Caracteres es lo que hemos menester, y lo que ha de celebrarse. ¡Talentos, tenemos más que guásimas!"

La lucha contra la dictadura de Batista lo lleva de nuevo al exilio. Y cuando regresa a Cuba a la caída del régimen, lo que encuentra no es la libertad prometida, sino un totalitarismo embozado y galopante. Varona fue de los primeros en discernir el rumbo marxista-leninista de la revolución. Fue de los primeros en oponerse al despojo y la colectivización agraria (sin poseer ni una sola caballería de tierra). Y fue de los pocos en demandar elecciones libres, afrontando acusaciones venenosas de reaccionario y politiquero.

¡Qué grande me lució Varona en esos momentos de histeria y desenfreno! Lo vi como un gigante moral en un circo de pigmeos. Casi nadie salió en su defensa o se hizo eco de sus pronunciamientos. Sólo recibió el apoyo de altivos mosqueteros, como Rivero, Carbó y Medrano, que tanto se distinguieron en la prédica y defensa de los postulados democráticos. Muchos hombres públicos, más eruditos que Varona, no vieron lo que con gran acierto él denunciaba, y si vieron, callaron.

Antes de que descendiera el telón de hierro sobre la isla infortunada, Varona parte para Miami a fin de galvanizar la resistencia y recabar la ayuda necesaria. Alarmado por los embarques de armas que Moscú le estaba enviando a Castro, Tony y otros dirigentes del exilio fundan el Frente Revolucionario Democrático y tratan de concertar una alianza formal con los Estados Unidos. Washington se niega, pero ofrece apoyo clandestino para liberar a Cuba.

Poco después, se produce uno de los episodios más funestos y sombríos en la historia de los Estados Unidos. Sin conocimiento de Varona y de Miró Cardona (quien a la sazón presidía la nueva coalición que se formó bajo la égida del Consejo Revolucionario de Cuba), el Presidente Kennedy cancela el plan original de desembarco por Trinidad, elimina la cobertura aérea prometida, e impide el reconocimiento previsto de un gobierno cubano beligerante en suelo patrio.

Nunca olvidaré las palabras de Varona a los pocos días del desastre de Girón, cuando llega a Puerto Cabezas, Nicaragua, para rescatar a algunos de los supervivientes. Tenía los ojos enrojecidos por la ira (había sido detenido y engañado en Opa-locka), y por el llanto viril en la desgracia. Me abraza como un padre y, con voz entrecortada, me dice: "¡Cuánto me alegro de que te hayas salvado. Esto es terrible... pero no podemos flaquear. Tenemos que seguir la lucha hasta el final!" Así era Varona: firme y decidido, gallardo y vertical.

Lleva por dentro el hondísimo dolor de la derrota, y la íntima congoja de no tener noticias de su hijo, de su hermano, de su sobrino y otros miembros queridos de la Brigada 2506. Pero lejos de amilanarse, se yergue en la adversidad. Lejos de rendirse, se esfuerza por levantar la moral destrozada, restañar las heridas y reiniciar la contienda.

No pide clemencia ni participa en las negociaciones para canjear a los brigadistas presos. Sólo exige el cumplimiento de la Convención de Ginebra que ampara a los prisioneros de guerra. Y cuando se entera de que Castro pensaba ejecutar a los jefes de la Brigada, se dirige a la Casa Blanca y le espeta al evasivo Asistente Especial para la Seguridad Nacional, McGeorge Bundy: "¡Si ustedes toleran que Castro fusile a los prisioneros de Girón, su sangre caerá sobre ustedes como un baldón de ignominia y manchará para siempre las paredes de la Casa Blanca!"

Trabajé muy cerca de Varona y otros colegas en diversas actividades para reavivar la lucha: campañas publicitarias para denunciar la subversión comunista y la violación de los derechos humanos en Cuba; gestiones diplomáticas para lograr la expulsión de Castro del sistema interamericano; gestiones congresionales para que se aprobara la Resolución Conjunta de 1962 en favor de la liberación de Cuba; denuncia de los cohetes y movilización de las fuerzas cubanas en el exilio.

A pesar de la diferencia de edades que nos separaba, Varona me distinguió siempre con su confianza y me honró con el mismo afecto que le profesó a mi padre. Respaldó en todo momento mis iniciativas patrióticas, y nunca me cohibió ni me recriminó. Generoso y afable, sabía moderar la severidad de su temple con un estilo abierto y campechano. Recuerdo que una vez mi vehemencia juvenil le creó un lamentable incidente. Se sonrió, y sólo me dijo con gracejo criollo: "Nestoque (así me llamaba), creo que en ésta nos hemos pasado..."

Después del nefando acuerdo Kennedy-Khrushchev, que provoca el desplome de la resistencia en Cuba y el desmantelamiento forzoso de los grupos militantes del exilio, me alejo amistosamente de Varona. El se repliega por un tiempo, pero no se retira. Responde siempre a los llamados de sus compatriotas con desprendimiento y devoción. Funda en 1980 la Junta Patriótica Cubana, que agrupa a más de 100 organizaciones del exilio, y logra después ampliar la unificación.

Ni el cáncer que lo invade le hace desfallecer. Sigue luchando, resuelto y de pie, con transparencia, denuedo y honor. Presintiendo el fin próximo de la tiranía de Castro, fustiga a los dudosos libertadores y a los escépticos que sientan cátedra y exageran los defectos de los cubanos. La dureza de su lenguaje sorprende y a veces lastima. Pero ¿acaso no sentenció el Apóstol de nuestra independencia que "los que no tienen fe en su tierra son hombres de siete meses?"

Varona se opone vigorosamente a todo intento de contemporizar con Castro, y enarbola la enseña romántica de la intransigencia. Se le acusa de extremismo, rigidez e inflexibilidad. Si válida es la acusación, más lo es la defensa. No deben ensayarse fórmulas pragmáticas de apertura sin el freno de los principios y el ancla de la dignidad. El pragmatismo, sin un sólido espinazo moral en que apoyarse, pronto devienen en codicia y pusilanimidad.

¡Qué lástima que el exilio no cuente ya con este Catón irreductible y austero de la libertad! ¡Y qué pena que no haya podido disfrutar de su última aurora en la Patria sin amo, bañada de luz, entre vítores de júbilo y penachos de esmeralda!

"Bogar, bogar, y en la orilla ahogar..." Ese es el caso triste de Varona. Durante más de treinta años de infortunio, boga por Cuba sin cesar; y justo antes de llegar a la orilla, se desploma exhausto en la mar.

Decía el gran poeta francés, Alphonse de Lamartine, que "a veces, cuando falta una persona, el mundo parece despoblado." Esto nos sucede hoy a los desterrados. Con la muerte de Varona, con la caída del tronco más recio de la resistencia cubana, nuestro mundo del exilio parece despoblado.

Que Dios acoja en su seno el alma noble del gladiador abatido. Y que el pueblo liberado de Cuba, en acto solemne de devoción y justicia, deposite sus restos en el panteón de los grandes de la Patria agradecida.

Octubre de 1992

ORACIÓN A MI MADRE

Esther Cortina de Carbonell

El último de mis medallones corresponde a la primera de mis devociones: a mi madre, Esther Cortina de Carbonell.

Se dice que madre sólo hay una. Y es verdad. Pero yo agrego que Esther Cortina de Carbonell sólo hay una. Y aunque la frase lleva la vehemencia del hijo, no deja de ser verdad para quienes la conocieron y amaron.

Siendo muy joven, mi madre enfermó gravemente de los pulmones. Su lucha tenaz contra esa mortal dolencia, lejos de amilanarla, aceleró su madurez y templó su carácter. Acaso su larga convalecencia le sirvió para cultivar el tríptico maravilloso de inteligencia, sentimiento y voluntad.

Mi padre y ella formaron una pareja muy unida y singular. Sus contrastes se complementaban. Él personificó dinamismo y pasión; ella, prudencia y serenidad. Él desplegó talento y candor; ella intuición y profundidad. Él esparció simpatía y fervor; ella, comprensión y bondad. Él cautivaba y enardecía; ella persuadía y educaba.

En el exilio mi madre fue una torre de fortaleza y una fuente constante de inspiración y sabiduría. Se desvivió por sus hijos, nietos y sobrinos; aconsejó a las amistades que se acercaron a ella, y apoyó con todas sus fuerzas la causa de la libertad de Cuba.

Después que murió mi padre, su vida se fue apagando. Nada ni nadie pudo aliviar su pena. Pero en la hora más negra, se agigantó su fe.

Fue esa fe, que yo compartía, la que me permitió levantar la voz para pronunciar esta oración de despedida en nombre de la familia desolada.

---------- o ----------

Mucho quisiera decir en homenaje a mi madre, pero no puedo. El dolor me anonada; la pena me abruma. Trataré simplemente de hilvanar algunas ideas sin preocuparme demasiado por los lapsos. En circunstancias tan tristes como éstas, los fallos de la mente son aciertos del corazón.

Sean mis primeras palabras para cumplir un deber de conciencia: el deber insoslayable de la gratitud. En nombre de mi familia aquí reunida, y en el mío propio, les doy las gracias más sentidas al Padre Méndez y a todos los presentes por vuestras expresiones de afecto y sentimiento, y por el consuelo inefable de vuestra compañia.

Bien saben muchos lo que significa perder a una madre. Ella es la fuente de nuestra existencia, la luz de nuestros ojos y el sostén de nuestra vida. Decía Martí que "algo nos guía y ampara mientras ella no muere". Pero cuando ella se va "la tierra se abre debajo de los pies". Así me siento yo sin su apoyo... como si la tierra se abriese debajo de mis pies.

Ella fue más que una madre ejemplar. Fue hija amantísima, esposa devota, tía y abuela maravillosa, amiga inmejorable, mujer excepcional. De su mente privilegiada emanaban las luces de un talento reflexivo y penetrante, y de su corazón brotaban los efluvios de la más pura bondad.

Y para completar el tríptico de cualidades excelsas que adornaban su espíritu, tenía una voluntad de acero, un carácter íntegro que jamás se apartaba del bien. En las encrucijadas azarosos de la vida, tan llenas de tentadoras desviaciones, no se cansaba de repetirnos: "Hay que seguir la línea recta; la línea recta siempre".

Purificó su alma en el Jordán del desinterés y la generosidad. Nada quiso para ella: ni riquezas, ni comodidades, ni halagos. Se entregó por entero a su familia, y se desvivió hasta el final por su felicidad. Eso la mantuvo en pie: el saber que podía ayudarnos con su oído comprensivo y su palabra edificante, con su aplauso entusiasta en el triunfo y su mano apretada en el fracaso.

Leía de todo y se interesaba por todo, y a través de los años procuró transmitirnos el caudal inagotable de su cultura y las perlas luminosas de su sabiduría. Por encima de todo, nos infundió el amor a Cuba, la Patria infortunada que ella siempre añoró con dejos de nostalgia y esperanzas de retorno.

Pudo acaso haber vivido unos años más, tal era su vitalidad y los desvelos y sacrificios de mi hermana, que hizo lo indecible por cuidarla. Pero la ausencia de mi padre produjo en ella un inmenso vacío que la cubrió de sombras. Nada aliviaba sus penas ni contenía sus lágrimas, que cayeron a raudales.

Para acercarse en espíritu a mi padre, emprendía vuelos imaginarios en alas de la poesía. Con fervorosa entonación, recitaba versos de Rubén Darío y Sánchez Galarraga. Y después de recibir la extremaunción, pidió su cartera, sacó un recorte y declamó ante el sacerdote estupefacto el TU inolvidable de Amado Nervo.

Uno de los poemas que más la conmovió fue el que una amiga afligida le dedicó a su esposo muerto. Mi madre lo llevaba consigo en un pedacito de papel, y, evocando a mi padre, lo recitaba con ternura: "(...) Porque sin ti, amor mío, me falta alma y me sobra vida".

Me duele pensar que mi madre se ha ido y que ya no podré dialogar con ella... Con los ojos sangrantes y la voz apagada, le digo muy quedo en esta despedida: En tus rezos y plegarias le pedías a Dios que te llamara para reunirte en el Cielo con mi padre. Dios te ha complacido, mamá. Descansa en paz y ora por nosotros.

Y como sé lo mucho que te gustaban las poesías, concluyo esta oración recitando en tu memoria los versos bellísimos que el poeta cubano Pedro Díaz Landa le dedicara a su Esther. Es mi postrer tributo, mi regalo del alma.

Esther

Tu alma voló por el Amor llamada...
y sutil e irrompible mariposa,
le llevó a Dios tu corazón de rosa
y la miel hecha luz de tu mirada

Nada turbó tu brújula encantada...
Nada opacó tu estrella luminosa:
Ni el dolor con su mueca tormentosa,
Ni el mal, ni el miedo, ni la muerte... ¡nada!

No... tú no has muerto, Esther. Lo que Dios quiso,
viéndote aquí tan dócil y tan buena,
fue hacerte un Ángel de su Paraíso...

Y hoy, desde allá, con celestial encanto,
bajas radiante a abrir una azucena
en cada gota amarga de mi llanto.

Enero de 1994

V

MIRANDO AL FUTURO

El fin de la Unión Soviética y la libertad de Cuba

Este capítulo recoge una serie de trabajos que escribí al derrumbarse el comunismo en la antigua Unión Soviética y en Europa del Este, e iniciarse lo que considero la fase terminal de la tiranía de Castro.

El primero de estos trabajos, titulado "El Fin de la Unión Soviética y la Libertad de Cuba," fue publicado en el *Diario Las Américas* en enero de 1992. A fin de darle perspectiva histórica al fenómeno cubano, analicé las causas e implicaciones del desplome soviético y articulé algunas ideas que pudieran acelerar, en esta crítica coyuntura, la hora ansiada de la redención de Cuba.

---------- O ----------

Es bien sabido que la historia es una cadena interminable de cambios, aunque éstos no siempre son perceptibles. Pero pocas veces el mundo ha visto cambios tan vastos y trascendentales como los que se han venido produciendo desde que Gorbachev, hace unos tres años, trató de hacerle frente a la crisis integral del sistema comunista mediante un proceso de apertura y reestructuración.

Los acontecimientos que se han desatado, dentro y fuera de lo que era la Unión Soviética, se suceden con tal velocidad que las noticias de la mañana son ya fiambre por la tarde. Los sesudos analistas que se atreven a hacer predicciones sobre la dirección y la celeridad de los cambios suelen ser rebasados por hechos contrarios a sus pronósticos y superiores a su imaginación.

Los adelantos de la nueva era electrónica han tenido un impacto significativo en la dinámica de la política mundial. Las imágenes que, en vivo y en directo, parecen saltar de las pantallas de televisión dramatizan las transformaciones que están ocurriendo, a la vez que las aceleran y propagan por la vía del contagio.

El mundo está dando un vuelco. Sin ataques foráneos ni amenazas externas, el granítico imperio comunista se resquebraja y desploma. Muros de represión y oprobio son arrasados por el oleaje incontenible de presiones populares. La Unión Soviética, que ayer se irguió, vigorosa y desafiante, en sus afanes expansionistas, hoy se desintegra, impotente y escuálida, a la sombra del descrédito.

La democracia y la libre empresa están en boga, aun en países que vivieron alelados por la propaganda marxista y envilecidos por la dependencia estatal. Y de las dos superpotencias que durante casi cincuenta años lidiaron en los distintos frentes de la Guerra Fría, sólo queda una, los Estados Unidos, enaltecida por la victoria, pero sin la fuerza económica y los bríos de antaño para el ejercicio pleno del liderazgo global.

De cara a estos acontecimientos históricos, tratemos de dilucidar algunas preguntas relevantes. ¿Qué fines persiguió Gorbachev con su *glasnost* y *perestroika*, y por qué fue forzado a renunciar? ¿Qué oportunidades y peligros se vislumbran en la etapa postsoviética de transición? ¿Cómo acelerar, en esta nueva coyuntura, la hora ansiada de la libertad de Cuba, y qué papel podrían jugar los exiliados?

La jugada de Gorbachev

Los que pensaron que Gorbachev, cual Pablo en el camino de Damasco, vio un día la luz y se convirtió al capitalismo han sufrido un enorme desengaño. Lo cierto es que Gorbachev no quiso realmente erradicar o suplantar el comunismo, sino reformarlo y revitalizarlo con la ayuda de Occidente. El no quiso, en verdad, disolver el imperio soviético; sólo pretendió aligerar la carga decretando un repliegue, un compás de espera, un respiro regenerador.

¿Qué movió al ex discípulo de Andropov —hechura de la KGB— a tomar un rumbo tan sorpresivo y riesgoso? Gorbachev sabía, mejor que nadie, que para poder sobrevivir y competir en esta era de alta tecnología, la Unión Soviética tenía que reorganizar su monstruosa y calcificada burocracia estatal. Y también tenía que modernizar su economía, detener por un tiempo la carrera armamentista, y crear un clima de distensión internacional que facilitara la asistencia técnica y financiera de Occidente.

Con ese objetivo en mente, Gorbachev se convirtió en un audaz catalizador de cambios, habilísimo equilibrista y maestro consumado de las relaciones públicas fuera de la Unión Soviética. Pero la liberalización que él inició no tuvo como marco la democracia pluripartidista y la economía de mercado. Su ejemplo y su patrón fue el leninismo.

En una de sus memorables entrevistas, Gorbachev aseveró: "Nosotros somos leninistas y actuar de acuerdo con Lenin significa investigar cómo crecerá el futuro a partir de la realidad actual y construir nuestros planes de acuerdo con la misma." Y más adelante agregó: "En la URSS, bajo la influencia del dogmatismo implantado por Stalin y quienes le sobrevivieron, no se apreció la flexibilidad de las obras de Lenin, se deformaron sus puntos de vista sobre la construcción del socialismo, ya que tales cambios podían ser entendidos con ambigüedad. De hecho, la flexibilidad de Lenin no es señal de debilidad, sino de fuerza."

La flexibilidad a que alude Gorbachev se manifestó principalmente en la llamada Nueva Política Económica. Esta le permitió a Lenin liberalizar temporalmente el sistema imperante, atraer tecnología y capital extranjeros, y elevar los niveles de productividad, sin abandonar las metas socialistas ni desmantelar la infraestructura del poder estatal. Lo que entonces se consideró como la democratización del comunismo soviético, precursora de su colapso final, no fue más que un viraje táctico que vino a remozar el aparato totalitario y a insuflarle oxígeno vital. Repasemos la historia.

El precedente de Lenin

A principios de 1921, la Unión Soviética, que apenas había nacido, se encontraba al borde del colapso. Las industrias habían sido arruinadas por la guerra, y la agricultura se hallaba en crisis. El pueblo ruso, exasperado por la férrea política del "comunismo de guerra," estaba a punto de rebelarse. En Siberia y a lo largo del Volga ya habían surgido algunos brotes insurreccionales, y en Ucrania, Georgia, Armenia y Asia Central los movimientos nacionalistas estaban exigiendo la independencia. Y para complicar aun más la situación explosiva que reinaba en el país, los marinos de la Base Naval de Kronstadt se sublevaron y proclamaron, bajo el estruendo de los cañones, sus ansias irrefrenables de libertad.

En el exterior, la Unión Soviética no tuvo mejor suerte. Sus planes para extender la revolución más allá de sus fronteras sufrieron un duro revés a consecuencia de las derrotas comunistas en Polonia, Hungría y Alemania. Y sus esfuerzos por romper el cerco que le habían tendido las potencias occidentales fueron infructuosos. La Rusia soviética se encontraba aislada y debilitada económica y políticamente, y tenía escasas posibilidades de recuperarse por sí sola.

En esas circunstancias, Lenin decide efectuar un viraje táctico e inicia la llamada Nueva Política Económica, que abarca mucho más que la economía. Bajo un clima de tolerancia parecido al de *glasnost*, permite que los escritores e intelectuales manifiesten, con relativa libertad, sus opiniones y discrepancias. Autoriza la organización de movimientos de "oposición," tales como la Alianza Monárquica de Rusia Central, que fueron controlados por el servicio soviético de seguridad. Relaja las restricciones para viajar al extranjero y promueve el regreso de los exiliados. Y para contener la agitación, les ofrece a las repúblicas soviéticas la autonomía federada, incluyendo el derecho ilusorio de las minorías nacionales a la secesión.

En el campo económico, las reformas son aun más audaces. En virtud de los acuerdos preconizados por Lenin, los campesinos pueden retener y vender en el mercado libre lo que quede de su producción, después del pago en especie del impuesto correspondiente. Se racionaliza el sistema monetario y se estimulan las operaciones comerciales privadas. Aunque el Estado retiene el control de la mayoría de las industrias, casi tres cuartas partes del comercio al detalle pasa a manos privadas.

Creyendo que las reformas de Lenin iban a barrer el comunismo o, al menos, humanizarlo, las potencias occidentales estrechan sus relaciones con la Unión Soviética y le ofrecen su apoyo. Muchas empresas europeas establecen nuevas industrias en Rusia y aportan su tecnología y eficiencia. Gracias a la firma del Tratado de Rapallo con Alemania en 1922, la Unión Soviética logra modernizar sus fábricas de tanques y aviones de guerra. Y con la asistencia otorgada por el entonces Presidente de los Estados Unidos, Herbert Hoover, a través del "American Relief Administration," Moscú puede mitigar la escasez de productos alimenticios ocasionada por las cosechas desastrosas de 1921 y 1922.

¿Qué hubiera pasado si Lenin no llega a morir en 1924? ¿Habría retrocedido a tiempo para evitar el eclipse del comunismo y el desplome de la Unión Soviética? Nadie lo sabe con certeza.

Pero lo que sí sabemos es que Stalin, poco tiempo después, canceló la Nueva Política Económica, ahogó en sangre toda expresión de disidencia, y consolidó el totalitarismo comunista en su forma más brutal.

Similitudes y diferencias

Hay cierta similitud entre los planes de Gorbachev y las reformas de Lenin. Pero hay también diferencias notables. En el campo de la apertura política, Gorbachev fue más lejos que Lenin y perdió el control de la situación. Auspició y toleró los cambios en Europa del Este, creyendo que el equipo comunista de relevo (con nuevas caras y etiquetas) podría contener la repulsa popular y salvar el sistema. Y subestimó la fuerza de las corrientes nacionalistas en la Unión Soviética y el odio al totalitarismo, que afloró cuando el pueblo pudo movilizarse y demandar sus derechos con publicidad y sin miedo.

En el campo de las reformas económicas, sin embargo, Gorbachev apenas avanzó. Debilitó y dislocó el régimen soviético de economía dirigida, sin siquiera sentar las bases del sistema híbrido que había prometido. Confió en la ayuda masiva de Occidente (más allá de los créditos cuantiosos otorgados por Alemania) sin darse cuenta de las dificultades financieras que hoy padecen los Estados Unidos. Aplazó la eliminación de los subsidios estatales y del control de precios, y se opuso a la reforma monetaria y a la privatización. En fin, bloqueó o postergó la liberalización económica implícita en la *perestroika*, preocupado seguramente por los desajustes políticos que acarreó su *glasnost*.

Reformador a medias con agenda leninista, Gorbachev no tuvo presente la aguda advertencia de Metternich. Decía el artífice de la Santa Alianza que "la política es como una obra de teatro que no puede ser interrumpida cuando se levanta la cortina. La obra continúa, o con los actores, o con los espectadores subidos a la escena."

La Nueva Era

Después del misterioso y fallido golpe militar del pasado mes de agosto, Gorbachev trato de impedir la independencia de las repúblicas soviéticas y de detener el curso de las reformas. Y en ese vano empeño, fue depuesto por nuevos actores más a tono con la dinámica de los cambios y las exigencias de los tiempos.

La etapa que ahora se abre en lo que era la Unión Soviética es alentadora, pero no está exenta de peligros, que podrían agravarse si la OTAN se disuelve, si Alemania se neutraliza, y si los Estados Unidos se repliegan y desarman prematuramente. Se ha declarado la defunción del gigantesco pulpo totalitario, pero todavía hay que enterrarlo junto con todos sus tentáculos, aún provistos de fuerza nuclear. Los que con respaldo popular rigen hoy los destinos de Rusia y las repúblicas aledañas (Yeltsin y sus colegas) parecen desear reformas más profundas y genuinas que las que inició Gorbachev. Pero queda por ver si los hechos confirman sus promesas, y si las fuerzas del mal que pululan en la sombra no tuercen de nuevo el rumbo de la historia.

A pesar de las dudas que nos asaltan sobre la perdurabilidad de las tendencias democráticas en la inmensa región eslava, no debemos sentirnos excesivamente alarmados. El poderío soviético se ha atomizado, y el comunismo internacional, ante el derrumbe estrepitoso de su sistema, ha perdido toda credibilidad. Se despeja el horizonte y podemos abrigar esperanzas de libertad para los pueblos que aún yacen en cautiverio. Cuba no puede ser, ni será, la excepción.

Las postrimerías de Castro

El régimen de Castro ha entrado en una fase terminal. Aferrado a un sistema opresivo y retrógrado que se hunde en la más humillante depauperación, y sin posibilidades de asegurar la continuidad de suministros vitales del exterior, el régimen está condenado a desaparecer.

Esto no quiere decir, necesariamente, que su caída sea inmediata. Las tiranías totalitarias de corte estaliniano suelen tener capacidad de aguante. Pero sí significa que el régimen está herido de muerte.

Por muchos años, Cuba estuvo enquistada en un insólito coloniaje garantizado por el pacto Kennedy-Khrushchev de 1962. Ese fatídico pacto de no invasión a Cuba nunca tuvo fuerza legal, pero de hecho bloqueó el esfuerzo de los exiliados, provocó el desplome de la resistencia, y consagró la inviolabilidad del régimen de Castro. En las circunstancias actuales, el debate sobre la vigencia del pacto quizás sea académico. El colapso del imperio soviético y el anunciado fin de la Guerra Fría están creando una dinámica de cambios incompatibles con el *statu quo* en la Isla.

Cuba ya no está en punto muerto como antes. Tanto la situación interna del país, como las corrientes mundiales de democratización, conspiran en contra de la permanencia del régimen fosilizado de Castro. No debemos los exiliados desaprovechar o frustrar esta conyuntura favorable con poses delirantes o recriminaciones infecundas. El momento es delicado, y como dijera Ortega y Gasset en las Cortes Constituyentes de España en 1931, "hay, sobre todo, tres cosas que no podemos venir a hacer aquí: ni el payaso, ni el tenor, ni el jabalí."

El exilio y sus tesis

¿Cuál debe ser, pues, el papel del exilio en esta hora crítica? La respuesta depende obviamente del parecer de cada opinante. Para algunos el exilio es todo; para otros el exilio no es nada. Si nos apartamos de estas posturas extremas, hay que rechazar tanto la pretensión ilusa de controlar los eventos en Cuba desde Miami, como la actitud acomodaticia y nociva de inhibirnos, desligarnos y sentarnos a esperar.

Sin erigirse en árbitro supremo de los destinos de Cuba, el exilio tiene importantes funciones que cumplir. Como en el pasado, debe terciar en la lucha por la libertad y ser caja de resonancia de los anhelos cubanos, semillero de ideas y estrategias, centro de coordinación y estímulo, y fuente inagotable de recursos materiales y humanos.

Mucho ya se ha hecho y se está haciendo en el exilio. El problema no radica en la falta de vitalidad. Si hay algo que nos sobra, es energía y pasión. El problema emana de la dispersión de nuestras fuerzas por la falta de solidaridad y de equilibrio. Nuestros afanes colectivos se malogran, porque, al calor de los debates, personalizamos los ataques en vez de razonar las ideas. Creyendo tener el monopolio de la verdad, discutimos en términos absolutos, fulminando al osado que discrepe por traidor, loco o imbécil.

No caeré en esos excesos al resumir y comentar las dos grandes tesis del destierro. Sus principales proponentes me merecen todo el respeto. Además, el momento no es para polemizar, sino para tratar de extraer puntos de coincidencia del seno mismo de las ideas divergentes.

Una de las vertientes del exilio se inclina a lo que yo llamaría "realpolitik" (para no emplear ningún término inflamatorio). Esta tesis se basa en un enfoque flexible de la situación, que contempla posibles negociaciones con el régimen para lograr una salida pacífica, democrática y electoral a la encrucijada en que se encuentra el país.

La otra gran vertiente del exilio, que parece contar con una base mayoritaria, plantea "la noble intransigencia" o la línea dura contra Castro. Ésta consiste en intensificar las presiones internacionales y estimular la resistencia interna hasta lograr la caída del régimen.

Estas dos tesis, con sus múltiples variantes, han sido ampliamente debatidas, pero no con objetividad, sino con vitriolo, que en química significa ácido sulfúrico concentrado. No voy, pues, a atizar el fuego recalcando los puntos controversiales. Prefiero abandonar las etiquetas, salirme del casillero de las tesis, y concentrar la atención en aquellos puntos estratégicos que pudieran servir de base para una alianza para la libertad.

Cese del apoyo ruso

Uno de los objetivos que, a mi juicio, deberían de apoyar todos los grupos de exiliados es el cese inmediato de la asistencia extraordinaria que Rusia y las otras repúblicas mancomunadas le vienen prestando al régimen de Castro. Me refiero a la ayuda financiera en forma de subsidios, créditos y términos preferenciales de pago, y a la ayuda militar, que incluye el envío de armamentos y el mantenimiento de bases y soldados en la Isla.

Rusia ha comenzado a eliminar los subsidios y a disminuir su comercio con Cuba, sobre todo en lo que respecta al envío de petróleo, pero le falta cumplir a cabalidad sus otras promesas. No basta con retirar la brigada soviética (unos 2,800 hombres). Si nos atenemos a las declaraciones recientes de Gorbachev, hay un total de 11,000 soldados rusos en Cuba (muchos más si se incluyen expertos militares y oficiales de inteligencia), que también tienen que salir. Y quedan las bases soviéticas que hay que desmantelar, la de submarinos en Cienfuegos, la de espionaje electrónico en Lourdes y las diversas instalaciones subterráneas que siguen controladas por los rusos.

La importancia de este objetivo trasciende las implicaciones estratégicas. Mientras los rusos mantengan bases y efectivos militares en Cuba, es improbable que dejen de ayudar, de una forma u otra, al régimen de Castro. Y mientras esto suceda, con la tolerancia o beneplácito de Washington, será muy dificil "insularizar" el problema de Cuba, contener sus ramificaciones y acelerar su solución.

Intensificación de las presiones internacionales

El segundo objetivo que debería unificar al exilio es la intensificación de las presiones internacionales al régimen de Castro. Estas incluyen condenas de la ONU, la OEA y la opinión publica mundial por las violaciones de los derechos humanos, gestiones diplomáticas de cancillerías amigas, y presiones económicas para forzar un cambio en Cuba o acelerar la caída del régimen.

Queda mucho por hacer en el campo de las presiones económicas. Si buena parte del petróleo que Castro deja de recibir de Rusia le llega por otros conductos con facilidades de pago, podría superar la grave crisis energética. La planta de Cienfuegos está refinando actualmente grandes cantidades de crudo de varios países. En compensación por estos servicios, el régimen de Castro podrá obtener productos que necesita del exterior y abastecerse de combustible en caso de emergencia.

Urge movilizar a los congresistas y a la opinión pública para impedir o desalentar el aumento progresivo del comercio con Cuba. Aprovechándose de algunas lagunas en la legislación vigente, subsidiarias extranjeras de compañías norteamericanas duplicaron sus operaciones comerciales con el régimen de Castro en 1990, alcanzando la cifra de 700 millones de dólares. Se estima que el año pasado México incrementó su comercio con Cuba en más de un 100 porciento con relación al año anterior. Y hace poco Brasil celebró con el régimen de Castro un amplio convenio de cooperación económica en las ramas de agricultura, salud, energía e industria básica, entre otras.

Asimismo, grupos privados de España, México y otros países están haciendo inversiones cuantiosas en Cuba bajo el sistema de empresas mixtas que el régimen le concede a los extranjeros. (Los cubanos están excluídos de estos incentivos económicos que algunos llaman "castroika"). Debe el exilio unirse en la denuncia de los gobiernos y empresarios que, con afán de lucro, ayudan a sostener al único régimen en América que continúa ahogando la libertad con los resortes del poder totalitario.

Nada de lo dicho anteriormente justifica o aconseja el levantamiento del embargo económico de los Estados Unidos a Cuba en las actuales circunstancias. Aun con las lagunas mencionadas, el embargo tiene dientes y está creando presiones internas que podrían agrietar la estructura del régimen y facilitar su caída o transformación. Levantar el embargo sin que se produzcan cambios sustanciales en Cuba, le daría a Castro el soplo vital que necesita para superar la crisis, engañar a los incautos y permanecer en el poder.

Estímulo a la resistencia interna

El tercer objetivo unificador debería ser el estímulo y apoyo a los que, de alguna forma, se opongan en Cuba a los desmanes del régimen. No podemos darnos el lujo de ser exclusivistas en cuanto a los métodos de oposición que se empleen. Tanto los que propugnan una solución drástica, de un tajo, como los que favorecen una genuina transición evolutiva y pacífica, tienen cabida en la lucha contra un régimen implacable que sigue atrincherado en el poder. El exilio en pleno debe apoyar a los que sufren persecución en Cuba, cualquiera que ser su filiación o su tesis.

No creo que haya que recordarle a los proponentes de la fórmula evolutiva que la paz (término dudoso en un estado policíaco) sólo es deseable si facilita una apertura genuina y trae consigo el bien supremo de la libertad. De lo contrario, entraríamos en el campo sinuoso y oscuro del pacifismo, deleite de tiranos y escudo de agresores. Por eso los que abogan por la paz en situaciones de fuerza suelen reservarse el derecho inmanente a la

450

resistencia adecuada, que va desde la protesta cívica y la desobediencia civil, hasta la huelga y la resistencia armada.

Los partidarios de una solución drástica que provoque la caída del gobierno harían bien en moderar el lenguaje a lo Robespierre que a veces esgrimen. Es improbable que se produzca algo decisivo en Cuba si no es con la participación de elementos influyentes del Gobierno y de las fuerzas armadas. Su participación podría ser activa, forzando cambios de fondo, o pasiva, tolerando la rebelión del pueblo. En todo caso, hay que alentar, y no ahuyentar, a todo el que esté dispuesto a romper los lazos con el régimen.

Cabe la posibilidad de que, con o sin la anuencia de Castro, se intenten en Cuba reformas parciales o cambios cosméticos. Alerta hay que estar para poder distinguir entre una transición tipo Europa del Este y una engañifa. Esta lucha que tantas vidas ha costado sólo puede concluir con la erradicación total del totalitarismo y la libertad plena del pueblo cubano.

Previsiones para la reconstrucción

Finalmente, hay otro objetivo importante que debería mancomunar los esfuerzos de los exiliados: las previsiones para la ingente tarea de la reconstrucción democrática de Cuba cuando la noche del despotismo quede atrás. Aunque nadie puede predecir la fecha de ese alumbramiento, ni las circunstancias que lo rodeen, hay que estar preparados. No para tomar las riendas del poder provisional (responsabilidad que asumirán seguramente los protagonistas del cambio en Cuba), sino para coadyuvar al éxito de la magna empresa.

La preparación a que aludo incluye la actualización de datos sobre Cuba y sus necesidades, la elaboración de propuestas para el cambio a la democracia, la evaluación del potencial económico, técnico y cultural disponible en el exilio, y la identificación de fuentes adicionales de ayuda foránea. No habrá que teorizar mucho para trazar los lineamientos generales del programa, porque contamos con los precedentes de Europa del Este, Rusia y Nicaragua. Ellos ofrecen valiosas directrices, algunas para seguir; otras para evitar.

Como ya se sabe, el tránsito del totalitarismo a la democracia no es un suceso, sino un proceso, arduo y azaroso. Hay que prever las emboscadas de los comunistas encubiertos, la resistencia de la burocracia aferrada a los privilegios del poder, y las expectativas del pueblo que suele desear los beneficios de la democracia y la libre empresa, pero sin tener que pagar su precio en sacrificios, riesgos y frustraciones. El éxito dependerá, en gran parte, de la capacidad de los gobernantes para desmontar con rapidez el aparato totalitario y desarrollar la economía de mercado.

El caso de Alemania del Este no es muy representativo debido a los recursos federales extraordinarlos con que cuentan los alemanes para la reconstrucción (cerca de 200 billones de marcos en los primeros años). El precedente de Polonia es más factible, y demuestra que las reformas macroeconómicas pueden acelerarse con bastante éxito sin costos exorbitantes o desajustes catastróficos. Gracias a esas reformas, el gobierno polaco ha logrado la estabilización y convertibilidad interna de su moneda, la liberación de precios, la eliminación progresiva de los subsidios estatales, y la reducción de la hiperinflación de cerca de 2000 porciento en 1990 a 70 porciento el año pasado.

Lo más difícil para Polonia y otros países en circunstancias similares ha sido —y es— la privatización de los bienes estatales. Para impulsarla se necesita una infraestructura adecuada de servicios y sistemas financieros. Y también se requiere la adopción de medidas que establezcan las pautas para la restitución de los bienes confiscados o el pago de una compensación razonable. Sería sensato estudiar las legislaciones de Alemania, Hungría y Checoslovaquia, que, por vías diversas, han tratado de resolver este espinoso problema, atemperando el impacto económico de las medidas sin olvidar el factor humano.

Aparte de los retos económicos, la Cuba que renazca del comunismo tendrá otras necesidades perentorias. Requerirá un ordenamiento jurídico provisional antes de celebrar elecciones, pero debemos evitar nuevos ensayos espurios. Los preceptos fundamentales de la Carta Magna de 1940 —símbolo de legitimidad, equilibrio social y madurez ciudadana— pueden servir de base. Habrá que descomunizar la educación e inculcarle al pueblo una ética de respeto a la ley, honestidad y trabajo, nada fácil después de haber vivido tantos años bajo la arbitrariedad, la dependencia estatal y la mentira. Habrá que disolver el ejército, crear una guardia nacional apolítica y desterrar para siempre de nuestra mente el concepto desestabilizante y anacrónico de revolución. Y, para asegurar la paz y la concordia nacional, habrá que encontrar un punto medio de justicia entre los extremos de la impunidad y la venganza.

Pero, por encima de todo, se requerirá vocación de sacrificio, tesón inquebrantable, alteza de sentimientos, limpieza de miras, es decir, amor a Cuba más allá del himno y la bandera. Consciente de la hazaña, y con renovada fe en el futuro, cierro con los versos inspiradores de un poeta mambí, que murió modestamente en este destierro musitando el dulce nombre de la Patria que tanto amó: José Manuel Carbonell.

A CUBA

Isla del sol, región hospitalaria
mecida por las ondas del Atlántico,
templé la lira para darte un cántico
y el corazón lo trasmutó en plegaria.

Tu porvenir, con fiebre visionaria,
interrogó al Destino nigromántico,
y en mis jardines, con amor romántico,
cultivo de tu fe la pasionaria.

Patria, ningun cariño al tuyo opongo,
y ante tu altar mis cóleras depongo,
el corazón saltándome del pecho.
Y pido a Dios, en rezos y oraciones,
que sobre este naufragio de pasiones
floten las libertades y el derecho.

Resistir y esperar

En el siguiente trabajo, publicado en agosto de 1993, denuncio las maniobras de Castro, enderezadas a superar la gravísima crisis económica, sin renunciar al poder omnímodo ni eliminar el aparato totalitario.

Señalo en el ensayo los peligros del levantamiento prematuro del embargo; insisto en presionar a Moscú para que desmantele sus bases estratégicas en Cuba y cese su ayuda a Castro; exhorto al Vaticano a que inicie en Cuba una gran cruzada como la que emprendió la Iglesia para ayudar a redimir a Polonia, y abogo por la paz con libertad, no la paz limosnera y mentirosa que convalide al régimen o mantenga disfrazadas sus esencias.

Termino este escrito con un consejo de Enrique José Varona que sigue teniendo plena vigencia a pesar de que las circunstancias de hoy son distintas.

------------ o ------------

Castro está boqueando, pero continúa aferrado al poder como una fiera herida que no suelta su presa. Sólo que ahora habla de sobrevivir más que de vencer, y no pudiendo permanecer estático en el olimpo de su desdeñosa intransigencia, plantea la necesidad de ser "inteligente." Con este nuevo giro parece aprestarse a maniobrar.

Maniobras de Castro

Digo maniobrar, y no negociar, porque Castro recurrirá a su repertorio inagotable de fintas, artificios y engaños para tratar de obtener concesiones sin ceder en lo fundamental. Creo que, en definitiva, fracasará en esta nueva treta, porque su régimen caduco ya no tiene salvación. Pero si nosotros no nos ponemos en guardia y nos aprestamos también a ser inteligentes, corremos el riesgo de que Castro logre prolongar los estertores de su infernal sistema.

Castro prometerá mucho, pero sin presión sostenida y aumentada, hará poco. Lo que más le interesa es que los Estados Unidos le levante el embargo, no porque el levantamiento *per se* constituya una panacea. Nada le impide hoy comerciar con el resto del mundo, como no sea la quiebra de la economía nacional y la falta de divisas. Mas si se levantase ahora el embargo norteamericano, el régimen de Castro recibiría lo que más necesita para apuntalarse: financiamiento de organismos internacionales e instituciones bancarias (como el que en breve se le otorgará a Vietnam), amén de mayores inversiones extranjeras en los sectores permitidos, tecnología avanzada y un turismo más adinerado.

Algunos dicen que esta infusión de capitalismo es precisamente lo que se requiere para acabar de minar el régimen. Podría preverse esa eventualidad si la infusión fuese progresiva y si estuviese acompañada de una genuina apertura democrática (premisas irreales con Castro en el poder).

Mas si el máximo líder de la simulación y el engaño mantiene en pie su aparato totalitario (como es su propósito), y dosifica y controla la apertura económica, el levantamiento del embargo le daría espacio, recursos y tiempo para maniobrar. Y le permitiría presentarse ante su pueblo y el mundo, no como un fracasado que abjuró de sus principios, sino como un superdotado que renació de sus cenizas. (Omito la referencia consabida al Ave Fénix —animal mitológico que vive más de 500 años— por si las moscas...)

Aperturas engañosas

Hay que tener presente que los gobiernos totalitarios pueden subsistir tolerando temporalmente cierto grado de libertad económica e iniciativa individual. La liberalización decretada por Lenin bajo su Nueva Política Económica no fue más que un movimiento táctico para vivificar el anémico régimen bolchevique con una buena dosis de capital extranjero. Este interludio no impidió que Stalin implantara unos años después su horrífico sistema de purgas, vasallaje y colectivización.

El propio Castro permitió por un tiempo los mercados campesinos paralelos, así como ciertos oficios y trabajos "por la libre" de artesanía, refacción y construcción. Esto no fue óbice para que cerrara este capítulo a mediados de la década pasada cuando se percató de los efectos subversivos del capitalismo incipiente. No debemos olvidar que mientras reine la voluntad omnímoda del tirano, los cambios que se hagan son reversibles y las concesiones que se otorguen son revocables.

Por otra parte, la historia demuestra que los regímenes totalitarios ya establecidos pueden llegar a coexistir con grupos segregados de empresas o sectores no estatales (islotes capitalistas), vigilados estrechamente por el gobierno. Bajo el nazismo de Hitler, hubo industrias privadas que pudieron operar con cierta autonomía, sin que corriera peligro el régimen de fuerza. Durante la dominación comunista en Polonia, más de la mitad de las fincas rústicas permanecieron en manos privadas, sin que por ello se contaminara el prepotente sistema estatal. Y en la China Roja, bajo la llamada economía socialista de mercado, el gobierno ha promovido con éxito empresas mixtas acantonadas en áreas costeras, sin que el impresionante florecimiento económico haya aburguesado todavía a la gerontocracia que subyuga a la nación.

Los efectos corrosivos de una apertura económica limitada pueden ser controlados o neutralizados temporalmente por un gobierno totalitario si éste mantiene su férrea opresión política, ideológica y social. Recuérdese que lo que debilitó y finalmente derribó al régimen comunista soviético no fue la "perestroika" o reestructuración económica que Gorbachev *no* impulsó, sino el "glasnost" o apertura política que *sí* inició.

Bajo fuertes presiones internas, agudizadas por la carrera tecnológica y armamentista que la URRS estaba perdiendo, Gorbachev aflojó las riendas del poder para revitalizar a la nación, remozar el comunismo, y negociar con Occidente. Aunque no fue su intención suplantar la estructura marxista-leninista, ésta cayó estrepitosamente cuando el pueblo pudo movilizarse y protestar sin interferencia y sin miedo. Algo similar aconteció en casi todos los países de Europa Central y del Este al despuntar el clima de tolerancia y distención tras el repliegue de los tanques rusos.

La palanca del embargo

Las circunstancias en Cuba son distintas. Habiendo Castro rechazado obstinadamente el "glasnost" y todo resquicio de apertura democrática, no queda más recurso que el embargo para resquebrajar el régimen inicuo que desde hace 34 años padece la nación. Claro que el costo humano del embargo es dolorosamente alto, pero más alto y doloroso sería el costo de prolongar la permanencia del régimen y la agonía de Cuba.

A los que de buena fe confían en poder negociar una transición a la democracia en la Isla y consideran que el embargo es un escollo, les digo con todo respeto que no. El embargo no es un escollo; es la única palanca o "leverage" que tenemos. Prueba de ello es que Castro trata desesperadamente de neutralizarlo o eliminarlo. Quienes piensan en negociaciones deberían recordar que si mucho se ha avanzado en desmantelar el "apartheid" en Sudáfrica y en sentar las bases para el retorno a la normalidad constitucional en Haití, ha sido precisamente por no haber levantado el embargo prematuramente.

A los que quieren abrir las compuertas del comercio con Cuba para que el pueblo no sufra, me permito señalarles que no es el embargo la causa de la penuria y el hambre, sino la falta de libertad e iniciativa empresarial. Parafraseando el lema de la campaña electoral de Clinton, podría decirse sin ánimo polémico: "Es el sistema, estúpido."

A los que desean levantar el embargo por entender que éste le sirve de pretexto a Castro para culpar al "imperialismo yanqui" de todos los males de Cuba, les aclaro que no son muchos los que a estas alturas creen en esa patraña. No subestimemos la perspicacia de nuestro pueblo y su necesidad de disimular para sobrevivir. Lo que sostiene al régimen no es el mito, sino el miedo. Y éste cada día va perdiendo eficacia. Ya no paraliza ni silencia tanto como antes. La queja sorda que hoy se escucha a lo largo de la Isla se transmutará mañana en reto airado y protesta desafiante.

Ojo avizor

El régimen de Castro se desmorona, como hemos dicho, pero no ha perdido su capacidad de maniobra. Esto nos obliga a mantenernos en estado de alerta, revisando periódicamente nuestras estrategias sin abandonar los principios ni desviar el rumbo. A fin de no ser manipulados como marionetas, urge vigilar los efectos de la llamada "dolarización" de la economía, no vaya a ser que las remesas del exilio le den un oxigenazo de vida al régimen comatoso.

Con tino y vigor habrá que contrarrestar otras posibles artimañas de Castro enderezadas a dividir y engañar, tales como promesas de devolución de propiedades; libertad aparatosa de presos políticos sin remover los barrotes de esa prisión gigantesca que es hoy Cuba; facilidades a exiliados para que regresen a la Isla e inviertan en ella; diálogos amañados con disidentes escogidos; simulacros electorales y amagos de renuncia o retiro.

Moscú y Washington

Asimismo, es necesario presionar a Moscú, directamente y a través de Washington, para que desmantele sus bases estratégicas en Cuba, retire los técnicos militares que allí quedan, y cese su ayuda al régimen de Castro. Es insólito que Rusia utilice parte de los fondos que recibe de los Estados Unidos (cerca de $400 millones, según recientes informes), para financiar y completar 12 obras en Cuba. Aparte del financiamiento acordado, Rusia se ha comprometido a participar como socio comercial en la operación de la refinería de petróleo de Cienfuegos y en el puerto de supertanqueros de Matanzas, y a preservar las obras en construcción de la central nuclear de Juraguá.

Las distintas organizaciones del exilio harían bien en denunciar estos hechos y en censurar públicamente a todos los que lucran con los despojos de Cuba y ayudan al tirano. Y para que nuestras voces tengan más resonancia e impacto en Washington, deberíamos ofrecerle nuestro apoyo decidido a ese formidable y dinámico triunvirato congresional integrado por Ros-Lehtinen, Díaz Balart y Menéndez.

Esta digna representación está tratando de evitar que funcionarios norteamericanos, temerosos de provocar el desplome del régimen de Castro con la actual política de aislamiento, amplíen las negociaciones migratorias con Cuba y suavicen o levanten el embargo a destiempo. Esto no debería sorprendernos. Los intereses de Washington no siempre coinciden, en intensidad y tiempo, con las ansias de libertad de los pueblos oprimidos. No olvidemos que el gobierno de los Estados Unidos se opuso incialmente, por razones cuestionables de geopolítica, al desmembramiento de la Unión Soviética y a la democratización acelerada propuesta por Yeltsin cuando Gorbachev dirigía el Kremlin. Las grandes potencias suelen ser alérgicas a todo lo que implique desestabilización o vacío de poder. Por eso procuran, en vano muchas veces, reformar el despotismo, en vez de ayudar a eliminarlo de raíz.

Salvador de Bahía y el Vaticano

Interesa continuar recabando el apoyo diplomático de otros gobiernos amigos. No todo fue miopía, indiferencia y pusilanimidad en Salvador de Bahía. Los pronunciamientos valerosos y tajantes de Menem y de Soares salvaron la dignidad y levantaron el espíritu. Recordando aquella frase histórica de que "hay jueces en Berlín", es justo proclamar hoy, de cara a estos dos recios mandatarios, que hay presidentes en Iberoamérica.

Es menester exhortar al Vaticano y a los prelados de la Iglesia Católica y de otras comunidades religiosas en Cuba a que eleven su perfil en esta hora crítica de nuestra historia. Loables son sus calladas gestiones humanitarias, pero la tragedia del pueblo cubano exige algo más: solidaridad. Solidaridad activa, sonora y visible con los que sufren vejaciones y atropellos, con los que yacen en las cárceles, y con los que se encaran al régimen pidiendo democracia y respeto a los derechos humanos.

"La Iglesia del Silencio" no tiene razón de ser en las actuales circunstancias. Lo que Cuba requiere y espera hoy es una gran cruzada como la que con tanta nobleza y denuedo emprendió la Iglesia para ayudar a redimir a Polonia de la roja esclavitud.

El ejemplo que desde Cracovia dio el Príncipe de la Iglesia Karol Wojtyla, hoy su Santidad Juan Pablo II, es digno de encomio, y también de emulación en Cuba.[77]

No hay paz sin libertad

Es difícil predecir el desenlace del drama cubano. Lo único cierto, para los que no padecemos de amnesia, es que no puede haber, ni habrá, solución verdadera basada en la permanencia de Castro y sus acólitos. ¿Cómo entonces allanar los obstáculos y despejar el camino? Tan variadas son las posibilidades como los

---

[77] En el mensaje de la Conferencia de Obispos Católicos de Cuba, emitido el 8 de septiembre de 1993, los obispos elevaron su perfil abogando por "un diálogo con interlocutores responsables y libres y no con quienes antes de hablar ya sabemos lo que van a decir." Asimismo afirmaron que "la disensión puede ser una fuente de enriquecimiento... porque las críticas revelan lo que los incondicionales ocultan." Personeros del régimen fustigaron con acritud estos certeros pronunciamientos.

pronósticos que se formulan. Éstos van desde una explosión popular hasta una salida negociada bajo presión; desde el colapso del régimen por falta de recursos hasta un golpe militar fulminante; desde una bala certera hasta un coágulo terminal.

Nuestro ferviente deseo es que el final se produzca cuanto antes y sin más derramamiento de sangre. Soy de los que ansían la paz, mas no la paz a cualquier precio; no la paz limosnera y mentirosa que convalide al régimen o mantenga disfrazadas sus esencias. Quiera Dios que podamos desatar el nudo que asfixia a Cuba sin hacer uso de la fuerza. Pero si fallan las gestiones y se alarga la agonía, quizás no quede más alternativa que reactivar la resistencia y emular a Alejandro, cortando por lo sano nuestro insufrible nudo gordiano.

Deploro la violencia como el que más, pero no dejo de reconocer que ésta es inevitable cuando se le cierran a un pueblo sojuzgado todas las vías pacíficas y honorables de liberación. Mas hablemos en puridad sin caer en el sofisma. ¿Puede realmente hablarse hoy de paz en Cuba cuando lo que allí rige es la violencia institucionalizada, el terror sistemático y difuso?

Decía el gran escritor norteamericano Henry David Thoreau que "una paz que depende del miedo no es más que un estado de guerra reprimido." Y eso es lo que existe actualmente en Cuba: un estado de guerra reprimido por la coerción y la barbarie. Las recientes matanzas en Cojímar y cerca de la Base de Guantánamo, y la recogida de cadáveres por guardafronteras con garfios, son pruebas de inhumana represión que sublevan la conciencia.

Muchos son los factores internos y externos que pudieran influir en la solución de esta terrible pesadilla. Pero ninguno tan decisivo como aquel representado por los que detentan el poder en Cuba (fuera del círculo de los hermanos Castro y de sus íntimos comprometidos). Dentro de las filas de las fuerzas armadas y la "nomenklatura" hay elementos inconformes con el régimen que, por razones de supervivencia, permanecen agazapados. Ellos quisieran propiciar o forzar el cambio, pero no se atreven. Sin embargo, una grieta en el régimen, un motín en la calle o cualquier otro imponderable podría incitarlos a actuar, o dejar actuar, si se convencen de que con Castro no hay salida y de que es más riesgoso para ellos hundirse con el barco que remover al capitán.

Por eso hay que evitar a toda costa que Castro recupere fuerzas y gane tiempo para mantenerse a flote. Y hay que domeñar la retórica revanchista a fin de estimular, y no ahuyentar, a quienes, estando cerca de Castro, pudieran algún día desalojarlo.

El consejo de Varona

Lo que más apremia en estos momentos es coordinar nuestros esfuerzos, encontrando puntos de convergencia en las metas, aunque discrepemos en las tácticas. Con ese fin, evoco unas palabras sugestivas que en hora aciaga pronunciara nuestro ínclito Enrique José Varona. Cuenta Carlos Márquez Sterling, en un luminoso artículo sobre el repúblico, que en la encrucijada del machadato, cuando más cerrado se hallaba el horizonte, un grupo de jóvenes llenos de ideales visitó a Varona para pedirle orientación. Uno de ellos, Néstor Carbonell Andricaín, le preguntó: "Doctor, ¿qué podemos hacer?" Varona, en el crepúsculo de su vida, la mirada serena y el gesto altivo, contestó: "Resistir y esperar."

Quizás sea ese el mejor consejo que podamos recibir hoy: resistir en todos los frentes; resistir por todos los medios a nuestro alcance. Y esperar sin desfallecer ni claudicar; esperar con dignidad y esperanza.

Carta abierta al Presidente Clinton

A raíz del éxodo masivo de los balseros en 1994, provocado por el sadismo de Castro, numerosos forjadores de la opinión pública norteamericana intensificaron su campaña en pro del levantamiento unilateral o paulatino del embargo y de un arreglo con el régimen cubano.

Fue tal la presión que ejercieron estos periodistas, intelectuales y legisladores de ambos partidos, que varios cubanos no vinculados a ningún grupo militante consideramos necesario y urgente publicar una carta abierta al Presidente Clinton rebatiendo los sofismas que se estaban esgrimiendo.

A fin de que el documento tuviese credibilidad, tratamos de no exteriorizar nuestra ira ni inflamar el argumento con retórica de panfleto. Como se sabe, en este país hay que engarzar el dato, aguzar la dialéctica y descarnar la respuesta para que salga rauda y ligera, sin el fardo de ampulosa adjetivación. Y para no ser tildados de volátiles y emocionales, no podíamos dejar que la pasión asomara su melenuda cabeza. La pasión aquí hay que llevarla por dentro.

La concisión también es esencial, ya que el debate se reduce muchas veces a "soundbites", simplificaciones efectistas de segundos que imponen los medios de comunicación, y que luego son repetidas *ad nauseam* por tantos papagayos. Ante esta realidad, tratamos de redactar un documento lacónico y directo, para lectores norteamericanos.

Trabajando en equipo, perfilamos la redacción en inglés, recabamos el apoyo de ciudadanos prominentes, incluyendo diecisiete ex funcionarios y embajadores de los Estados Unidos, y levantamos en tiempo récord los fondos privados necesarios. Pero esta iniciativa no pudo haberse logrado sin el esfuerzo desinteresado y tenaz de tres personas clave: Luis J. Botifoll, Tere Zubizarreta y Maitá Carbonell de Acosta.

La carta abierta al Presidente, publicada el 26 de septiembre de 1994 en una plana completa del *New York Times*, del *Miami Herald*, y del *San Juan Star*, y recogida posteriormente en un folleto, produjo bastante impacto, sobre todo en el ámbito del Capitolio. A continuación, la versión en español del escrito que paralelamente publicamos en el *Nuevo Herald*, el *Diario Las Américas* y el *Nuevo Día* de Puerto Rico.

LOS DÍAS DE CASTRO ESTAN CONTADOS
¡NO RESCATE A SU DICTADURA FRACASADA!

Señor Presidente:

Aunque pronto cese la férrea dominación militar en Haití, el Caribe sigue siendo un área peligrosa. Y seguirá siendo peligrosa mientras la dictadura de Fidel Castro continúe subyugando al pueblo de Cuba.

Castro reina con el terror y el engaño

Los que hoy están pidiendo un acercamiento con Castro deben haber olvidado que él renegó de todas sus promesas de elecciones libres y respeto a los derechos humanos, confiscó todas las propiedades norteamericanas en Cuba valoradas en 1960 en cerca de $2 billones, y denigró sistemáticamente a los Estados Unidos y a sus líderes.

Bajo la protección de la Unión Soviética, Castro implantó el sistema totalitario más represivo que ha existido en las Américas. Miles han sido torturados, fusilados o encarcelados, y más de un millón y medio han sido forzados a exiliarse.

Como agitador comunista, Castro quebrantó la paz, socavó la política exterior de los Estados Unidos en tres continentes, y convirtió a Cuba en una base para promover actividades subversivas, expediciones militares, chantaje nuclear, terrorismo y tráfico de drogas.

CASTRO HA FRACASADO Y QUIERE QUE
LOS ESTADOS UNIDOS LO SALVEN

No contando en la actualidad con el sostén de la Unión Soviética, Castro está quebrado. Y después de haber vilipendiado a los Estados Unidos durante tanto tiempo, demanda ahora, para colmo, que levantemos el embargo, que rociemos con dólares su régimen decrépito, y que lo salvemos.

Mucho cuidado, Señor Presidente, con las estratagemas de Castro enderezadas a forzar un cambio prematuro en la política de los Estados Unidos hacia Cuba. No podemos permitir que las aparentes concesiones de Castro respecto al éxodo de los refugiados, o sus falsas promesas de una apertura en Cuba, nos desvíen de nuestra meta de ponerle fin a su régimen estalinista que lleva 35 años en el poder.

Sin reformas irreversibles que garanticen la libertad en Cuba, hay que mantener la presión del embargo. Y tenemos que hacer en Cuba lo que con tanto éxito hicimos cuando el comunismo se derrumbaba detrás de la Cortina de Hierro: estimular a las fuerzas democráticas partidarias del cambio, y no rescatar a los dictadores fracasados.

La verdad sobre el embargo

Castro y sus simpatizantes le imputan al embargo la miseria que existe en Cuba. He aquí los hechos:

- *La causa primaria del sufrimiento en Cuba no es el embargo de los Estados Unidos, sino el bloqueo del propio Castro contra el pueblo cubano*, que ahoga los derechos humanos, aherroja la libertad política, e impide la iniciativa empresarial. Los miles que huyen de Cuba hoy no gritan "¡levanten el embargo!", sino "¡queremos libertad!" y "¡fuera Castro!"

- *El objetivo de Castro es reemplazar los subsidios soviéticos que perdió con créditos y préstamos de los Estados Unidos*. No pudiendo ya depender de la ayuda económica de Rusia, quiere ahora que los contribuyentes norteamericanos salven su régimen moribundo.

- *Castro quiere atraer turistas adinerados de los Estados Unidos, pero tan sólo para mantener su sistema execrable de "apartheid",* que le niega al pueblo cubano acceso a los islotes capitalistas reservados exclusivamente para los extranjeros.

- *Las compañías norteamericanas no pierden hoy oportunidades de negocio en Cuba*. El país está en ruinas. No hay sistema legal o judicial independiente, ni economía privada (como no sea el mercado negro), ni derechos de propiedad. La mayoría de los inversionistas extranjeros enfrentan actualmente riesgos incalculables y amargas decepciones.

- *Cualquier negociación amplia o escalonada con Castro, sin que medien cambios fundamentales en Cuba, está llena de peligros*. Ningún otro déspota viviente iguala su sinuosa habilidad para distorsionar y defraudar, según concluyeron por su cuenta ocho administraciones pasadas de los Estados Unidos. Cualquier espacio o ventaja que se le dé a Castro, mientras ejerza el poder absoluto, sólo serviría para envalentonar al dictador y desmoralizar a sus víctimas.

- *La estrategia de Castro, para lograr que se levante o atenúe el embargo, es anunciar a bombo y platillos concesiones más aparentes que reales*, tales como autorizar de nuevo los llamados mercados libres compesinos, soltar algunos presos políticos, y abrir un diálogo con adversarios escogidos por él. Esto lo hace sin desmantelar su aparato totalitario, sin disolver sus fuerzas represivas, y sin garantizar las libertades individuales.

¿QUÉ HACER AHORA?

Señor Presidente, los días de Castro están contados. No haga usted cambios de política que prolonguen su despótica dominación.

A pesar de las brutales medidas represivas, el pueblo de Cuba está trocando el miedo por la indignación, según lo demuestran las recientes manifestaciones. La mayoría de los cubanos anhelan hoy un país próspero y democrático sin Castro. Déles un poco de aliento, y se quedarán en Cuba abogando por la libertad.

Para alcanzar esta meta, urge tomar los pasos siguientes:

- *Intensificar las transmisiones a Cuba* de Radio y Televisión Martí, y de otros canales de comunicación, a fin de informar y motivar al pueblo.

- *Movilizar la opinión mundial para condenar a Castro por sus violaciones sistemáticas de los derechos humanos*, incluyendo el abominable sistema de "apartheid" turístico que ha establecido en Cuba.

- *Ejercer fuerte presión sobre los gobiernos de España, Canadá, México, Brasil, Colombia, Rusia* y otros países para que cesen de prestarle ayuda económica al régimen de Castro.

- *Estimular y respaldar a todos los que apoyen una genuino cambio democrático en Cuba*, incluyendo los disidentes y exiliados. (El movimiento de "Solidaridad" en Polonia surgió como una fuerza poderosa de oposición debido, en gran parte, a la ayuda masiva que recibió de Occidente.)

- *Sentar las bases para sanciones más fuertes*, si Castro continúa explotando la situación de los refugiados y negándoles a los cubanos el derecho a la libre determinación.

- *Prometer amplia ayuda económica e intercambio comercial, no para fomentar cambios cosméticos fácilmente reversibles en Cuba, sino para acelerar el establecimiento de una democracia pluripartidista* y de mercado libre, sin ataduras o compromisos militares, fundada en el imperio de la ley no comunista, y legitimada por elecciones libres bajo supervisión internacional.

Señor Presidente, estamos ante una encrucijada crítica en el caso de Cuba. Siga usted con firmeza apoyando el cambio a la democracia, y no tome el camino del apaciguamiento que prolongaría la tiranía.

El compromiso de los Estados Unidos con Cuba, según lo establecido en la Resolución Conjunta de 1962, es "trabajar con los cubanos amantes de la libertad para apoyar las aspiraciones del pueblo cubano a su autodeterminación".

Si usted cumple este compromiso, reforzado por la Ley sobre la Democracia Cubana de 1992, jugará un papel decisivo e histórico, no tan sólo en terminar la noche pavorosa de los refugiados, sino en acelerar el ansiado amanecer de libertad en Cuba.

Muy atentamente,

CIUDADANOS POR UNA CUBA LIBRE *

Ex Presidente de Costa Rica
Hon. Luis Alberto Monge

Ex Miembros del Gabinete de los Estados Unidos
Hon. Jeane Kirkpatrick (Embajadora de las Naciones Unidas)
Hon. William Clark (Asesor del Consejo Nacional de Seguridad)
Hon. Jack Kemp (Secretario del Departamento de la Vivienda y el Desarrollo Urbano)
Hon. Caspar W. Weinberger (Secretario de Defensa)

Ex Embajadores y Funcionarios de los Estados Unidos
Hon. Elliott Abrams (Secretario de Estado Adjunto para Latinoamérica)
Hon. Everett Ellis Briggs (Embajador en Portugal, Panamá, Honduras)
Hon. Richard N. Holwill (Embajador en Ecuador)
Hon. John Gavin (Embajador en México)
Hon. David Jordan (Embajador en Perú)
Hon. George Landau (Embajador en Venezuela, Chile, Paraguay)
Hon. Alberto Martínez Piedra (Embajador en Guatemala)
Hon. Ambler H. Moss, Jr. (Embajador en Panamá)
Hon. Otto Reich, (Embajador en Venezuela)
Hon. Mauricio Solaún (Embajador en Nicaragua)
Hon. José Sorzano (Embajador en las Naciones Unidas)
Hon. Armando Valladares (Embajador en las Naciones Unidas de la Comisión de Derechos Humanos)
Hon. Curtin Winsor, Jr. (Embajador en Costa Rica)

*Dr. Roberto Agramonte *Dr. Horacio Aguirre *Prof. Elio Alba-Buffill *José A. Arandia, M.D. *Eddy Arango *Agustín & Teté Arellano *Eduardo R. Arellano *Marianne & José M. Arellano *José Arriola *Anita Arroyo

*Gastón Baquero *José Basulto *Virgilio I. Beato, M.D. *Francisco E. Blanco *Dr. Luis J. Botifoll

*Frank Calzón *Eddy Camejo *José Cancela *Andrés Candela,M.D. *Rosa & Néstor Carbonell Cortina *Maitá Carbonell Acosta *Josefina de Cárdenas Arellano *Alvaro L. Carta *Rogelio Cisnero *Prof. Juan Clark *Lissette & Willy Chirino *Humberto Cortina *Dr. Octavio R. Costa *Gemma & Eduardo Crews *José M. Cubas *José Luis Cuevas *Manuel Jorge Cutillas

*Eugene M. Desvernine *Remedios & Fausto Díaz Oliver *Elena Díaz Versón Amos & Salvador Díaz Versón, Jr. *Lcdo. Erasmo Don Zabala

*Alfredo Estrada *Julio Estrella

*Enrique C. Falla *Johnny Fanjul *Armando Fleites, M.D. *Malcolm S. Forbes, Jr.

*Victor J. Galán *Teresita Gamba de Del Valle *Dr. Tomas J. Gamba *Msgr. Angel Gaztelu *Consuelo & Virgilio Guma *Juan Grau *Enrique González Novo *Emilio Guede *Prof. Alberto Gutiérrez de la Solana *Raul Gutiérrez, Jr.

*Alfred C. Heitkoenig *Ismael Hernández, M.D. *Prof. Julio E. Hernández-Miyares *Dr. Enrique Huertas

*Sylvia G. Iriondo

*Prof. Antonio Jorge *Tirso del Junco, M.D.

*Efraim Kier

*Gerardo Larrea *José Antonio Llama *Sergio A. Leiseca, Esq. *León J. de León *Lcdo. Salomón Levis *José López Isa *Col. Juan R. Lopez

467

Los balseros y la Santa Alianza

El 30 de octubre de 1994, publiqué en el *Diario Las Américas* un artículo titulado "Los Balseros y la Santa Alianza." Perseguía un doble objetivo. Primero, denunciar el hacinamiento inhumano de los balseros en Guantánamo y otras bases, y hacerme eco de su clamor de libertad que brota de estas dos estrofas conmovedoras del himno que compusieron:

Remamos a una tierra de esperanza
donde le rinden culto a la verdad.
El mundo nos conoce por balseros,
y queremos vivir en libertad (...)

En el mar la vida nos jugamos
cansados de vivir en opresión.
No es justo que se paguen nuestros riesgos
con algo que parece una prisión.

El segundo objetivo del escrito era recalcar la necesidad de galvanizar la disidencia en Cuba, incluyendo las fuerzas latentes partidarias del cambio a la democracia. A manera de antecedente, me referí a la ayuda secreta que Washington y el Vaticano, de común acuerdo, le brindaron al movimiento de Solidaridad en Polonia para estimular la resistencia interna. Este esfuerzo conjunto —versión moderna de la Santa Alianza— fue uno de los factores que más contribuyeron a la desestabilización y ulterior caída del régimen comunista.

---------- O ----------

El éxodo pavoroso de los balseros, detenido actualmente por la fuerza, representa el escape de un pueblo atormentado que arrostra el peligro de la muerte porque no resiste el ahogo de la más estéril y cruel regimentación.

¿Cuántos han perecido en la dantesca odisea? Sólo el fondo abismal del Golfo traicionero es testigo de los muertos que ofrendaron los balseros.

Fidel Castro, que es un maestro en el arte de la guerra psico-lógica —clave de su advenimiento y permanencia en el poder— no sólo azuzó este oleaje humano, sino que lo manipuló y explotó. Como un diabólico prestidigitador, logró que la atención del gobierno de los Estados Unidos se concentrara en la crisis migratoria sin parar mientes en la causa humana que la origina: la decrépita tiranía que subyuga y ultraja a los cubanos.

Esta siniestra maniobra de Castro, que creó el espectro de un segundo Mariel descendiendo sobre la Florida en un año electoral, llevó a la Casa Blanca a penalizar a las víctimas (calificándolas de emigrantes económicos sin derecho al asilo), y a negociar con el tirano.

No sabemos realmente cuál ha sido el "precio" del convenio migratorio, más allá de las 20,000 visas anuales prometidas, pero hay dos hechos que saltan a la vista. Primero, al pedirle a Castro que no permita ningún otro éxodo, los Estados Unidos legitimaron implícitamente su condición de carcelero. Difícilmente podrá acusársele ahora de mantener en Cuba una horrenda Cortina de Hierro, cuando la primera democracia del mundo le exigió que impidiera la salida desesperada de nuevos balseros.

El segundo hecho que se deriva del acuerdo migratorio es el confinamiento en campos de concentración de más de 35,000 refugiados cubanos que hasta hace poco hubieran sido recibidos como héroes en las costas de la Florida. Duele hablar de campos de concentración creados por un país generoso que les ha abierto sus brazos a tantas víctimas de la opresión, pero las cosas hay que llamarlas por su nombre.

Debiera el exilio en pleno, sin banderías ni intereses mezquinos, apoyar a los que han venido demandando que cesen las inícuas condiciones de vida a que han sido sometidos los balseros, sobre todo en la base de Guantánamo. Y debiera también el exilio pedir sin desmayo la pronta liberación de todos los que permanecen detenidos a fin de que puedan radicar con sus familias en tierras hospitalarias de libertad.

Washington haría bien en acceder a este pedimento, no sólo por razones de humanidad, sino también por razones de dignidad. No puede crearse la impresión de que lo que se desea con este intolerable hacinamiento es forzar el regreso de los balseros a la patria cautiva de la que milagrosamente lograron escapar. Esto sería tan execrable como contrario a las nobles tradiciones del gran pueblo norteamericano.

Además del frente humanitario de los balseros, hay otro frente que no podemos olvidar: el de las negociaciones de los Estados Unidos con Castro. Aunque Washington afirma que en las próximas sesiones sólo se abordarán temas migratorios, muchos dentro y fuera del Gobierno piensan que se discutirán también las bases o condiciones para el levantamiento paulatino del embargo, preludio de un modus vivendi con el régimen de Castro.

No por condicionadas ("quid pro quo") dejan de ser peligrosas las negociaciones con Castro. Su récord de engaños y traiciones no lo supera ningún otro sátrapa viviente, hecho que podría atestiguar el ex Presidente Carter si su egocentrismo no eclipsase su memoria.

Por otra parte, no podemos fiarnos siempre de la sagacidad, consistencia y firmeza del gobierno norteamericano en política exterior. Por ejemplo, en sus negociaciones con Corea del Norte sobre armas nucleares, Washington está a punto de cantar victoria con un "breakthrough agreement", a pesar de haber cedido en cuestiones fundamentales de inspección y seguridad. Por algo el presidente Kim Young Sam de Corea del Sur tuvo esto que decir sobre los negociadores de los Estados Unidos en una entrevista publicada en *The New York Times* el 8 de octubre pasado:

"La postura de Washington en las discusiones con Corea del Norte es ingenua y demasiado flexible. El gobierno de Corea del Norte enfrenta hoy una crisis económica y política que podría desalojarlo del poder... Washington debe, pues, endurecer y no ablandar su posición... Concesiones ahora podrían prolongar la vida del gobierno y enviar señales equívocas a los líderes del Norte..."

Previsoras y acertadas son estas admoniciones del presidente Kim Young Sam. Lástima que, bajo presión de Washington, haya tenido que retractarse a los pocos días y aceptar condiciones nefastas. Ello no obstante, deberíamos los desterrados cubanos tomar nota de su mensaje ominoso por lo que tiene de relevante y aplicable a las negociaciones que se avecinan en Cuba.

No siempre la influencia extraña frena o mediatiza las luchas autóctonas por la libertad. En Polonia, poco después de que el gobierno comunista impuso la ley marcial y proscribió el movimiento de Solidaridad, la administración del Presidente Reagan y el Vaticano concibieron y ejecutaron un plan secreto para estimular la resistencia interna. La revista *Time*, en su edición de fecha 24 de febrero de 1992, reveló los detalles de lo que algunos han llamado "La Santa Alianza". Aunque el caso de Cuba tiene características propias, algo podemos aprender de la experiencia polaca. He aquí una síntesis de lo ocurrido.

El 13 de diciembre de 1981, el gobierno del General Jaruzelski atacó frontalmente el movimiento de Solidaridad, arrestando a más de 6000 activistas. Las fuerzas represivas del régimen impidieron todo tipo de manifestación o protesta, y al líder Walesa se le mantuvo incomunicado en una casa alejada en el campo.

El gobierno del Presidente Reagan decidió actuar enérgica pero sigilosamente de acuerdo con una estrategia enderezada a acelerar el repliegue y la desintegración del imperio soviético. Esta estrategia incluía la presión de la carrera armamentista (guerra de las galaxias o "star wars"); operaciones clandestinas para apoyar a los disidentes en Hungría, Checoslovaquia y Polonia; el aislamiento económico de la Unión Soviética y de los satélites que rechazaran todo tipo de apertura democrática, y la intensificación de las transmisiones de la Voz de América, Radio Libertad y Radio Europa Libre.

En el caso especifico de Polonia, la directiva firmada por el Presidente Reagan (NSDD 32) autorizó actividades encubiertas para desestabilizar el régimen imperante. Esta iniciativa cobró impulso a raíz del acuerdo secreto a que llegaron Reagan y el Papa Juan Pablo II en la reunión celebrada en el Vaticano el 7 de junio de 1982. Posteriormente, el emisario especial del Presidente, Vernon Walters, se entrevistó más de doce veces con el Santo Padre para intercambiar información y darle seguimiento al acuerdo.

Con el apoyo de la Iglesia y los recursos de la CIA, del National Endowment for Democracy y de los sindicatos AFL-CIO, Washington galvanizó la resistencia en Polonia dotándola de fondos adecuados, imprentas y radios clandestinos, literatura anticomunista, asistencia técnica para la movilización, y escondites para proteger y entrenar a los cuadros dirigentes.

Fue tan exitosa esta campaña cívica, que en 1985 circulaban en Polonia más de 400 periódicos clandestinos. En los sótanos de las iglesias miles de feligreses se reunían para ver documentales en pro de la democracia producidos con equipos enviados del exterior. Y los disidentes polacos, provistos de aparatos elecrónicos, interrumpían los programas radiales del gobierno con gritos contagiosos de "¡Solidaridad Vive!" y "¡Resistir!". Ya en 1987 las fuerzas partidarias de un cambio democrático alcanzaron niveles incontenibles, y dos años después el gobierno de Jaruzelski, sin el apoyo militar de Moscú, tuvo que capitular.

La experiencia de Polonia y de los otros países detrás de la Cortina de Hierro demuestra lo débil que son los regímenes totalitarios cuando se resquebraja su caparazón tiránico y el pueblo le pierde el miedo a la represión. Eso es lo que hay que lograr en Cuba sin esperar por nadie. Con o sin Santa Alianza, tenemos que estimular y apoyar las fuerzas latentes partidarias de la democracia a fin de que retumben en toda Cuba las dos consignas que más le temen los tiranos: ¡La Libertad Vive! ¡Resistir![78]

---

[78] El apoyo a los grupos internos de disidencia y derechos humanos es ahora más fácil ya que se ha creado una alianza estratégica denominada Concilio Cubano. También ha surgido una vertiente combativa llamada Proyecto Solidaridad.

Los grandes retos de la Nueva República

Con motivo de la Cumbre de los Jefes de Estados de América, celebrada en Miami a principios de diciembre de 1994, casi todos los dirigentes del exilio acordaron unificar sus esfuerzos, mediante una concertación patriótica, para organizar una gran marcha por la libertad y suscribir un documento que fijara la posición de la Cuba democrática.

Ese documento fue leído en el Orange Bowl de Miami por Ileana Arango de Puig, digna representante de una familia de combatientes por la libertad, entre los que figura en primera línea su esposo, Ramón (Rino) Puig Miyar. Otro manifiesto similar fue leído en Puerto Rico por María del Carmen Pino, viuda de Armando Cañizares, héroe de Girón.

Comienza el documento de Miami con la siguiente aseveración: "La ausencia física de Cuba en la Cumbre —la silla vacía— es grave por el drama que oculta. Pero la ausencia del tema de Cuba en su agenda, que incluye la defensa y el fortalecimiento de la democracia en el continente, es más grave aun..."

Y más adelante agrega: "Pero aunque no figure en la agenda de la Cumbre la consideración de la actual situación política, social y económica de nuestra Patria, cuando ustedes traten sobre los derechos del hombre, tendrán necesariamente que hablar de Cuba, porque allí se violan todos los artículos de la Declaración Universal de los Derechos Humanos. Cuando traten sobre el libre comercio, tendrán también que hablar de Cuba, donde los únicos propietarios son el Estado y los extranjeros..."

Después el documento, con tajante acierto, aborda el tema del contubernio con Castro en estos términos: "Cuba no sólo ha sufrido la insolidaridad, sino hasta la complicidad de gobiernos y gobernantes con sus victimarios. Prueba de esta amarga realidad es que hoy, pese a 36 años de despiadada tiranía, no faltan aún en nuestro hemisferio quienes, para vergüenza propia, se abrazan y comercian con el tirano, e invierten en Cuba en propiedades robadas..."

Concluye el contundente documento recordándoles a los jefes de estado que Castro ha rechazado reiteradamente el pluralismo democrático, e instándolos a que apoyen la lucha del pueblo de Cuba por su libertad.

El exilio demostró madurez y aplomo con sus pronunciamientos elevados y su concertación patriótica, y el Presidente Menem de la Argentina salvó el honor de América, solidarizándose públicamente con nuestras ansias de redención y con nuestro solitario dolor. (Lástima que después, en Bariloche, haya adoptado una postura ambigua con respecto a la tiranía de Castro).

Un acontecimiento paralelo que levantó la moral del exilio, antes de su controversial visita a Miami, fue la designación de Monseñor Jaime Ortega, Arzobispo de La Habana, como miembro del Colegio Cardenalicio. Más allá del honor que representa para la nación cubana, este cardenalato puede tener una gran significación ya que recae en un joven y talentoso prelado que sufrió prisión bajo el régimen de Castro. Esperemos que en su misión evangélica no pierda de vista que sólo puede haber paz y reconciliación con justicia y libertad.

A las pocas semanas de la exaltación de Monseñor Ortega, llegó al exilio el texto de la homilía —valiente clarinada de dignidad— pronunciada en la iglesia del Rosario, en Palma Soriano, por el Rvdo. José Conrado Rodríguez. Este gallardo presbítero, al cantarlas claras en su carta abierta a Fidel Castro, hizo suyas estas palabras imperecederas del padre Félix Varela: "Cuando la patria peligra y la indolencia insensible de algunos y la execrable perfidia de otros hace que el pueblo duerma y vaya aproximándose a pasos gigantescos a un precipicio, ¿es imprudente levantar la voz y advertir el peligro? Esa es la prudencia de los débiles; mi corazón la desconoce."

Meses después, la primera flotilla Democracia —expedición pacífica de exiliados cubanos amantes de la libertad— enardeció la militancia del destierro al resistir con dignidad las embestidas de los barcos artillados de Castro.

En el campo político, la mayoría alcanzada por el Partido Republicano en el Congreso de los Estados Unidos le dio nuevo ímpetu a la lucha por la libertad de Cuba. Bajo el patrocinio del Senador Helms y del Representante Burton, se presentó un proyecto de ley enderezado a fortalecer el embargo contra el régimen de Castro y a apoyar la reconstrucción de Cuba una vez que despunte la libertad. Esta iniciativa congresional recibió el apoyo de la mayoría de los exiliados, incluyendo en primera línea a la hija del tirano, Alina Fernández Revuelta.

Cuando nuestra causa parecía haber cobrado impulso, se produjo algo que nos estremeció y sublevó: el Presidente Clinton ordenó interceptar en alta mar y repatriar a todos los balseros que huyan de Cuba. Esta medida, negociada en secreto con Castro, es tan censurable como el infame Muro de Berlín. Para asombro e indignación nuestra, Washington se prestó a compartir con Castro la ignominiosa función de carcelero.

La política norteamericana de contemporización con Castro y de "respuestas calibradas" no hizo más que envalentonar al tirano. Este arremetió contra los dirigentes del Concilio Cubano, que intentaban reunirse pacíficamente en La Habana, y ordenó derribar dos aviones civiles indefensos que volaban sobre aguas internacionales.

A consecuencia de ese vil asesinato en el aire, cayeron cuatro jóvenes cubanoamericanos hermanados en noble misión de rescate. Murieron cuatro mártires del patriotismo y de la libertad: Pablo Morales, Armando Alejandre Jr., Mario de la Peña y Carlos Costa.

La sangre que derramaron esos jóvenes no ha sido en vano. Su muerte trágica ha servido para conmover al mundo civilizado, galvanizar la resistencia dentro y fuera de Cuba, y endurecer la política norteamericana hacia al régimen de Castro.

Claro que al tirano no le faltan recursos (y simpatizantes embozados) para tratar de prolongar su permanencia en el poder. Pero no podrá lograrlo por mucho tiempo, porque su régimen carcomido y desalmado no tiene salida.

Con ese convencimiento, acepté la honrosa invitación del Colegio Nacional de Abogados de Cuba en el Exilio a participar en un ciclo de conferencias sobre el futuro de Cuba, en compañía de dos distinguidos panelistas: el letrado Saúl Sáenz de Calahorra y el brillante parlamentario Santiago Rey Perna.

La conferencia que dicté el 15 de diciembre de 1994, en el Koubek Center de la Universidad de Miami, titulada "Los Grandes Retos de la Nueva República", consta de tres partes: Democratización Política, Liberalización Económica y Regeneración Moral.

Estos retos serán descomunales debido a la vesania destructora de Fidel Castro. Siempre es más difícil reconstruir a un pueblo que masacrarlo.

A continuación, el texto inédito de mi conferencia. Espero que incite al debate sano y a la reflexión prudente.

---------- o ----------

Señores de la Presidencia
Señoras y Señores:

En primer término, quisiera darles las gracias más expresivas a nuestro distinguido moderador, el Dr. Fernando Fernández Escobio, por su generosa y encomiástica presentación, y al Colegio Nacional de Abogados de Cuba por el honor de participar en este ciclo de conferencias.

Antes de entrar en materia, permítanme hacer una breve aclaración. Hablar de los grandes retos de la nueva República en estos momentos quizás parezca prematuro, pero no lo es. Y no lo es, porque el régimen que subyuga y degrada a los cubanos está herido de muerte, abatido por una crisis integral que no tiene solución.

No me atrevo a vaticinar cuándo caerá, porque hay factores externos que pudieran prolongar la agonía con sueros financieros. Pero tarde o temprano el régimen caerá, a pesar de los gobernantes pusilánimes que cortejan al tirano, y de los mercaderes de la infamia que explotan el dolor de Cuba y lucran con sus despojos.

A fin de prepararnos para la alborada de libertad que tanto añoramos, interesa analizar los grandes retos que la nueva República tendrá que enfrentar. Trataré de hacerlo sin ínfulas de profeta y sin pose doctoral. Tengo muy presente la sana adverencia de don Miguel de Unamuno.

Decía el maestro que "la roña infecciosa de nuestra literatura española es el didactismo; por dondequiera el sermón, y el sermón malo. Todo cristo se mete aquí a dar consejos, y los da con cara de corcho..."

No sé si en mi disertación podré esquivar el maldito sermón, pero sí puedo asegurarles una cosa, y es que no pondré cara de corcho.

Los grandes retos sobre los que hablaré esta noche son tres: democratización política, liberalización económica y regeneración moral. Para mayor claridad, los analizaré uno a uno, consciente de que en la práctica no será posible espaciarlos. Habrá que enfrentarlos simultáneamente.

Pero para poder en su día encarar estos retos con éxito, habrá que acometer previamente una tarea imprescindible: el desmantelamiento del aparato totalitario, que incluye el partido comunista y todos sus tentáculos de intimidación, delación, indoctrinación y represión.

Cualquiera que sea el proceso que se desarrolle, las fases que encierre y el tiempo que tarde, el desmantelamiento del aparato es esencial.

No basta el fin de la dinastía de los hermanos Castro. A fin de echar los cimientos de la nueva República democrática, vigorosa y justiciera, es menester arrancar de cuajo las raíces cancerosas del régimen comunista.

Ese régimen es un engendro monstruoso que no es reformable. Su objetivo es la dominación total; su doctrina es el odio; su mensaje es la mentira; sus leyes son ucases, y los derechos que otorga, concesiones revocables.

No hay código, empresa, organismo o institución oficial en Cuba hoy que no tenga un corte totalitario. Todo ha sido moldeado por el marxismo-leninismo, controlado por el Partido, y manejado a capricho por el tirano. Habrá, pues, que cortar el cordón umbilical que nos ata a ese régimen maligno, y rechazar todo lastre tipo Nicaragua que frustre o dilate la plena liberación de Cuba.

Democratización política

Desmontado el sombrío andamiaje totalitario ¿cómo llenar el vacío jurídico que se creará? ¿Qué Constitución debe regir durante la provisionalidad para garantizar el tránsito ordenado y pacífico del totalitarismo a la democracia representativa?

Bien sé que esta decisión será tomada en Cuba por quienes ocupen el poder después de Castro. Pero nada ni nadie nos impide ofrecer nuestra perspectiva y emitir nuestro criterio.

A mi juicio, debería rechazarse todo intento de mantener, con simples parches o enmiendas, la Constitucion comunista de 1976 y las reformas de 1992. Esto no haría más que convalidar la usurpación, aunque con caras nuevas, y prolongar el intervencionismo estatal consagrado en todos sus preceptos.

La alternativa de una nueva Constitución, diseñada e impuesta por el gobierno provisional, es peligrosa. No existiendo órganos de representación popular para sancionarla, la pragmática constitucional que así se estableciera carecería de legitimidad y podría dar lugar a impugnaciones estériles y a extralimitaciones nefastas.

Si a estas alturas no hemos sido vacunados contra la superchería revolucionaria y aceptamos con supina complacencia que el hecho es fuente de derecho, no podremos después quejarnos si, al amparo de una constitución de bolsillo, se ultraja nuestra dignidad y se pisotean nuestras prerrogativas.

Queda la opción de restaurar los preceptos aplicables de la Constitución de 1940. Esta alternativa parece ser la más prudente y acertada por varias razones:

Primero, porque la Carta de 1940 fue la última Constitución legítima de Cuba.

Segundo, porque aglutinó a todos los grupos, sectores y personalidades que lucharon contra Batista, incluyendo el propio Fidel Castro, quien prometió restablecer su plena vigencia y someterse a sus dictados.

Tercero, porque nunca fue debidamente reformada o abrogada, sino suspendida por la fuerza.

Y *Cuarto*, porque como han reconocido eminentes tratadistas duchos en la materia, la Carta de 1940 constituye, en su esencia, una de las fórmulas más equilibradas y avanzadas que existen para promover la democracia y la libre empresa bajo un estado de derecho.

Es evidente que durante la provisionalidad no todos sus preceptos serían aplicables. Esto podría resolverse mediante disposiciones transitorias que dejarían sin efecto artículos de imposible cumplimiento, tales como los que conforman el sistema político y laboral, hasta que sean electos los nuevos congresistas o los delegados a una asamblea plebiscitaria.

Lo importante es tener una base constitucional, afianzada en nuestra historia, que haya sido legitimada por la voluntad soberana del pueblo de Cuba. Sin esa base, sería muy difícil pacificar el país y cerrar para siempre el capítulo tenebroso de la usurpación.

No comparto el criterio respetable de algunos compatriotas que sostienen que la Constitución de 1940 es algo *passé*, que nada le diría hoy a los distintos sectores de la nación.

Los que así piensan deberían repasar los movimientos pendulares o ciclos de los pueblos, que demuestran cómo después de etapas traumáticas como la que ha sufrido Cuba, los países buscan ansiosos raíces de su identidad, glorias de su pasado, logros de su historia, para edificar, sobre los escombros humeantes del presente, la república luminosa del porvenir.

Tiempo habrá para que los representantes debidamente electos por el pueblo cubano determinen si desean una nueva constitución o si prefieren actualizar la de 1940, supliendo sus deficiencias y podando sus excesos.

Esto no siempre se logra con operaciones de corazón abierto en asambleas constituyentes. Colombia celebró una en 1991 para diseñar su versión concisa de democracia participativa, y salió con una rolliza Ley Fundamental que consta de 380 artículos —¡100 más que la nuestra tildada de casuística!

En esto de modificar o cambiar constituciones legítimas, hay que proceder con mucho cuidado. No vaya a ser que nos pase lo que le aconteció a ese pobre hombre que quiso ser tan perfecto que se murió. Y al pie de su tumba la viuda afligida hizo que grabaran esta escueta inscripción: "Aquí yace José Melchor, que, estando bien, quiso estar mejor..."

El ejemplo de los Estados Unidos es digno de mención. Ellos optaron por mantener, enmendar y renovar su bicentenaria Constitución. Ésta no se ajustó a ningún esquema teórico o fórmula de gabinete. Fue el producto de cruciales transacciones entre los estados grandes y los estados pequeños, entre los federalistas y los antifederalistas.

Aun así, fue muy difícil su ratificación por los trece estados. Y cuando finalmente entró en vigor, le faltó la parte más importante de toda Ley Fundamental: la Carta de Derechos o Bill of Rights.

Subsiste esa Constitución, imperfecta como todas, porque su pueblo la corrige con enmiendas (27 a la fecha), la renueva con la jurisprudencia, y la respeta y defiende con fervor. Y que no se diga que su longevidad se debe a que todos sus preceptos son generales y axiomáticos. Recuerden que durante casi 15 años la enmienda constitucional XVIII prohibió la fabricación y venta de bebidas alcohólicas en los Estados Unidos...

Espero que cuando se decida el futuro de nuestra Carta Magna de 1940 se tomen en cuenta estos y otros antecedentes históricos a fin de conservar sus aciertos mientras se corrigen sus excesos.

Volvamos al reto de la democratización política. El gobierno que surja después de Castro debería ser de unidad nacional para tener la más amplia representatividad posible. Debería, como hemos dicho, restablecer los preceptos aplicables de la Carta de 1940, así como los de los códigos de la República anteriores a Castro. Y debería convocar a elecciones generales lo antes posible, absteniéndose sus miembros de aspirar en esa oportunidad a cargos electivos.

Pero más allá de la provisionalidad, veamos algunas de las condiciones o requisitos fundamentales para que arraigue y perdure la democracia. Estos son:

1) estado de derecho, que implica sumisión de gobernantes y gobernados a las leyes justas que se establezcan, y castigo a quienes las incumplan.

2) régimen de libertades públicas que garantice los derechos fundamentales de expresión, locomoción, asociación y cultos, y proteja la vida, la seguridad, las propiedades y el honor de los ciudadanos.

3) separación de los poderes; sistema de pesos y contrapesos que mantenga el equilibrio entre las ramas ejecutiva, legislativa y judicial.

4) independencia del poder judicial sin injerencia del ejecutivo.

5) institucionalización de las fuerzas armadas, reducidas a un mínimo y despojadas de toda influencia política.

6) diversidad de partidos políticos libremente constituidos, excluyendo únicamente los que atenten contra la democracia y la soberanía nacional.

7) sufragio universal, libre y secreto, exento de fraudes y corruptelas, que premie a las mayorías sin menoscabo de los derechos que les corresponden a las minorías.

8) descentralización administrativa, dándole a los municipios la más amplia autonomía para que rijan sus destinos dentro del marco de la Constitución.

9) sistema educativo del más alto calibre, limpio de toda contaminación totalitaria, que sea fuente de civismo, taller de democracia y seminario de la República.

10) opinión pública vigorosa, vigilante y bien informada que se haga sentir en las actividades comunitarias, en el palenque cívico y en los foros nacionales.

Todas estas condiciones son esenciales para que funcione la democracia a cabalidad, pero de cara al futuro de Cuba, quisiera concentrarme en una de ellas: la separación de los poderes dentro del marco del régimen semiparlamentario cubano.

Dado el papel preponderante que, a mi juicio, jugará el parlamentarismo después de la provisionalidad, veamos cómo y por qué surgió ese régimen en Cuba.

En los albores de la República, unos de sus ilustres fundadores, Enrique José Varona, se mostró partidario de una organización política sencilla que le diera mayor amplitud a los poderes del ejecutivo. Con el tiempo, sin embargo, Varona cambió de parecer, y en 1918 expuso estas razones:

"Después de la triste experiencia de estos últimos diez años, no me es posible abrigar ilusiones a este respecto. Toda extensión de facultades en el jefe de gobierno nos precipita contra el terrible escollo del cesarismo. Precisamente porque toda nuestra dolorosa historia anterior se había vaciado en ese molde, nada resulta más fácil al pueblo cubano que dejarse arrastrar por esa corriente, la cual lleva mansamente al abismo. Y tanta sangre y tantas lágrimas no han debido derramarse, para encontrarnos al cabo en esta alternativa ominosa: el gobierno irresponsable o la convulsión."

Varona no dio soluciones. Colocado por los años y las decepciones fuera del torbellino político, se limitó a decir: "Miro las nubes que van cerrando el horizonte, y aviso."

José Manuel Cortina escuchó ese aviso y trató afanosamente de resolver o mitigar el gravísimo problema creado por los poderes cesáreos de nuestros presidentes. Estos poderes excedían en mucho los del presidencialismo norteamericano, ya que Estados Unidos es una república federal muy descentralizada, y su Senado tiene amplísimas facultades para investigar, frenar y torpedear las decisiones del Ejecutivo.

La otra preocupación que tenía Cortina era que los presidentes cubanos, por ser el centro de todas las controversias políticas, estaban sometidos a un desgaste diario que minaba su autoridad y les impedía fungir como poder moderador y órgano de solidaridad nacional.

Con estos males en mente, el tribuno concibió en 1930 un regimen parlamentario reglamentado, o semiparlamentario, que le confería a un primer ministro designado por el presidente la responsabilidad de representar la política del Gobierno ante el Congreso. Asimismo, el nuevo régimen le otorgaba al Congreso la facultad de interpelar y censurar a los ministros, y de provocar cambios de gabinete bajo ciertas condiciones e intervalos de tiempo.

Quiso Cortina implantar un sistema político con válvulas de seguridad que le diera salida pacífica a las inevitables pugnas partidistas antes de que éstas degenerasen en revolución. Era preferible, segun él, canalizar las crisis de confianza por la via parlamentaria a tener que recurrir a la violencia para encontrar una solución.

Con este proyecto de reforma constitucional, que incluía el recorte del mandato prorrogado por el Presidente Gerardo Machado, trató Cortina de resolver el cisma sangriento que estremecía al país.

Aunque el Plan Cortina fue aceptado en principio por la Mediación y aprobado con algunas enmiendas por la Cámara de Representantes, no llegó a cristalizar debido a la intransigencia de Machado y a las pasiones desbordadas. Fue la Convención Constituyente de 1940 la que vino a plasmar en nuestra Carta Magna el régimen semiparlamentario.

Algunos hubieran deseado un parlamentarismo clásico o puro en Cuba, otorgándole al Congreso el derecho de plantear votos de confianza sin restricciones o intervalos, y al Presidente la facultad de disolver el Congreso en caso de conflicto. Pero considerando nuestra limitada experiencia y disciplina en las lides parlamentarias, no obstante la talla de algunos de nuestros congresistas, ¿era esto realmente factible?

Cabe aquí recordar la respuesta de Solón cuando se le preguntó si las leyes que les había dado a los atenienses eran las mejores. Contestó el sabio: "Les he dado las mejores de las que podían aguantar."

Estrenado en los años 40 por los primeros ministros Carlos Saladrigas y Ramón Zaydín, el régimen semiparlamentario comenzó a funcionar, aunque con interferencias y tropiezos. Se produjeron algunas interpelaciones y votos de censura, pero no hubo tiempo, antes del desplome de la República, para embridar nuestro presidencialismo hipertrofiado y consolidar nuestras prácticas parlamentarias.

Con miras al futuro del parlamentarismo en Cuba, ¿qué enseñanzas podemos extraer de la historia de los pueblos más avanzados?

Primero, que la madurez política sólo se adquiere a través de los años, aprendiendo de los reveses y adversidades, y creando hábitos republicanos. Inglaterra, la madre del parlamentarismo, consolidó su sistema después de decapitar al rey Carlos I y de superar la dictadura puritana de Oliver Cromwell, la restauración de Carlos II, y muchas otras vicisitudes.

Y hoy, lesionado su prestigio por las pregonadas infidelidades del Príncipe de Gales y los furtivos devaneos de la bella Princesa, la monarquía inglesa está siendo vivamente cuestionada. Personalidades de relieve se preguntan si no ha llegado el momento de considerar la adopción de una Constitución escrita con su Bill of Rights, de ponderar la posible eliminación de la Cámara de los Lores, y hasta de pensar en lo impensable: la República.

Pero más allá del caso sui generis de Inglaterra, la historia nos revela que el parlamentarismo clásico o puro, declinado por los convencionales cubanos, no se practica hoy en toda su prístina integridad. Cada país ha tratado de atemperar los excesos del sistema con ajustes o limitaciones apropiados a sus respectivas idiosincracias y necesidades.

Francia, por ejemplo, que tuvo 26 gobiernos durante los 12 años de la Cuarta República, es decir, un promedio de seis meses por gobierno, tuvo que efectuar algunos cambios de fondo. Al asumir de Gaulle la presidencia en 1958, en medio de la enconada crisis argelina que por poco provoca un golpe militar en Francia, el general estabilizó el país implantando un régimen parlamentario regulado a la francesa, que algunos llamaron semiparlamentario y otros semipresidencial.

Este régimen de la Quinta República introdujo una serie de reformas, tales como el sufragio universal para elegir al Presidente *directamente*, y no a través del parlamento; mayoría absoluta para plantear votos de censura; y diversas medidas reglamentarias para restringir las crisis ministeriales.

Alemania, por su parte, optó por un sistema que impide la caída del Gobierno a no ser que la oposición tenga en el parlamento mayoría absoluta para elegir al nuevo Canciller. (Esto sólo se ha logrado una vez, durante la administración de Helmut Schmidt.)

En Grecia no pueden plantearse votos de confianza sino con seis meses de intervalo —algo parecido a lo que estatuye el modelo cubano. Y en Portugal, para provocar la caída del gobierno, se requieren dos mociones de censura sucesivas, con un mínimo de treinta días de intervalo.

El caso de Italia, como era de esperarse, reviste características más originales. Habiendo reorganizado sus gobiernos 52 veces desde el fin de la guerra, la patria de Pavarotti implantó lo que algunos llamaron la "comedia del arte": se cambiaban las máscaras de los gabinetes, pero permanecían los actores principales. Por algo Giulio Andreotti formó parte de casi de todos los gobiernos italianos desde 1948, y fue Primer Ministro 7 veces.

El capítulo italiano, cuajado de intrigas y corruptelas, ha dado lugar a una purga nacional que lleva el nombre sugestivo de "mani pulite." Tras reformas electorales y enjuiciamientos a granel, los partidos tradicionales de Italia se han desintegrado, y sus prohombres han caído en el descrédito. Ahora se habla de posibles reformas constitucionales para regular el sistema parlamentario siguiendo el patrón alemán. ¿Podrá decirse que "la comedia e finita."? ¿*Chi lo sa*?

A la luz de estos antecedentes, podemos afirmar que el parlamentarismo, en mayor o menor grado, es un sistema idóneo para frenar o contrapesar los poderes del Ejecutivo; que casi todos los países se han visto obligados a racionalizarlo o regularlo para amortiguar los desajustes y limitar las crisis; y que Cuba con su regimen semiparlamentario fue vanguardia en los años 40 de esta tendencia que es hoy casi universal.

Otra lección histórica importante es que la proliferación de partidos débiles y la consiguiente creación de coaliciones frágiles conspira en contra de la estabilidad y eficacia del régimen parlamentario. Esto se puso de manifiesto recientemente en Polonia, atomizada por 67 partidos políticos, 29 de los cuales estaban representados en el Congreso.

A fin de evitar la fragmentación que esto crea, las democracias modernas tienden a regular el sistema electoral de representación popular, obligando a los partidos politicos a alcanzar un porcentaje mínimo del electorado para poder ocupar escaños en el Congreso. Alemania lo fijó en un 5%, logrando así reducir a 4 los partidos representados en el Bundestag. Y Polonia lo acaba de elevar a un 7%.

Cuba, después de Castro, haría bien en aumentar el mínimo de un 2% establecido en la Carta de 1940 para evitar así la multiplicación de partidos políticos sin verdadera representación popular.

Bien. Resumamos lo expuesto sobre el reto de la democratización política en Cuba.

Primero, es esencial desmontar el aparato totalitario, porque para recobrar la libertad hay que erradicar la tiranía y no sólo podar algunas de sus puntas.

Segundo, el estatuto constitucional durante la provisionalidad debería ajustarse, en lo posible, a la única Carta que nos puede dar paz, justicia y legitimidad: la Constitución del 40.

Tercero, para restaurar y fortalecer la democracia en Cuba, no basta con celebrar elecciones. Hace falta mantener un estado de derecho con amplias garantías individuales; un régimen pluralista de sólidos partidos politicos libremente constituidos, y la separación de los poderes con total independencia del judicial.

Cuarto, a fin de alcanzar plena estabilidad y madurez política, tenemos que hallar un punto de entendimiento en las leyes, que nos permita armonizar el poder direccional del Ejecutivo y las facultades fiscalizadoras del Congreso, según dispone el régimen semiparlamentario cubano.

Y, *quinto*, cuando llegue la hora de determinar el futuro de la Carta Magna de 1940, que condensa en su articulado experiencias, dolores y anhelos comunes, deberíamos recordar esta frase de oro enunciada por Rousseau:

¡"Corregid, si se puede, los abusos de vuestra Constitución, pero no la desprecieis, que os ha hecho lo que sois!"

Liberalización económica

El segundo reto de la nueva República que quisiera analizar ahora es la *liberalización económica*. Esta se refiere a las medidas que el gobierno provisional post Castro tendrá que adoptar para desmantelar la economía socialista totalitaria que ha sumido al país en la miseria, y reinstaurar una economía libre de mercado.

El reto es inmenso, como han comprobado los países que estuvieron detrás de la Cortina de Hierro; reto mucho mayor que el que Europa tuvo que enfrentar después de la guerra. ¿A qué se debe esta diferencia? ¿Por qué es que la recuperación postcomunista ha sido más lenta y difícil que la postnazista, no obstante los horrores de Hitler y los estragos de la guerra?

La razón principal es que los regímenes comunistas, no conformes con implantar su férrea dominación política e ideológica, llegaron a destruir totalmente la economía de mercado. Y al hacerlo, suprimieron sus instituciones, arrasaron las empresas, abolieron la propiedad privada, prohibieron el libre comercio, y aniquilaron la iniciativa individual.

Ha sido tal la devastación económica y la desarticulación social que han provocado, que del comunismo puede decirse aquello de Atila, que nada crece por donde él pasó.

A fin de dimensionar la diferencia entre la recuperación postcomunista y la postnazista, basta con citar el ejemplo que aparece en el libro *La Democracia Contra Sí Misma* del notable escritor francés Jean-François Revel.

Según Revel, de 1990 a 1992, la República Federal Alemana invirtió unos 100 billones de marcos en Alemania del Este para tratar de atenuar el desplome de la economía en la región. Mientras que de 1946 a 1952, sólo se necesitaron 7 billones de marcos (en términos equivalentes a 1990) para financiar el "Milagro Alemán" en toda la República Federal.

Aunque la Cuba post Castro no podrá escapar de las duras consecuencias del vasallaje comunista, sí tendrá una ventaja sobre los países de Europa del Este y de la antigua Unión Soviética. Y esa ventaja es que podrá aprender de los errores y aciertos que jalonan los cinco primeros años de zigzagueante transición hacia una economía de mercado.

A la luz de las enseñanzas acumuladas, cabe afirmar que el proceso de liberalización económica en Cuba, para que tenga éxito, deberá constar de tres fases, casi simultáneas y estrechamente relacionadas entre sí. Estas son: estabilización, desregulación y privatización.

Casi todos los economistas que han estudiado este proceso están de acuerdo con la terapéutica que se desprende de estas tres fases, pero discrepan en cuanto a la intensidad y celeridad del tratamiento.

Unos apoyan el "big bang" o terapia de choque, por entender que las reformas necesitan masa crítica para cobrar impulso y vencer la resistencia, mientras otros recomiendan un método más gradual para mitigar los desajustes sociales y la contracción económica.

¿Es semántico el debate? A primera vista sí, ya que casi todos los países en cuestión han aplicado la terapia de choque en algunas cosas y el gradualismo en otras. Pero si examinamos a fondo los resultados alcanzados, se ve que los países que han tenido más éxito en acelerar su recuperación económica son aquellos que con mayor consistencia y rapidez acometieron por lo menos dos de las tres fases antes mencionadas. Estos países son: Polonia, Hungría y la República Checa.

Polonia, pionera de la terapia de choque bajo el asesoramiento del profesor de Harvard, Jeffrey Sachs, llevó a cabo las reformas macroeconómicas necesarias para fortalecer la moneda y estabilizar la economía. De un golpe liberó los precios de casi todos los productos, eliminó muchos de los subsidios estatales y venció la hiperinflación.

Su programa de privatización ha quedado atascado, pero más de la mitad del producto interno bruto lo produce hoy el sector privado. Y aunque el nivel de desempleo permanece alto (16%), la economía creció al año pasado un 5%, más que todo el resto de Europa.

Hungría, que desde 1968 había iniciado la apertura con su "comunismo goulash", es el país de Europa del Este que más ha atraído capital extranjero en los últimos 6 años ($7 billones). Pero aunque su producto interno bruto crecerá este año un 1.5%, los niveles de endeudamiento, inflación y desempleo permanecen relativamente altos.

La estrella de Europa Central es, sin duda, la República Checa. Con inexorable celeridad y vigor, liberalizó, desreguló y privatizó, manteniendo un alto grado de estabilidad macroeconómica.

Los que hablan de que las reformas en Europa del Este han fracasado, deberían examinar los resultados obtenidos en la República Checa: superávit en el presupuesto; ninguna deuda externa; cerca del 80% de la economía en manos privadas; una inflación de menos de un 9%; la moneda casi totalmente convertible, y un nivel de desempleo de sólo un 4%.

Para coronar estos logros, se espera que la economía checa crezca este año un 3%.

De cara a estas experiencias, y sujeto a nuestras propias peculiaridades, sería aconsejable que el gobierno provisional post Castro desarrollase un plan de estabilización y desregulación simultáneas, que contemple lo siguiente:

a) Fuertes medidas de austeridad fiscal, reduciendo en forma tajante los gastos burocráticos y militares, eliminando lo antes posible los subsidios estatales, y aumentando las tarifas de las empresas de servicios públicos a niveles realistas.

b) Liberación de precios, tanto a nivel del consumidor como del productor, y fijación temporal de techos a los ajustes de salarios en las empresas públicas, tomando en cuenta la productividad.

c) Aumento de la tasa de interés real e imposición de un control muy severo de la base monetaria y del crédito bancario.

d) Devaluación drástica de la moneda y creación de un fondo de estabilización para sostener la nueva tasa de cambio, que debería apegarse al dólar.

e) Libre convertibilidad de la moneda nacional para las transacciones de la cuenta corriente de la balanza de pago.

f) Eliminación progresiva de las barreras arancelarias, y establecimiento de un sistema de impuestos simple y transparente que estimule el ahorro.

Estas reformas macroeconómicas podrían acarrear una contracción temporal del producto interno bruto y un aumento del desempleo, pero son esenciales para evitar o vencer la hiperinflación y estabilizar el valor monetario.

La moneda tiene que ser sólida para conservar su poder adquisitivo y promover la formación de capital necesario para la inversión. Con ese fin, se sugiere crear un "currency board", libre de toda interferencia del poder ejecutivo. Por que si el gobierno provisional pudiese acuñar moneda para subsidiar empresas estatales quebradas, como ha sucedido en Rusia y Ucrania, se dispararía con toda seguridad la espiral de la hiperinflación. Y ésta no es más que una forma galopante y masiva de confiscación indirecta.

Ahora bien, la transformación económica acelerada que hemos esbozado no es un simple ejercicio académico o experimento de laboratorio. Es un cambio profundo que produce serios desajustes que hay que amortiguar, porque los afectados no son objetos inertes, sino seres humanos de carne y hueso.

De ahí la necesidad de crear, sin distorsiones sistémicas, una red de protección social o "safety net", que ofrezca compensación limitada a los desempleados y desamparados.

Claro está que esta red no debe ser tan extensa y prolongada que resulte incosteable o que opere como un desincentivo al trabajo. Esto es precisamente lo que está ocurriendo, no sólo en Hungría y otros países de Europa del Este, sino también en Alemania, Suecia y aquí mismo en los Estados Unidos.

Aparte de las medidas de estabilización y desregulación que hemos comentado, hay un tercer elemento que es esencial para la conversión a una economía libre de mercado: la privatización o reprivatización de casi todas las propiedades y centros de producción que están hoy en manos del Estado.

Este es un tema delicado, polémico y complejo que tiene muchas facetas. Para no abusar de la paciencia del auditorio, me limitaré esta noche a reflexionar unos minutos sobre la nulidad de las confiscaciones, sobre los derechos y deberes de los legítimos propietarios, y sobre las perspectivas de la reconstrucción.

Comencemos con las confiscaciones. La economía libre de mercado se funda en el derecho de propiedad privada como extensión del derecho natural a la vida, al trabajo y a la perfectibilidad, y como garantía basica de la libertad individual.

Pues bien, para que la nueva Republica pueda consagrar y proteger el derecho de propiedad privada, tendrá primero que reafirmar, sin equívocos y con hechos, que las confiscaciones de Castro fueron un robo a mano armada, un asalto gigantesco y vandálico, un acto criminoso de nulidad absoluta, que violentó las normas fundamentales de nuestra Carta Magna y que nunca tuvo legitimidad, validez ni fuerza legal alguna.

Los convencionales del 40, previendo precisamente los métodos empleados por los regímenes totalitarios, sobre todo los de corte marxista-leninista, prohibieron todo tipo de confiscación de bienes. No prevaleció la tesis insidiosa del líder comunista Blas Roca, quien pretendió limitar la prohibición a la pena de confiscación, según disponía la Constitución de 1901.

La Carta del 40 fue más allá de la prohibición absoluta de la confiscación. Le otorgó a todo el que fuese expropiado sin causa justificada y sin pago de la indemnización correspondiente en efectivo, fijada judicialmente, el derecho a ser amparado por los tribunales y, en su caso, reintegrado en su propiedad.

Es obvio que, después de Castro, la restitución de los bienes inmuebles a sus legítimos dueños no sería factible en todos los casos, pero el gobierno provisional debería reconocerla en principio como base de la reconstrucción, por las razones siguientes:

Primero, porque así lo establece la Constitución de 1940, que, como hemos dicho, nunca fue abrogada ni reformada legítimamente, sino suspendida por la fuerza.

Segundo, porque en materia de prelación o jerarquía jurídica, las normas de la Constitución prevalecen respecto a otros preceptos legales, como los artículos de nuestro Codigo Civil de 1889, que reconocen la usucapión o título adquirido por posesión contínua del inmueble por 20 ó 30 años.

Tercero, porque en la situación pavorosa de penuria, miseria y bancarrota en que se encuentra Cuba, es preferible que el Estado restituya las propiedades, en la medida de lo posible, a que eleve aun más su ruinoso endeudamiento con el pago de indemnizaciones a los propietarios confiscados.

Cuarto, porque al hacerse cargo de sus bienes, los propietarios legítimos, en su gran mayoría, aportarían lo que más necesita el país para su reconstrucción: capital, tecnología y experiencia empresarial.

Al hablar de la restitución de las propiedades a sus legítimos dueños, no podemos dejar de subrayar la necesidad de definir claramente las reglas y de simplificar al máximo el proceso.

En ese sentido, habría que determinar, entre otras cosas, ¿cómo compensar a los propietarios confiscados si sus bienes inmuebles no son recuperables por haber sido alterados o destruidos? ¿Cómo evitar desalojos en masa de inquilinos mientras se resuelve el problema tétrico de la vivienda? ¿Y cómo agilizar con absoluta transparencia la resolución de las reclamaciones y el examen de los títulos para no detener indefinidamente la recuperación económica del país?

Son preguntas bien difíciles, pero ya no hay que teorizar para contestarlas. La experiencia checa nos ofrece un valioso precedente que podría ser adaptado a las realidades cubanas.

Según datos fidedignos publicados recientemente en la prestigiosa revista inglesa *The Economist*, la República Checa logró en tiempo récord estos resultados:

a) Restitución de más de 100,000 propiedades, valoradas en unos 4 billones de dólares, a sus legítimos dueños.

b) Venta mediante licitación de decenas de miles de tiendas, restaurantes y otros pequeños negocios que estaban en manos del Estado.

c) Venta directa de diversas empresas a nacionales y extranjeros.

d) Privatización masiva mediante un sistema de "vouchers" o cupones, que les ha permitido a todos los ciudadanos adquirir, por un valor equivalente a un mes de sueldo promedio, acciones en empresas a punto de ser privatizadas o en fondos de inversión que representen sus intereses.

El modelo checo ha demostrado que se puede efectuar, sin trepidaciones ni pleitos interminables, la restitución de muchas de las propiedades confiscadas, así como el desarrollo de un plan de privatización de amplio alcance que fomente el capitalismo popular.

No debemos, a mi juicio, tocar el tema espinoso de la restitución, sin mencionar los deberes de los propietarios y empresarios que regresen a Cuba.

Hablo de deberes, porque en un país destruido y esquilmado como el nuestro, quien invoque derechos tiene que estar dispuesto también a asumir responsabilidades. ¡Si justa es la restitución, imperiosa es la obligación concomitante de inversión! Inversión para levantar y reestructurar las empresas; para elevar los niveles de productividad; para modernizar los equipos y aportar tecnología, y para entrenar a la fuerza laboral.

Pero la agenda de los exiliados que retornen no puede limitarse al desarrollo de sus propios negocios, por legítimos que éstos sean. Ha de incluir también el apoyo decidido al programa nacional de reconstrucción y desarrollo que se elabore en Cuba.

El gobierno provisional post Castro necesitará de nuestros recursos, contactos y experiencia para hacerle frente a las necesidades apremiantes del país, que incluyen:

1) Envío urgente de alimentos y medicinas a Cuba para mitigar el hambre y la escasez.

2) Reconstrucción de la infraestructura del país (incluyendo vivienda), que hoy se encuentra en un estado desastroso.

3) Obtención de ayuda económica y técnica de los Estados Unidos y de organismos financieros internacionales para estabilizar la moneda y reducir el déficit presupuestario.

4) Renegociación y reducción de la deuda externa, siguiendo el patrón de Polonia, que logró disminuirla en un 50%.

5) Creación de las instituciones financieras, comerciales y bursátiles necesarias para el buen funcionamiento del régimen de libre empresa.

6) Racionalización y diversificacion de la industria azucarera; recuperación de una parte sustancial de nuestra histórica cuota norteamericana, mientras subsista el régimen de tarifas y precios preferenciales; actualización de los acuerdos comerciales con Rusia, y desarrollo de nuevos mercados.

7) Atracción de capital extranjero, preferiblemente en forma de sociedades mixtas con capital cubano.

8) Negociación de las bases para incorporar a Cuba al Tratado de Libre Comercio y firma de otros convenios regionales y hemisféricos, con vistas a convertir a nuestra isla en el Taiwán del Hemisferio Occidental.

Al acometer la escabrosa tarea de reconstrucción, habrá que proyectar la imagen de la nueva Cuba, calibrando su potencial económico, su privilegiada posición geográfica, la fertilidad de su suelo, la benignidad de su clima, la belleza incomparable de sus valles y sus playas, y la laboriosidad e inteligencia de sus hijos.

Y como el atractivo de los mercados depende en parte del tamaño de su población, hay que enfatizar que la de Cuba es comparable a la de la República Checa, Hungría, Portugal y Grecia, y es bastante mayor a la de Suecia y Austria.

Mucho podríamos hacer por Cuba los exiliados, si procedemos a nuestro regreso con moderación, talento y sensibilidad. Castro ha volcado un aluvión de infundios sobre nosotros, y es menester desvirtuar las percepciones de codicia y los temores de coloniaje, desalojo y rapacidad.

Sin abjurar de nuestros principios ni renunciar a nuestros derechos, actuemos con desprendimiento y grandeza. ¡A Cuba hay que ir, no con la obsesión de recobrar, sino con el compromiso de emprender y el espíritu de reconstruir!

Regeneración moral

Para finalizar, permítanme hacer algunas observaciones sobre otro gran reto que tendremos que enfrentar a la caída del régimen, la *regeneración moral*.

Acaso sea éste el reto más complejo y difícil que nos depare el futuro. Porque si ardua es la labor de reconstruir *físicamente* a una isla devastada por el huracán castro-comunista, titánica es la tarea de sanear *moralmente* a gran parte de un pueblo dividido por el odio, envenenado por la mentira y humillado por el miedo.

Uno de los crímenes imperdonables del régimen de Castro ha sido la desintegración progresiva del país. Quiso el tirano cercenar o debilitar los lazos de historia, cultura, tradición y familia que componen nuestra nacionalidad para poder así moldear, pervertir y manipular a muchos sectores de la población.

Lo logró alevosamente, apoyado en la mendacidad de su demagogia y en la intimidación de la fuerza. Pero hoy, vapuleado por el fracaso de su tiranía y carente de todo prestigio y credibilidad, sus días están contados. Pronto caerá, y cuando caiga, será vituperado con la misma pasión con que fue exaltado. Como bien apunta Gustavo Le Bon, "Los creyentes rompen siempre con furor las imágenes de sus antiguos dioses."

Aunque muchos de los males del castrocomunismo podrán curarse con sólo dejar que soplen los vientos purificadores de la libertad, esto no será suficiente para pacificar el país y lograr la reconciliación nacional. Ha habido demasiado crimen, demasiado atropello, para que brote espontáneamente la rosa blanca de la armonía y la equidad.

Le corresponderá al gobierno provisional tomar las medidas enérgicas que procedan para evitar que el país oscile entre los polos de la impunidad y la venganza.

He ahí el dilema. La sed de justicia impide que se cubran todas las atrocidades con el manto anchuroso del olvido. Pero el bien de Cuba demanda que no se abra un capítulo interminable de persecuciones y *vendettas*.

¿Qué hacer? No creo que puedan exonerarse los crímenes horrendos cometidos, pero habrá que limitar los enjuiciamentos que se entablen, si queremos hallar la paz en la concordia y la solidaridad.

No será fácil llegar en su momento al "borrón y cuenta nueva", sobre todo si funcionarios del régimen de Castro y beneficiarios de la *nomenklatura* se aprovechan de sus privilegios para repartirse la "piñata", como en Nicaragua, o para embolsarse gran parte de los fondos que queden en las arcas del Estado, como en Rusia.

Mas la indignación justificada por estos desafueros no debe llevarnos a la arbitrariedad de condenar sin probar, ni al absurdo de inhabilitar o estigmatizar a todo el que en algún momento haya tenido contactos con el régimen de Castro.

Quiera Dios que prevalezca la mesura y que prenda en nuestros corazones la sabia consigna de los pueblos que han superado sus luchas fratricidas: "Perdonar, pero no olvidar".

Por encima de todo, habrá que mantener el orden público bajo el imperio de la ley democrática. No puede permitirse que elementos gangsteriles lleguen a campar por sus respetos, como sucede actualmente en Rusia. Es tan grave allí la anarquía incipiente, que uno de los servicios que hoy tiene mayor demanda es el de guardaespaldas, prestado nada menos que por ex-agentes de la KGB.

Para que arraigue la legalidad en Cuba después de Castro, habrá que reeducar a la ciudadanía, acostumbrada durante más de tres décadas de represión totalitaria a engañar, ocultar y transgredir. Es tan grande la desesperación que existe hoy en Cuba, que hay que hurtar para comer, y mentir para sobrevivir.

No debe extrañarnos, pues, que tanto los opresores como sus víctimas hayan institucionalizado en Cuba la simulación, los unos para dominar y los otros para evadir. Este estado general de enmascaramiento me trae a la mente un dicho contrarrevolucionario que se popularizó en los países detrás de la Cortina de Hierro, y que reza así:

"El Gobierno finge que nos paga para que trabajemos, y nosotros fingimos que trabajamos para que nos paguen."

Habrá que librarse de este lastre nefando no sólo reinstaurando la verdad, sino infundiendo también la ética de trabajo y el espíritu de empresa. Esto es esencial para eliminar la adicción o dependencia del Estado para la prestación de todos los servicios y la toma de todas las decisiones.

No serán muchos los que, frente al fracaso integral del socialismo, se opongan inicialmente a la liberalización económica, a la competencia y a las fluctuaciones del mercado. Pero cuando se produzcan los desajustes inevitables y aumente el desempleo, habrá quienes rechacen los riesgos implícitos del capitalismo y opten por la tutela y las supuestas seguridades del Estado.

Esta resaca, que se ha producido recientemente en casi todos los países de Europa del Este con excepción de la República Checa, le ha dado la victoria electoral a los nuevos camaleones o travestistas políticos, es decir, a los ex comunistas transformados en socialistas, demócratas sociales o progresistas de izquierda.

De momento, no hay peligro en esos países de un retorno al totalitarismo desacreditado. Pero este revés está frenando los programas de privatización y austeridad fiscal en Polonia, Hungría y otros países.

¿Como podríamos evitar en Cuba esta peligrosa recurva después de Castro? Quizás la mejor receta sea la aplicada por el Primer Ministro de la República Checa, Vaclav Klaus: una red de protección social o "safety net" que atenúe el impacto humano de las reformas sin detenerlas, y una prédica constante para mantener el apoyo político que la conversión a la libre empresa requiere.

Esta prédica es vital, no sólo para recordarle al pueblo los fracasos del colectivismo y del "welfare state" en sus distintas formas, sino para explicarle con toda claridad el alcance de las medidas que se adopten, y el por qué y para qué del sacrificio que se haga.

Con la pluma y la palabra habrá que salirle al paso a quienes entonen cantos demagógicos con promesas de igualdad. Estos cantos son muy peligrosos, porque como decía Alexis de Tocqueville, "todo intento de nivelación social termina nivelando hacia abajo y no hacia arriba."

Con dialéctica acerada habrá que debatir con los ideólogos que formulen esquemas de ingeniería social, porque ellos suelen arrogarse el derecho de remodelar el ser humano y reconstruir la sociedad sin su consentimiento y aun en contra de su voluntad. Su objetivo no es elevar al pueblo, sino convertirse en sus manejadores.

¿Qué hacer con los jóvenes exaltados que de buena fe propugnen cambios revolucionarios y no evolutivos dentro del sistema democrático? Convendría, a mi juicio, repetirles la preclara admonición de Ortega y Gasset.

Dijo el insigne escritor: "La idea de la revolución está casi agotada, con las ubres secas. Para la reforma social del mundo, las revoluciones de forma cruenta no sirven de nada o sirven de muy poco... El verdadero revolucionario lo que tiene que hacer es dejar de pronunciar vocablos teóricos y ponerse a estudiar economía."

Más importante aun que la prédica para evitar ensayos revolucionarios o tentaciones totalitarias, es la cura profunda de los males sociales y morales que nos lega el castrocomunismo. Cuba es hoy uno de los países con el más alto índice de abortos, divorcios y prostitución o jineterismo. Y en materia de suicidios, se dice que la isla sobrepasó a Suecia, que tenía el promedio más alto del mundo.

Este estado avanzado de desintegración social, que se manifiesta en la delincuencia, el fatalismo y la amoralidad, habrá que atacarlo simultáneamente en tres frentes: en los hogares reunificados, en las escuelas descontaminadas y en las iglesias reestablecidas.

Mucho podrán lograr las familias bajo un clima de libertad, sin interferencias ni presiones gubernamentales. A ellas les corresponderá, en primera instancia, restañar las heridas abiertas por el odio, fortalecer los lazos matrimoniales resquebrajados por la promiscuidad, e infundir en los hijos los más nobles sentimientos de altruismo, respeto y solidaridad social.

La educación tendrá que ser expurgada y actualizada, preferiblemente bajo la alta dirección de un Consejo Nacional de Educación y Cultura, libre de todo sectarismo e integrado por los educadores más distinguidos y las mentes más lúcidas de la nueva República.

Una de las tareas más urgentes y delicadas de este Consejo será la de inocular para siempre a la población contra el morbo totalitario, recalcando el trágico desenlace del castrocomunismo con la misma efectividad con que los judíos mantienen vivo el recuerdo de su holocausto.

Con el suero de la verdad, hay que crear en Cuba anticuerpos suficientes para rechazar todo intento de reeditar un fidelismo sin Fidel. ¡Nunca más! debe ser la consigna del futuro. ¡Nunca más! es el compromiso con nuestros muertos.

Otra de las misiones del Consejo Nacional de Educación y Cultura será la de revisar los libros de textos y documentos históricos a fin de limpiarlos de todo mistificación marxista y de todo lo quede del culto abyecto a la personalidad del tirano.

La educación después de Castro no deberá limitarse a alfabetizar e impartir conocimientos a toda la población. Deberá también contribuir a forjar el carácter y a disciplinar la voluntad de los educandos, inculcándoles el respeto a la autoridad legítima y a las leyes, y la devoción a la Patria, a la libertad y a los que lucharon y cayeron por ellas.

La educación deberá también cauterizar la mordedura venenosa de la envidia, que tanto nos ha perjudicado. Y deberá exaltar los valores éticos y morales, ya que, como decía José Ingenieros, "cuando el ignorante se cree igualado al estudioso, el bribón al apóstol, el boquirroto al elocuente y el burdégano al digno, la escala del mérito desaparece en una oprobiosa nivelación de villanía."

Pero quizás lo que más necesite el pueblo cubano a la caída del régimen sea una fuerte dosis de espiritualismo cristiano, que llene el inmenso vacío que siempre deja el totalitarismo ateo, que contrarreste el materialismo desenfrenado que suele advenir con la libertad, y que encauce hacia el bien los frutos de la inteligencia, del ingenio y del trabajo.

Preparándonos para ese día, hay que avivar la fe en el Dios omnipotente del Sinaí y en el Dios humilde y misericordioso del Calvario; la fe en la Cuba eterna y en sus tradiciones; y la fe en nuestra capacidad para reconquistar la libertad y gobernarnos a nosotros mismos.

Hacen bien los historiadores del destierro en analizar los errores del pasado para evitar que se repitan. Pero no debe la autocrítica, por severa que ésta sea, sembrar el derrotismo ni flagelar el orgullo patrio.

Precisa ser realista en el examen de los retos y en la ponderación de nuestras posibilidades. Pero no debe el realismo prudente conducirnos al escepticismo enervante, que sólo vendría a exacerbar la duda y a paralizar la acción.

Decía el inmenso Goethe: "Si tienes fe, compártela por amor de Dios. Tus dudas... puedes quedarte con ellas, que yo tengo bastante con las mías."

Compartamos, pues, la fe en nuestro futuro. Cuba tiene todavía amplias reservas de talento y patriotismo, tanto en la Isla como en el exterior. El comunismo, a pesar de su nefaria influencia, no ha prendido realmente en la conciencia de los jóvenes, que son la promesa del porvenir. Debajo de la fétida escoria del régimen tiránico yacen manantiales cristalinos que habrán de aflorar con la nueva República.

Sigamos el ejemplo de Martí, que ni en la hora más negra de su destierro llegó a perder la fe en los destinos de Cuba. Venciendo el escepticismo reinante, aseveró con toda la fuerza de sus convicciones: "Lo que tengo que decir, antes de que se me apague la voz y mi corazón cese de latir en este mundo, es que mi Patria posee todas las virtudes para la conquista y el mantenimiento de la libertad."

Pues bien, señores, inspirados en la sentencia martiana y con la mirada fija en la Patria que sufre, afirmemos que el sol de la libertad de Cuba no ha muerto; sólo ha sido eclipsado por la fuerza. Despejadas las sombras que lo envuelven, brillará de nuevo, con todo su esplendor, a lo largo y ancho de la isla.

Desde el Yunque de Baracoa hasta las vegas de Vuelta Abajo; desde los llanos de Camaguey hasta el Valle de Yumurí; desde las cumbres del Escambray hasta las playas de nuestra Habana, el sol radiante de Cuba bañara de luz a la República austera que renazca ¡libre, digna y muy cubana!

EPÍLOGO

Para cerrar, quisiera contarles lo que soñé despierto. Soñé que rompía, entre tinieblas, la alborada de la libertad en la Patria opresa. Soñé que se levantaba, sobre los escombros del presente, la República vigorosa, democrática y justiciera del porvenir.

Pero, ¿de qué sirven los sueños, aunque sean de día? ¿Qué valor tienen las visiones que emanan de un dolor profundo o de una fe ardiente?

Para algunos, los sueños no son más que concepciones utópicas, quimeras irrealizables. Ya lo dijo Calderón, "los sueños, sueños son". Mas éstos dejan de ser fantasmas volátiles, fugaces desvaríos, si alguien les insufla vida. Los sueños, fecundados con sudor y con sangre, llevan en su seno embriones de realidad.

¿No son acaso las hazañas ilusiones alcanzadas? ¿No son los inventos hipótesis logradas? ¿No son las obras inspiraciones plasmadas?

Para poder concebir y crear, hay que imaginar; hay que soñar. Por eso me permito contar un sueño reciente sobre el renacer de Cuba; un sueño que, en la noche larga del destierro umbrío, afloró radiante en alas de un verso.

Soñé con la aurora de la libertad en la Patria cautiva. Despojada la mente de ataduras y prejuicios, imaginé lo que podría acontecer, lo que debería pasar, al caer la tiranía.

¿Será todo fantasía, o habrá algo de verdad? ¿Podremos los cubanos, al ser redimidos, juntar corazones, edificar sobre ruinas, y acercarnos al sueño luminoso, a la nívea idealidad? No subestimo los obstáculos: la tarea será gigantesca. Pero con los ojos abiertos y los pies sobre la tierra, no dejo de soñar. Para mí, los sueños elevados son acicates del espíritu; tónicos para perseverar y triunfar.

A continuación, las rimas de un anhelo: el poema de un sueño.

Una Vela Encendida

¿Cómo será el alba en nuestra tierra querida?

Será una mañana radiante por el Señor bendecida.

Será un renacer de patria sin amos, sin bridas.

Entre guirnaldas de flores pasarán almas sufridas.

Las palmas lucirán trenzas de esperanza vestidas.

Los pájaros cantarán odas al amor y a la vida.

Las brisas verterán bálsamos para curar las heridas.

Austero será el gobierno, y las venganzas prohibidas.

El honor será vindicado; la nación fortalecida.

Habrá una sola bandera en las conciencias erguidas.

Con repique de campanas, cesará el rencor fratricida;

Y la codicia malsana será frenada y vencida.

Habrá paz y derecho a la justicia ceñida.

Habrá civismo y decoro, y tareas compartidas.

Y para aquellos que han muerto por Cuba libre y unida,

Habrá una lágrima santa; habrá una vela encendida.

ÍNDICE ONOMÁSTICO

A

Abrams, Elliott, 467
Acevedo, Héctor Luis, 416
Acheson, Dean, 255
Acosta, Agustín, 370
Acosta, Orestes, 212
Agramonte, Roberto, 363, 367
Aguilar León, Luis, 88, 365, 368, 420
Aguirre, Horacio, 365, 401, 430
Aguirre, Severo, 105
Alba Buffill, Elio, 363, 370
Alejandre, Armando, 364, 430
Alejandre, Armando Jr., 476
Alemán Ruiz, Arturo, 114, 115, 116
Alessandri, Jorge, 195
Alfonso Gonsé, Raoúl, 87
Alfonso, Pablo M., 87, 180
Almendro, Néstor, 355
Alonso Ávila, Antonio, 350, 410
Alonso Pujol, Guillermo, 157, 159, 381
Alonso, Bebo, 224
Álvarez Bravo, Armando, 365, 370
Álvarez Díaz, José, 115, 191
Álvarez López, Elio, 113, 115
Álvarez, José Rufino, 354
Alzaga, Florinda, 410
Amiel, Enrique Federico, 79, 404
Anderson, Rudolph, 299
Andreotti, Giulio, 485
Andreu, José (Pepe), 176
Andreu, José Raimundo, 157, 416
Andrew, Christopher, 168
Anfuso, Victor L., 233
Antón, Alex, 355
Añorga, Martín, 364, 410
Aparicio, Angel, 209
Appel, Fritz, 113, 114, 115

Aragón Clavijo, Uva de, 368, 416, 424, 430
Aragón, Ernesto, 166, 183, 184, 231, 279, 280, 283, 284, 285
Aragón, Rafael, 151
Aramburu, Pedro Eugenio, 227
Arango Cortina, Eduardo, 66
Arango Cortina de Puig, Ofelia, 181, 331
Arango Cortina de Puig, Ileana, 474
Arango y Parreño, Francisco de, 362
Arango y Romero, Enrique, 181, 406
Arcos Bergnes, Gustavo, 358
Arcos Bergnes, Sebastián, 354, 358
Arenas, Reinaldo, 369, 370
Arias, Roberto, 210
Armesto, Eladio, 114
Arroyo Maldonado, José, 223
Arroyo, Anita, 367
Artime Buesa, Manuel, 107, 108, 133, 156, 159, 312
Atwood, William, 307
Azcárate, Nicolás, 362
Azicri Levy, Max, 209, 224
Azorín, 15

B

Bachiller y Morales, Antonio, 363
Báez, Vicente, 366
Baeza Flores, Alberto, 370
Baloyra, Enrique, 347
Baquero, Gastón, 366, 370, 430
Barnes, Tracy, 151
Baró, César, 268
Barquín, Ramón M., 369
Barreras, Mario, 322
Barreto, Berta, 276
Bashirov, Gumer W., 101

Basulto, José, 355
Batista Falla, Adela, 423
Batista Falla, Laureano, 420
Batista Falla, Víctor, 422
Batista y Campilli, Julio, 420
Batista, Fulgencio, 32, 33, 35, 36,
   37, 43, 47, 52, 68, 75, 91, 103,
   107, 191, 431
Battle Berre, Luis, 227
Bazikin, Vladimir, 105
Beato, Virgilio, 430
Beauvoir, Simone de, 190
Beguiristain, Alberto, 181
Belt y Martínez, Guillermo, 119
Bender, Frank, 106
Benedí, Claudio F., 352, 430
Benes, Bernardo, 352
Berle, Adolf, 162, 163, 164, 165, 166
Bermello, Guillermo, 114, 115
Bernal, José Calixto, 362
Beruvides, Esteban, 355
Beschloss, Michael R., 167, 172, 271
Betancourt, Ernesto, 355
Betancourt, Rómulo, 208, 212, 213,
   227
Bissell, Richard, 149, 167, 171
Bofill Pagés, Ricardo, 354
Boitel, Pedro Luis, 329, 350, 351
Bon, Gustavo Le, 47, 495
Bonachea, Rolando, 355
Bonilla Atiles, José, 292
Bonilla Aybar, Rafael, 323
Bonsal, Philip, 162
Bordas, Julio, 115
Borges, Rolando, 354
Borja, Isidro, 312
Borrell Navarro, Eduardo, 430
Bosch, José M., 308
Bosch, Orlando, 347
Botifoll, Luis, J. 190, 311, 363, 462
Bowdler, William, 162
Boza Masvidal, Eduardo, 88, 90, 364
Braden, Spruille, 378
Braña, Manuel, 209
Bravo, Flavio, 105
Briggs, Everett Ellis, 348, 467
Bundy, McGeorge, 241, 254, 255,
   291, 307

Burke, Arleigh, 42, 171
Burton, Dan, 475
Busquet, Miguel A., 115
Bustamante, Alberto S., 364

C

Cabrera Ávila, José Antonio, 214
Cabrera Infante, Guillermo, 150, 369,
   370
Cabrera Leiva, Guillermo, 365, 430
Cabrera, Lydia, 363, 366, 370, 378
Cabrera, Raimundo, 362
"Cachao", 372
Caicedo Castilla, José, 222
Caíñas Milanés, Armando, 59, 66
Caldera, Rafael, 227
Califano, Joseph A., 279
Calonge, Carlos, 114
Calzada, Manolo, 151
Calzón, Frank, 352
Campanería Ángel, Virgilio, 177, 178
Cancela, José, 365
Cancio, Ignacio, 115
Candia, Juan, 212
Cantillo, Eulogio, 42
Cañal Ferrer, Mario del, 311
Cañizares, Armando, 474
Capote, Rodolfo, 354
Carballo, Benito, 311
Carbó, Sergio, 87, 268, 401, 431
Carbó, Ulises, 87
Carbonell Andricaín, Néstor, 415,
   461
Carbonell de Acosta, Maitá, 462
Carbonell, Candelaria, 412
Carbonell, Eligio, 411
Carbonell, Gaspar, 411
Carbonell, José Manuel, 321, 397,
   399, 453
Carbonell, Juan Bautista, 411
Carbonell, Miguel Ángel, 399
Carbonell Rivero, Néstor, 399
Carbonell, Néstor Leonelo, 411, 412
Cárdenas y Echarte, Raúl de, 402
Cárdenas, Lázaro, 102
Cárdenas, Mario de, 115

504

Cardona, José, 355
Cardounell, Humberto, 114, 116
Carr, William, 163
Carrillo, Francisco, 268
Carrillo, Justo, 107, 109, 133, 156
Casal, Julián del, 362
Casanova, José Manuel, 348
Castañeda, Carlos, 365
Castaño, José, 76
Castellanos, Isabel, 367
Castellanos, Jorge, 191, 366
Castillo, Ángel, 115
Castro, Gaudencio, 114
Cauce, Vicente, 360
Cayo Portilles, Héctor, 214
Ceballos, Segundo, 104
Cerro, Ángel del, 190
Cervantes, Ignacio, 363
Céspedes, Carlos Manuel de, 362
Céspedes, José María, 362
Chacón, Francisco René, 213
Chanes de Armas, Mario, 354
Chao, Pablo, 365
Chediak, Natalio, 373
Chirino, Willy, 373
Cienfuegos, Camilo, 74, 104
Clark, Juan, 353, 370
Clark, William, 467
Clay, Lucius, 276
Clemenceau, Georges, 476
Clinton, Bill, 356
Cobo del Castillo, Manuel, 114, 115
Cobo, Arturo, 355
Conte Agüero, Luis, 224, 347
Cordova, Efrén, 191
Corona, Ramón, 377, 401
Corrales de Cortina, María Josefa, 394
Cortina de Carbonell, Esther, 435
Cortina, Humberto, 181
Cortina, José Antonio, 362
Cortina, José Manuel, 17, 157, 242, 248, 377, 380, 401, 482, 483
Cortina y Corrales, José Manuel, 119
Cosme de la Torriente, 35
Costa, Carlos, 476
Costa, Octavio R., 366, 397, 401, 410, 411, 415

Crimmins, J. H., 279
Cromwell, Oliver, 484
Cruz Álvarez, Félix, 410
Cruz Varela, María Elena, 357, 359, 360
Cruz, Agustín, 104
Cruz, Celia, 372
Cruz, Tomás, 176
Cuadra, Ángel, 354
Cubela, Rolando, 307
Cuervo Rubio, Gustavo, 157
Cuesta, Tony, 277, 346
Cushing, Cardenal, 276
Cutillas, Manuel Jorge, 365
Cuza Malé, Belkis, 365

D

D'Rivera, Paquito, 372
Darío, Rubén, 398, 437
Darío Rumbaut, Rubén, 140
Despaigne, Ernesto, 256, 296
Devine, Frank J., 154
Díaz Alvarez, Edelberto, 214
Díaz Balart, Lincoln, 348, 458
Díaz Balart, Rafael, 233
Díaz Lanz, Pedro Luis, 73, 74, 212
Díaz Rivera, Tulio, 113, 115, 191, 269, 364
Díaz Rodríguez, Ernesto, 354
Díaz Silveira, Frank, 209
Díaz Versón de Amos, Elena, 369
Díaz Versón, Salvador, 76, 101, 102
Díaz, "Nino", 151
Díaz, Guarioné, 356, 364, 420
Díaz, Higinio, 268
Díaz, Juan José, 215
Díaz, Lomberto, 347
Díaz, Norman, 223
Díaz, Rafael, 181
Díaz-Landa, Pedro, 437
Dillon, Douglas, 206, 254
Dmowski, Román, 236
Dominador Bazán, José, 210
Domingo, Xavier, 102
Donovan, James, 276
Dorticós, Osvaldo, 224

Draper, Theodore, 191
Duarte Oropesa, José, 366
Dubois, Jules, 36
Dulles, Allen, 40, 148, 150, 167, 185
Duque de Estrada, Arturo, 74
Duque, Evelio, 151

E

Eisenhower, Dwight D., 16, 40, 41,
    42, 148, 149, 153, 167, 172
Emerson, Ralh, 403
Encinosa, Enrique, 370
Escalante, Aníbal, 104, 191
Escalante, César, 105
Espín, Vilma, 104
Espíndola Palacios, Luis, 113, 115
Espinosa, Alberto, 209
Estefan, Emilio, 373
Estefan, Gloria, 373
Esténger, Rafael, 366
Estorino, Julio, 430
Estrada Palma, Tomás, 258, 318

F

Facio, Gonzalo, 285, 344
Fernández Badué, José, 268, 311
Fernández Caubí, Luis, 25, 355, 368
Fernández Costa, Laureano, 364
Fernández de Cárdenas, Gastón,
    115
Fernández Escobio, Fernando, 477
Fernández Hermo, Otto, 114, 115
Fernández Mascaró, Guillermo, 113,
    115
Fernández Medrano, Alberto
    Cesáreo, 312
Fernández Revuelta, Alina, 476
Fernández Rocha, Luis, 312
Fernández Varela, Ángel, 87
Fernández, Alberto, 180
Fernández, Aurelio, 308
Fernández, Camilo, 364
Fernández, Eufemio, 181
Fernández, Manolo, 209

Fernández, Marcelo, 211
Fernández, Onelio, 211
Ferrara, Orestes, 17, 377, 380, 402
Ferrer González, Salvador, 114
Ferrer, Eduardo B., 150, 172
Ferrer, Orestes, 430
Ferrer, Salvador, 115
Figueres, José, 37, 227
Figueroa, Max, 105
Finlay, Carlos, 362
Fisher, Otto, 114, 115
Florit, Eugenio, 363, 370
Fonts Sterling, Ernesto, 257
Franqui, Carlos, 103, 369
Freyre, Armando, 115
Freyre, Ernesto, 115, 276, 308
Freyre, Fabio, 176
Frondizi, Arturo, 152, 206
Fulbright, William, 168, 256
Fundora Núñez, Gerardo, 151
Furmanov, Mijail, 232

G

Gaitán, Jorge Eliecer, 102
Gamba, Tomás, 190, 209, 311
Gamoneda, Augusto, 115
García Amador, Francisco, 265
García Bango, Rafael, 115
García Chacón, Fernando, 224, 247
García Dulzaides, Aurelio, 314
García Fusté, Tomás, 355
García Hernández, Adrián, 214
García Incháustegui, Mario, 214
García Navarro, Alberto, 114, 115
García Pons, César, 379
García Triana, Mauro, 215
García Tudurí, Mercedes, 360, 363,
    410
García, Andy, 373
García, Calixto, 257, 258, 304
García, Eduardo Augusto, 227
García, Luis R., 115
García, Miguel ("Fatty"), 190
Garr, Wilbur, 107
Garriga, Luis A., 115
Garrote, Laureano, 114, 115

Gasch, José, 377
Gassó, Pablo, 396
Gastón, Carlos, 115
Gastón, Melchor, 114, 115
Gates, Thomas S., 149
Gaulle, Charles de, 107, 237, 261, 269, 484
Gavin, John, 467
Giberga, Samuel, 115
Gilpatric, Roswell L., 263, 264
Goethe, Johann Wolfgang, 14, 499
Gómez Carbonell, María, 360, 410
Gómez de Avellaneda, Gertrudis, 411
Gómez Domínguez, Luis A., 354
Gómez Ochoa, Delio, 211, 212
Gómez Sicre, José, 370
Gómez Domínguez, Luis A., 354
Gómez Ochoa, Delio, 211, 212
Gómez Sicre, José, 370
Gómez Wangüemert, Luis, 68
Gómez, Juan Gualberto, 362
Gómez, Máximo, 169, 257, 258, 323
González Corzo, Rogelio (Francisco), 181
González del Valle, Ambrosio, 77, 113, 115
González Faxas, Isabel, 182
González Lanusa, José Antonio, 140, 383
González Pando, Miguel, 364
González Rebull, Julio, 87
González, Esteban, 358
González-Lalondry, Luis, 370
Goodwin, Richard, 166, 183, 185, 206, 207, 225, 231, 291, 293
Gorbachev, Mijail, 441, 442, 445, 448
Goytisolo, Agustín, 115
Grajales, Mariana, 331
Grau Alsina, Polita, 354
Grau Alsina, Ramón, 354
Grau Esteban, Oscar, 365
Gray, Gordon, 149
Greig de Santos Buch, Herminia, 37
Grobart, Fabio, 101, 104
Guas Inclán, Rafael, 347, 377, 402
Guasch, Baldomero B., 115
Guede, Emilio, 366

Guevara, Alfredo, 104
Guevara, Ernesto "Che", 102, 103, 104, 205, 206, 207, 211
Guillot, Olga, 372
Gutiérrez, Alberto, 114
Gutiérrez, Orlando, 347
Gutierrez de la Solana, Alberto, 363, 370
Gutiérrez Menoyo, Eloy, 312

H

Haig, Alexander, 279
Handleman, Howard, 300
Haya de la Torre, Víctor Raúl, 227
Helena, Martín, 156
Helms, Jesse, 475
Hendrix, Hal, 292
Heredia, José María, 362
Heredia, Nicolás, 362
Hernández Catá, Uva, 425
Hernández Colón, Rafael, 415
Hernández Puente, José M., 113, 115, 164, 367
Hernández, José A., 311
Hernández-Miyares, Julio, 363, 370
Herrera, Roberto, 151
Herter, Christian, 41
Hevia, Carlos, 157, 159, 183
Hickenlooper, Bourke B., 249
Hidalgo, Ariel, 357
Hijuelos, Oscar, 370
Hitler, Adolfo, 456
Holwill, Richard N., 467
Hoover, Herbert, 444
Huertas, Enrique, 269, 313, 364
Hugo, Víctor, 426
Humberto, Sorí Marín, 181
Hurwitch, Robert, 154, 279, 281, 283, 284, 285, 296

I

Ichaso, Francisco, 77
Ichaso, León, 77
Illán, José M., 191
Inclán, Josefina, 377

Ingenieros, José, 366, 498
Iraizoz, Antonio, 40
Iriondo, Silvia, 347, 356

J

Jacques, Luis Ignacio, 213
James, Daniel, 106
Jaruzelski, Wajciech, 472, 473
Jefferson, Thomas, 23, 324
Jiménez Leal, Orlando, 355
Jiménez Moya, Enrique, 211
Jiménez, Lico, 363
Jordan, David, 467
Jorge, Antonio, 191, 364
Jorge, Guillermo J., 364
Juan Pablo II, 459, 472
Juan, Raúl de, 209
Junco, Tirso del, 348

K

Karlinov, Yuri, 233
Keating, Kenneth B., 248
Kemp, Jack, 467
Kennedy, John F., 161, 164, 167,
    169, 172, 173, 183, 184, 190, 195,
    231, 232, 233, 242, 243, 254, 260,
    263, 264, 265, 269, 276, 288, 295,
    296, 307, 342, 387, 432
Kennedy, Robert, 231, 243, 255, 257,
    276, 281, 282, 283, 284
Khrushchev, Nikita, 173, 231, 255,
    263, 264, 266, 295, 297, 298, 299,
    301, 303, 327, 388
Kirkpatrick, Jeane, 467
Kornienko, Georgi, 165
Kroch, Arthur, 192

L

Labrador Ruiz, Enrique, 363, 370
Lacerda, Carlos, 199, 227
Lago, Armando, 364
Lamar Roura, Justo, 66
Lamartine, Alphonse de, 434

Lancís, César, 224
Landau, George, 467
Lansdale, Edward G., 294
Lanús, Juan Archibaldo, 153, 206
Lara Crespo, José, 151
Lara, Justo de, 362
Lasa, José María de, 224, 312
Lasa, Miguel de, 312
Lasaga, José Ignacio, 87, 190, 367
Lasalle, Roberto, 214
Lazo, Mario, 370
Leal, Eddy, 209, 224
Lecuona, Julio, 115
Leitao da Cunha, Vasco, 312, 378
LeMay, Curtis, 271
Lenin, Vladimir, 16, 77, 79, 382, 444,
    455
León, Gustavo, 347
León Antich, Guillermo, 213
León Sotolongo, Armando de, 115,
    117
Lew, Salvador, 239
Lineras, Pascasio, 269
Livio, Tito, 159
Lizama, Ignacio, 115
Llaca Escoto, Enrique, 276
Llaca Orbiz, Enrique, 108, 113, 114,
    116
Lleras Camargo, Alberto, 197, 208
Llerena, Mario, 369
Lojendio, Juan Pablo de, 142, 378
López Fresquet, Rufo, 105, 192
Lorenzo, Adolfo, 114
Lorenzo, Orestes, 369
Lorié, Ricardo, 107, 268
Luque Escalona, Roberto, 354, 357,
    369
Luz y Caballero, José de la, 362, 390
Luzárraga, Alberto, 364

M

Maceo, Dr. Antonio, 133, 156, 157,
    183, 268, 288
Machado, Gerardo, 430, 483
Madariaga, Salvador de, 27
Maidique, Modesto, 364

Mallin, Joe, 292
Manet, Eduardo, 370
Manrara, Luis, 191, 239
Mañach, Jorge, 30, 146, 367
Mañas, Arturo, 164, 294
Mao, Tse-Tung, 79
Marinello, Juan, 88
Mariñas, Manuel G., 430
Mario, Luis, 365, 370
Márquez Sterling, Adolfo, 362
Márquez Sterling, Carlos, 21, 312,
    347, 366, 367, 402, 410, 416, 424,
    461
Márquez Sterling, Manuel, 366, 416,
    424
Márquez Sterling y Loret de Mola,
    Manuel, 28,
Marrero, Leví, 363, 366
Martí, Jorge L., 363
Martí, José, 14, 24, 36, 49, 87, 199,
    314, 315, 318, 321, 323, 363, 367,
    383, 384, 388, 436, 499
Martín Mora, Narciso, 215
Martín Pérez, Roberto, 354
Martin, Edwin, 254
Martínez Fraga, Pedro, 107, 112,
    113, 114, 115, 117, 190
Martínez Márquez, Guillermo, 87,
    312, 350
Martínez Montero, Homero, 216
Martínez Piedra, Alberto, 348, 420
Martínez Sotomayor, Carlos, 194
Martínez Tapia, Marcelino, 312
Martínez, Alberto, 467
Martínez, Félix M., 115
Marx, Carlos, 16, 77, 79, 81, 382
Mas Canosa, Jorge, 308, 347, 365
Masferrer, Rolando, 74
Masó, Calixto, 366
Massó, José Luis, 87
Matos, Huber, 73, 74, 347
Matthews, Herbert, 36, 190
McCain Jr, John S., 317
McCone, John, 240, 241, 243, 255
McDonald, Jorge, 115
McKinley, William, 319
McNamara, Robert, 271
Mederos, Elena, 352

Medrano, Humberto, 51, 60, 87, 350,
    431
Medrano, Mignon, 329, 355
Membibre, Joaquín "El Galleguito",
    151
Mencía Gómez, Manuel de J., 114,
    116
Méndez Pírez, Raúl, 268
Mendive, Rafael María, 362
Menem, Carlos, 459, 475
Menéndez, Bob, 348, 458
Mesa Lago, Carmelo, 191, 369
Mestre, Abel, 191
Mestre, José Antonio, 191
Metternich, Príncipe de, 445
Mijares, José A., 347
Mikoyan, Anastas, 87, 88, 89, 106,
    268, 298
Miller, William, 249
Miquel Zayas, Rafael, 115
Mirabeau, Honoré-Gabriel, 404
Miranda, Salvador, 114, 115
Miret, Pedro, 104
Miró Argenter, José, 307
Miró Cardona, José, 156, 161, 162,
    164, 166, 183, 184, 208, 209, 216,
    221, 223, 225, 228, 231, 233, 245,
    247, 256, 257, 259, 260, 268, 279,
    280, 281, 283, 284, 285, 286, 287,
    307, 308, 379
Miró Cardona, Miró, 159
Miró Torra, José, 159, 176, 347
Miró, Rubén, 210
Mitjans, Aurelio, 363
Mitterand, François, 353
Monge, Luis Alberto, 467
Monroe, James, 250
Montaner, Carlos Alberto, 102, 347,
    356, 365, 369
Monte, Domingo del, 362
Monte, Ricardo del, 362
Monteagudo, José E., 269
Montoro, Rafael, 362
Montoto Sánchez, Antonio, 379
Morales Carrión, Arturo, 225
Morales, Enrique, 211
Morales, Pablo, 476
Morán Arce, Lucas, 36, 37, 369

Morell Romero, José, 347
Moreno Fraginals, Manuel, 366
Moss, Ambler H., 467
Muller, Alberto, 87, 420
Muñoz Marín, Luis, 227, 378

N

Navarro, Antonio (Tony), 369, 355
Nervo, Amado, 437
Neves, Tancredo, 193
Nitze, Paul, 183
Nixon, Richard, 41, 269
Novás Calvo, Lino, 370
Núñez Jiménez, Antonio, 76, 101, 103, 104
Núñez Portuondo, Emilio, 314
Núñez Portuondo, Ricardo, 314
Núñez, Ana Rosa, 364

O

O'Connell, Richard ("Dickie"), 365
O'Farrill, Albertina, 354
Ochoa, Arnaldo, 357
Ochoa, Emilio, 347
Odio, César, 348, 356
Odio, Sarah, 354
Oliva, Erneido, 172, 174, 308
Onetti, Carlos, 176, 177
Oppenheimer, Andrés, 357
Ortega y Gasset, José, 16, 51, 447, 497
Ortega, Monseñor Jaime, 475

P

Paderewski, Ignacio, 236
Padilla, Heberto, 365, 369
Padilla, Martha, 379, 401
Palmer, Eduardo, 355, 370
Pantín, Jr, Leslie, 364
Paradela Gómez, Manuel, 312
Pardo Llada, José, 369

Park de Pessino, Clarita, 190
Pawley, William D., 39, 102, 150
Payá, Oswaldo, 358
Pazos, Felipe, 191
Peláez, Carlos M., 116
Pendás, Porfirio, 416
Pendás, Silvia, 416
Peña, Lázaro, 102
Peña, Mario de la, 476
Peñaranda, Pedro, 114
Perera, Hilda, 370
Pérez Roura, Armando, 355
Pérez San Román, José, 172
Pérez Serantes, Monseñor Enrique, 59, 89
Pérez, Alberto C., 420
Pérez, Ascención C. (Nena), 159
Pernas, Neptalio, 213
Petain, Mariscal, 307
Piad, Carlos, 162
Pío XII S.S., 13
Pino Machado, Quintín, 213
Pino Santos, Oscar, 104
Pino, Maria del Carmen, 474
Piñera, Humberto, 363, 367
Piñeyro, Enrique, 363
Pittaluga, Gustavo, 29
Pividal, Francisco, 212
Plank, John, 163, 164, 166
Poey, Felipe, 362
Portell Vilá, Herminio, 366
Posada, Joaquín de, 365
Pozos Dulce, Conde de, 362
Prado, Manuel, 208
Prado, Pura del, 379
Prío Socarrás, Carlos, 157, 312, 347
Puig Miyar, Manuel "Ñongo", 180, 181, 331
Puig Miyar, Ramón "Rino", 181, 474

Q

Quesada, Gerardo, 268, 311
Quesada, Gonzalo de, 318, 362
Quintero, José Agustín, 345
Quirch, Lourdes, 356

R

Raggi y Ageo, Carlos M., 363
Ramírez O'Bourke, Raúl, 116
Ramírez, Osvaldo, 151
Ramírez, Porfirio, 351
Ramos Avello, Oscar, 114
Ramos, Marco Antonio, 364
Rasco Bermúdez, José I., 133
Rasco, José Ignacio, 90, 107, 108, 224, 347, 363, 365, 420, 430
Ravines, Eudocio, 227
Ray, Manuel, 156, 312
Reagan, Ronald, 472
Reich, Otto, 348, 467
Reinerio González, Juan, 347
Remos, Ariel, 355, 365, 401, 410, 430
Remos, Juan J., 322, 362, 397, 412
Restano, Yndamiro, 359
Revel, Jean-François, 487
Rexach, Rosario, 363, 367
Rey Perna, Santiago, 416, 476
Reyes, Manolo, 239
Reynaldo, Ectore, 116
Ribas, Armando P., 367
Ripoll, Carlos, 367
Rivas-Porta, Guillermo, 354
Rivero Agüero, Andrés, 347
Rivero, Felipe, 176
Rivero, José Ignacio, 71, 77, 87, 350, 364, 369, 431
Rivero, Raúl, 87
Roa Uriarte, Arsenio, 115, 116
Roa, Raúl, 163, 224
Robespierre, 47, 70, 451
Roblejo Lorié, Jorge, 352
Roca, Blas, 104
Rodón, Lincoln, 347, 410, 412
Rodríguez Aragón, Roberto, 347, 430
Rodríguez Navarrete, Nemesio, 181
Rodriguez Cepero, Luis, 364
Rodríguez, Albita, 372
Rodríguez, Carlos Rafael, 103, 104, 105, 224
Rodríguez, José R., 213
Rodriguez, Luis Orlando, 213
Rodríguez, Orlando, 268

Rodríguez, Rolando, 213
Rodríguez, Rvdo. José Conrado, 475
Rojas, Ernesto, 163, 164
Román, Agustín, 364
Roosevelt, Teddy, 304
Ros, Enrique, 148, 370
Rosado, Olimpia, 366
Rosell, Santiago, 364
Rosell, Teobaldo, 364
Rosete, Hada, 224
Ros-Lehtinen, Ileana, 348, 410, 458
Rubens, Horatio, 318
Rubiera, Vicente, 308
Rubinos, José, 77
Rubio Padilla, Juan Antonio, 90
Rubotton, Roy, 39, 40, 152
Ruiz Gómez, Vitalio, 115, 116
Ruiz-Williams, Harry, 257, 276
Rusk, Dean, 225, 249, 255, 290, 387
Russell, Richard, 255

S

Saavedra, María Elena, 360, 410
Sabines, Luis, 364
Sachs, Jeffrey, 488
Saco, José Antonio, 362
Sáenz de Calahorra, Saúl, 476
Sagredo Acebal, Oscar, 140
Saint-Just, 51
Saladrigas, Carlos, 364
Saladrigas Zayas, Carlos, 484
Salazar Carrillo, Jorge, 114, 191
Salvador, Max, 364
Salvadori, Massimo, 80
Salvat, Juan Manuel, 87, 312, 366
San Román, José, 174
San Román, Roberto, 174, 257
Sánchez Arango, Aureliano, 90, 108
Sánchez Boudy, José, 363, 367
Sánchez Bustamente, Antonio, 398
Sánchez Losada, Rafael, 115, 116
Sánchez, Álvaro, 276
Sánchez, Celia, 105
Sánchez, Elizardo, 358
Sanguily, Manuel, 22, 55, 332, 362
Santayana, Jorge Ruiz de, 32

Santos Buch, Charles, 37
Santovenia, Emeterio, 366
Sardiña, Ricardo R., 59, 109, 133
Sarduy, Severo, 370
Sargen, Nazario, 347
Sartre, Jean-Paul, 190
Saúl Sánchez, Ramón, 347
Schlesinger, Arthur, 161, 162, 164, 166, 167, 168, 190
Schmidt, Helmut, 485
Segura Bustamante, Inés, 430
Serpa Riestra, Víctor M., 357
Shelton, Raúl, 191, 366
Silió, Antonio F., 115, 162
Smathers, George, 233, 248
Smith, Earl E.T., 37, 39
Soares, Mario, 459
Soca Llanes, Otalio, 311
Socarrás, Luis, 115
Solaún, Mauricio, 348, 467
Solón, 483
Somarriba, Rafael, 211
Sorí Marín, Humberto, 181
Sorondo, Máximo, 209, 364
Sorzano, José, 348, 467
Sosa de Quesada, Arístides, 430
Stalin, José, 79, 443, 445, 455
Stevenson, Adlai, 171
Stevenson, Robert A., 154
Stone, Richard B., 333, 335, 337
Stuart Mill, John, 31
Suárez Ameneiro, Andrés, 116
Suárez Rivas, Eduardo, 347
Suárez, Andrés, 114, 191
Suárez, Roberto, 365
Suchlicki, Jaime, 364
Sullivan, Ed, 36
Sulzberger, C. L., 269
Symms, Steve, 251
Szulc, Tad, 76, 104

T

Tabares del Real, José, 214
Tabernilla, Francisco, 42
Tamargo, Agustín, 355
Tapia Ruano, Alberto, 177, 178, 180

Taylor, Henry J., 277
Taylor, Maxwell, 185, 254
Tejada, José Joaquín, 363
Thomas, Hugh, 76
Thoreau, Henry David, 460
Thurmond, Strom, 248, 249
Tito, Mariscal, 327
Tocqueville, Alexis de, 497
Toledano, Lombardo, 102
Torre, Rogelio de la, 364
Torres Calero, Miguel, 420
Torres, Félix, 103
Torres, Guillermo, 373
Torriente, José Elías de la, 313
Triff, Soren, 365
Trueba Varona, Domingo "Mingo", 181
Trujanov, Valentín, 232
Trujillo, Rafael Leónidas, 74

U

U Thant, 263, 298
Ulla, Jorge, 355
Unamuno, Miguel de, 477
Urrutia Lleó, Manuel, 73, 74

V

Valdés, Ramiro, 104, 105
Valladares, Armando, 348, 353, 369, 467
Valle, Alejandro del, 174
Valle, Clara María del, 356
Vallina, Padre Emilio, 13
Valls, Jorge, 354
Valon, Edwin E., 154
Varas, Matías, 114
Varela, Félix, 362
Varela, Juan, 151
Vargas Gómez, Andrés, 107, 265, 347, 354
Vargas, Luis, 151
Varona, Carlos de, 176
Varona, Enrique José, 25, 362, 454, 461, 482

Varona, Esperanza de, 364
Varona, Manuel Antonio de (Tony), 42, 59, 71, 92,, 107, 108, 133, 153, 154, 156, 159, 190, 197, 233, 245, 247, 268, 288, 292, 294, 296, 308, 311, 312, 347, 429
Vázquez, Andrés Clemente, 27
Vega Ceballos, Víctor, 367, 410, 416, 430
Vega Suárez, José, 213
Vega, César, 211
Vega, Oscar de la, 269
Velázquez Medina, Fernando, 357
Vera, Aldo, 181
Verena, Marisela, 372
Vidaña, José M., 333
Villa, Raquel la, 420
Villar, Arturo, 366
Villaverde, Alberto Martín, 86
Villaverde, Cirilo, 362
Villeda Morales, Ramón, 297
Vivés, Juan, 106, 232, 233

W

Walesa, Lech, 472
Walsh, Sinesio, 151
Walters, Vernon, 472

Weinberger, Caspar W., 467
White, José, 363
Wieland, William, 39
Willauer, Whiting, 151, 167
Winsor, Curtin , Jr., 467
Wollam, Park F., 37
Wright Mills, C., 190
Wyden, Peter, 156

Y

Yarmolinsky, Adam, 256, 295
Yeltsin, Boris, 446
Young Sam, Kim, 471
Young, Austin, 151

Z

Zaldivar, Arturo, 114
Zayas, Alfredo, 402
Zayas Bazán, Eduardo, 364
Zayas, Fernando, 114, 116
Zayas, Jorge, 87
Zaydín, Ramón, 484
Zéndegui, Guillermo de, 32, 368
Zubizarreta, Tere, 356, 462
Zúñiga, Luis, 354

COLECCIÓN *CUBA Y SUS JUECES*
(libros de historia y política publicados por EDICIONES UNIVERSAL):

0359-6 CUBA EN 1830,
     Jorge J. Beato & Miguel F. Garrido

044-5   LA AGRICULTURA CUBANA (1934-1966),
     Oscar A. Echevarría Salvat

045-3   LA AYUDA CUBANA A LA LUCHA POR LA INDEPENDENCIA
     NORTEAMERICANA,
     Eduardo J. Tejera

046-1   CUBA Y LA CASA DE AUSTRIA ,
     Nicasio Silverio Saínz

047-X   CUBA, UNA ISLA QUE CUBRIERON DE SANGRE,
     Enrique Cazade

048-8   CUBA, CONCIENCIA Y REVOLUCIÓN,
     Luis Aguilar León

049-6   TRES VIDAS PARALELAS,
     Nicasio Silverio Saínz

050-X   HISTORIA DE CUBA,
     Calixto C. Masó

051-8   RAÍCES DEL ALMA CUBANA,
     Florinda Alzaga

0-6   MÁXIMO GÓMEZ ¿CAUDILLO O DICTADOR?
     Florencio García Cisneros

118-2   EL ARTE EN CUBA,
     Martha de Castro

119-0   JALONES DE GLORIA MAMBISA,
     Juan J.E. Casasús

123-9   HISTORIA DEL PARTIDO COMUNISTA DE CUBA
     Jorge García Montes y Antonio Alonso Avila

131-X   EN LA CUBA DE CASTRO (APUNTES DE UN TESTIGO)
     Nicasio Silverio Saínz

1336-2 ANTECEDENTES DESCONOCIDOS DEL 9 DE ABRIL Y LOS
     PROFETAS DE LA MENTIRA,
     Ángel Aparicio Laurencio

136-0   EL CASO PADILLA: LITERATURA Y REVOLUCIÓN EN CUBA
     Lourdes Casal

139-5   JOAQUÍN ALBARRÁN, ENSAYO BIOGRÁFICO,
     Raoul García

157-3	VIAJANDO POR LA CUBA QUE FUE LIBRE, Josefina Inclán
165-4	VIDAS CUBANAS - CUBAN LIVES.- VOL. I., José Ignacio Lasaga
205-7	VIGENCIA POLÍTICA Y LITERARIA DE MARTÍN MORÚA DELGADO, Aleyda T. Portuondo
205-7	CUBA, TODOS CULPABLES, Raul Acosta Rubio
207-3	MEMORIAS DE UN DESMEMORIADO-LEÑA PARA EL FUEGO DE LA HISTORIA DE CUBA, José R. García Pedrosa
211-1	HOMENAJE A FÉLIX VARELA, Sociedad Cubana de Filosofía
212-X	EL OJO DEL CICLÓN, Carlos Alberto Montaner
220-0	ÍNDICE DE LOS DOCUMENTOS Y MANUSCRITOS DELMONTINOS, Enildo A. García
240-5	AMÉRICA EN EL HORIZONTE. UNA PERSPECTIVA CULTURAL Ernesto Ardura
243-X	LOS ESCLAVOS Y LA VIRGEN DEL COBRE, Leví Marrero
262-6	NOBLES MEMORIAS, Manuel Sanguily
274-X	JACQUES MARITAIN Y LA DEMOCRACIA CRISTIANA . José Ignacio Rasco
283-9	CUBA ENTRE DOS EXTREMOS, Alberto Muller
293-6	HISTORIA DE LA ODONTOLOGÍA EN CUBA. VOL.I: (1492-1898) César A. Mena
310-X	HISTORIA DE LA ODONTOLOGÍA EN CUBA VOL.II: (1899-1940) César A. Mena
311-8	HISTORIA DE LA ODONTOLOGÍA EN CUBA VOL.III:(1940-1958) César A. Mena
344-4	HISTORIA DE LA ODONTOLOGÍA EN CUBA. VOL IV: (1959-1983) César A. Mena
3122-0	RELIGIÓN Y POLÍTICA EN LA CUBA DEL SIGLO XIX (EL OBISPO ESPADA), Miguel Figueroa y Miranda

298-7   CRITICA AL PODER POLÍTICO,
Carlos M. Méndez

313-4   EL MANIFIESTO DEMÓCRATA,
Carlos M. Méndez

314-2   UNA NOTA DE DERECHO PENAL,
Eduardo de Acha

319-3   MARTÍ EN LOS CAMPOS DE CUBA LIBRE,
Rafael Lubián

320-7   LA HABANA,
Mercedes Santa Cruz (Condesa de Merlín)

328-2   OCHO AÑOS DE LUCHA - MEMORIAS,
Gerardo Machado y Morales

340-1   PESIMISMO,
Eduardo de Acha

347-9   EL PADRE VARELA. BIOGRAFÍA DEL FORJADOR DE LA
CONCIENCIA CUBANA,
Antonio Hernández-Travieso

353-3   LA GUERRA DE MARTÍ (LA LUCHA DE LOS CUBANOS POR
LA INDEPENDENCIA),
Pedro Roig

354-1   EN LA REVOLUCIÓN DE MARTÍ,
Rafael Lubián y Arias

358-4   EPISODIOS DE LAS GUERRAS POR LA INDEPENDENCIA
DE CUBA,
Rafael Lubián y Arias

361-4   EL MAGNETISMO DE JOSÉ MARTÍ,
Fidel Aguirre

364-9   MARXISMO Y DERECHO,
Eduardo de Acha

367-3   ¿HACIA DONDE VAMOS? (RADIOGRAFÍA DEL PRESENTE
CUBANO),
Tulio Díaz Rivera

368-1   LAS PALMAS YA NO SON VERDES (ANÁLISIS Y
TESTIMONIOS DE LA TRAGEDIA CUBANA),
Juan Efe Noya

374-6   GRAU: ESTADISTA Y POLÍTICO (Cincuenta años de la
Historia de Cuba), Antonio Lancís

376-2   CINCUENTA AÑOS DE PERIODISMO,
Francisco Meluzá Otero

379-7   HISTORIA DE FAMILIAS CUBANAS (VOLS.I-VI)
Francisco Xavier de Santa Cruz y Mallén

380-0   HISTORIA DE FAMILIAS CUBANAS. VOL. VII
Francisco Xavier de Santa Cruz y Mallén

408-4   HISTORIA DE FAMILIAS CUBANAS. VOL. VIII
Francisco Xavier de Santa Cruz y Mallén

409-2   HISTORIA DE FAMILIAS CUBANAS. VOL. IX
Francisco Xavier de Santa Cruz y Mallén

383-5   CUBA: DESTINY AS CHOICE,
Wifredo del Prado

387-8   UN AZUL DESESPERADO,
Tula Martí

392-4   CALENDARIO MANUAL Y GUÍA DE FORASTEROS DE LA
ISLA DE CUBA

393-2   LA GRAN MENTIRA,
Ricardo Adám y Silva

403-3   APUNTES PARA LA HISTORIA. RADIO, TELEVISIÓN Y
FARÁNDULA DE LA CUBA DE AYER...,
Enrique C. Betancourt

407-6   VIDAS CUBANAS II/CUBAN LIVES II,
José Ignacio Lasaga

411-4   LOS ABUELOS: HISTORIA ORAL CUBANA,
José B. Fernández

413-0   ELEMENTOS DE HISTORIA DE CUBA,
Rolando Espinosa

414-9   SÍMBOLOS - FECHAS - BIOGRAFÍAS,
Rolando Espinosa

418-1   HECHOS Y LIGITIMIDADES CUBANAS. UN
PLANTEAMIENTO Tulio Díaz Rivera

425-4   A LA INGERENCIA EXTRAÑA LA VIRTUD DOMÉSTICA
(biografía de Manuel Márquez Sterling),
Carlos Márquez Sterling

426-2   BIOGRAFÍA DE UNA EMOCIÓN POPULAR: EL DR. GRAU
Miguel Hernández-Bauzá

428-9   THE EVOLUTION OF THE CUBAN MILITARY (1492-1986)
Rafael Fermoselle

431-9   MIS RELACIONES CON MÁXIMO GÓMEZ,
Orestes Ferrara

436-X   ALGUNOS ANÁLISIS (EL TERRORISMO. DERECHO
INTERNACIONAL),
Eduardo de Acha

437-8   HISTORIA DE MI VIDA,
Agustín Castellanos

443-2   EN POS DE LA DEMOCRACIA ECONÓMICA, Varios

450-5   VARIACIONES EN TORNO A DIOS, EL TIEMPO, LA MUERTE
         Y OTROS TEMAS,
         Octavio R. Costa
451-3   LA ULTIMA NOCHE QUE PASE CONTIGO (40 AÑOS DE
         FARÁNDULA CUBANA/1910-1959),
         Bobby Collazo
458-0   CUBA: LITERATURA CLANDESTINA,
         José Carreño
459-9   50 TESTIMONIOS URGENTES,
         José Carreño y otros
461-0   HISPANIDAD Y CUBANIDAD,
         José Ignacio Rasco
466-1   CUBAN LEADERSHIP AFTER CASTRO,
         Rafael Fermoselle
483-1   JOSÉ ANTONIO SACO ,
         Anita Arroyo
479-3   HABLA EL CORONEL ORLANDO PIEDRA,
         Daniel Efraín Raimundo
490-4   HISTORIOLOGÍA CUBANA I (1492-1998),
         José Duarte Oropesa
2580-8   HISTORIOLOGÍA CUBANA II (1998-1944),
         José Duarte Oropesa
2582-4   HISTORIOLOGÍA CUBANA III (1944-1959),
         José Duarte Oropesa
502-1   MAS ALLÁ DE MIS FUERZAS ,
         William Arbelo
508-0   LA REVOLUCIÓN ,
         Eduardo de Acha
510-2   GENEALOGÍA, HERÁLDICA E HISTORIA DE NUESTRAS
         FAMILIAS,
         Fernando R. de Castro y de Cárdenas
514-5   EL LEÓN DE SANTA RITA,
         Florencio García Cisneros
516-1   EL PERFIL PASTORAL DE FÉLIX VARELA,
         Felipe J. Estévez
518-8   CUBA Y SU DESTINO HISTÓRICO. Ernesto Ardura
520-X   APUNTES DESDE EL DESTIERRO,
         Teresa Fernández Soneira
524-2   OPERACIÓN ESTRELLA,
         Melvin Mañón
532-3   MANUEL SANGUILY. HISTORIA DE UN CIUDADANO
         Octavio R. Costa

538-2	DESPUÉS DEL SILENCIO, Fray Miguel Angel Loredo
540-4	FUSILADOS, Eduardo de Acha
551-X	¿QUIEN MANDA EN CUBA? LAS ESTRUCTURAS DE PODER. LA ÉLITE., Manuel Sánchez Pérez
553-6	EL TRABAJADOR CUBANO EN EL ESTADO DE OBREROS Y CAMPESINOS, Efrén Córdova
558-7	JOSÉ ANTONIO SACO Y LA CUBA DE HOY, Ángel Aparicio
7886-3	MEMORIAS DE CUBA, Oscar de San Emilio
566-8	SIN TIEMPO NI DISTANCIA, Isabel Rodríguez
569-2	ELENA MEDEROS (UNA MUJER CON PERFIL PARA LA HISTORIA), María Luisa Guerrero
577-3	ENRIQUE JOSÉ VARONA Y CUBA, José Sánchez Boudy
586-2	SEIS DÍAS DE NOVIEMBRE, Byron Miguel
588-9	CONVICTO, Francisco Navarrete
589-7	DE EMBAJADORA A PRISIONERA POLÍTICA: ALBERTINA O'FARRILL, Víctor Pino Llerovi
590-0	REFLEXIONES SOBRE CUBA Y SU FUTURO, Luis Aguilar León
592-7	DOS FIGURAS CUBANAS Y UNA SOLA ACTITUD, Rosario Rexach
598-6	II ANTOLOGÍA DE INSTANTÁNEAS, Octavio R. Costa
600-1	DON PEPE MORA Y SU FAMILIA, Octavio R. Costa
603-6	DISCURSOS BREVES, Eduardo de Acha
606-0	LA CRISIS DE LA ALTA CULTURA EN CUBA - INDAGACIÓN DEL CHOTEO, Jorge Mañach (Ed. de Rosario Rexach)

608-7   VIDA Y MILAGROS DE LA FARÁNDULA DE CUBA I,
Rosendo Rosell

617-6   EL PODER JUDICIAL EN CUBA,
Vicente Viñuela

620-6   TODOS SOMOS CULPABLES,
Guillermo de Zéndegui

621-4   LUCHA OBRERA DE CUBA,
Efrén Naranjo

623-0   HISTORIOLOGÍA CUBANA IV (1959-1980),
José Duarte Oropesa

624-9   HISTORIA DE LA MEDICINA EN CUBA I: HOSPITALES Y
CENTROS BENÉFICOS EN CUBA COLONIAL,
César A. Mena y Armando F. Cobelo

626-5   LA MÁSCARA Y EL MARAÑÓN (LA IDENTIDAD NACIONAL
CUBANA),
Lucrecia Artalejo

639-7   EL HOMBRE MEDIO,
Eduardo de Acha

644-3   LA ÚNICA RECONCILIACIÓN NACIONAL ES LA
RECONCILIACIÓN CON LA LEY,
José Sánchez-Boudy

645-1   FÉLIX VARELA: ANÁLISIS DE SUS IDEAS POLÍTICAS,
Juan P. Esteve

646-X   HISTORIA DE LA MEDICINA EN CUBA II
(Ejercicio y enseñanza de las ciencias médicas en la época
colonial, César A. Mena

647-8   REFLEXIONES SOBRE CUBA Y SU FUTURO,
(segunda edición corregida y aumentada),
Luis Aguilar León

648-6   DEMOCRACIA INTEGRAL,
Instituto de Solidaridad Cristiana

652-4   ANTIRREFLEXIONES,
Juan Alborná-Salado

664-8   UN PASO AL FRENTE,
Eduardo de Acha

668-0   VIDA Y MILAGROS DE LA FARÁNDULA DE CUBA II,
Rosendo Rosell

623-0   HISTORIOLOGÍA CUBANA IV,
José Duarte Oropesa

646-X   HISTORIA DE LA MEDICINA EN CUBA II,
César A. Mena

676-1 EL CAIMÁN ANTE EL ESPEJO (Un ensayo de interpretación de lo cubano),
Uva de Aragón Clavijo

677-5 HISTORIOLOGÍA CUBANA V,
José Duarte Oropesa

679-6 LOS SEIS GRANDES ERRORES DE MARTÍ,
Daniel Román

680-X ¿POR QUÉ FRACASÓ LA DEMOCRACIA EN CUBA?,
Luis Fernández-Caubí

682-6 IMAGEN Y TRAYECTORIA DEL CUBANO EN LA HISTORIA I (1492-1902), Octavio R. Costa

683-4 IMAGEN Y TRAYECTORIA DEL CUBANO EN LA HISTORIA II (1902-1959), Octavio R. Costa

684-2 LOS DIEZ LIBROS FUNDAMENTALES DE CUBA (UNA ENCUESTA), Armando Álvarez-Bravo

686-9 HISTORIA DE LA MEDICINA EN CUBA III (1899 a 1909),
César A. Mena

689-3 A CUBA LE TOCÓ PERDER,
Justo Carrillo

690-7 CUBA Y SU CULTURA,
Raúl M. Shelton

702-4 NI CAÍDA, NI CAMBIOS,
Eduardo de Acha

703-2 MÚSICA CUBANA: DEL AREYTO A LA NUEVA TROVA,
Cristóbal Díaz Ayala

706-7 BLAS HERNÁNDEZ Y LA REVOLUCIÓN CUBANA DE 1933,
Ángel Aparicio

713-X DISIDENCIA,
Ariel Hidalgo

715-6 MEMORIAS DE UN TAQUÍGRAFO,
Angel V. Fernández

716-4 EL ESTADO DE DERECHO,
Eduardo de Acha

718-0 CUBA POR DENTRO (EL MININT),
Juan Antonio Rodríguez Menier

719-9 DETRÁS DEL GENERALÍSIMO (Biografía de Bernarda Toro de Gómez «Manana»),
Ena Curnow

721-0 CUBA CANTA Y BAILA (Discografía cubana),
Cristóbal Díaz Ayala

723-7   YO, EL MEJOR DE TODOS (Biografía no autorizada del Che Guevara),
Roberto Luque Escalona

727-X   MEMORIAS DEL PRIMER CONGRESO DEL PRESIDIO POLÍTICO CUBANO,
Manuel Pozo (ed.)

730-X   CUBA: JUSTICIA Y TERROR,
Luis Fernández-Caubí

737-7   CHISTES DE CUBA,
Arly

738-5   PLAYA GIRÓN: LA HISTORIA VERDADERA,
Enrique Ros

739-3   FILOSOFIA DEL CUBANO Y DE LO CUBANO,
José Sánchez Boudy

740-7   CUBA: VIAJE AL PASADO,
Roberto A. Solera

743-1   MARTA ABREU, UNA MUJER COMPRENDIDA
Pánfilo D. Camacho

745-8   CUBA: ENTRE LA INDEPENDENCIA Y LA LIBERTAD,
Armando P. Ribas

746-8   A LA OFENSIVA,
Eduardo de Acha

747-4   LA HONDA DE DAVID,
Mario Llerena

752-0   24 DE FEBRERO DE 1895: UN PROGRAMA VIGENTE
Jorge Castellanos

753-9   CUBA ARQUITECTURA Y URBANISMO,
Felipe J. Préstamo

754-7   VIDA Y MILAGROS DE LA FARÁNDULA DE CUBA III,
Rosendo Rosell

756-3   LA SANGRE DE SANTA ÁGUEDA (ANGIOLILLO, BETANCES Y CÁNOVAS),
Frank Fernández

760-1   ASÍ ERA CUBA (COMO HABLÁBAMOS, SENTÍAMOS Y ACTUÁBAMOS),
Daniel Román

765-2   CLASE TRABAJADORA Y MOVIMIENTO SINDICAL EN CUBA I (1819-1959),
Efrén Córdova

766-0   CLASE TRABAJADORA Y MOVIMIENTO SINDICAL EN CUBA II (1819-1959), Efrén Córdova

768-7   LA INOCENCIA DE LOS BALSEROS,
Eduardo de Acha

773-3   DE GIRÓN A LA CRISIS DE LOS COHETES: LA SEGUNDA DERROTA,
Enrique Ros

779-2   ALPHA 66 Y SU HISTÓRICA TAREA,
Miguel L. Talleda

786-5   POR LA LIBERTAD DE CUBA (RESISTENCIA, EXILIO Y REGRESO),
Néstor Carbonell Cortina

792-X   CRONOLOGÍA MARTIANA,
Delfín Rodríguez Silva

794-6   CUBA HOY (la lenta muerte del castrismo),
Carlos Alberto Montaner

795-4   LA LOCURA DE FIDEL CASTRO,
Gustavo Adolfo Marín

796-2   MI INFANCIA EN CUBA: MIS TRECE AÑOS BAJO LA TIRANÍA DE FIDEL CASTRO RUZ,
Cosette Alves Carballosa

798-9   APUNTES SOBRE LA NACIONALIDAD CUBANA,
Luis Fernández-Caubí

803-9   AMANECER. HISTORIAS DEL CLANDESTINAJE (LA LUCHA DE LA RESISTENCIA CONTRACASTRO DENTRO DE CUBA,
Rafael A. Aguirre Rencurrell